ドイツ労働法の変容

Veränderungen des Arbeitsrechts in Deutschland

NAKO Michitaka

名古道功

著

日本評論社

はしがき

　ドイツ労働法の変容に対する関心のきっかけは、ドイツにおける2回の在外研究である。いずれも Urlich Zachert 教授（ハンブルグ経済政治大学。現在、ハンブルグ大学経済社会学部）にお世話になった。最初の在外研究時（1997年）に出席したゼミでは、労働協約の分権化・下降化がテーマになり、ゼミ生主体による調査研究が行われた。A.Oppolzer/U.Zachert（Hrsg.), Krise und Zukunft des Flächentarifvertrages（Nomos, 2000）は、その成果である。2回目には、大胆な労働市場改革を提言する「ハルツ改革」報告がちょうど公表された時期（2002年10月）と重なり、分厚い報告書がゼミで配布され、入手できた。「大量失業・グローバリゼーションとドイツ横断的労働協約の『危機』」（第1章第1節）、及び「ドイツ労働市場改革立法の動向と伝統的規制システムの変容」（第2章第1節）は、これらが契機となって執筆した論稿である。

　さらにドイツ労働法の変化を実感したのは、独日労働法シンポ（ベルリン、2004年）直後に実施されたドイツ労働組合総同盟（DGB）での聞き取り調査において、最低賃金法制定の取組みを検討しているとの発言を聞いたときである。おそらく、2014年に制定された最低賃金法のようなものではなく、労働協約に基づくそれを想定していたと思われるが、伝統的に協約自治が尊重され、労働協約が実質的な最低労働条件法として機能してきただけに驚いたのを記憶している。その後、EU司法裁判所判例研究の執筆機会が与えられ、EU労働法の研究を少しずつ開始してその重要性を認識するに至り、今日、これとの関係抜きにはドイツ労働法を正確に捉えきれないと考えるに至った。

　近年、社会国家原則を基本法に規定するドイツでも貧困が大きな問題として取り上げられるなどの社会の変化も考慮して、「ドイツ労働法の変容」を構想した。その際、「ドイツ社会モデル」を想定すると理解しやすいと考え、①二元的労使関係、②労働者の権利保障、③生活保障システムを3つの柱として、その変化を明らかにすることにした。具体的には、①横断的（産業

別）労働協約、②労働市場法、③集団的労働法理論・立法、④EU 労働法の
4つから検討している。結論として、日本に比べて変容の程度は大きくなく、
これは4つの要因（①労使両団体の法制度上の位置づけ、②労働者の利益を代表
する政党の存在、③連邦労働裁判所の役割、④EU 労働法の影響）に基づくと指
摘した。もとより本書は、ドイツ労働法全体を分析の対象としておらず、そ
の一断面を明らかにしたにすぎないが、その傾向は看て取れよう。

　ドイツ労働法研究から得られる日本への示唆を論じるのには苦慮した。と
いうのは、ドイツとは労働協約制度など重要な点において相違するのみなら
ず、上記4要因があまりにも異なるためであり、一時期、これを執筆しない
でおこうかと考えたこともあるが、書くべきであるとのアドバイスも受けて、
最終章において若干の分析を行った。

　比較法研究にあたって留意すべきは、対象国の法制度・理論の良い面のみ
紹介するなど「美化」することである。この点を意識して本書を執筆したつ
もりであるが、やや覚束ない。

　本書において、公表済の論文をほぼそのまま掲載したのは、2論文（上記
第1章第1節と第2章第1節）のみである。これらは、公表してから年月が経
過しているので、その後の推移をフォローする論稿を補充した。このほかの
論稿では、新たな動向を加えるなど大幅に書き直し、また最新のデータに置
き換えるとともに、書き下ろした節もある。ドイツの法制度を正確に把握す
るには、労働者や労働組合などの実情の理解が前提となるので、これにも言
及した。さらに、連邦憲法裁判所による協約単一原則規定（労働協約法改正）
合憲判決など最新の動向のフォローに努めた。なお、本書全体を通読すると
重複した内容の箇所が少なくないが、調整して省略すると、それぞれの章や
節のみを読むときに理解しにくくなるので、そのままとしてある。

　上記の通り、ドイツ労働法の変容を着想してから長い期間が経過した。こ
の間、何人かの先生から早くまとめて公表するようにとのアドバイスをいた
だきながら、ここまで遅れたのは、ひとえに私の怠慢のためである。それに
もかかわらず、本書がドイツ労働法研究に対してなんらかの貢献ができれば、
これに勝る喜びはない。

　私にとって一番学恩があるのは、片岡曻・京都大学名誉教授である。学部
ゼミ、大学院において指導を受け、その後も研究会などでご指導ご鞭撻いた

だいた。本来ならばもっと早くにまとめるべきであり、今頃かと呆れられそうであろうが、少しでもこれに報えたならば幸いである。

　また西谷敏・大阪市立大学名誉教授にも、研究会などで大変お世話いただいた。ドイツ労働法をはじめとする多くの著書・論文から教えられた点は少なくない。研究成果刊行のアドバイスを受けて久しいが、ようやく達成できてほっとしている。

　さらに、毛塚勝利・中央大学名誉教授には、在外研究にあたり、Zachert教授を紹介してもらった。いわば本書のきっかけを作っていただいたのであり、感謝の念に堪えない。

　野村秀敏教授（専修大学）とは専門分野（民事訴訟法）が異なるが、知人の紹介を通じてフライブルグ滞在中に知己を得た。その後、「EC企業法判例研究」（「国際商事法務」掲載）の執筆の機会を与えてもらったのがEC/EU法研究の端緒である。また、その監修者である今野裕之教授（成城大学）には、実務面などにおいていつもお世話になった。この場を借りて、両先生に御礼を申し上げたい。

　Urlich Zachert教授は、労働協約研究の権威である。多言語に堪能であり、フランス、イタリア、スペインなどでのシンポに飛び回られるとともに、何度も来日され、多くの日本の労働法研究者ともコンタクトがあった。在外研究中は、研究面のみならず、プライベートな面でも気を使っていただいた。それだけに、不慮の事故での逝去（2009年）の報を受けたとき、驚くとともに信じられない気持ちであったのを今でも覚えている。御存命であったならば、労働協約法改正など、今日の主要テーマに関して重要な役割を果たされたであろうと考えると、改めて貴重な研究者を失ったと痛惜の念に堪えない。

　本書の出版にあたっては、串崎浩・日本評論社代表取締役に大変お世話になった。串崎氏とは、金沢大学出身との縁があり、以前から懇意にしていただいたが、今回も出版事情が厳しい中、快く出版を引き受けてもらえた。また、製作担当の越沼和代氏は、懇切丁寧な編集作業を進めて下さった。さらに、早津裕貴氏（名古屋大学講師）と植村新氏（和歌山大学准教授）には、校正ゲラの丁寧なチェックとともに貴重なアドバイスをいただいた。これらの方々に心より感謝申し上げたい。

iv

　最後に私事であるが、2018年3月末で定年を迎える。その後は、文献の入手などが不便となり、これまで同様の研究ができなくなりそうでやや不安を覚えているが、今後も可能な限り、ドイツ労働法の研究を続けたいと思っている。

　　2017年12月

　　　　　　　　　　　　　　　　　　　　　　　　名古　道功

ドイツ労働法の変容

目 次

はしがき　i
文献等略語一覧　xiii
初出論文一覧　xv

序　章 ……………………………………………………………………… 1

　Ⅰ　序　1
　Ⅱ　ドイツ社会モデル　2
　　一　二元的労使関係システム　2
　　二　社会的保護原理　3
　　三　生活保障システム　4
　Ⅲ　ドイツ社会モデルの変容　5
　　一　背景　5
　　二　変容　7
　Ⅳ　本書の構成　10

第1章　横断的労働協約の変容 …………………………………… 13

第1節　大量失業・グローバリゼーションとドイツ横断的労働協約の「危機」……………………………………………………… 13

　Ⅰ　はじめに　13
　Ⅱ　労働協約の安定と協約自治の基本法上の保障　15
　　一　横断的労働協約の生成と発展　15
　　二　横断的労励協約の機能　19
　　三　協約自治の基本法上の保障　21
　　四　協約自治の尊重　22
　Ⅲ　横断的労働協約の「危機」～今日的特徴～　26
　　一　第二次世界大戦後の協約政策の発展　26
　　二　企業レベルでの規制　27

vi

　　　三　今日的特徴　31
　Ⅳ　労働協約の構造及び内容の変化　34
　　　一　労鋤協約の構造の変化　34
　　　二　協約規制の変化　35
　　　三　使用者団体及び労働組合の構成員数の減少　37
　Ⅴ　横断的労働協約改革の方向　40
　　　一　端緒　40
　　　二　横断的労働協約と事業所協定との関係～3つの改革案～　41
　Ⅵ　横断的労働協約柔軟化の方法　47
　　　一　端緒　47
　　　二　柔軟化の具体的方法　47
　Ⅶ　横断的労働協約の柔軟化と法律問題　50
　　　一　労拗協約優位の原則～労働協約と事業所協定との関係～　50
　　　二　労働協約の柔軟化をめぐる法律問題　55
　Ⅷ　総括　70
　　　一　「統制のとれた分権化」の必要性　70
　　　二　注目すべき動向～協約に拘束されない構成員資格～　74
　　　三　「柔軟性」と「（雇用）保障」～ Flexicurity ～　75

第2節　2000年以降の横断的労働協約をめぐる変化 ……………………… 78

　Ⅰ　はじめに　78
　Ⅱ　2000年以降の横断的労働協約をめぐる動向　78
　　　一　協約拘束性の低下傾向　78
　　　二　協約基準の分権化・差異化の進展　82
　　　三　協約競合　85
　　　四　政治レベルの動向　87
　Ⅲ　総括　88
　　　一　デュアルシステムの変化　88
　　　二　新たな動向　89

第3節　ドイツにおける最低生活保障システムの変化
　　　　～労働協約の機能変化と関連して～ ……………………………………… 91

　Ⅰ　はじめに　91
　Ⅱ　ドイツにおける低賃金労働の現状とその要因　92
　　　一　低賃金労働者の実情　92

二　低賃金労働者増加の背景・要因　95
　Ⅲ　新たな最低賃金規制　98
　　一　既存の最賃規制　98
　　二　最賃規制の必要性　99
　　三　労働者送出し法改正　101
　　四　最低労働条件決定法の現代化　103
　　五　最賃規制をめぐる新たな動向　104
　Ⅳ　まとめ　105

第2章　労働市場法改革の動向 ……………………………………… 107

第1節　ドイツ労働市場改革立法の動向と伝統的規制システム
　　　　の変容 ……………………………………………………………… 107

　Ⅰ　序　107
　Ⅱ　労働市場の現状　109
　　一　就業構造　109
　　二　失業の現状　109
　　三　労働市場の変化　115
　Ⅲ　伝統的規制システムと批判　118
　　一　労働者の生活と権利保障制度の概観　118
　　二　伝統的規制システムに対する批判　125
　Ⅳ　90年代における法政策の展開　131
　　一　コール政権下での規制緩和政策　131
　　二　第一次シュレーダー政権の発足と労働市場政策　136
　Ⅴ　第二次シュレーダー政権の労働市場政策（1）
　　　　～「労働市場における現代的サービス」～　138
　　一　ハルツ委員会報告　138
　　二　ハルツ第一次法及び第二次法の制定　147
　Ⅵ　第二次シュレーダー政権の労働市場政策（2）　168
　　一　さらなる改革の背景　168
　　二　「アジェンダ2010」の提案
　　　　～03年3月14日の連邦会議での施政方針演説～　169
　　三　労働市場改革法　171
　　四　ハルツ第三次法　177
　　五　ハルツ第四次法　177

viii

　　　六　小括　190
　Ⅶ　総括　198
　　　一　要約　198
　　　二　労働市場改革　200
　　　三　日本との関係　204

第2節　ドイツの求職者支援制度……………………………………207

　Ⅰ　序　207
　Ⅱ　ハルツ改革　207
　Ⅲ　求職者支援制度の再編　208
　　　一　再編の要因　208
　　　二　ハルツ第四次法の成立　210
　Ⅳ　求職者支援制度の内容　211
　　　一　失業手当Ⅰ　211
　　　二　社会扶助　211
　　　三　求職者基礎保障　212
　Ⅴ　求職者基礎保障の動向　217
　　　一　実情分析　217
　　　二　基準給付と「社会的文化的な最低生活」保障〜違憲判決〜　220
　　　三　実施体制〜「混合行政」違憲判決〜　225
　Ⅵ　まとめ　228
　　　一　三層のセーフティネット　228
　　　二　最低生活保障レベル　228
　　　三　実施主体　229
　　　四　最低賃金との関係　229

第3節　ハルツ改革10年の推移と評価……………………………230

　Ⅰ　序　230
　Ⅱ　改正の概要と背景　231
　　　一　概要　231
　　　二　改正の背景　232
　Ⅲ　主な改正内容　234
　　　一　組織再編　234
　　　二　失業手当Ⅰの改革　234

目次　ix

　　　三　求職者のための基礎保障
　　　　　〜失業扶助と社会扶助の一部の統合（ハルツ第四次法）〜　235
　　　四　就労促進　237
　　　五　ミニジョブ・ミディジョブ　238
　　　六　職業紹介事業　239
　　　七　職業能力向上訓練　241
　　　八　雇用創出　242
　　　九　労働法制の規制緩和・強化　243
　Ⅳ　総括　244
　　　一　大量失業の克服と課題　244
　　　二　失業中の生活保障の変容　246
　　　三　労働市場の柔軟化〜低賃金労働の増加〜　249
　　　四　まとめ　250

第3章　集団的労働立法・理論の変容 ……………………………… 253

第1節　1990年以降の労使関係の変化 …………………………… 253

　Ⅰ　変化の背景　253
　Ⅱ　労使関係の変化を取り巻く環境の概観　255
　　　一　労使両団体の変化　255
　　　二　横断的労働協約への批判と下降化　258
　　　三　労働協約の影響力の低下　258
　　　四　グローバル化とEC/EU統合の深化　259
　Ⅲ　多様な労働組合の活動　259
　　　一　概観　259
　　　二　専門職組合　260

第2節　ドイツ集団的労働法理論の変容 …………………………… 267

　Ⅰ　はじめに　267
　Ⅱ　集団的労働法理論の変化　268
　　　一　集団的労働法の骨格〜基本法第9条3項〜　268
　　　二　協約に開放された強行法規と協約能力　270
　　　三　協約単一原則から複数協約制への転換　274
　　　四　争議権理論の変化　275
　　　五　最賃法の制定　288

x

Ⅲ　総括　289
　　一　協約自治の機能　289
　　二　協約自治の基盤の動揺と集団的労働法理論への影響　290
　　三　今後の展望　291

第3節　最近の労働協約立法をめぐる動向 ……………………………292

　Ⅰ　労働協約機能弱体化への危機感　292
　Ⅱ　協約自治強化法　292
　　一　最低賃金法の制定　293
　　二　労働協約法及び労働者送出し法改正　297
　　三　検討　298
　Ⅲ　労働協約単一原則規定の新設と影響　304
　　一　序　304
　　二　経緯　305
　　三　改正法の内容　309
　Ⅳ　総括　317

第4章　EU労働法とドイツ労働法 ……………………………321

第1節　EU労働法のドイツ労働法への影響 ……………………………321

　Ⅰ　序　321
　Ⅱ　EU労働法の発展　323
　Ⅲ　EU法の諸原則　325
　　一　EU法優位の原則　325
　　二　EU法の国内法への効果　325
　　三　法源　326
　Ⅳ　基幹法における労働法関連規定　328
　　一　移動の自由　328
　　二　差別禁止　329
　　三　包括的な社会政策に関する授権規定　329
　　四　「社会的対話」に基づく指令　329
　　五　労働者保護とEU基本的自由の緊張関係　330
　Ⅴ　ドイツ労働法への影響　331
　　一　平等取扱い・差別禁止規制　331

目次　xi

　　二　有期雇用指令・パートタイム指令　333
　　三　派遣労働指令　336
　　四　労働時間指令　338
　　五　他国への労働者送出し指令　340
　　六　まとめ　343

第2節　欧州司法裁判所判例の影響 ……………………………………………344

　Ⅰ　概説　344
　Ⅱ　年齢差別禁止　345
　　一　EC/EU における年齢差別禁止の動向　345
　　二　労働分野における年齢差別禁止の先例　346
　　三　一定年齢以上の有期雇用の特別扱い～マンゴルト判決～　347
　　四　年齢に基づく基本給の格付けと年齢差別　352
　Ⅲ　EU 域内における労働者の移動の自由　355
　　一　EU 域内における労働者の移動の自由に対する法規制　355
　　二　サービスの提供の自由と最賃規制　357
　　三　EU 市民に対する特別の無拠出手当の不支給と平等取扱い原則　364
　Ⅳ　年休に関する法規制　370
　　一　年休に関する指令及び主要な EU 判例　370
　　二　ドイツの年休制度と BAG の判例　372
　　三　ドイツ年休権理論の修正　373
　　四　BAG の対応～判例変更～　378
　　五　検討　380
　Ⅴ　総括　383
　　一　EU 労働法の位置づけ　383
　　二　EU 法の国内法に対する影響　384
　　三　欧州司法裁判所判決のインパクト　385

第5章　総　括 …………………………………………………………387

　Ⅰ　ドイツ社会モデルの変容　387
　　一　変容前史　387
　　二　変容の推移　388
　　三　新たな動向　391
　Ⅱ　労働法の変容　392

一　協約自治の変容　392
二　労働市場法改革　394
三　生活保障システム　395
四　労働者の権利保障　397
Ⅲ　変容の特徴と要因　397
一　変容の特徴　397
二　変容の要因　398
Ⅳ　社会国家のあり方　401
Ⅴ　日本労働法の若干の分析　403
一　日本型雇用・労使関係モデル　403
二　変容　404
三　今後の課題と展望　409

事項索引　413
図表一覧　416

文献等略語一覧

1 日本関係

季労：季刊労働法
学会誌：日本労働法学会誌
ジュリ：ジュリスト
賃社：賃金と社会保障
日労協：日本労働協会雑誌
日労研：日本労働研究雑誌
労旬：労働法律旬報

2 ドイツ関係

AP：Arbeitsrechtliche Praxis - Nachschlagewerk des Bundesarbeitsgerichts
Arbeitsmarkt 2015：Amtliche Nachrichten der Bundesagentur für Arbeit, Arbeitsmarkt 2015（63. JAHRGANG, Sondernummer 2）
AuR：Arbeit und Recht
BAG：Bundesarbeitsgericht（連邦労働裁判所）
BAGE：Entscheinungen des Bundesarbeitsgerichts
BB：Betreibs-Berater
BDA：Bundesvereinigung der Deutschen Arbeitgeberverbände（ドイツ使用者団体連盟）
BT-Drs.：Drucksachen des Deutschen Bundestages
Bündnis 90/die Grünen：同盟90／緑の党
BVerfG：Bundesverfassungsgericht（連邦憲法裁判所）
BVerfGE：Entscheinungen des Bundesverfassungsgerichts
CDU/CSU：キリスト教民主同盟／キリスト教社会同盟
DB：Der Betrieb
DGB：Deutsche Gewerkschaftsbund（ドイツ労働組合総同盟）
EuGH：Europäische Gerichtshof（欧州司法裁判所）
FDP：自由民主党
Jahresgutachten 2004/2005：Jahresgutachten 2004/2005 des Sachverständigenrates zur Begutachtung der gesamtwirtschaftlichen Entwicklung（経済発展の評価に関する専門委員会年次報告）
KJ：Kritische Justiz
Die Linke：左翼党

NJW：Neue Juristische Wochenschrift
NZA：Neue Zeitschrift für Arbeitsrecht
SPD：ドイツ社会民主党
WSI：Wirtschafts- und Sozialwissenschaftliches Institut（経済・社会科学研究所）
ZfA：Zeitschrift für Arbeitsrecht

初出論文一覧

序章　書き下ろし

第1章　横断的労働協約の変容
　第1節
　　「大量失業・グローバリゼーションとドイツ横断的労働協約の『危機』」
　　　金沢法学43巻2号（2000年）55-132頁
　第2節　書き下ろし
　第3節
　　「ドイツにおける最低生活保障システムの変化〜労働協約の機能変化と関連して〜」
　　山田・石井編『労働者人格権の研究・上巻　角田邦重先生古稀記念』（信山社・
　　2011年）141-160頁

第2章　労働市場法改革の動向
　第1節
　　「ドイツ労働市場改革立法の動向〜ハルツ四法と労働市場改革法を中心に〜」
　　　金沢法学48巻1号（2005年）29-139頁
　第2節
　　「ドイツの求職者支援制度」
　　　季刊労働法232号（2011年）29-42頁
　第3節　書き下ろし

第3章　集団的労働立法・理論の変容
　第1節　書き下ろし
　第2節
　　「ドイツ集団的労働法理論の変容」
　　根本・奥田・緒方・米津『労働法と現代法の理論　西谷敏先生古稀記念論集
　　下』（日本評論社・2013年）427-446頁
　第3節　書き下ろし

第4章　EU労働法とドイツ労働法
　第1節
　　「EU法とドイツ労働法への影響〜移動の自由を素材にして〜」
　　山田・青野・鎌田・浜村・石井編『労働法理論変革への模索　毛塚勝利先生古稀
　　記念』（信山社・2015年）867-884頁
　第2節
　　1.「ドイツ有期労働契約法とEU指令との抵触［EC司法裁判所2005.11.22判決］」

国際商事法務34巻12号（534号）（2006年）1650-1655頁。

2.「未取得年休の金銭補償（買い上げ）と EC 労働時間指令（2003/88/EC）との抵触［EC 司法裁判所2009.1.20判決］」
国際商事法務38巻 1 号（571号）（2010年）106-110頁

3.「年齢に基づく基本給の格付けと年齢差別［EC 司法裁判所2011.9.判決］」
国際商事法務40巻 5 号（599号）（2012年）790-794頁

4.「勤務形態の変更に基づく繰越年休減少措置の効力［EU 司法裁判所2013.6.13判決］」
国際商事法務42巻 5 号（623号）（2014年）796-799頁

5.「EU 市民に対する特別の無拠出手当の不支給と平等取扱い原則［EU 司法裁判所2014.11.11判決］」
国際商事法務43巻 5 号（635号）（2015年）750-754頁

6.「サービス提供の自由と最低賃金規制［EU 司法裁判所2015.11.17判決］」
国際商事法務44巻 6 号（648号）（2016年）936-941頁

第 5 章　書き下ろし

序　章

I　序

　ドイツ労働法は、第二次大戦前から日本の労働法学に対してさまざまな影響を及ぼしてきた。代表例として、労働法の基礎概念たる従属労働論や労働協約制度が挙げられ[1]、こうした戦前の研究は、第二次世界大戦後の労働法制や労働法理論の発展の基礎になった。1945年の終戦後、（旧）労働組合法（1945年。1949年改正）、労働関係調整法（1946年）、そして労働基準法（1947年）が制定され、新憲法下において労働法学も本格的な研究が展開される。特に「戦後労働法理論」は、団結優位原則を基調としており、ここには、ワイマール期に開花したドイツ集団的労働法理論の影響を看取できよう[2]。ドイツでは、ワイマール期以前から本格的な理論研究がなされてきただけに豊富な蓄積があり、歴史研究も含めて幅広くドイツ労働法の比較法研究が進められ、多くの優れた業績[3]が創出されるとともに、多様な内容が摂取されたといえる。

1　代表的な文献として、浅井清信『労働契約の研究』（政経書院・1934年）、後藤清『労働協約理論史』（有斐閣・1935年）、津曲蔵之丞『労働法原理』（改造社・1932年）が挙げられる。

2　西谷敏『労働法の基礎構造』（法律文化社・2016年）33頁以下参照。

3　代表的な著作のみ挙げると、以下の通りである。西谷敏『ドイツ労働法思想史論』（日本評論社・1987年）、荒木尚志『労働時間の法的構造』（有斐閣・1991年）、野川忍『外国人労働者法——ドイツの成果と日本の展望』（信山社・1993年）、久保敬治『労働協約法の研究』（有斐閣・1995年）、米津孝司『国際労働契約法の研究』（尚学社・1997年）、和田肇『ドイツの労働時間と法』（日本評論社・1998年）、土田道夫『労務指揮権の現代的展開』（信山社・1999年）、大橋範雄『派遣法の弾力化と派遣労働者の保護——ドイツの派遣法を中心に』（法律文化社・1999年）、藤内和公『ドイツの従業員代表制と法』（法律文化社・2009年）、高橋賢司『労働者派遣法の研究』（中央経済社・2015年）。

2　序章

ところで、ドイツ労働法の理解のためには、雇用・労働における骨格ともいうべき制度ないし特徴を明らかにするのが有益である。本書では、①二元的労使関係システム、②社会的保護原理、③生活保障システムの3つを挙げ、これを「ドイツ社会モデル」と称することにする。それは、社会や経済のみならず、労働法制度の基盤であり、その原型はナチス期以前に形成され、第二次大戦後、発展・確立したと考えられる。ドイツ社会モデルは基本法第20条1項の「民主主義的かつ社会的連邦国家（demokratischer und sozialer Bundesstaat）」の趣旨を実現し、また「人間の尊厳」（基本法第1条2項）に沿う内容を含んでいる。しかし、今日、これが変容し、労働法制度や法理論にも多様な影響を及ぼしていると考えられる。まず、本書で用いるドイツ社会モデル[4]を説明しておこう。

Ⅱ　ドイツ社会モデル

一　二元的労使関係システム

ドイツの二元的労使関係システムはよく知られている[5]。労働者の利益は、労働組合とともに、従業員代表委員会（Betriebsrat）によって代表される。こうしたシステムの基盤は、企業の枠を超えた産業別労働組合と使用者団体であり、ドイツ労働組合総同盟（DGB=Deutscher Gewerkschaftsbund）及びドイツ使用者団体連盟（BDA=Bundesvereinigung der Deutschen Arbeitgeberverbände）の下で、産業毎に組織された労使両団体による利益代表システムが確立された。

基本法第9条3項は、団結の自由を保障しており、ここでは労使両団体による団体交渉及び争議行為を通じた労働条件決定を基本とし、とりわけ賃金その他の重要な労働条件が決定される。そして法制度において、特に労働協約に大きな役割を与え、協約自治を尊重して、これに不可欠な手段として労働争議が保障されている点に特徴を見出せる。すなわち、「賃金その他の労働条件を、自己の責任の下、そして実質的に国家の干渉なしに、国家の法設

4　第2章第1節Ⅱ参照。

5　毛塚勝利「組合規制と従業員代表規制の補完と相克」蓼沼謙一編『企業レベルの労使関係と法』（勁草書房・1986年）213頁以下参照。

定から自由な領域において、規範的効力を有する集団的協定によって意義深く規制する」ことが認められているのである[6]。協約自治尊重の代表例として、労働協約に開放された強行法規、一般的拘束力制度、労働条件規制における事業所協定に対する協約の優位原則が挙げられよう。さらに、最低労働条件を決める最低労働条件決定法は1952年に制定されたが、発動されたことは一度もなく、労働協約が実際上その機能を果たしてきた。こうした点では、労働者保護法の役割は限定されていたといえよう。

他方、事業所内の規制である従業員代表制では、事業所の全従業員を代表して、社会的事項、人的事項そして経済的事項における関与権が認められ、使用者の権限を規制する。関与権は、意見聴取から共同決定まで段階づけられている。従業員代表委員会は、事業所組織法（1952年制定、1972年大幅改正）に基づき設立される。なお、企業レベルでは、モンタン共同決定法（1951年制定、1976年大幅改正）によって、労働者代表が監査役会の構成員となり、共同決定権が認められている。

労働組合と従業員代表委員会は、制度上は区別されるが、実際上は密接な関係を有することが少なくない。労働組合は、その設立に関わることが多く、このため委員の3分の2は組合員である。そして従業員代表委員会は、実質的に労働組合の支援を受けて活動しているとされる[7]。

二　社会的保護原理[8]

労働契約当事者の非対等性に鑑みて、社会的な観点から適正な利益調整を達成するための原則及び規制が不可欠であり、このために法定最低労働条件を定める労働者保護法が制定されている。その特徴として、以下を指摘できる。第一に、対象が広範であり、かつ規制内容が詳細なことである。具体的には、労働時間法、解雇制限法、パートタイム・有期労働契約法、賃金継続支払法、労働安全法、労働者派遣法、連邦休暇法、閉店法などが挙げられる。たしかに、近年、解雇制限法、賃金継続支払法、労働者派遣法、閉店法など

6　BVerfG vom 24.5.1977, BVerfGE.Bd.44, S.322.

7　藤内・前掲書（注3）273頁以下参照。

8　Vgl., R.Richardi, O.Wlotzke, H.Wißmann, H.Oekter（Hrsg.）, Arbeitsrecht（Münchener Handbuch）Bd. 1, 3.Aufl., C.H.Beck, 2009, S.31ff.（Richardi）.

は、改正によって一定程度緩和が進められたとはいえ、依然として労働者保護のために厳格かつ詳細な規制がなされているといってよい。第二に、賃金、労働時間、年休などの重要な労働条件が労働協約によって規制されていることが多い。このため、労働時間法や連邦休暇法などが制定されていても、これを上回る労働条件を規定しているので、こうした法律自体の意義は、日本ほど大きくない。例えば、労働時間法の法定労働時間は1日8時間であるが（第3条）、労働協約では週平均37.7時間であり、前者を上回っている。また連邦休暇法の年休日数は18労働日に対し、労働協約ではほぼ30労働日となっている[9]。第三に、法律規定が存しない場合でも、判例によって重要な規制が構築されている点も指摘しなければならない。ドイツでは労働裁判所が設置され、特に連邦労働裁判所は、連鎖労働契約規制に代表されるように、「法創造」といってよい判例法理を形成した。

　上記のことから、労働者は、法律及び労働組合による規制を通じて良好な労働条件を享受してきたといってよいであろう。

三　生活保障システム

　労働者の生活基盤の基本は賃金であり、労働協約が実質的に最低賃金法として機能してきたが、社会保険制度を中核として、家族も含めその生活を支える制度も構築されている。ドイツの社会保険制度の淵源は19世紀に遡る。医療保険（1883年）、労災保険（1884年）、そして障害・老齢年金保険（1889年）はビスマルク時代に創設され、失業保険も1927年に導入されて第二次大戦後、それぞれ発展する。介護保険制度は1994年に発足し、社会保険の5つの柱が確立した。児童手当が導入されたのは1954年であり、徐々に内容を充実させ、子育て家族への支援制度との意義を有する。さらに、1961年、既存の関連諸制度の統合により制定されるのが連邦社会扶助法であり、公的扶助制度（生活保護）として最後のセーフティーネットの機能を果たしている。

　ドイツの社会保険制度の特徴として、①被用者保険として創設されたこと、②カバーすべきリスクに応じて分立していること、③社会的自治の原則に従って組織された独立した運営主体によって実施されていること、④財政は税

9　Vgl., WSI, Tarifarchiv 2016.

ではなく、その大部分を保険料によっていること、⑤給付は納められた保険料との対応関係に立っていることが挙げられる[10]。

　特徴的な制度を紹介しておこう。労働者の疾病に対して医療保険が制度化され、医療費は、自己負担分を除いて保険によってカバーされる（社会法典第5編）。疾病時における労働者の生計費は、最初の6週間、賃金継続支払法によって確保される。これ以降は、3年以内で78週間まで医療保険による疾病手当（Krankengeld）が支給される（社会法典第5編第48条1項）。支給額は、「通常の報酬（regelmäßiger Entgelt）」の70％（手取り報酬の90％が上限）である（第47条1項）。なお多数の労働協約は、報酬と疾病手当の差額を補填する規定を置いている。

　退職後の生活は老齢年金保険によるが、その上積みとして、多くの企業において企業年金が制度化され、これによって退職前の報酬水準に接近させている。なお、2001年の年金制度改革（リースター年金）によって、社会保険上の年金額減少をカバーするため、政府は、個人による老齢年金契約の締結を推奨している。

　失業中の生活保障制度として、失業手当と失業扶助手当が存し、後者は、失業手当を受給できない失業者を対象とする。なお、ハルツ改革では、「恵まれた」失業者の生活援助を改めるため、大胆な変更がなされた。

　社会保険を基盤とする生活保障制度の水準は相対的に高く、「社会国家」（基本法第20条）にふさわしい内容といえよう。

Ⅲ　ドイツ社会モデルの変容

一　背景

　ドイツでは、協約自治を基本としつつ、企業及び事業所レベルでの労働代表の関与を法律で保障するとともに労働者保護を労働法規によって規制する法制度を採り、さらに充実した社会保険制度を整えてきた。このため、労働者とその家族の労働条件及び生活水準は比較的高かったといってよい。しかし、1990年の東西ドイツ統一の影響、経済のグローバル化、新自由主義・規

10　厚生労働省『2013年海外情勢報告』（2014年）219頁。

6　序章

制緩和の強まり、さらに EC/EU 統合の進展はドイツ社会モデルに対して多様な影響を及ぼすことになる。

　新自由主義の立場からドイツ社会モデルの「硬直性」が批判され、さまざまな分野における規制緩和が進められたが、すでに80年代、新自由主義に立脚する経済学者を中核とするフランクフルト学派は、「労働法における市場化の拡大（Mehr Markt im Arbeitsrecht）」との大胆な提言を行っている。同提言は、集団的労働法では、①労働協約から逸脱する事業所協定締結の許容、②一般的拘束力宣言の廃止、③争議制限規定の制定（警告ストの禁止、一定の条件下での「冷却期間」の新設、スト開始にあたっての批准の規定等）などである。個別的労働法では、①解雇制限法において、労働者の能力や勤続期間のような、事業所と関連した社会的「選択」の基準を緩和し、明確化する、②事業所組織法の「社会計画」に関する諸規定を削除する、③有期労働契約締結には合理的理由を要するが、それが明らかでない場合でも期間を3年に延長する、④労働者派遣法の派遣期間を3年に延長する、⑤職業紹介に関する連邦雇用庁の独占をなくす、である。提言は、当時としては大胆な内容を含んでいた。しかし、その後の推移を見ると、個別的労働法での提言の多くは実現され、この点では先見性を有したといえるが、特に注目を集めるのは90年代に入ってからである[11]。

　政治統合を達成したドイツにとっての最大の課題は、経済社会統合であった。当初の「統一ブーム」による経済の活性化の後、東ドイツの疲弊が明らかになるにつれ「統一不況」に陥る。90年代中頃から徐々に回復するが、経済のグローバル化が影響を及ぼす。雇用の場面では「産業立地問題」（ドイツ国内での生産は「高コスト」であり、「産業立地」に適さないのではないかとの議論）が取り上げられた。失業率は、ドイツ統一後徐々に上昇し、90年代中葉には8％ないし9％台を推移し、大量失業問題の克服が重要な政策課題となる。

　こうした中で、規制緩和を推進する立場から伝統的規制システムに対する批判が強まる。第一に、労働協約の「硬直性」である。労働協約による横断的な労働条件設定とその特権的規制は、企業毎に経営状況や事業運営方針等

11　第1章第1節参照。

が異なる現状に適合しなくなっており、また一般的拘束力や脱退後の効力など労働協約の法的効力が「強固」に保障され、そのカルテル機能が強すぎる以上、柔軟化や労働協約法・事業所組織法の改正が必要であると主張される。第二に、法律規制の厳格さである。解雇制限法などの規制が強すぎて、雇用創出が妨げられているとされる。第三に、失業者への刺激策の不十分さであり、その生活が保障されすぎており、前職と同様ないしそれ以上の賃金に相当する職が見つかるまで失業状態にとどまる傾向があるという。第四に、労働力の需給調整の不十分さからミスマッチが生じている点であり、この解消のために、特に「労働者の職業資格化の改善（eine bessere Qualifizierung der Arbeitnehmern）」が重要であると指摘される[12]。

二　変容

　1998年、コール首相の16年間の長期政権後に誕生するのがシュレーダー連立政権（社会民主党と同盟90／緑の党）である。シュレーダー首相は、大量失業との闘いを重要な政策課題として掲げた。1998年時点で、失業者は428万人（11.1%）という深刻な状態であり、この克服が求められたのである。第一次シュレーダー政権は、連立協定に基づき、支持基盤である労働者・労働組合のみならず、経営側にも配慮したバランスのとれた政策を進める。大きな変革は、第二次シュレーダー政権下（2002年〜2005年）においてなされる。すなわち、職業紹介統計の不正問題を契機にして設置されたハルツ委員会による報告（「労働市場における現代的サービス」）に基づき、大胆な労働市場改革に着手したのである。ハルツ改革の基本理念は、失業者の「自助努力を呼び起こし、かつ保障を約束する」ことである。ここでは、従前と比較して、失業者に対する「支援（Fördern）」よりも「要請（Fordern）」が強められることになった。

　ドイツは、2000年代前半まで経済は低調であり、「ヨーロッパの病人（Sick Man of Europe）」と揶揄されていた。2000年から2004年までのGDPの平均値は1.1%であり、イギリス3.4%、フランス2.0%よりも低かった。しかし、徐々に経済は上向き、失業率も低下する。2005年時点で約500万人の大量失

12　第2章第1節参照。

8 序章

業者は、その後の10年間で290万人にまで減少する一方、就労者（Erwerbstätige。労働者と自営業者）は約370万人（4,260万人）、社会保険加入義務ある就労者[13]は約440万人（約3,040万人）増加している（2015年）。EU諸国内（28ヵ国）での失業率の平均は10.6％であり、上昇傾向にあるが、ドイツは逆に減少して5.6％と低い[14]。こうした状況を変えた背景として2点が指摘されている。第一に、ユーロ導入やこれに伴うEU域内の市場統合の拡大、また新興国の経済成長などによって、ドイツに新たな市場をもたらし、輸出市場型の経済成長を可能にしたことである。第二に、労働市場改革に取り組み、企業に強いコスト競争力をもたらし、また労働市場の柔軟化が進んだことである。このようにハルツ改革は、たしかにプラスの側面を有するが、低賃金労働者や非正規労働者の増加などのマイナスの側面も併せ持つ。

　90年代以降のもう1つの大きな変化は、労働協約及びこれを支える労使両団体に関わる。上記の通り、横断的労働協約の「硬直性」に対する批判が強まり、その柔軟化と事業所レベルへの下降化が進展する。これは、企業や事業所の経営事情に適合的な労働条件設定を可能にする一方、産別労働協約の規制力＝社会的影響力の低下をもたらすことになった[15]。ドイツ労働協約は、労使両団体の構成員のみならず、非構成員の労働条件の基準ともなり、実質的に最低労働条件法として機能してきた。しかし、協約拘束力が低下し、低賃金層が増える結果となる。まず、労働者送出し法や労働者派遣法のように、特定の業種・職種に対する最低賃金制が導入され、次いで全国一律の最低賃金法が制定される（2015年1月施行）。ドイツは、他のEU諸国とは異なり、それまで最賃法が存在しておらず、これには協約自治が重要な役割を果たしてきた点からすると、労働条件規制システムの転換点といえよう。

　ドイツの集団的労使関係は、伝統的に巨大な労使両団体たるドイツ労働組

13　社会保険加入義務とは、疾病、年金、介護そして雇用保険に加入が義務づけられている場合であり（雇用保険は別扱いされることがある）、派遣労働者、有期雇用労働者、職業訓練生そして高齢パートタイム労働者（Alters-teilzeitbeschäftigte）を含むが、官吏、自営業者、家族就労者、兵士そして些少労働従事者は除外される。

14　Amtliche Nachrichten der Bundesagentur für Arbeit, Arbeitsmarkt 2015 (63. JAHRGANG, Sondernummer 2), S.105.

15　毛塚勝利「時短協約10年後のドイツ協約政策の現在——雇用危機と柔軟化攻勢のなかで模索・変容する協約政策」労旬1336号（1994年）6頁以下参照。

合総同盟（DGB）とドイツ使用者団体連盟（BDA）とによって形成・展開され、法制度や法理論にも影響を及ぼしてきた点に大きな特徴が見られる。例えば、「一事業所・一労働協約」との協約単一原則が挙げられる。しかし、2000年代に入り、DGB傘下に属さない多様な労働組合の活動が活発化し、その見直しが求められる。労働者派遣法改正によって、派遣先労働者との均等待遇原則が導入されたが、労働協約の締結による例外が認められた。派遣会社は、キリスト教民主労働組合傘下の労働組合との間でこれを結び、均等待遇原則を逸脱する方法を進めた。連邦労働裁判所は、その協約締結能力を否定する決定[16]を下し（2010年12月14日）、注目を集める。次に、操縦士、航空管制官、機関士（運転士）、そして医師のような専門職を組織する労働組合がストを実施して、大幅な賃上げを実現する。こうした労働組合は、DGB傘下の産別労働組合と競合関係に立ち、独自の労働協約を締結した結果、協約単一原則にそぐわない状況が生まれた。また、少数組合の争議行為の正当性やスト差止めに関する議論が活発化する。連邦労働裁判所は、協約単一原則が団結の自由（基本法第9条3項）に反するとの判断を下したが[17]（2010年1月27日）、DGBとBDAは、共同して同原則を定める内容の法案化（労働協約法改正）を進め、2015年5月に成立した。これに対して、専門職組合等は、連邦憲法裁判所に憲法異議の訴を提起したが、2017年7月11日、一部を除き合憲との注目すべき判断を下した。

　さらに、EC/EU労働法の影響が強まっているのも最近の特徴である。EC/EUが経済統合のみならず、社会政策や政治統合を進めるにつれて、EC/EU労働法の比重が高まる。EC/EU法優位原則に基づき、これに反する国内法は修正を余儀なくされ、またEC/EU指令が発せられると、それに適合する法律の制定や改正が求められる。その際、欧州司法裁判所が重要な役割を果たし、国内裁判所から関連法律のEC/EU法適合性を付託されると、先行判決が下されることになる。このため、ドイツでも一般平等取扱い法などの重要な法律が制定され、またEC/EU指令に合わせた労働者派遣法の改正などが行われた。さらに、欧州司法裁判所の先行判決によって、年休権理論のように、伝統的な判例理論が覆されることもある。いずれにしても、ド

16　BAG vom 14.12.2010, NZA 2011, S.289.
17　BAG vom 27.01.2010, NZA 2010, S.645.

10　序　章

イツ労働法を正確に理解するには、EC/EU 労働法の研究が不可欠と考えられる。

Ⅳ　本書の構成

　本書では、もとよりその一断面を論じるにすぎないが、ドイツ社会モデルを基軸とするドイツ労働法がどのように変容しているのかを、①労働条件規制システムの変化、②労働市場法改革、③集団的労働立法・理論の変化、④EU 労働法の影響の 4 つの観点から明らかにする。

　本書の構成は、以下の通りである。第 1 章「横断的労働協約の変容」では、労働条件規制が産業別レベルから企業レベルに下降している動向、及びその影響を明らかにする。第 1 節「大量失業・グローバリゼーションとドイツ横断的労働協約の『危機』」では、伝統的に重要な役割を果たしてきた横断的（産業別）労働協約の生成・発展及び基本法上の保障を確認した上で、その「危機」の背景を明らかにし、これが時代に合わなくなり、批判にさらされていること、ならびに労働協約の構造及び内容の変化の具体例を示す。そして、改革の方向性を、事業所組織法等との関係を踏まえて探り、「統制のとれた分権化」の必要性を指摘する。ただし、本論文の公刊は2000年であるので、その後の状況を論じるのが、第 2 節「2000年以降の横断的労働協約をめぐる変化」である。本節では、特徴的な動向をフォローするとともに、集団的労使関係の当事者、特に労働組合の変化を概観し、ドイツ労働法の骨格を形成する協約自治の基盤が動揺している実情を明らかにする。第 3 節「ドイツにおける最低生活保障システムの変化～労働協約の機能変化と関連して～」では、労働協約の機能低下が端的に表れる低賃金労働に焦点をあててドイツの実情を紹介し、これと密接に関連し、ドイツ労働法の骨格をなす労働協約の機能変化と法的議論、法律による最賃規制の動向を紹介・検討して、最低生活保障システムの変容の一側面を論じる。

　第 2 章「労働市場法改革の動向」では、ハルツ改革を中心とする大胆な失業克服法政策の動向を論じ、その影響を検討する。第 1 節「ドイツ労働市場改革立法と伝統的規制システムの変容」では、東西ドイツ統一、経済のグローバル化の進展、EC/EU の市場統合などのドイツ内外を取り巻く状況の大

きな変化のなかで最大の政策課題に浮上した大量失業克服のために実施された
たハルツ改革を中心とする立法動向を検討する。特に大きな論争を惹起した
のは、ハルツ第四次法による失業制度の大胆な改革であり、第2節「ドイツ
の求職者支援制度」では、これを詳細に検討し、その後の修正の動きなどを
論じる。第3節「ハルツ改革10年の推移と評価」では、第1節で論じたハル
ツ改革から10年が経過したので、その間の動きをフォローするとともに、労
働市場法改革の総括を行っている。

　第3章「集団的労働立法・理論の変容」は、集団的労働法の分野に焦点を
合わせて、その変容を探る。第1節「1990年以降の労使関係の変化」では、
ドイツ労働組合総同盟（DGB）とドイツ使用者団体連盟（BDA）という、協
約自治を担う労使両当事者の変化、特にDGBの構成員数の減少、及びこれ
に伴う労働協約の機能低下等の現状を明らかにするとともに、DGBの傘下
に属さない機関士（運転士）組合、コックピット組合、マールブルグ連盟な
どの専門職組合の活動が活発化している現状を明らかにする。これが伝統的
な争議権理論の修正や労働協約立法の改正・最賃法の制定を導いた点を論じ
るのが、第2節「集団的労働法理論の変容」、及び第3節「最近の労働協約
立法をめぐる動向」である。

　第4章「EU労働法とドイツ労働法」では、EU（EC）労働法がドイツ労
働法に多様な影響を及ぼし、前者の占める比重が増している点を論じる。第
1節「EU労働法のドイツ労働法への影響」では、EC/EU労働法の発展を
概観した後、主なEC/EU指令を中心にしてドイツ労働法への影響を探る。
第2節「欧州司法裁判所判例の影響」では、欧州司法裁判所の重要な判決を
手掛かりにしてドイツ労働法・判例理論との関係を検討し、連邦労働裁判所
の伝統的な判例理論の修正を余儀なくされる程のインパクトを与えている点
などを明らかにする。

　第5章「総括」では、序章で提起したドイツ労働法がいかに変容したかを
検討する。結論的には、日本ほど大胆な変化とならず、ドイツ内外を取り巻
く環境の変化に併せつつ、労働者及び労働組合の権利保障に配慮しつつ変容
していること、及びその要因と社会国家との関係を論じる。そして、最後に
日本との関係を若干検討する。

第1章　横断的労働協約の変容

第1節　大量失業・グローバリゼーションとドイツ横断的労働協約の「危機」

Ⅰ　はじめに

　ドイツにおいて、近年、「横断的労働協約の危機（Krise des Flächentarifvertrags）」が盛んに論じられ、その改革が議論されるに至っている。産業別労働組合と使用者団体との間で締結され、企業横断的に適用される労働協約は、いわゆるドイツ社会モデルの支柱をなし、歴史的に見てもドイツの労使関係を形成・構築する上で決定的役割を果たしてきたことはあらためていうまでもないであろう[1]。「協約自治（Tarifautonomie）」は、現実の労使関係の規制場面のみならず、理論的にも重要な意義を有し、労働協約に開放された法規（tarifdispositives Gesetzesrecht）のように、国家法といえどもその前では後退を余儀なくされることもある。また、法律の制定・改正にあたっては、協約自治を侵害しないかとの観点から議論されることも少なくない（一例として、疾病時に100％の賃金継続支払いを保障する規定を改正し、80％に引き下げる賃金継続支払法の改正〈1996年〉を挙げることができる。なお、1999年に再び改正され、基本的に元に戻された[2]）。こうした横断的労働協約は、

1　ドイツの労働協約に関しては、故久保敬治名誉教授による、実態を踏まえた一連の研究（『ドイツ労働法の展開過程』（有斐閣・1960年）、『団体交渉制の研究』（有斐閣・1966年）、『ドイツ労働法論』（ミネルヴァ書房・1970年）、『労働協約の法理論』（総合労働研究所・1978年））がある。

14 第1章 横断的労働協約の変容

使用者団体の構成員や労働組合員以外の者に対しても実質的に適用され、い
わば最低労働条件法として機能し、労働者の労働条件を下支えする意義を有
し、また時短促進に代表されるように、労働条件の改善にも重要な役割を果
たしてきた。

　しかし、特に90年代に入り、経済のグローバル化と「産業立地（Standort）」
問題（ドイツ国内での生産は「高コスト」であり、「産業立地」に適さないのでは
ないかとの議論）、一向に改善の兆しが見えない失業情勢、東西ドイツの統一
を契機にした財政事情の悪化、さらに労働者の価値観の多様化等を背景にし
て、横断的労働協約の「硬直性」に批判の目が向けられ、その「分権化」、
「柔軟化」、「相違化」の必要性が声高に叫ばれるようになった。すなわち、
それが企業横断的に労働条件を規制するため、経営事情が異なる個々の企
業・事業所の実状に適さない、労働・家庭生活や価値観の異なる労働者の要
望に応えていないなどと批判され、場合によっては協約基準を下回る労働条
件を認めるなどそれぞれの事情に即した「柔軟な」規制が求められるとされ
るのである。労働法に対しても同様の批判が加えられ、「規制緩和」や「弾
力化」がキーワードとなっており、①解雇制限法における解雇規制の緩和、
②就業促進法における有期労働契約の規制緩和、③雇用促進法（1997年に社
会法典第3編に統合）における失業給付の引下げなどが議論され、実現され
たのも少なくない[3]。こうした労働法規の「規制緩和」や「弾力化」[4]の背景
も労働協約と同じ脈絡で捉えることができるが、このことは、労働協約が労
働法規と類似の地位にあることの証左ともいえよう。すなわち、ドイツにお
いて労働条件規制を「緩和」「弾力化」するには、法律のそれだけでは不十
分であり、労働協約のそれも不可欠なのである。

　横断的労働協約をめぐる今日の局面は、「横断的労働協約の危機」と呼ば
れていることからもわかるように、協約当事者、とりわけ労働組合が防御的

2　賃金継続支払法の改正及び法律と労働協約との関係については、水島郁子「ドイツ賃金継続支
　払法の変更」姫路法学23・24合併号（1998年）399頁以下、同「法律変更が労働協約に及ぼす影
　響」姫路法学29・30合併号（2000年）609頁以下参照。
3　名古道功「ドイツにおける中高年労働者」労旬1444号（1998年）22頁以下参照。
4　ドイツ労働法の「規制緩和」「弾力化」に関しては、西谷敏「ドイツ労働の弾力化論（一）
　（二）（三・完）」法学雑誌39巻2号（1993年）237頁以下・42巻・4号（1996年）805頁以下・43
　巻1号（同年）1頁以下において詳細に分析されている。

立場に立たされている点に大きな特徴を見い出せる。そして、横断的労働協約の廃止を主張する極端な論者はいないが、程度の差はあれ、またその意図するところは異なるにせよ、学界、労働組合、使用者（団体）において、その改革の必要性自体については異論がない。いずれにせよ、今日、ドイツ労働協約は大きな転換の最中にあるということができよう。

　本節では、横断的労働協約の生成・発展・機能及び基本法上の位置づけなどを踏まえて今日的特徴を明らかにし、「労働協約の危機」に関してどのような議論がなされ、いかなる展望の下でこれに対処しようとしているのかを中心に、実態にも触れながら考察を進めていきたい[5]。いうまでもなく、わが国の労働法はドイツ労働法から多くを摂取してきたが、こうしたドイツ労働法やその基盤を形成している労使関係に関しては横断的労働協約抜きには論じ得ず、今日のその変化はドイツ労働法を理解するにあたって意義を有すると考えられる。わが国においても、経済のグローバル化、経済不況の深刻化、失業率の急上昇等ドイツと同様の背景から、労働法の「規制緩和」「弾力化」の必要性が強く主張されており、労働基準法、雇用機会均等法、派遣労働法等の改正は、こうした流れに沿っているところが少なくない。もっとも、ドイツとわが国とでは労働協約の構造が異なり、企業別協約に批判の目が向けられることは皆無といってよく、「横断的労働協約の危機」に関する議論から直接的な示唆は得にくいであろう。しかしながら、ドイツ労働協約の現局面の分析は、それが法律と同様の機能を果たしている点に鑑みても、「規制緩和」「弾力化」の議論にあたって一定の示唆を与えてくれると考えられる。

Ⅱ　労働協約の安定と協約自治の基本法上の保障

一　横断的労働協約の生成と発展

1　第二次世界大戦までの生成と発展

　ドイツにおける労働協約の生成は古く、1848年に印刷業において締結され

---

[5]　「横断的労働協約の危機」に関する文献として、大塚忠「横断的交渉機構から『経営に近い』交渉機構へ」日労研413号（1994年）2頁以下、竹内治彦「『産業別協約制度の危機』についての考察」岐阜経済大学論集31巻1号（1997年）161頁以下等がある。

16 第1章 横断的労働協約の変容

たのがその端緒とされる。しかし、当時の使用者・使用者団体は、労働力の
投入や賃金決定における自由の制限を嫌い、また多くの労働組合も、階級闘
争思想の弱体化を恐れて労働協約の締結には消極的な態度をとる傾向があっ
た。労働組合にとって転機となるのは、1899年5月に開催された自由労働組
合第3回大会であり、そこにおいて、労働条件決定にあたっての労働者側の
対等な地位を使用者に承認させる証左として労働協約を位置づけた。他方、
使用者側は20世紀初頭においてもなお労働協約の締結を拒否していた。しか
し、こうした態度も徐々に変わり、使用者団体の対応も一様でなくなってく
る。例えば、全使用者団体（Gesamtverband der Arbeitgeber）は、1905年12
月の通知文において、その構成団体は自由に労働協約を締結し得るとの見解
を示すに至った。大産業はなお消極的であったが、中小産業が労働協約の締
結を求めていたためである。こうした労使の態度変更によって、金属関係の
産業において、1905年時点では、32の労働協約が2108の事業所で11,826人の
現業労働者（Arbeiter）に適用されるにすぎなかったが、1913年には、労働
協約数1,236、適用事業所数15,767、適用現業労働者数194,101人にまで達し
た。また、中小企業においては圧倒的に横断的労働協約が締結されていた。
その動機となったのは、労働組合側では、労働者組織の承認と強化であり、
使用者側では、当該産業部門の全使用者に適用される協約交渉を束ね、競争
条件の同一化を達成することであった。使用者側にとってさらに重要な意義
を有したのは、有効期間中の「産業平和」である[6]。しかし、鉱山業、重工
業及び化学産業においては、使用者の抵抗が強く、労働協約の締結自体限定
されていた。大きな転換点となるのは、1918年11月15日に締結された中央労
働協同体協定であり、そこにおいて集団主義的労働法の諸原則（労働組合の
全面的承認、団結権保障、労働条件の労働協約による決定等）が確認された。こ
れを受けて同年12月18日に労働協約の規範的効力などを規定する労働協約令
（Verordnung über Tarifverträge, Arbeiter- und Angestelltenausschüsse und
Schlichtung von Arbeitsstreitigkeiten）が制定され、その法的保障がなされた。
1919年にはワイマール憲法が制定され、団結権と協約自治が保障される。こ
の結果、鉱山業、重工業などにおいても労働協約制度が浸透していった。た

6　以上、vgl. H.Stadler, Aktuelle Probleme mit Flächentarifverträgen, in: Das Arbeitsrecht der
　　Gegenwart 33, 1996, S.47ff.

しかに、横断的労働協約の締結は、一方では労働組合、他方では使用者・使用者団体の自主的な決定に基づくため、企業協約の締結も可能であった。しかし、当初、横断的労働協約に拒否的であった大企業も使用者団体に加入して労使両団体の中央集権化が進むことになり、企業協約は例外になった。第一次世界大戦直前の1913年に企業協約は77.0％を占めていたが、1929年初頭には36.6％にまで低下し、構成比が逆転した。適用労働者数で見ると、1913年時点ですでに30.4％であったが、1929年にはわずか3.9％にまで低下している。当時の横断的労働協約としては、適用範囲の大きい方から、全国協約（Reichstarifverträge）、地域協約（Bezirkstarifvertäge）、そして地方協約（Ortstarifvertäge）が存した。1929年時点における割合は、全国協約0.9％（適用労働者数15.1％）、地域協約34.6％（同74.9％）、地方協約27.9％（同6.1％）であった。1913年時点と比較すると、適用範囲の狭い地方協約数の割合（1913年—11.9％）は増えているが、適用労働者数のそれ（同17.9％）は減り、地域協約数（同11.0％）及びその適用労働者数（同46.1％）が増加し、また全国協約数（同0.1％）及びその適用労働者数（同5.6％）も比重を高めている[7]。

　他方、経済危機の時期になると、協約当事者は、賃金確定にあたって安易に国家の仲裁制度に依存するようになった。これが徐々に協約自治を弱体化させるに至った要因であることは今日ではよく知られており[8]、第二次大戦後、こうした反省から協約自治が強調されることになる。1933年に政権を掌握したナチスの下で労働組合組織は壊滅し、それに代わって労働者は「ドイツ労働戦線（Deutsche Arbeitsfront）」に組織された。また、国家の機関たる労働管理官（Treuhänder der Arbeit）によって決定される労働条件規則（Tarifordnung）は、労働協約と類似の機能を果たすとはいえ、労使の集団的自治に基づく労働協約とは全く性格の異なる制度であった。

2　第二次世界大戦後の発展
　第二次世界大戦後、占領下で労働組合は再建され、労働者は産業別に組織

7　以上、V.Kriebel, Zentralisation und Dezentralisation im Tarifsystem, Dunkerund Humblot, 1984, S.21ff; 久保敬二『ドイツ労働法の展開過程』（有斐閣・1960年）114頁以下参照。

8　西谷敏『ドイツ労働法思想史論』（日本評論社・1987年）366頁以下参照。

18　第1章　横断的労働協約の変容

される（職種別組織であるドイツ職員労働組合は例外である）。1949年には、ド
イツ労働組合総同盟（Deutscher Gewerkschaftsbund〈DGB〉）が結成された。
これに対応して、使用者も産業別に組織され、1949年5月、ドイツ使用者団
体連盟（Bundesvereinigung der Deutschen Arbeitgeberverbände）が結成され
るに至る[9]。1949年4月9日には労働協約法（Tarifvertragsgesetz）が制定さ
れるが、これは、基本的にはワイマール期の労働協約令よりも協約自治を尊
重した内容を有していた。具体的には、①労働関係の内容と終了のみならず、
その締結や、経営上及び事業所組織法上の事項、さらに労使共同設置機関
（gemainsame Einrichtungen）に関する協約規定も規範的効力を有する（1条
1項、4条1・2項）とし、規範的部分が拡大された、②協約に基づき生じ
た請求権の（労働契約による）放棄は、協約当事者の承認の下でのみ認めら
れると明記された（4条4項1文）、③協約の余後効を定めた（4条5項）な
どである。ワイマール時代において協約自治への国家介入をもたらした強制
仲裁制度の廃止も協約自治を保障する上で重要な意味をもつが、他方、協約
当事者の責任を強めたともいえる。

　こうした中で、横断的労働協約が復活し、発展を遂げることになる。当時
においても企業協約が締結されていたが、それは、使用者が「なんらかの事
情で使用者団体の構成員でない、あるいは当該企業の性格（ドイツ鉄道のよ
うに、ドイツ全土における単一の企業体を指すと思われる―筆者注）から企業協
約の締結が合目的である」場合に限定された。全国協約の締結も見られたが、
それは基本協約（Manteltarif）が主であった。重要な役割を果たしたのは地
域レベル（州に相当）において締結され地域協約であり、協約当事者は、州
単位の組合の地方本部とこれに対応する使用者団体である[10]。なお労働協約
の種類としては、賃金・俸給に関する協約とそれ以外の労働条件に関する協
約に大別される。前者については、賃金ないし俸給の額を定める賃金・俸給
協約（有効期間1年が通常であるが、時短との関連でより長期の協約も締結され
ている）と格付けにあたっての基準などを定める賃金・俸給枠組協約がある。
後者、すなわち賃金・俸給以外の一般的労働条件を定めるのが基本協約であ
る。この有効期間は数年にわたるのが通常であり、具体的内容は、労働時間、

9　Vgl., H.Stadler, a.a.O.(Fn.6), S.49f.

10　以上、vgl., H.Deckers, Betriblicher oder überbetrieblicher Tarifvertrag?, Aschendorf, 1960, S.20.

時間外・交代制・夜勤労働の割増手当、休暇、解雇要件・予告期間など多様である。最近ではこの他に、追加休暇手当、高齢者及び障害者扶助、失業手当を支払うために設置された、協約当事者の共同機関に関する協約、財産形成に関する協約などが締結されている[11]。

二　横断的労働協約の機能

　上記のような経緯で生成発展してきた横断的労働協約は、社会的経済的に重要な機能を果たし、これが協約自治の法的議論にも影響を及ぼしている。まず第一に、保護機能（Schutzfunktion）が挙げられる。歴史的に見て労働協約が労働者保護の必要性から生まれたのは明らかであろう。従属的地位に置かれた労働者が団結し、対等な地位に立った交渉を通じて労働条件の改善が図られ、人間にふさわしい生存が確保されるのである。その際、横断的労働協約は最低基準として機能し、規範的効力の法認によって安定した役割を果たすことになる。第二次世界大戦後の基本法９条３項の下においても、団結が「労働・経済条件の維持改善」との任務を有すると規定されているため、保護機能が意義を失っていないのは明白である。もっとも高度経済成長期を通じた生活水準の向上の中で、「保護原理は頂点を越えた」との見解が主張された[12]。たしかに、賃金ドリフト現象が生じる好景気のときにはその意義が減殺されるが、少なくとも人的には中高齢労働者、対象的には割増手当、賞与、休暇手当、そして他と比べて経済的に遅れている地域に関しては依然として保護機能が枢要な役割を果たしてきたといえる[13]。また、労働時間短縮による自由時間の創出において重要な役割を果たしてきたのも周知のことである。さらに、労働組合は、労働協約によって合理化に規制を加え、労働の人間化に取り組んできたが、こうした点でも保護機能の意義が認められるであろう。もっとも、企業協約もこうした機能を果たしており、この点では横断的労働協約に特有のものとはいえないとも考えられる。横断的労働協約の特性を考慮すると、業績が劣り、競争力の弱い企業での労働条件を下支え

11　Kempen/Zachert, Tarifvertragsgesetz, 3.Aufl., Bund-Verlag, 1997, S.267（Zachert）; ガウグラー・カーデル・佐護誉・佐々木常和『ドイツの労使関係』（中央経済社・1991年）77頁以下参照。

12　W.Herschel, Tarifdispositives Richterrecht, RdA 1975, S.336.

13　Wiedemann/Oetker/Wank, Tarifvertragsgesetz, 6.Aufl., C.H.Beck, 1999, S.80f（Wiedemann）.

20 第1章 横断的労働協約の変容

するとともに、非組合員の労働条件にも実質的に影響を及ぼし、拡張された保護機能を果たしている点を指摘できるであろう。さらに、時短は、企業協約ではなく、企業横断的な一律規制であるがゆえに進んだといえる。

第二に、秩序・カルテル機能（Ordnungs- u. Kartellfunktion）が挙げられる。秩序機能とは、労働協約によって、一定期間、労働関係を不可変的に画一化することである[14]。この機能は、内容面からは合理化の効果があり、使用者は、個々の労働者と個別の交渉をする必要がなくなり、労働協約に規定された労働条件が労働契約を規制する。もっとも、それは最低基準であるため、これを上回る労働条件（有利原則）及び協約に規定されていない事項は労働契約等で定められることになる。さらに、枠組協約（格付け規定等）も労働関係の秩序づけにあたって重要な役割を果たしている。労働協約の適用範囲が広がるにつれ、それが最低労働条件法と同様の機能を果たすのもよく知られている点であろう。次に時間的な観点からは、特に使用者にとって意義があり、有効期間中、計算の基礎が確保され、新たな賃金要求などから保護される。これは余後効が法律上認められることによって（4条5項）、強化されている。特に超企業的な労働条件規制によってもたらされるのはカルテル機能である。すなわち、生産コストの重要なファクターである賃金等が統一されることによって、競争条件が平準化され、使用者は廉価競争から保護される。労働協約が当該構成員だけではなく、事実上非構成員にも影響を及ぼし、また拡張適用によって法的に拘束力がもたせられると、さらにカルテル機能が強められる[15]。これは、使用者が労働協約に期待するメリットの1つである。

第三に、平和機能（Friedensfunktion）が挙げられる。すなわち、労働協約の有効期間中、協約内容の改変を求める行為が禁止され、産業平和がもたらされる。上記のように、これも、歴史的に見て使用者による労働協約の承認を決定づけた要因である。協約交渉によって合意に達しない場合、即座に争議行為に移行するのではなく、労働協約上規定された調整制度によって妥協の成立を求めるのも、この平和機能を強化する意義を有する。協約当事者には平和を維持する法的義務（平和義務）が課せられているが、これは、その

---

14 Hueck/Nipperdey, Lehrbuch des Arbeitsrechts, 7.Aufl., Bd.I/1, C.H.Beck, 1967, S.235.

15 Wiedemann/Oetker/Wank, a.a.O.(Fn.13), S.84ff（Wiedemann）.

合意によるのではなく、労働協約に内在するとの理解が一般的である。それは、まさに当該産業全体の平和の達成を企図する横断的労働協約の構造に適した考えであろう。

以上３つの機能が主要なものであるが〜もっとも相互関係、重要性の程度には議論がある[16]〜、そのほかに、労働協約を通じて利潤に労働者が関与して分配する機能（Verteilungsfunktion）も指摘されている[17]。

三 協約自治の基本法上の保障

1949年に施行された基本法９条３項は、「労働・経済条件を維持し改善するために団結を結成する権利は、すべての人及び職業に対して保障される。」と規定する。ここにおいては労働者個人の団結権とともに、団結体自体のそれも保障され[18]、また単に団結の存立だけではなく、９条３項に掲げられた目的を追求する活動の自由（Betätigungsfreiheit）も含まれると考えられている[19]。そして、活動の自由の中心として、労働条件の交渉と労働協約による確定、すなわち協約自治が挙げられる。もっとも伝統的な連邦憲法裁判所の判例によると、９条３項は、労働者と団結に対して、内容上制限のない、あるいは制限され得ない行為の自由全般を保障しておらず、むしろ団結権能の個別の形成と詳細な規制を通じて団結の自由の射程範囲を決定することは立法者の任務であるとされる。すなわち、制度保障（Institutsgarantie）論では、「中核領域（Kernbereich）」を侵害しない限り、立法者に「（協約自治形成のための）広範な裁量権（weiter Spielraum）」が与えられており[20]、労働協約に関しては、「現代的労働法の精神に立脚した協約制度」を定めた労働協約法が制定されている[21]。「中核領域」の範囲は、団結の存立を維持し確保するのに「不可欠（unerläßlich）」かどうかを基準にして決定されるが[22]、協約自治と

---

16 Vgl., Kempen/Zachert, a.a.O.(Fn.11), S.91f（Kempen）.

17 Wiedemann/Oetker/Wank, a.a.O.(Fn.13), S.81ff（Wiedemann）.

18 BVerfG vom 18.11.1954, BVerfGE 4, S.96; BVerfG vom 14.4.1964, BVerfGE 17, S.319; BVerfG vom 26.6.1991, BVerfGE 84, S.212.

19 BVerfG vom 14.4.1964, BVerfGE 17, S.313; W.Däubler, Das Arbeitsrecht 1, 15.überarbeitete Aufl., Bund-Verlag, 1998, S.99ff.

20 BVerfG vom 19.10.1966, BVerfGE 20, S.312.

21 BVerfG vom 17.2.1981, BVerfGE 57, S.220.

の関係では、その最も重要な内容は、「賃金その他の実質的労働条件を、国家の法設定から自由な領域において、自己責任そして本質的には国家の影響なしに、不可変的な集団協定（unabdingbare Gesamtvereinbarungen）でもって意義深く（sinnvoll）秩序づける」ことであるとしている。すなわち、実質的労働条件の規制は、基本的には協約当事者に委ねられるとともに、その規範的効力も9条3項において保障されている[23]。

　こうした制度保障論に立脚した協約自治の基本法上の保障の捉え方に対しては、保障の範囲を狭めるとの批判も有力に主張されており[24]、最近の連邦憲法裁判所判例の中にも従来とは異なると理解できる判断が現れている。すなわち、連邦憲法裁判所第一小法廷は、1995年、団結権保障は「中核領域」に限定されず、むしろ「団結に特有なすべての行為形態（alle Verhaltensweisen, die koalitionsspezifisch sind)」にまで及ぶと判示した[25]。もっとも、保障の程度は一様ではなく、第三者の基本権や他の憲法レベルにおいて賦与された権利との関係での一定の制限があり、また相当性の原則（Grundsatz der Verhältnismäßigkeit）を考慮し、伝統的に協約規制があまりなされたこなかった事項に関しては法律規制の許容の程度が大きくなるとする[26]。伝統的判例理論と具体的にどの程度の相違があるのかについては慎重な検討が必要であるが、後述するように、労働協約違反の「規制の合意」に対する不作為請求の是非に関する連邦労働裁判所判決に新判例が影響を及ぼしている点は注目に値しよう。

四　協約自治の尊重
1　規範設定の優越性
　第二次大戦後、それ以前と比べて協約自治は理論上も実際上も重視され、

22　Ebenda.

23　BVerfG vom 1.3.1979, BVerfGE 50, S.290. 学説もこれを支持する。P.Hanau, Die Deregurierung von Tarifverträgen durch Betriebsvereinbarungen als Problem der Koalitionsfreiheit（Art.9 Abs.3), RdA 1993, S.5; Sachs/Höfling, Grundgesetz, 2.Aufl., C.H.Beck, 1999, Art.9 Rdnr.92; R.Waltermann, Zu den Grundlagen der Tarifautonomie, ZfA 2000, S.59f.

24　Kempen/Zachert, a.a.O.(Fn.11), S.98ff（Kempen).

25　BVerfG vom 14.11.1995, NZA 1996, S.381.

26　BVerfG vom 24.2.1996, NZA 1996, S.1157.

強調されているが、これは、上記のように、ワイマール時代末期に協約当事者が仲裁制度に安易に頼り、自壊していったことの反省のためである。すなわち、協約当事者は独力で必然的な妥協を見出し、それを構成員に対して正当化する努力をすべきであったのであり、協約当事者に大きな責任を負わせる協約自治は、こうした歴史的経験に由来するとされる[27]。他方、現実的な機能という観点から見ると、上記のように、横断的労働協約は労働法規類似の機能を果たし、事実上非組合員をも拘束するほど労働条件規制にあたって重要な役割を果たしてきた。最低労働条件決定法（Gesetz über die Festsetzung von Mindestarbeitsbedingungen vom 11.1.1952）の存在にもかかわらず、一度もこれが用いられたことがないのは、協約自治の深遠さを示すものであることも強調しておかねばならない点である。

　こうした協約自治尊重の傾向は、法的議論や立法形式にも影響を及ぼしている。まず第一に、協約自治と立法との関係につき「規範設定の優越性（Normsetzungsprärogative）」が挙げられる。すなわち、上述のように、労働条件規制は、原則として「国家の影響のない自身の責任において（in eigener Verantwortung ohne staatliche Einflußnahme)」、協約当事者に委ねられるが、これを可能にするために、国家がその立法権限を「広範に後退させ」、「詳細な内容の決定を原則として団結に任せる」領域が創り出された[28]。こうした基本的な考えには学説・判例とも異論はないが、その程度に関しては争いがあり、後述する労働協約と法律との関係でも問題となる。

　第二に、労働協約に開放された（強行）法規（Tarifdispositives Gesetzesrecht）が挙げられる。これは、労働契約や事業所協定では違反することはできないが、労働協約によるならば、強行法規に定められた基準を下回ることが許容される法規である。例えば、連邦休暇法は、年休請求権を保障した1条など一部を除き、多くの規定がこれに該当する（13条参照）。また、労働時間法7条によると、労働協約（及び労働協約に基づく事業所協定）によって、10時間までの労働時間の延長などが許容されている。労働協約に開放された（強行）法規が認められている理由としては、第一で触れた点とも関

27　Vgl., A.Junker, Der Flächentarifverträge im Spannungsverhältnis von Tarifautonomie und betrieblicher Regelung, ZfA 1996, S.387.
28　BVerfG vom 26.5.1970, BVerfGE 28, S.295; BVerfG vom 14.2.1973, BVerfGE 34, S.269.

24 第1章 横断的労働協約の変容

係するが、労働・経済条件形成に関して協約当事者の「本来的な権限（originäre Befugnis）」を尊重したという点が挙げられる[29]。連邦休暇法のように、労働協約による休暇規制が先行して一般的となり、法律の制定がそれを追認したにすぎない場合が典型的であろう[30]。次に、労働協約の場合、法律に比して経済・社会情勢の変化に柔軟に適応し得る点も指摘されている[31]。たしかに、急激な経済状況の悪化の場合、事実上法律と同様の機能を有する横断的労働協約は、それに対応しやすいといえよう。こうした労働協約に開放された（強行）法規は近年増加しており、協約自治の尊重という観点からは積極的に評価し得る。しかし、「法政策的」には厳しい批判が加えられている点も指摘しておかねばならない。具体的には、法律において保障された水準が組合員にのみ不利益に変更され、また労働組合の交渉力が弱体化されかねないという[32]。こうした危惧は、労働協約に開放された強行法規が協約自治を尊重し、労働組合の地位保障に資するように見えるが、近年力量が低下している労働組合の現状に鑑みると、不利に作用する、さらに組合民主主義が不徹底になると組合員の利益が十分に擁護されないとの考慮がある[33]。

　第三に、実質的労働条件規制に関する労働協約と事業所協定間での権限分配が挙げられる。すなわち、事業所協定によるその規制は許されず、労働協約に排他的権限が認められている。これについては、後に詳述する（Ⅶ参照）。

2　「公共の福祉」による制約

　こうした協約自治尊重の一方で、「公共の福祉（Gemeinwohl）」による制約が肯定されている点も指摘しておかねばならないであろう。これは、典型的には大幅な賃上げを求める争議のように、経済・社会秩序を侵害しかねない場合に妥当する。連邦労働裁判所は、すでに1955年の大法廷判決においてこ

29　Kempen/Zachert, a.a.O.(Fn.11), S.181（Zachert）.

30　名古道功「ドイツにおける有給休暇制度の生成と発展——ワイマール時代を中心として」金沢法学27巻1・2号（1985年）335頁以下参照。

31　Kempen/Zachert, a.a.O.(Fn.11), S.181（Zachert）.

32　W.Däubler, Tarifvertragsrecht, 3.Aufl., Bund-Verlag, 1993, S.210.

33　なお、協約に解放された裁判官法（tarifdispositives Richterrecht）も、判例規範が労働協約に関してのみ強行的効力を失い、協約に解放された法規と同様、協約の優越を認めたものである。協約に開放された法規及び裁判官法については、西谷・前掲書（注8）608頁以下参照。

れに触れる判断を下しているが[34]、詳細に論じたのは、1971年の大法廷判決[35]である。そこでは、「労働争議は、（手段と目的との）相当性の至上命題の下に置かれねばならない。その際、経済事情が考慮され、公共の福祉が侵害されてはならないことは明白である」と指摘された。さらに、1967年に制定された経済安定成長促進法3条において、連邦政府は、労使両団体等に、経済安定成長にとって必要な協調行動のための「指針データ（Orientierungsdaten）」を提示すると規定された。これには法的拘束力がないとはいえ、事実上賃上率のガイドラインとの意味を持ち、したがってそれを超える要求と公共の福祉との関係が議論されることになった[36]。連邦憲法裁判所もこうした制約を肯定するが（「労働組合も、経済全体に対するその行為の意義、並びに広範な一般生活（öffentliches Leben）への（精神的なのも含めた）影響の意義に鑑みると、その活動すべてにわたって公共の福祉を考慮しなければならない。」）、詳細な論拠は提示していない[37]。学説上は、①規範設定権限の授権を通じて、国家と同様、社会全体に対する責任が課せられている[38]、②協約当事者が国家的任務を担い、公的地位が与えられるにつれ、広範に第三者に対する責任を負わなければならなくなった[39]、③労働協約が事実上非組合員にも適用され、労働・経済条件規制に重要な役割を果たしている以上、全体的利益にも考慮が払われねばならない[40]と根拠づけられている。こうした根拠づけにはそれぞれ批判があり[41]、またそもそも、「公共の福祉」による制約自体、その概念が不明確で「空虚な公式（Leerformel）」にすぎず、法的には用い得ないなどの批判もなされている[42]。以上のように議論がある

34　BAG vom 28.1.1955, BAGE 1, S.291.

35　BAG vom 21.4.1971, BAGE 23, S.292.

36　西谷・前掲書（注8）613頁以下参照。

37　BVerfG vom 18.12.1974, BVerfGE 38, S.281.

38　W.Bulla, Soziale Selbstverwaltung der Sozialpartner als Rechtsprinzip, in: Festschrift für H. C.Nipperdey, Bd.2, C.H.Beck, 1965, S.82.

39　F.Gamillscheg, Kollektives Arbeitsrecht 1, C.H.Beck, 1997, S.479; H.Krüger, Sinn und Grenzen der Vereinbarungsbefugnis der Tarifvertragsparteien (Gutachten), in: Verhandlungen des 46.DJT., 1966, Bd.1, Teil 1, S.25.

40　W.Rüfner, Zur Gemeinwohlbindung der Tarifvertragsparteien, RdA 1985, S.194.

41　Vgl., Wiedemann/Oetker/Wank, a.a.O.(Fn.13), S.253f（Wiedemann）; Kempen/Zachert, a. a.O.(Fn.11), S.122ff（Kempen）.

26　第1章　横断的労働協約の変容

が、これまでにこうした制約が肯定されたことはなく、それは理論上の問題
にとどまっている。しかし、労働協約が社会的経済的に枢要な役割を果たし
ている以上、現実には協約当事者は「公共の福祉」に対する責任を自覚せざ
るを得ず、また本来国家が担うべき経済政策や社会政策への責任を負わされ
ることにもなると考えられる。特に失業問題が深刻化している今日、こうし
た観点からの議論が盛んになされており、シュレーダー政権の下で開催され
ている「雇用のための同盟（Bündnis für Arbeit）」においてもこの点が強く
意識されている。

　以上のように、協約自治が基本法上保障され、また協約自治が尊重される
とともに公共の福祉による制約が議論されているが、こうしたことは横断的
労働協約の存在を前提とし、労使関係において重要な機能を果たしてきたた
めである。しかし、今日、それが動揺しているわけであるが、次にこの点を
協約政策の発展を敷衍しながら明らかにしていきたい。

Ⅲ　横断的労働協約の「危機」〜今日的特徴〜

一　第二次世界大戦後の協約政策の発展

　第二次世界大戦後の協約政策は、その時々の社会・経済情勢を反映し、変
遷を遂げてきた。簡単に概観すると[43]、1945年8月6日、占領軍による労働
組合の公認以降、1933年に解体された組織の再建が本格化した。ナチス時代
に発せられた賃金凍結令（Lohnstoppverordnung vom 25.6.1938）は第二次大
戦後も連合軍管理委員会指令14号（Kontorollratsdirektive Nr.14 vom
12.10.1945）によって1948年11月3日まで継続されたため、協約の中心的な
テーマである賃金の交渉は制約を受けていた。賃金以外の労働条件に関する
交渉は可能であったが、敗戦直後の深刻な経済危機の下で十分な活動は行え
なかった。賃金凍結令廃止後、労働組合の協約政策はまず賃上げに集中され、
失業の漸次的克服や着実な経済成長を背景にして成果を挙げた。「協約政策
における新領域（tarifpolitisches Neuland）」への第一歩を記したのは、1973

42　M.Stolleis, Gemeinwohl und Minimalkonsens, Aus Politik und Zeitgeschichte B 3/78, S.37;
　　A.Söllner, Grunfriß des Arbeitsrechts, 9.Aufl., Vahlen, 1987, S.144f.

43　Vgl., W.Däubler, a.a.O.(Fn.19), S.130ff.

年に締結された北ビュルテンブルグ・北バーデンにおける金属産業での賃金枠組協約Ⅱであった。そこでは、事業所での労働過程自体が規制対象とされ、通常の休憩時間の他に有給の休息時間を導入し、また流れ作業・コンベア作業・タクト作業の規制などを通じた「労働の人間化（Humanisierung der Arbeit）」の試みがなされたのである。1973年に発生したオイルショックを契機として、労働組合はそれまでの賃金重視から職場・人員維持をも重要な課題とする協約政策を採用するようになる。印刷産業では、1台の機械で作業する労働者の人数や一定の職場での技能労働者の優先的な職の維持が規制された[44]。80年代の中心的協約政策は労働時間短縮であり、1984年に金属産業及び印刷産業において週40時間の壁が突破されたが、これが全産業に拡大するとともに、労働時間の弾力化を伴いながらさらなる時短が推し進められた。90年代に入ると、ドイツ統一、失業問題の深刻化、経済のグローバル化などを背景にして、協約政策の見直しが進むことになる。

二　企業レベルでの規制

1　経営接合的協約政策

　横断的労働協約とは異なる企業レベルの規制の発展に絞って述べると、まず挙げられるのは、50年代末頃から現れた経営接合的協約政策（betriebsnähe Taripolitik）である。労働条件は労働協約によって決定されるのが大原則であるが、特に賃金に関して協約基準を上回って支払われる、すなわち賃金ドリフトが生じた。それは、①超企業的に画一的に協約賃金が決められるとの地域横断的適用の要因、②協約の有効期間が長い場合、経済的事情の変化に対応して生じるとの時間的要因、③労働協約で定められた賃金等級が新たに生じた職務に対応せず、また技術や組織の発展などによる個々の労働者の生産性の向上との間のミスマッチのような場合に有効に機能しなくなっているとの要因等によるが[45]、一番重要なのは①である。すなわち、協約交渉の中

44　毛塚勝利「西ドイツにおける技術革新・合理化と労働組合——七〇年代の協約政策を中心に」比較法雑誌15巻4号（1982年）1頁以下参照。事業所組織法との関係での「労働の人間化」については、中島正雄「『合理化』・技術革新と共同決定上・下」労旬1115号（1985年）35頁、1116号（同年）61頁以下参照。

45　W.Kriebel, a.a.O.(Fn.7), S.88ff.

28　第1章　横断的労働協約の変容

央集権化の中で横断的労働協約は実質的に最低労働条件として機能するが、通常、それは経済的に不利な立場に立たされている企業の収益力が基準となる。こうした状況下では、好況時において大部分の企業にとって協約基準通りの労働条件、特に協約賃金を維持することには何らの支障はなく、使用者団体からの「逃避」も問題となる余地はない。むしろ、収益力の良い企業ほど協約基準を上回る労働条件（賃金、賞与、社会的給付等）を保障しようとしたのである。Teschner の調査によると、1958年から1970年の間において、協約上の時間給及び実際の時間給（税込）それぞれの上昇率の差異は、全産業平均で0.6％から3.3％、平均2.1％であった[46]。こうした賃金ドリフトは、通常、労働契約[47]や事業所協定によって行われた。しかし、法的根拠ないし法的安定性という観点からすると、それには問題がある。まず労働契約による場合、それに撤回の留保（Widerrufsvorbehalt）が付されている場合、平等取扱いの原則と衡平（Billigkeit）の原則に違反しない限り、使用者は自由に廃止し得た[48]。また、そうした留保がない場合、法的には自由な撤回は許されないが、労使の力関係に鑑みると、廃止は容易といわざるを得ないし、また判例では、協約賃金が引き上げられた場合、特別の合意がない限り、引上額がそのまま上乗せされるのではなく、現賃金に算入されるとされた[49]。さらに、何らの合意がなくて協約基準を上回る賃金が付与されている場合、いわゆる経営慣行（Betriebsübung）とならない限り、労働者に法的請求権は存在しない。また、事業所協定に規定された場合でも、実質的労働条件である賃金はその対象たり得ず（事業所組織法77条3項）、したがって事業所協定としての法的効力は生じない[50]。これらの事情から、IG Metall が中心となって、協約による規制を通じて規範的性格をもたせようとしたのが経営接合的協約政策であり、その目的として、次の4点が掲げられた。すなわち、①協約化

46　W.Kriebel, a.a.O.(Fn.7), S.82から引用。

47　具体的なやり方としては、使用者が一方的に設定する、あるいは事業所組織法上の「事業所協定」との形を取らないが、従業員代表委員会が関与して設定される統一的規制が労働者の同意を経て労働契約の内容となるのが多かった。

48　BAG vom 12.8.1982, BAGE 39, S.295.

49　BAG vom 1.11.1956, AP Nr.5, vom 28.10.1964, AP Nr.7 und vom 11.8.1965, AP Nr.8 zu §4 TVG übertariflicher Lohn und Tariflohnerhöhung.

50　Vgl., W.Däubler, a.a.O.(Fn.19), S.190ff; Hagemeiner/Kempen/Zachert/Zilius, TVG, 2.Aufl., 1990, Bund-Verlag S.544ff（Zachert）.

を通じて賃金保障を確実にする、②事業所での賃金規制を使用者と従業員代表委員会間の関係から切り離し、労働協約の内容のみとする、③事業所レベルの労働条件への影響力を確保する、④事業所レベルにおける組合活動を拡大するとともに組合組織を強化する[51]。具体的な規制方法としては、まず第一に、協約基準引上げ後も格差をそのまま維持し、あるいは一定額を上積みする一般的実収条項（allgemeine Effektivklausel）、及び単に増額されねばならないとのみ規定する制限的実収条項（begrenze Effektviklausel）が挙げられる。こうした協約政策は、好景気と完全雇用を背景とし、賃金ドリフトが進むにつれ、労働協約の意義が薄れ、ひいては労働組合の弱体化を惹起しかねないとの認識があり[52]、この点に着目すると、これも労働協約の「危機」といえないことはない。しかし、こうした条項を規定する協約は少なく、また連邦労働裁判所は、①当該条項は、労働者毎に不均一な賃金を形成し、労働協約の一般的かつ画一的な最低労働条件規制の原則（労働協約法４条１項と３条から生じる原則）に反する、②憲法上の平等取扱い原則に反するなどの理由に基づき、これを無効と判断したため[53]、こうした条項は消滅していった[54]。

　次に、経営接合的協約として、団体協約に付加して締結される、対角線交渉を通じた企業協約（Firmentarif）が挙げられる。ここでは、使用者側が個別企業であるのに対し、労働組合側が超企業的に組織された当事者である点で日本の企業別協約と異なる。1970年の賃金交渉において、ヘッセン州の化学産業の使用者団体が、今後、その締結を拒否すると回答したが、それは、①使用者の団結の自由の侵害となる、というのは基本法９条３項は、加入権のみならず、団結自体の活動権をも含み、したがって使用者団体への加入によって、争議の相手方になるのから免れる、②団体協約と企業協約とが異なった有効期間をもつ場合、平和義務との関係で問題が生じるとの法律論によっていた[55]。こうした考えに対しては批判も強かったが[56]、組合内部でもこ

51　F.Salm, Betriebsnahe Tarifverträge, Der Gewerkschafter Nr.8, 1961, S.1.

52　H.Buchner, Möglichkeiten und Grenzen betriebsnäher Tarifpolitik, DB 1970, S.2035.

53　BAG vom 14.2.1968, BAGE 20, S.308.

54　久保敬治『労働協約の法理論』（総合労働研究所・1978年）42頁以下参照。

55　H.Buchner, a.a.O.(Fn.52), S.2077; Hueck/Nipperdey, a.a.O.(Fn.14), S.309.

30　第1章　横断的労働協約の変容

の協約政策には異論があった。たしかに、組織拡大や活性化は期待できたが、同時に分権化を通じて中央組織の影響力が弱まり、また従業員集団間での連帯感が薄れ、統一的な闘争力に悪影響が生じるという点が危惧されたためである[57]。

　以上のような事情から、経営接合的協約政策は普及し定着することはなかった[58]。

2　80年代の時短政策

　次に、企業レベルの規制に関して注目し得るのは、80年代以降の時短政策である。すでに1977年10月時点において全労働者の92.2%が週40時間労働となっていたが[59]、その後、それ以上の進展はなかった。80年代においても失業率が高かったため、労働組合は、時短を、労働・健康保護や自己決定行為のための自由時間の増加というよりもむしろ新規の採用を増やし、失業者を減らすとの位置づけをしてそれに取り組み始める。年休日数の増加、中高齢労働者及び交代制労働者の労働時間短縮では成果を挙げたが、週労働時間短縮については使用者の抵抗が強かった。有名な1984年夏の大闘争を通じて40時間の壁が突破され、金属及び印刷産業において、週38.5時間労働が実現し（1985年4月1日実施）、他の産業でもこれに追随する。さらに1987年春、金属及び印刷産業における警告ストを通じて週37時間労働（1989年1月1日実施）となり、1990年の協約交渉において、いくつかの産業で35時間労働となった（旧西ドイツ地域の印刷・鉄鋼産業—1995年4月1日実施、旧西ドイツ地域の金属産業—1995年10月1日実施）。1998年末時点で、旧西ドイツ地域での平均週労働時間は37.4時間に達しているが、旧東ドイツ地域では、39.4時間である[60]。一連の時短において特徴的なのは、賃下げなしで実施され、使用者

56　D.Hensche, Zur Zulässigkeit von Firmentarifverträgen mit verbandsangehörigen Unternehmen, RdA 1971, S.9.

57　J.Bergmann u.a., Gewerkschaften in der Bundesrepublik, EVA, 1975, S.174.

58　このほか、横断的労働協約の中で、個別の（大）企業に焦点を合わせた労働条件を規定する考えも主張されたが、上記追加的企業協約と同様の批判がなされ、実際に導入されることはなかった。

59　Mitgeteilt in RdA 1978, S.49.

60　WSI-Tarifhandbuch 1999, S.92.

第1節　大量失業・グローバリゼーションとドイツ横断的労働協約の「危機」　31

側は、これを労働時間の弾力化と引換えに受け入れた点である。そして、こうした弾力化は、企業ないし事業所レベルでの規制を余儀なくした。例えば、1984年の協約交渉において、調停者 Georg Leber の提案に基づき、ニーダーザクセンの金属産業で、いわゆる労働時間の相違化（Arbeitszeitdifferenzierung）が導入される。そこでは使用者と従業員代表委員会は、全体平均で38.5時間となれば、個別事業所部門、従業員ないし従業員グループの週労働時間は、37時間から40時間の範囲内で異なって定め得るとされ、したがって具体的な規制は事業所協定に委ねられることになった（この開放条項に関しては活発な法的議論を呼ぶことになったが、これについてはⅦ2参照）。1990年の労働協約においては、週労働時間は再び労働協約で規定されたが（1995年10月1日から週35時間労働の合意、なお印刷産業では、同年4月1日合意）、従業員の18％は、労働契約に基づき、40時間まで延長し得るとされた。また1984年の協約においては変形労働時間制も導入され、37～40時間の枠内で調整期間2ヵ月、1987年には36.5～39時間で6ヵ月、94年には12ヵ月となっている。注目し得るのは、これらの規制において従業員代表委員会の権限が拡張されている点である。すなわち、従来労働時間の長さは協約で規制されていたが、これが事業所協定の当事者に委ねられることになり、労働協約は枠組規制のみを行うことになったのである。こうした方法は、各企業・事業所の実情に応じた規制を可能にした[61]。

三　今日的特徴

1　背景

　以上、企業レベルの規制に関して経営接合的協約政策及び80年代以降の時短政策を概観したが、そこでは、協約基準を上回る賃金をいかに規制するかが追求され、また労働組合の目標である時短を推進するために、協約で定めた一定の枠内において事業所レベルの規制を認めるものであり、労働組合が主導的地位に立つやり方であったといえる。これに対して、今日進行している労働協約の「分権化（Dezentralisierung）」や「柔軟化（Flexibilisierung）」は、それが時代に合わないとして正面から批判にさらされ、また労働組合が

61　80年代以降のドイツの時短に関しては、和田肇『ドイツの労働時間と法』（有斐閣・1998年）が実態を含めて詳細に分析している。

32　第1章　横断的労働協約の変容

その受入れを余儀なくされている側面が強く、それゆえにこそ横断的労働協約の「危機」と呼ばれているのである。これに関連してまず、その背景について簡単に述べておこう。

　ドイツにとって90年代は、かつて経験したことのない政治的並びに社会経済的変動を受けた時期であったといわれているが、その要因としては、なによりもまず1990年のドイツ統一が挙げられる。統一に伴い、インフラの整備、経済の立て直し、旧東ドイツ国民の生活水準の維持・向上などに莫大な予算を要したが、当初は旧西ドイツにおける好景気に支えられ、持ちこたえることができた。しかし、1992年、戦後最悪の景気後退によって事態は深刻化し、特に失業率は劇的に上昇した。さらに、経済のグローバル化による国際競争の激化がこれに拍車をかけた。ヨーロッパ内だけでも、EC/EU の経済統合が進む一方で、東欧諸国の政治体制の転換によって、ドイツの高い労働コスト・「産業立地（Standort）」がますます問題視された。合理化の強化は労働条件に悪影響を与え、また事業所レベルにおける従業員代表制度も十分に機能しにくくなった。こうした状況の下、労働組合も組織人員が減少するとともに多くの分野、とりわけ協約政策において防御的立場に立たされることになる。さらに、90年以前から、労働組合のみならず、使用者団体も含めた巨大な組織が社会から徐々に遊離し、魅力を失いつつあり、また労働者の価値観も多様化してきた[62]。90年代のこうした新たな状況は、協約政策にも深刻な影響を及ぼすことになったのである。

2　「標準的労働協約制度」の動揺

　ドイツにおいては、従属労働者の中心的規制モデルとして、「標準的労働関係（Normalarbeitsverhältnis）」の概念が用いられているが[63]、ミュッケンベルガーは、これを参考にして「標準的労働協約制度（normales Tarifwesen）」の概念を設定して、今日の労働協約制度の変容を分析している[64]。そこでは次の7つの要素が指摘されている。第一に、それは高度に集

62　Vgl., A.Oppolzer, Wertwandel und Arbeitswelt, Gewrkschaftliche Monathefte 1994, S.349ff; ders, Individuelle Freiheit und kollektive Sicherheit im Arbeitsrecht, AuR 1998, S.51ff.

63　「標準的労働関係制度」については、和田肇「ドイツ労働法の変容」学会誌93号（1999年）57頁以下が詳しい。

権化された代表制度に依拠しており、これによって①従属労働者の個別化の阻止、②紛争の許容と抑制についての実り多き対話、③高い協約適用率、④周到な実行の備えが生み出され、あるいは保障される。第二に、それは構成員及び協約当事者の自治に依拠しており、これは、①国家と社会との分離を前提とし、②国家の任務は自由な交渉の道具の用立てと一定の最低基準の設定に限定され、③これ以外は協約規制の対象となることが想定されている。第三に、それは、専門的な協約上の業務（Tarifarbeit）であり、このことによって、自由かつ代表を通じた協約交渉が非政治化、専門化そして合理化される。第四に、労働協約は、社会的な指導指針とされ、通常それは法律よりも有利な内容を含む。第五に、それは、労働者に対する社会的前進（sozialer Fortschritt）を保障し、その際、組合員のみならず、非組合員に対しても影響力を有する。第六に、全体社会的前進（gesellschaftlicher Fortschritt）をも保障し、単に労働者のみならず、それ以外の者の利益をも代表する。第七に、労働協約は規範的効力を有する法規範として適用されている。

　しかし、これらの標準的労働協約制度が今日完全には妥当しなくなっているとされ、具体的には、まず実効性の弱体化（Effektivitätsschwund）を挙げる。これは、特に従来労使各団体内で同一であった利益が一致しなくなり、多様化してきたことによって構成員数が減少するとともに、労働協約が必ずしも遵守されなくなり、非常解約告知や使用者団体からの脱退＝「協約からの逃避（Tarifflucht）」が生じている状況をさす。第二に、労働協約の分配機能の弱体化（Umverteilungsschwund）である。従来、労使間での利潤分配を通じて現存する不平等が是正されるとのコンセンサスが存在したが、今日ではむしろ労働者階級内での分配が問題とされ、「社会的公正さ（soziale Gerechtigkeit）」に関する新たな議論が始まっているとされる。第三に、労働協約の有利性機能の弱体化（Schwund der Günstigkeitsfunktion des Tarifvertrags）であり、特に失業者にとって協約基準以下で雇用される場合と協約基準維持のため雇用されない場合のいずれが有利か、あるいは賃金引上げを伴う労働時間延長の是非が挙げられる。第四に、自治の弱体化（Autonomieschwund）であり、国家やメディアによる、多くのインフォーマ

64　U.Mückenberger, Aktuelle Herausforderungen an das Tarifwesen, KJ 1995, S.26ff.

ルな介入、労働争議を制限する判例、法律上の強行的開放条項などの法律を通じた協約自治への介入の提案などが指摘される。第五に、代表制の弱体化（Schwund der Repräsentanz）であり、それは、構成員が代表者意思から逃避する、あるいは構成員が代表者の行為や公式見解の中に、もはや自分自身の意見等を見出せないとの形で現れる。第六に、正統性の弱体化（Legitimitätsschwund）である。これは、形式的には意思決定過程に構成員が十分に関与していないことであるが、協約の内容の側面からすると、行われた決定が構成員によって、理性的かつ公平と受け止められていない、すなわちその公正感、希望及び選好と一致しないのである。その大きな要因として挙げられるのは、構成員間での利益の不一致である。第七に、法的性質の弱体化（Schwund der Rechtsqualität）であり、事業所協定への開放条項や協約の拘束力なき使用者団体の構成員資格（後記Ⅷ2参照）など横断的労働協約としての規範性が衰弱していることを示す。

　こうした標準的労働協約制度の変容に関するミュッケンベルガーの見解の検討は次章で行うが、いずれにしても労働組合が防御的立場に立たされて従来の協約政策の見直しを余儀なくされ、批判にさらされていることは明白であり、その際のキーワードは、「過剰な規制」、「柔軟性の欠如」、「不十分な相違」、「硬直性」などである。ガミルシェークは、今日の状況を端的に次のように述べている。「集団的労働法の教科書にとって現代は都合のいい時代ではない。労働協約は、失業とドイツの産業立地の危険に（共同）責任があるとの多様な批判の真っ只中に置かれている」、と[65]。

Ⅳ　労働協約の構造及び内容の変化

一　労働協約の構造の変化

　ドイツにおける協約制度は、基本的には90年代に入っても中央集権的構造を有するものとして特徴づけられ、地域ないし連邦全体に適用される横断的ないし団体協約が主流を占めている。こうした協約は、1つの産業内でさらに細分化され、業種（Branche）毎に締結されており、旧西ドイツ地域では、

65　F.Gamillscheg, a.a.O.(Fn.39), S. Ⅶ.

約300ある。例えば、金属産業では、車両製造、機械製造、電器産業、造船、航空・宇宙船、鋳造などに分かれ、それぞれで労働協約が締結されている。なお、旧東ドイツ地域では、旧西ドイツ地域に比べると、それほど細分化されていない。次に、横断的協約と並んで企業協約も存在し、増加傾向にある。新たに締結され、登録された協約数を簡単に見ておくと、1992年末時点で、約7,700の労働協約の内、企業協約は約3,200（旧東ドイツ地域―800、旧西ドイツ地域―2,400）であるのに対し、団体協約は、約4,500（旧東ドイツ地域―1,200、旧西ドイツ地域―3,300）であった。1997年末では、新たに締結された労働協約は約8,400であるが、その内企業協約は約3,700（旧東ドイツ地域―670、旧西ドイツ地域―3,050）、団体協約は約4,700（旧東ドイツ地域―950、旧西ドイツ地域―3,780）であり、企業協約が増加している[66]。IG Metall に限っていうと、1996年、529の企業との関係で1,051の企業協約が締結されているが[67]、この中には IG Metall の協約政策において重要な意義を有するフォルックスヴァーゲンとの企業協約が含まれている。次に、企業数の多くない石油産業、航空産業、公共放送、そして民営化された鉄道、郵便、テレコムでは、企業協約が主要な位置を占めている[68]。たしかに、適用労働者数でいえば、横断的労働協約が支配的地位をなお占め、一般的拘束力制度ないしその事実的適用によって労使に対する影響力を保持しているが、企業協約数の増加には、使用者団体への未加盟や脱退、当該企業に適した規制などの原因が考えられ、中央集権的構造の一定の変化を示しており、注目しておく必要があろう。なお、この点は、ミュッケンベルガーの指摘する実効性の弱体化と法的性質の弱体化に関わっていよう。

二　協約規制の変化

　協約規制の変化に関しては、第一に、協約内容につき、特に労働時間の柔軟性が増している点が挙げられる。具体的には、一定の枠内で労働時間が継続的に延長ないし短縮される「労働時間ゾーン（Arbeitszeitkorridor）」、季節

66　Vgl., RdA 1994, S.238 u.RdA 1998, S.174.

67　IGMetall, Daten, Fakten, Information, 1996.

68　以上、vgl., R.Bispinck, Überreguliert, undifferenziert, unbeweglich?, in: Das Arbeitsrecht der Gegenwart Bd.34, 1997, S.50f.

36　第1章　横断的労働協約の変容

毎に異なる協約上の労働時間や年間労働時間規制が見られる。ほとんどの産業において変形労働時間制が導入され、期間や変形の幅が拡大されている。第二に、従来の協約基準は最低基準として機能してきたが、それすら困難な企業に対しては、これを下回る例外的措置が認められている。典型的には賃金規制が挙げられるが、労働組合はあくまでも例外的性格を強調し、厳格な要件に拘束しようとするのに対し、使用者団体は、より積極的であり、両者間において思惑の違いがある。その例としては、開放条項、苦境条項（経営困難に陥っている企業において協約基準以下の労働条件を認める）、中小零細企業条項（例、旧東ドイツ地域の小売業では5ないし15名の事業所において、1998年末まで最大8ないし6％賃金引き下げを認める）、過渡的賃金条項（例、化学産業において、長期失業者採用にあたって最大1年間10％までの引き下げを認める）などが挙げられる。第三に、旧東ドイツ地域と旧西ドイツ地域での規制の相違という点である。労働組合は、1990年以降、旧東ドイツ地域における労働者の組織化に積極的に取り組んできたが、その際、3つの構成内容をもつ、「協約政策上の即時計画」の実現を重視した。具体的には、①合理化からの保護と資格化に対する規制、②週労働時間の短縮、③実収賃金の保障及び旧西ドイツ地域の協約水準への適応である[69]。賃金では、鉄鋼や印刷のように、一応格差がない産業もあるが、多くはなおこれが存する。例えば、公務関係では86.5％（98年末時点〈以下同じ〉、基本賃金）、化学産業では81.8％（ただし就職時点の格付け賃金）、ドイツ鉄道では86％（基本賃金）となっている[70]。労働時間では、金属及び印刷産業では、旧西ドイツ地域が35時間に対し旧東ドイツ地域が38時間、化学産業では、同じく37.5時間と40時間であり、同一なのは、旧西ドイツ地域でもなお労働時間の長い建設業（39時間）、銀行（39時間）、農業（40時間）である[71]。第四に「不法な規制緩和（wilde Deregulierung）」が増えている点である。この点に関する最近の調査結果を紹介すると、多くの場合、協約が遵守されているが、一定の規制領域において、ある程度（事例の3分の1から4分の1）、開放条項がないにもかかわら

69　以上、R.Bispinck, Tarifpolitik in der ersten Hälfte der 90 er Jahre, in: R.Bispinck（Hrsg.）, Tarifpolitik der Zukunft, VSA-Verlag, 1995, S.18. 参照。

70　WSI-Tarifhandbuch 1999, S.72.

71　Ebenda, S.94.

ず、協約水準を下回る事例が見られる。具体的には、労働時間の調整期間の拡大、報酬の追加払いなき労働時間の延長、時間外労働手当の不払い、労働時間の長さと態様の逸脱、特別手当と報酬額の削減が挙げられる。そして、これは、会社の経営状況の改善と雇用保障をめざして経営サイドがイニシアティブを取って行われている点に特徴がある。やり方としては、労働契約によることもあるが、多くは事業所組織法77条3項に反して事業所協定で行われている[72]。なお、1993年、オペルの代表と全従業員代表との間で締結された事業所協定では、将来の協約による賃上げの3分の2のみ実施され、3分の1は協約上乗せ部分ないし賞与に算入される、あるいは時短と調整されると規定された。これは、賃金を事業所協定で規制しているため、事業所組織法違反の事例である。

　以上述べた点は、ミュッケンベルガーの指摘する実効性の弱体化、有利性の弱体化、法的性質の弱体化などに関係していよう。

三　使用者団体及び労働組合の構成員数の減少

1　使用者団体

　最近、労働協約の拘束を免れようとする使用者が増えているが、それは「労働協約からの逃避」などと呼ばれ、注目を集めている。1992年、旧東ドイツ地域の金属産業の使用者団体が労働協約の非常解約告知（außerordentliche Kündigung）を行なったが、これは、経済状況の悪化のため、1991年初めに締結された労働協約を維持し得ないと使用者団体が判断したためであった。もっとも、こうした直接的なやり方は例外的な現象といえる。重大なのは使用者団体からの脱退である。脱退の理由としては、第一に、団体内部での利益の相違が挙げられる。例えば、金属産業内でも、部品会社と最終組み立て会社、輸出志向の会社と国内市場志向の会社、成長企業とそうでない企業などの間では、利益状況が異なり、協約政策の観点から紛争が生じるおそれが

72　Oppolzer/Zachert（Hrsg.）, Krise und Zukunft des Flächentarifvertrages, Nomos, 2000, S.19f. なお本書では、労働協約の多様な柔軟化に関する実情やその改革の方向性に関し、使用者、使用者団体、労働組合、従業員代表委員会等に対するアンケート調査（回答数170）及びインタービュー（30人）がまとめられ、分析されている。A.Oppolzer と U.Zachert 両教授（ハンブルグ経済政治大学）のゼミが中心となって行われたものである。横断的労働協約改革の議論は活発であるが、こうした本格的な実態調査は行われてこなかっただけに、貴重な内容を有するといえる。

ある。第二に、大企業にも小企業にも特別の利益が与えられない場合、支援の提供という点からしてジレンマに陥る。例えば、化学産業の使用者団体では、小企業は、使用者団体の助言を望まないが、これはそれを実施できないからであり、また大企業は、独自に改善し得る能力を有するため、その助力を必要としなくなった。第三に、大企業の地位が強まるにつれ、中小企業への圧力が増し、使用者団体内部のまとまりを欠く点も指摘されている。いずれにせよ、使用者団体からの脱退は、その政策への「根本的な批判」であり、また「企業が団体の利益よりもそれ独自の利益を優位させる明白な形態」であるとされる[73]。そして、90年代に入り、こうした脱退が増加しており、しかもこれが予想される中小企業のみならず、大企業でも増えている。特に、印刷産業では、大企業の脱退が多く、旧東ドイツ地域では、大きな印刷会社のほとんどは使用者団体に所属していない。旧西ドイツ地域でも、いくつかの大出版会社は構成員ではない。ドイツにおいて中心的な地位を占める金属産業での使用者団体の構成員数に関する統計によると、ここでもその減少傾向が見られる（図1参照）。ただし注意すべきは、その原因が単に脱退のみならず、清算、破産、合併、さらに加入減にも帰せしめられる点である[74]。脱退の原因は、金属産業4地域における脱退企業に対するアンケート結果では、「助言・支援への不満」（4地域で異なり、28〜37％）及び「拠出金の節減」（29〜47％）よりも「労働協約の内容に関する不満」が大きい（61〜84％）[75]。

　たしかに使用者団体からの脱退は、有名な大企業が脱退するなどの理由から社会的に注目されているが、全体的にはそれほど多くないと思われる。しかし、これは、横断的労働協約の基礎が脅かされるため、組合側も重大な関心を払っているし、さらに加入減による組織率の低下自体、横断的労働協約の危機である点に変わりない。そして、これを阻止する方策として、個々の使用者の経済状況や諸利益の相違などを踏まえた使用者団体内部の改革や労

73　以上、vgl., W.Schroeder, Arbeitgeberverbände in der Klemme, in: Bispinck (Hrsg.), a.a.O.(Fn.69), S.46ff.

74　W.Schroeder/B.Rappert, Austritte aus Arbeitgeberververänden: Eine Gefahr für das deutsche Modelle?, Marbung, 1996, S.9f.

75　Ebenda, S.56.

図1　全金属産業（使用者団体：Gesamtmetall）における組織率（1990～1994年）

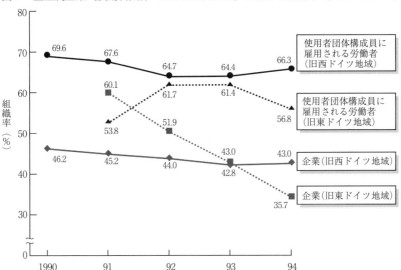

（資料出所）W.Schroeder/B.Ruppert, Austritte aus Arbeitgeberverbänden, 1996, S.62.

働協約の柔軟化の必要性も示唆している。

2　労働組合

　労働組合の推定組織率は34.4％であり、わが国に比べるとなお高いが、漸次的低減傾向にある。最大の労働組合であるドイツ労働組合総同盟（DGB）の構成員数は、1993年末時点で、1000万人を超えていたが、94年末には977万人になり、97年末には862万人にまで減少している。どの産別労働組合においてもほぼ同様の傾向が見られ、最大の組織である IG Metall では、95年末には287万人であったが、97年末には266万人となり、約21万人組合員を減らしている[76]。その重要な原因として、製造業からサービス産業への重心の移行との産業構造の転換、それに伴うホワイトカラー層の増大を背景にしつつ、特に女性、職員（Angestellte）、若年者及び高度な資格保持者において、生活スタイルの個人主義化や多様化、選択の必要性の高まりが存するにもか

76　海外労働時報290号（1999年）120頁、Statistisches Jahrbuch 1998, S.733. 等参照。

かわらず、労働組合がそれらに十分に対応していない点が挙げられ、そのため、労働組合への未加入のみならず、加入している場合でも、法律や労働協約に服従したがらない、あるいは不服従との現象が生じていると指摘される[77]。合理化の過程における「勝利者」となった労働者と職場を脅かされたり、不安定な就労状態に甘んじざるを得ない労働者では、それぞれ関心が異なって当然であろう。また、「勝利者」の中でも、業績のいい産業ないし企業と停滞している産業ないし企業とでは、労働条件や実際の労働の態様が異なっている。さらに、男女間での関心の相違や労働者の人生観の諸変化の中で、労働の態様も変わってきているのである。このため、とりわけ高い資格を有し、将来性のあるサービス産業の職員層から、「労働条件の統一をめざす伝統的な協約政策は、その要求と能力にそぐわない、不相当な単一化」[78]との批判が加えられる[79]。したがって、労働組合に対しては、集団的な要求とともにこうした労働者個々の利益や関心をいかに取り込んでいくのかが差し迫った課題として提起されている。

　以上、使用者団体及び労働組合の現状について述べたが、それらは、ミュッケンベルガーの指摘する実効性、分配機能、正統性、代表制などの弱体化を惹起しているといえる。

V　横断的労働協約改革の方向

一　端緒

　以上のように、今日の協約政策をめぐる大きな特徴は、ドイツ社会に根付いてきた横断的労働協約の見直しを余儀なくされ、「分権化」、「柔軟化」、「相違化」が求められている点である。この点につき、使用者団体のみならず労働組合もその改革の必要性を認識しており、また学界においても活発な

77　U.Müchenberger, a.a.O.(Fn.64), S.24f.

78　M.Regini, Das neue Lexikon der industriellen Beziehungen: Flexibilität, Mikrokorporatismus, Dualismus.Herausforderungen für die westeuropäischen Gewerkschaften, in: Erd/Jacobi/Schumm (Hrsg): Strukturwandel in der Industriegesellschaft, Campus-Verlag, 1986.; Bahnmüller/Bispinck, Vom Vorzeige-zum Auslaufmodell?, in: Bispinck (Hrsg.), a.a.O.(Fn.73), S.143より引用。

79　以上、vgl., Bahnmüller/Bispinck, Vom Vorzeige-zum Auslaufmodell?, in: Bispinck (Hrsg.), a.a.O.(Fn.73), S.142f.

議論が展開されている。もっとも、その方法や程度については、後に見る通り争いがある。今日の状況からすると、「相違化」は企業毎あるいは同一企業内でも事業所毎に問題となるのみならず、個人の意向を重視した「相違化」も重要であろう。後者は、労働協約法４条３項に規定する有利原則によってなし得るが、さらに労働協約や事業所協定において個々の労働者の意向や特性を踏まえた「柔軟化」が求められているのである。以下では、労働協約と事業所協定との関係を中心として改革の動向を検討し、労働者個人との関係では、それとの関連で述べるにとどめたい。

二　横断的労働協約と事業所協定との関係〜３つの改革案〜

1　３つの改革案

　横断的労働協約改革の方向性としては、さまざまな角度から議論されているが、大きくは次の３つに分けられる[80]。第一に、現行法上、実質的労働条件規制に関して労働協約の優位性が認められているが、これを改正し、協約当事者に代わって、事業所毎に実質的労働条件に関わる協定締結の可能性を事業所協定の当事者（使用者及び従業員代表委員会）に与える内容であり、政策的議論の中で、特に規制緩和を強く主張する論者の考えである。第二に、横断的労働協約を企業協約に置き換えるとの経営接合的協約政策を主張する立場である。第三に、横断的労働協約を維持しつつも相当程度の内容上の変更を主張する立場であり、その際、労働協約の枠組内で事業所レベルの当事者に独自の活動の範囲を広げることが重視される。現時点では、第三の見解が多くの支持を集めている点に鑑みて、この改革案を中心に検討していこう。

2　大幅な改革案

　まず第一に、事業所協定当事者へ大幅に権限を委譲しようとの大胆な考えは、1985年12月16日に公表されたクロンベルグ学派の提案「労働法における市場拡大（Mehr Markt in Arbeitsrecht）」が挙げられる[81]。そこでは、集団的労働法の領域に関して、①労働協約法を改正して、事業所協定によって協約規制から逸脱する可能性を与える、②一般的拘束力制度を廃止するとの提案

80　Vgl., K.Molitor, Ende oder Reform der Flächentarifverträge?, in: Festschrift für Schaub, C. H.Beck, 1998, S.488ff.

を行った。クロンベルグ学派の問題意識は、協約当事者の構成員がそれほど多くない場合でも労働協約の拘束力が事実上非構成員に及ぶように、労働協約のカルテル機能が強すぎ、「すべてのカルテルにとって夢のような望みがドイツの労働市場において実現している」という点に見出される[82]。こうした提案に対しては厳しい批判も加えられたが、今日ほど規制緩和の必要性が強くなかったため、一時的に注目されたにすぎなかった。しかし、1991年3月15日、規制緩和委員会（市場原理に反する規制撤廃のための独立専門家委員会〈Unabhängige Expertenkommission zum Abbau marktwidriger Regelungen〉）が同様の提案を行った。そこでは、労働契約の内容の改善、雇用保障、事業費の削減、使用者の恣意的な対応の危険性の減少及び社会平和への貢献に関して労働協約の役割を一定程度積極的に評価しつつ、深刻化している失業問題には適切に対応できていないとの問題点を指摘する。そして、「雇用機会保障のためには個別契約にもっと大きな領域が存しなければならない」とする。労働協約に関わる具体的提案は、次の通りである。①「緊急やむを得ない場合（im Notfall）」、一時的に事業所協定によって協約基準以下の合意をなし得る。②失業者を採用する場合、協約基準を下回る労働条件での労働契約上の合意が許容される。その合意は、最高三年間有効である。③一般的拘束力宣言の適用可能性を制限する。

　さらに1994年には独占禁止委員会の意見書（Zehntes Hauptgutachten der Monopolkommission 1992/1993 vom 30.6.1994）が公表され、そこでは、労働協約法及び事業所組織法を改正して、「事業所協定によって協約規制から一般的に逸脱し得る」（「強行的開放条項（Zwangsöffnungsklausel）」）とすべきであるとし、一段と労働協約のカルテル機能を弱体化させる提言を行っている。すなわち、規制緩和委員会は、労働協約からの逸脱を「緊急やむを得ない場合」に限定していたが、これをなくしているのである。こうした相違は、規制緩和委員会が、労働市場では競争政策上例外的な領域としての取扱いを正当化する特殊性がなお存在していることを認めていたが、独占禁止委員会は

81　Engels/Gutowski/Hamm/Möschel/Stünzel/Weizäcker/Willgerodt（Kronberger Kreis）, Mehr Markt im Arbeitsrecht, in: Frankfurter Institut für wirtschaftspolitische Forschung e.V., Veröffentlichungen des Kronberger Kreises 10, 1986.

82　Ebenda, S.21.

第1節　大量失業・グローバリゼーションとドイツ横断的労働協約の「危機」　43

これを認めていない点に由来する。なお、この提案に対して基本法上の疑義が大きすぎるとの批判に備えて、独占禁止委員会は、開放の効果を制限する提案もしている。具体的には効果の弱い順序から、①労働協約において賃金ゾーンが設定され、その範囲内で事業所レベルで賃金額が確定される、②労働協約は、雇用保障や労働時間の弾力化と引換えに引き下げ得るとの条件が付された上限基準（例、賃上額4.3％）のみを規定する、③協約当事者は、事業所レベルに対する選択肢の内容の提示を義務づけられ、その選択は事業所協定の当事者によってなされる、④具体的に確定し得る緊急事態が存する場合に限って労働協約からの逸脱が認められる。この他、有利原則の新規則、余後効の制限、使用者団体脱退後は労働協約の拘束力が及ばないことの明確化、経営事項及び事業所組織法上の事項が非構成員にも拘束力を及ぼすとの規定（労働協約法3条2項）の削除をも提案し、規範的効力の制限が意図されている。

　以上の考えは、現行の労働協約法及び事業所組織法を大幅に変更する内容を有するが、それだけに法律上及び実際上の実現の困難さが指摘されている。まず、独占禁止委員会が提案する「強行的開放条項」は事業所協定の当事者に対する協約規範の不可変性を一般的に排除し、事業所協定との関係では労働協約を単なる指針にすぎなくしてしまう。事業所組織法77条3項の場合、協約当事者の合意によって開放されるのに対し、「強行的開放条項」は、協約当事者の意向如何にかかわらず、事業所協定の当事者に「開放」される。これに対しては、基本法9条3項において保障された団結活動の中核領域には労働協約の規範的効力も含まれ、したがって一般的に「開放」するのはそれに反するとの見解が多い[83]。また、基本法9条3項における団結は超企業的に組織されていなければならないとの基準から、従業員代表委員会は労働生活の秩序総体を独立して形成するのに適していないため、これは認められないとされる[84]。次に、規制緩和委員会が提案している例外的に「開放」する場合については、上記同様、労働協約の規範的効力が基本法9条3項の

83　P.Hanau, a.a.O.(Fn.23), S.5ff.; R.Rchardi, Empfiehlt es sich, die Regelungsbefugnisse der Tarifparteien im Verhältnis zu den Betriebsparteien neu zu ordnen?, in: Verhandlungen 61.Deutschen Juristantages, Bd.1 (Gutachten) Teil B, 1996, S.43f.; W-D.Walker, Flexibelere Arbeitsbedingungen, ZfA 1996, S.369f.

44　第1章　横断的労働協約の変容

「中核領域」に含まれ、「労働協約の不可分の本質的メルクマール」である点を強調し、許されないとの見解が有力に主張されている[85]。他方、基本法9条3項には違反しないとの見解は、一般的に、他の法益を擁護するために本質的に要請される場合に限って、団結の自由に対する制限が例外的に許容されるとの考え[86]を前提にし、この基準に従い、「協約制度の権能（Funktionsfähigkeit）」に触れない限り、立法者は、判断ならびに形成に関する裁量の余地を有するとされる[87]。例えば、企業破産や長期失業者の雇入れの際に、協約の拘束力を一時的に緩める場合である。もっとも、基本法9条3項との関係で問題がないとの論者も、その実際上の導入の必要性には疑問があることを強調する。ヘンスラーは、「法律上の苦境条項の必要性も合目的性も現実には否定され得る」とし、その根拠として、これまで協約当事者が柔軟に対応してきた点を挙げる。ただし、長期失業者の賃金を協約基準以下にすることは、失業克服が緊急の課題であるから法律上の開放条項の必要性は肯定されるとし、現行法上許された労働協約による開放条項を用いて適切に対応しないならば、その導入が正当化されるとする[88]。

　基本法との関係の他、事業所協定の当事者に有利な、こうした制度変革は、事業所組織法の基本原則を根本的に変更することを意味し、実質的労働条件の交渉にあたって頻繁に紛争が生じ、事業所協定の当事者の平和義務と信頼に充ちた共同作業の原理に反する[89]。さらに、現行事業所組織法上、従業員代表委員会は、組合員、非組合員を問わず事業所における全従業員の集団的利益を同一に代表するとの重要な信託的機能を果たすが、その労働条件の交渉にあたって個々の労働者の代表としては正当化されない[90]。付加するに、労働者が労働組合への加入に際して与える委任（Vollmacht）は、それに加

84　M.Henssler, Flexibilisierung der Arbeitsmarktordnung, ZfA 1994, S.511. ただし、これは中小企業には妥当するが、大企業の労働組合には妥当しないとの見解がある（W.Däubler, Arbeitsrecht 1, S.106）。その際、共同決定法を参照して2000人が基準として提示されている。

85　P.Hanau, a.a.O. (Fn.23), S.4f.

86　BVerfG vom 1.3.1979, BVerfGE 50. S.369.

87　R.Richardi, a.a.O. (Fn.83), S.44; W-D.Walker, a.a.O. (Fn.83), S.371f.

88　M.Henssler, a.a.O. (Fn.84), S.512f. ヴァルカーも、法律上の強制は、「（まだ）必要でない」（W-D. Walker, a.a.O. (Fn.83), S.371）とする。

89　A.Junker, Der Flächentarifvertrag im Spannungsverhältnis von Tarifautonomie und betrieblicher Regelung, ZfA 1996, S.416.

入するかどうかの選択の余地がない従業員代表委員会には欠如しているとされる[91]。以上のように、事業所協定の当事者に実質的労働条件規制を認めようとの、集団的労働法システムを大胆に変更する改革案は、基本法上、また従業員代表委員会の性格からも認められないとする見解が支配的である。

3　企業協約での代替案

　第二の改革案は、横断的労働協約に代えて、あるいはその補充として企業協約を締結し、経営接合的協約政策を進める考えである。労働協約法2条1項によると、協約当事者には使用者団体のみならず個々の使用者でもなり得るため、法律上はなんら問題は生じない[92]。実際、上記のように企業協約は増加しており、したがってこうしたやり方を採用するかどうかはもっぱら「協約政策」の課題である。そして、これを決定するのは、協約当事者の意向にかかっている。まず労働組合側であるが、労働協約、ひいては労働組合自身の支配的地位を弱体化させる契機を有する企業協約には警戒的ともいえる。実務上からしても、企業協約が原則となった場合、労働組合にとってはかなりの困難さが生じる可能性がある。というのは、協約交渉と協約締結の数が飛躍的に増し、その組織の相当程度の変更を余儀なくされるからである。さらにこれまでの伝統に基づき、また使用者には積極的団結権が保障されている点を考慮しても、企業協約を促進するために労働組合から使用者団体の解散は要求し得ないであろう。したがって、問題なのは使用者側の立場である。使用者団体を解散し、個々の使用者を協約当事者にすることはその自由に属する事柄である。個々の使用者は、企業協約が良いのかどうかの判断にあたっては、主として自己の利益を慎重に考慮して決定するであろう。しかし、さらに重要なのは、企業協約が企業の競争力並びに雇用と労働市場に対してどのような積極的効果をもたらし得るかである。これに対しては批判が強い。第一に、協約当事者の勢力の均衡性に関してである。判例・学説上広

90　P.Hanau, a.a.O.(Fn.23), S.5f; M.Heinze, Kollektive Arbeitsbedingungen im Spannungsfeld zwischen Tarif-und Betriebsautonomie, NZA 1995, S.7; M.Löwisch, Neuabgrenzung von Tarifvertragssystem und Betriebsverfassung, JZ 1996, S.815; V.Rieble, Kriese des Flächentarifvertrages?, RdA 1996, S.152, S.154; K.Molitor, a.a.O.(Fn.80), S.489.

91　K.Molitor, a.a.O.(Fn.80), S.490; R.Richardi, a.a.O.(Fn.83), S.48f.

92　Vgl., P.Wieland, Recht der Firmentarifverträge, Verlag Dr.Ottoschmidt, 1998, S.88ff.

46　第1章　横断的労働協約の変容

範な一致が見られるのは、交渉力の対等性が協約自治制度を十分に機能させ
る前提であるという点である。労働組合の組織率が高い場合、専門的知識・
経験のみならず、スト資金に関しても組合が優り、個々の使用者は防御の立
場に立たされる。この点で使用者団体の構成員に対する保護機能が不可欠で
ある。第二に、企業協約の交渉にあたっては、当該企業の経営状況が中心的
に議論され、せいぜい同一地域のある同一部門の類似規模の企業の締結状況
が相当な役割を果たし、経済全体並びに労働市場との関連は考慮されない。
たしかに、横断的労働協約の交渉にあたってこの点が十分に考慮されている
かにつき批判があるが、少なくとも大産業部門では勘案されてきたとされる。
第三に、〜第二の点とも関わるが〜企業協約の交渉においては、今日の喫緊
の課題である失業問題は取り上げられず、むしろ賃金が重要なテーマになる。
第四に、超企業的に交渉されてきたがために事業所レベルでの平和が維持さ
れてきたといえる。企業レベルでの交渉となると、信頼に充ちた共同作業
(Zusammenwirken) が危険にさらされる。第五に、従来、事業所レベルで行
われてきた付加的規制の余地がなくなるため、事業所協定の意義が薄れるで
あろう。これらの結果は伝統的に企業協約を締結してきた企業においてよく
看取しうるが、さらに、小規模の企業においては、特に労働組合の組織率が
相対的に低く、かつ当該市場経済事情が悪い場合には労働者に不利な内容の
労働協約が締結されかねないとされる[93]。

　以上のように、2つの改革案に問題があるとすれば、第三の改革案が残り、
労使のみならず、学界においても多くの支持を集めている。使用者団体、例
えば IG Metall という強力な相手と対抗しなければならない全金属産業団体
では、上記の点を考慮して横断的労働協約を維持すべきであるが、事業所レ
ベルでの規制範囲の拡大が不可欠であるとの立場である[94]。労働組合も、横
断的労働協約全体を危機にさらさないためには、その柔軟化の必要性を認め
ざるを得なくなっている。すなわち、協約当事者と事業所協定当事者ないし
労働契約当事者間の権限分配の範囲と方法については議論があるとしても、
改革自体に関しては争いはない。

93　Vgl., K.Molitor, a.a.O.(Fn.80), S.490ff.

94　Gesammtmetall-Information für Press, Funk und Fernsehen Nr.10/1995.

VI 横断的労働協約柔軟化の方法

一 端緒

90年代に入り、協約当事者は多様な方法で規制方法変更に取り組んできたが、その際、共通する特徴は、横断的労働協約の統一的かつ拘束力ある基準から「はずれる（abweichen）」可能性を創り出す、すなわち個々の特殊な経営事情に「適合（Anpassungen）」させるために労働協約を開放する（öffnen）ことである。「適合」には、2つの異なったタイプがある。第一に、協約基準の相違化（Differenzierung）であり、特定の従業員グループ、事業所ないしその一部門に対して違った協約基準を設定することである。第二に、協約基準の引き下げ（Absenkung）であり、それは、すべての従業員と事業所に対する協約上の規制や給付を統一的に引き下げることである。後者にはさまざまな形態があり、協約基準の引上げ時期の延期（労働時間ゾーンに関するザールランドの中規模の醸造所）から旧東ドイツ地域の金属産業における苦境条項まで挙げられる。あるいは、紙製造産業における低い過渡的賃率、旧東ドイツ地域の印刷産業における小規模経営条項、そして繊維・被服産業における協約適合の延期条項がある。若干の分析を行っておこう[95]。

二 柔軟化の具体的方法
1 規制の対象

少数の例では、全くないしほとんど内容上の制限がない。典型的には、旧東ドイツ地域の金属産業における苦境条項である。その他は、たいてい労働時間か賃金に関係している。労働時間に関しては、上記のような80年代の弾力化協定のほか、特に94年以降、雇用保障を目的として労働時間を一定期間短縮する規定が採用されている（例、印刷産業において、賃金補償なく5時間まで引き下げて週労働時間を30時間〈旧西ドイツ地域〉、33時間〈旧東ドイツ地域〉とする協約）。賃金においては、引上げを延期する条項（例、旧東ドイツ地域において旧西ドイツ地域のレベルへの引上げにつき一定の段階を設定する協

---

95 以下は、R.Bispinck, Reform der Flächentarifvertrages, in: WSI-Tarifhandbuch 1998, S.117ff. による。

約）がある。ただし、その適用は、一定の従業員数以下に限定されている場合が多い（例、印刷産業において、50人以上の事業所では1996年4月1日だが、それ未満では1998年1月1日となっている）。また、特別手当と休暇手当の引下げや支払延期が定められている（例、木材加工産業協約では、経営困難な場合、整理解雇しないことを条件にして年間特別手当の引き下げを定める）。さらに、経営状況に応じて、最大10％まで協約上の基本賃金を引き下げることを可能にする「賃金ゾーン」も導入されている（例、化学産業協約では、雇用保障や競争力改善のために協約上の基本賃金を最大10％まで引き下げ得ると定める）。

2　適用基準

上記協約条項が適用されるための要件としては、次の3つのタイプが挙げられる。第一に、合意された賃金引上げの延期や段階的適用の場合、経済的な危機的状況にあることが求められる。第二に、企業規模であり、通常、従業員数が基準とされる。この規制の大部分は、旧東ドイツ地域の協約に見られる（例、旧東ドイツ地域の小売業の協約では、5〜15人の従業員を雇用する企業において、最大8〜6％低い賃金の支払いが可能である）。第三に、一定の労働者ないし従業員グループに関わる。特に、長期失業者や職業訓練終了後の新規採用者の賃金である（例、旧西ドイツ地域における紙製造業の協約において、長期失業者の採用時の賃金は90％、それ以外の新規採用者は95％とする）。

3　規制レベル

異なった規制がどのレベルでなされるのかは特に労働組合にとって重要な関心事である。多くの協約では、事業所における適合の可能性は協約自体に規定されている。具体的には、適用領域、従業員グループ、事業所内の部門等における相違の幅である。これを用いるか、ゾーン内でどのような選択をするのかのみが事業所レベルの判断に委ねられている。こうした規制は、特に旧東ドイツ地域における賃金協約に見られる。

4　協約当事者の関与

協約当事者が当該規定の適用にあたって関与しうるかどうか、またどの程度関与し得るかも異なって規制されている。最も強い関与は、開放条項によ

る事業所での逸脱にあたって自ら交渉する場合である。これは、旧東ドイツ地域の金属産業における苦境条項に妥当する。次に、協約当事者の同意が必要な場合があり、例えば化学産業における労働時間ゾーンが挙げられる。さらに、協約当事者に通知するだけの場合もある。協約当事者は全く関与せず、事業所協定の当事者が協約で定められた範囲内において自主的に規制する場合も見られる。

5　使用者の反対給付

多くの場合、協約上の開放条項を取り決めるにあたって、使用者には一定の反対給付が求められる。とりわけ整理解雇の放棄であり、その例として経済的状況による労働時間の短縮・延長に関わる雇用保障協約（繊維・被服産業の協約〈旧西ドイツ地域〉——年間総労働時間〈最大6.75％・130時間〉の短縮及び延長と引換えの雇用保障）が挙げられる。また、新規採用、訓練生の受け入れの増加が合意されることもある。もっとも、こうした義務づけがない場合も少なくない。

6　規制モデルないし基本タイプ

上記の基準に基づくと、多様な協約は次のようなタイプに分類することが可能であろう。

（1）経済的困難な場合の開放条項

ここで重要なのは、個々の企業において厳密に定義された経済的困窮の程度である。典型例は苦境条項である。

（2）一定の労働者グループないし事業所に対する協約基準の相違化ないし引下げ

この場合、経済的困難さだけが前提とされるのではなく、例えば一定の経営カテゴリー（中小企業）も要件となる。

（3）労働時間の柔軟化を通じた雇用保障

ここでは、上記とは異なり、雇用保障が当該規制の直接的関連点となる。それは、しばしば労働組合のイニシアティブによって協定される。

（4）その他の事業所・企業の特殊性に応じた協約基準の適応

50　第1章　横断的労働協約の変容

Ⅶ　横断的労働協約の柔軟化と法律問題

一　労働協約優位の原則〜労働協約と事業所協定との関係〜

1　二元的規制システム

　横断的労働協約の柔軟化にあたって重要な役割を果たすのが事業所レベルでの規制である。周知のように、ドイツにおいては、労働組合のほかに従業員代表委員会が併存し、協約レベルと事業所レベルとの二元的規制システムを採っている点に特徴があり、両者の関係を如何に考えるかが中心的な問題である。横断的労働協約の柔軟化に関する法的問題を検討するにあたって、まず両者間の基本的な法律関係を概観しておきたい[96]。

　上記のように、基本法9条3項に基づき、協約当事者には、広範囲に労働・経済条件を形成する権限が認められ、国家はこの領域において制限された権限しかもたない点には異論はなく、規範的効力もその中核領域に属する。そして、その効力が及ぶのは構成員に限られる。これに対して事業所協定の当事者の規制権限は、それとは原理的に異なった性格を有する。すなわち、労働者側の代表は、当該事業所の全従業員によって選ばれた代表者であり、その権限は、事業所組織法によって決められている。労働者には、組織選択の自由はなく、事業所に属するといわば自動的に従業員代表組織に組み込まれ、事業所協定の適用は、組合員であるかどうかは問題ではない。したがって、事業所協定は、協約のように、私的自治内で構成員資格に基づき正統化される法設定の形態ではなく、事業所組織法上特別に設定された共同決定の法制度である。同じく「集団的自治（Gruppenautonomie）」とはいっても、両者の性格は異なっているのである。これらの点を考慮して、協約の優位性は、原理的には基本法9条3項から導き出されるとされる[97]。

96　これに関しては、野川忍「賃金共同決定の法的構造——西ドイツ事業所組織法の一断面（上）・（下）」日労協307号（1984年）23頁以下・309号（1985年）32頁以下、毛塚勝利「二元的労使関係と企業内労働条件規制——法的紛争からみた西ドイツ協約優位原則の意義と機能」静岡大学法経短期大学部法経論集54・55号（1985年）171頁以下が詳しい。労働組合と事業所委員会との関係については、藤内和公「西ドイツ経営組織法における経営評議会活動の制約要因（一）（二・完）」岡山大学法学会雑誌36巻3・4号（1987年）549頁以下・37巻2号（同年）191頁以下参照。

97　Kempen/Zachert, a.a.O.(Fn.11), S.196f（Kempen）。

2 事業所組織法77条3項

（1）両者間の法律関係を具体的に規定するのは事業所組織法77条3項及び87条1項である。77条3項によると、「賃金その他の労働条件（Arbeitsentgelte und sonstige Arbeitsbedingungen）」が労働協約によって規制されている、あるいは規制されるのが通常である場合、事業所協定を締結し得ない。ただし、労働協約において、「補充的な事業所協定（ergänzende Betriebsvereinbarungen）」の締結が許容されている場合は別である。本条の立法趣旨は、上記したように、基本法上保障された協約自治に資する点に見出される[98]。すなわち、協約当事者に規範設定の特権ないし優越権限が付与され、事業所協定による協約自治の空洞化ないし侵害の防止とともに、充実しかつ魅力ある交渉が維持されるのである[99, 100]。

（2）事業所組織法77条3項の適用要件及び法的効果に関して重要な点は、次の通りである。第一に、対象は「賃金その他の労働条件（Arbeitsentgelte und sonsitige Arbeitsbedingungen）」である。「賃金」が従属労働から生じる収入の総体を意味する点には異論はないが、問題なのは「その他の労働条件」である。多数説は、給付と反対給付の関係に関連する実質的労働条件（materialle Arbeitsbedingungen）のみを意味し、職場秩序や労働プロセスに関わるいわゆる形式的労働条件（formalle Arbeitsbedingungen）は含まれないと捉えている[101]。これに対して、すべての労働条件を含むとの考え[102]、また同じく実質的労働条件と形式的労働条件の区別は拒否するが、協約上の内容規範たり得る労働条件（87条1項で列挙されている労働時間の配置、報酬支払の

98　BAG vom 3.12.1991 GS AP Nr.51 zu §87 BetrVG 1972 Lohngestaltung.

99　BAG vom 22.1.1980, BAGE 32, S.350.

100　なお、事業所組織法77条3項の「補充的事業所協定」と区別されるものとして、協約規定の具体化を「第三者」（BGB317条1項により、給付内容の決定が第三者に委ねられた場合、適正な裁量に基づきなされねばならないとされる）たる事業所協定当事者に委ねる「決定条項（Bestimmungsklausel）」がある。ここでは、事業所協定は外形的にのみ存在しているにすぎず、「第三者」たる使用者及び従業員代表委員会が当該協約規定を具体化すると理解され得る。したがって、規範的効力は事業所協定ではなく、労働協約自体に淵源し、使用者及び労働者の双方が協約適用下にある場合にのみそれが及ぶことになる（vgl., BAG vom 28.11.1984, BAGE 47, S.238; P.Hanau, Verkürzung und Differenzierung der Arbeitszeit als Prüfsteine des kollektiven Arbeitsrechts, NZA 1985, S.76f.）。後述するように（二1）、連邦労働裁判所は、「補充的事業所協定」は非組合員にもその適用があると捉えているため、この点で法的効力に関しては両者の区別の意義が見出される。

52　第1章　横断的労働協約の変容

時期、場所、方法なども含まれる）に限るとの考え[103]も主張されている。「賃金その他の労働条件」をいかに解するかで、当該事業所協定が77条3項に違反するかどうかの結論が異なる場合が生じるのみならず、後述する77条3項と87条1項との関係に関わる（後記二3参照）。

　第二に、こうした労働条件が労働協約によって現に規制されている場合のみならず、規制されるのが「通常な（üblicherweise）」場合も含まれる点である。1回の規制であっても、相当長く適用されかつ慣習化している、あるいは将来的にも再び規制されるであろうと認められれば十分であるとの考えが広く支持されている[104]。

　第三に、通説及び判例によると、その適用領域下にある限り、使用者が協約に拘束されている必要はなく、使用者団体に所属していなくても、当該労働条件に関して事業所協定を締結し得ないとされる[105]。その理由は、「行使され、かつ現実化される協約自治の保障（Sicherung der ausgeübten und aktualisierten Tarifautonomie）」[106]が挙げられる。またそのように考えないと、協約の拘束期間経過後、自由に事業所協定を締結し得るがゆえに、使用者団体からの脱退を促進する危険性があるからである[107]。これに対して、主として法的安定性の観点から使用者が協約に拘束されている必要があるとの見解も主張されている[108]。なお、労働者についても協約に拘束されている必要は

101　G.Schaub, Arbeitsrechtshandbuch, 8.Aufl., C.H.Beck, 1996, S.1873; B.Heisig, Arbeitsentgelt- und Arbeitszeitregelungen im Spannungsfeld zwischen tariflicher und betriebsvereinbarungsrechtlicher Normsetzungsbefugnis, Peter Lang, 1991, S.195; Wiedemann/Oetker/Wank, a.a.O.(Fn.13), S.1154（Wank）.

102　P.Kreutz, Grenzen der Betriebsautonomie, 1979, C.H.Beck, S.211ff; Kempen/Zachert, a.a.O.(Fn.11), S.212（Kempen）.

103　Fitting/Kaiser/Heither/Engels, Betriebsverfassungsgesetz, 18.Aufl., Verlag Franz Vahlen, 1996, S.1131f; Däubler/Kittner/Klebe（Hrsg.）, Betriebsverfassungsgesetz 6.Aufl., Bund-Verlag, 1998, S.63（Berg）; M.Heinze, Betriebsvereinbarung versus Tarifvertrag?, NZA 1989, S.45.

104　Fitting/Kaiser/Heither/Engels, a.a.O.(Fn.103), S.1137; Däubler/Kittner/Klebe（Hrsg.）, a.a.O.(Fn.103), S.1038（Berg）; BAG vom 24.2.1987, BAGE 54, S.191.

105　BAG vom 24.1.1996 AP Nr.8 zu §77 BetrVG 1972 Tarifvorbehalt; Fitting/Kaiser/Heither/Engels, a.a.O.(Fn.103), S.1133; Hess/Schlochauer/Glaubitz, Betriebsverfassungsgesetz, Luchterhand, 1997, S.99f（Hess）; Kempen/Zachert, a.a.O.(Fn.11), S.207（Kempen）; Wiedemann/Oetker/Wank, a.a.O.(Fn.13), S.1151（Wank）.

106　BAG vom 24.1.1996 AP Nr.8 zu §77 BetrVG 1972 Tarifvorbehalt.

107　Fitting/Kaiser/Heither/Engels, a.a.O.(Fn.103), S.1133.

ない[109]。旧事業所組織法（1952年）の時の連邦労働裁判所の判決では、「労働協約の代表性（Repräsentativität der Tarifverträge）」が要求され、協約に拘束されている事業所の正規の労働者数が拘束されていない事業所のそれを上回っていなければならないとされた[110]。しかし、現在の連邦労働裁判所及び通説はこれに批判的であり、文言上からはこうした要件を導き出せないのみならず、代表的であるかどうかの認定が困難であるため法的安定性を損ないかねないし、また協約当事者の規範設定の特権との法目的にも反するとされる[111]。

第四に、法的効果に関してであるが、77条3項に違反して締結された事業所協定は、BGB134条（法律上の禁止に違反する法律行為は無効である。）ないし77条3項により無効である[112]。したがって、労働者には何らの権利も発生しないし、また無効な事業所協定を有効とみなすこともできない。これは、77条3項の無制限な遮断効から生じる[113]。

以上のように、「賃金その他の労働条件」に関して事業所協定の締結が排除されているが、「労働協約が補充的事業所協定の締結を明確に許容してい

108　Fabricius/Kraft/Thiele/Wiese/Kreutz, Betriebsverfassungsgesetz, Luchterhand, 1990, S.293（Kreutz）.

109　Kempen/Zachert, a.a.O.(Fn.11), S.207f(Kempen); Hess/Schlochauer/Glaubitz, a.a.O.(Fn.105), S.990（Hess）.

110　BAG vom 6.12.1963 AP Nr.23 zu §59 BetrVG 1952.

111　BAG vom 13.8.1980, AP Nr.2 zu §77 BetrVG 1972; Wiedeman/Oetker/Wank, a.a.O.(Fn.13), S.1152（Wank）; Däubler/Kittner/Klebe（Hrsg.）, a.a.O.(Fn.103), S.1038（Berg）; Fitting/Kaiser/Heither/Engels, a.a.O.(Fn.103), S.1133.

112　Vgl., C.Fischer, Die tarifwidrigen Betriebsvereinbarungen, C.H.Beck, 1998, S.211ff.

113　Hess/Schlochauer/Glaubitz, a.a.O.(Fn.105), S.999（Hess）.問題は、何らかの方法で無効な事業所協定を労働契約に内容化し得るかである。従業員代表委員会を個々の従業員の代理（BGB164条）とみなすことは、それが職務（Amt）として事業所協定を締結している以上、無理である（BAG vom 29.5.1964 AP Nr.24 zu §59 BetrVG 1952.）。無効な事業所協定を「契約上の統一規制（vertragliche Einheitsregelung）」として黙示の合意を通じて契約内容になるとの考えは理論的には肯定されている。もっとも、使用者及び従業員代表委員会は、通常、集団的合意たる事業所協定のみを望んでいる、すなわち他の集団的合意や77条4項に基づく解約によって将来的に拘束を免れ得ることを考慮して事業所協定を締結しているため、個別契約として無効な事業所協定の内容が存続するのは例外的と捉える必要があるとされる（Hess/Schlochauer/Glaubitz, a.a.O., S.999（Hess）.）。具体的には、当該協定当事者が無効であることを認識し、単に事業所協定を締結する以上の意思を有していることが認識されうる場合である（BAG vom 23.8.1989, BB 1989, S.2330.）。

54　第1章　横断的労働協約の変容

る場合」、その例外が認められる（77条3項2文）。後述するように、この規定が労働協約の柔軟化に関して重要な役割を果たしている。ここでは、協約自治の尊重との77条3項の趣旨を徹底させるため、「明確（ausdrücklich）」との文言が用いられ、それが厳格に解されねばならないとされている点のみ指摘しておく[114]。

3　事業所組織法87条1項

　87条1項では、法律上並びに協約上の規制が現に存在している場合には、従業員代表委員会が共同決定権を有する事項（職場秩序、始業・終業・休憩・賃金支払の時期・場所・方法等わが国の就業規則記載事項に類似した事項）において事業所協定の締結が禁止されている。本条の立法目的は、現存する労働協約（及び法律規定）の効力の保障であるが、さらに根本的には、労働協約の優位性の確保でもある。ただし、77条3項とは異なり、協約の留保と並んで法律の留保も規定されているため、それと同様の意味には理解できない。従業員代表委員会による社会的事項の共同決定の目的は、従業員の保護のために指揮権の行使など個別契約法上の使用者の形成の可能性を集団的規制によって排除することであり、したがって法律または労働協約の規制があれば、十分との考えによる。こうした立法目的に鑑みると、労働協約の遮断効の発生には、少なくとも使用者は協約に拘束されていなければならない。問題は労働者である。本条に規定された諸事項の大部分はいわゆる経営規範（Betriebsnormen）に該当し、したがって当該協約規範は、使用者のみが協約に拘束されておれば、すべての従業員に適用がある以上（労働協約法3条1項、4条1項2文参照）、労働者側の協約拘束性は必要でない。問題は一部の内容規範であるが、判例及び通説は、使用者が協約に拘束されておれば、実際上その従業員に当該協約を適用すること、また労働者の1人でも協約に拘束されておれば、労務管理上同一の取扱いがなされるのが通例である点を考慮し、労働者側の協約拘束性は必要ないとされている[115]。

114　BAG vom 21.2.1967, BAGE 19, S.217.

115　BAG vom 24.11.1987, DB 1988, S.813; Däubler/Kittner/Klebe（Hrsg.）, a.a.O.（Fn.103）, S.1156（Klebe）; Fitting/Kaiser/Heither/Engels, a.a.O.（Fn.103）, S.1284; Hess/Schlochauer/Glaubitz, a.a.O.（Fn.105）, S.1135（Glaubitz）.

二　労働協約の柔軟化をめぐる法律問題

　上記のように、協約の留保のため、事業所協定の当事者には基本的に（実質的）労働条件規制の権限が存しないが、協約当事者がこれを許容する場合は別であり、開放条項においてはこれが用いられている。すなわち開放条項は、労働協約を補充する事業所協定ないしこれを下回る事業所協定の締結を認め、事業所協定当事者の規制権限を拡張している。上記Ⅵで触れたように、すでに多様な内容を有する事業所協定が締結されているが、一般的には事業所組織法上の要件を充たしている限りは何ら問題は生じない。しかし、実際には複雑な問題が生じるのであり、具体的にはどの程度あるいはどの事項を事業所協定に委ねることができるのか、協約によって許容された範囲を超える内容の事業所協定が締結される、あるいは協約上開放条項がないにもかかわらず事業所協定が締結される場合、協約当事者は不作為請求をなし得るのか、さらに事業所組織法77条3項と87条1項との関係如何との問題である。これらの解決方法として、「不法な分権化」に歯止めをかけつつ、事業所レベルの規制に重心を移す傾向が見られる。以下、この3点につき、論じていこう。

1　事業所協定への開放の限界

（1）1987年連邦労働裁判所判決～ニーザーザクセン金属産業労働協約～

　これは、1984年にニーダーザクセンの金属産業において締結された労働時間短縮協約で問題とされたケースである。そこでは以下の規定が置かれ、一定の枠内において具体的な労働時間規制を事業所協定に委ねた。①使用者と従業員代表委員会は、事業所全体平均で38.5時間となれば、個別事業所部門、従業員ないし従業員グループの週労働時間を、経営事情を考慮して37時間から40時間の範囲内で異なって定め得る。②始業及び終業時刻は、従業員代表委員会と協定される。個々の週所定労働時間は、統一してまたは統一せずに5労働日に分配される。③上記に関して使用者と従業員代表委員会との間において合意が成立しない場合には、事業所組織法上の調整委員会（Einigungsstelle、76条8項）に代わり労働協約上の仲裁委員会（tarifliche Schlichtungsstelle）において決定される、と。ここでの争点は多岐にわたるが（仲裁委員会の裁定が事業所協定の代替たり得るか、仲裁裁定において週労働

56　第1章　横断的労働協約の変容

時間37時間となる者は自らそれを選択した労働者及び最高齢の労働者とするとの
規定は従業員代表委員会の共同決定を回避する方法ではないか、年齢差別禁止規
定〈事業所組織法75条1項〉に違反しないか等）、労働協約と事業所協定との関
係において重要な法的問題は、労働時間の長さを事業所協定に委ねることが
できるかどうかである。本判決[116]は、当該協約規定が事業所組織法77条3項
2文の要件を充たし、週労働時間に関する「補充的事業所協定」の締結が許
容されるとした。なお、労働条件規制は全体として委ねられるべきであると
ころ、当該協定が一定の枠内（37時間から40時間）を設定しており、これに
基づき事業所協定が締結されると、労働協約が当該組合員以外に対しても適
用されることになり、これは協約自治の原則に反した不当な労働協約の拡張
である、また消極的団結権に反するとの批判[117]に対しては、協約当事者は、
当該労働条件を事業所協定に開放するかどうかだけではなく、どの範囲内で
開放するかも決定し得るとの判断を示した。また、労働者は労働契約上有利
な労働条件を締結することができ、この点で不利な地位に置かれていないこ
とも付加する。

（2）本判決に対する法的論争

　こうした連邦労働裁判所の判決の結論には賛否があるが、これを契機にして、
協約当事者と事業所協定当事者との関係についての議論が活発化した。第一に、
協約当事者は開放条項を通じてどの程度まで事業所協定当事者に規制を委ね得
るか、すなわちその限界に関してである。連邦労働裁判所は次の通り判示した。
77条3項に基づき、使用者及び従業員代表委員会は包括的な規制権限を有する
が、労働協約によって規制され、またそれが通常である「賃金その他の労働条
件」に関しては、協約自治を尊重して事業所協定の締結は許されないとの一定
の制限が加えられている。ただし、協約当事者が当該事項の規制を放棄する場
合、及び開放条項（77条3項2文）が締結される場合、包括的な規制権限が復
活し、事業所協定上、「賃金その他の労働条件」も規定し得る、と。そして、

116　BAG vom 18.8.1987, BAGE 56, S.18. 本判決は、西谷敏「ドイツ労働法の弾力化論（三・
　　完)」7頁以下、和田・前掲書（注61）48頁以下において詳細に分析されている。

117　M.Löwisch, Die Einbeziehung der Nichtorganisierten in die neuen Arbeitszeittarifverträge
　　der Metallindustrie, DB 1984, S.2457f; v.Hoyningen-Heune, Die Einführung und Anwendung
　　flexibler Arbeitszeiten im Betrieb, NZA 1985, S.9f.

任意の事業所協定（freiwillige Betriebsvereinbarungen）に関して規定した88条からもこの結論が支持されるとする。というのは、これを規定した88条は、その対象として一定の事項（労災及び健康障害防止のための付加的措置、社会的制度〈Sozialeinrichtung〉、財産形成促進のための措置）を挙げているが、「特に（insbesondere）」との文言がある以上、それは例にすぎないからである、と。他方、連邦労働裁判所は、「実質的労働条件がかなりの程度労働協約自体によっては規制されず、むしろ規制権限が事業所協定当事者に委ねられる場合、これによって相当な危険が協約自治と結び付けられる」ことがある点を肯定し、こうした場合には、「労働協約に内在する限界を越える」とする。ただし本件では、協約当事者が詳細に週労働時間を規制しているためなんら問題はないとし、法的限界に関する詳しい説示はしていない。

　一部の学説によると、労働・経済条件をどのように改善するかは協約当事者自身の自己責任として決定し得、積極的に活動する法的義務までは存在しないとして、協約においてなんらの規制もせずに、無限定に開放しうる（例えば、労働協約全体が事業所協定に対して開放される）と主張されている[118]。しかし、多くの論者はこれに否定的であり[119]、連邦労働裁判所同様、原則的には事業所協定当事者の包括的規制権限を認めるが、基本法上の協約自治の保障に鑑み、一定の限定を設定しようとする。例えば、ツァヘルトは、法規命令に関する基本法80条の規定（「法律によって、連邦政府、連邦大臣または州政府に対し、法規命令を発する権限を与えることができる。その場合には、与えられる権限の内容、目的及び程度は、法律において規定されなければならない。」）を援用し、労働協約において、「与えられる権限の内容、目的及び程度」が定められていなければならないとするが[120]、これは、協約自治を重視する立場からの主張である。

118　Fabricius/Kraft/Thiele/Wiese/Kreutz, a.a.O.(Fn.108), S.311（Kreunz）; Fitting/Kaiser/Heither/Engels, a.a.O.(Fn.103), S.1145f.

119　K.Linnenkohl, Die Zulässigkeit von Betriebsvereinbarungen zur tariflichen Arbeitszeitverkürzung in der Metallindustrie, BB 1988, S.1459; H.Buchner, Arbeitszeit im Spannungsfeld zwischen Tarifvertrag und Betriebsvereinbarungen, NZA 1986, S.380.

120　U.Zachert, Rechtsfrgen zu den aktuellen Tarifverträgen über Arbeitszeitverkürzung und Beschäftigungssicherung, AuR 1995, S.5ff.; Ebenso: W.Däubler, a.a.O.(Fn.32), S.159f, T.Baumann, Die Delegation tariflicher Rechtssetzungsbefugnisse, 1992, S.90ff; Wiedemann/Oetker/Wank, a.a.O.(Fn.13), S.1160（Wank）.

58 第1章 横断的労働協約の変容

第二に、〜上記の点とも関連するが〜当該組合員以外の労働者に対して協約の効力を及ぼすことができるか、すなわち消極的団結権との関係である。本件では、協約に規定された一定の枠内（37時間〜40時間）での事業所協定の締結が許容され、この点で第三者に対する協約の作用がみられる。連邦労働裁判所は、上記のように、労働協約ではなく事業所協定に基づき全従業員に適用され、また有利原則が肯定されるとの理由で、消極的団結権を侵害しないとの判断を下した。当該事業所協定を締結するかどうかが事業所協定当事者の自由に委ねられる限りは、それに基づいて全従業員に適用されていると解することも可能であるとして、これを支持する学説も少なくないが[121]、これを厳しく批判する見解は、「補充的事業所協定」において、労働協約の実質的な作用が認められる点を強調する。すなわち、労働協約の不完全な内容を補完し、完全化する事業所協定は、それ自体では完全な規制ではなく、内容がほとんど意味をなさない場合もある。ここでは、協約規範が事業所協定に取り入れられることによって作用することになる。さすれば実質的に協約が組合員以外にも適用される結果となり、これは、77条3項2文の規範内容を超えるのみならず、協約が重複する場合、他の協約との競合が生じ、さらに違法な一般的拘束力が生み出される（消極的団結権侵害）以上、許されないとする。もっとも当該開放条項は全く効力を持たないのではなく、協約に拘束される使用者に対して、組合員以外の労働者に対して労働契約上、協約規定を受け入れるよう働きかける義務を含んでいると解すべきであるとされる[122]。

第三に、事業所組織法上の強制的共同決定事項を労働協約によって拡張できるかに関する議論である。事業所組織法87条1項では、いわゆる形式的労働条件及び一部実質的労働条件（上記一3参照）に関する強制的共同決定が規定され、例えば労働時間に関しては、①休憩時間を含めた就業時間の開始と終了及び各週での労働時間の配分、②労働時間の一時的な短縮及び延長に

---

121 Fitting/Kaiser/Heither/Engels, a.a.O.(Fn.103), S.1145; V.Hoyningen-Heune/Meier-Kreuz, Flexibilisierung des Arbeitsrechts durch Verlagerung tariflicher Regelungskompetenzen auf den Betrieb, ZfA 1988, S.303f.; J.Weyand, Möglichkeiten und Grenzen der Verlagerung tariflicher Regelungskompetenzen auf die Betriebsebene, AuR 1989, S.197f.; W.Zöllner, Flexibilisierung des Arbeitsrecht, ZfA 1988, S.276.
122 Kempen/Zachert, a.a.O.(Fn.11), S.210 (Kempen).

ついては共同決定が必要であるが、本件で問題となった一般的な労働時間の長さは対象事項ではない。こうした場合、労働協約によってこれをも共同決定事項にし得るかがここでの問題である。まず、事業所組織法は利益代表に関する最低条件を定めた法律であるため、労働協約によって従業員代表委員会の関与権を制限することは許されないという点では一致しているが[123]、これを拡張し得るかについては争いがある。本判決も含めた肯定説は、労働協約法1条1項が事業所組織法上の事項に対する規制権限を規定するとともに、事業所組織法2条3項によると、団結の任務は事業所組織法によって触れられてはならないと定めていること[124]、及び職員代表法3条では、それから逸脱する協約規制を明確に排除しているのに対し、事業所組織法ではこうした規定が置かれていないことを指摘する。他方、否定説は、事業所組織法がそれぞれの箇所において事業所組織法上の事項に関する協約規制を許容しており、このことからその他の点では、事業所組織法が強行的であることが導かれるという[125]。このように、事業所組織法の規定自体からは決定的な解答が得られず、制定史を考慮してもこの点に変わりはなく、「立法者が意識的に未決定のままとし、それゆえ規制の欠缺が存している」と指摘されている[126]。肯定説か否定説かを決するにあたって重要な点は、従業員代表委員会の共同作用に関わる規定を「労働者保護規定」と解するか、それとも事業所レベルないし企業レベルにおいて規制権限を分配した法ととらえるかである。前者では、片面的にのみ強行性を有するため、その拡張は許されることになり[127]、他方、後者では、経営の自由と共同決定権とは調整済みであり、許されないことになる[128]。また拡張されても、それは協約に拘束される使用者にのみ適用されるため、事業所組織法の性格を変えるものでない以上許容されるとの主張もなされている[129]。

123　Fitting/Kaiser/Heither/Engels, a.a.O.(Fn.103), S.125; Hess/Schlochauer/Glaubitz, a.a.O.(Fn.105), S.150（Hess）.

124　Fitting/Kaiser/Heither/Engels, a.a.O.(Fn.103), S.125; P.Hanau, Verkruuzung und Differenzierung der Arbeitszeit als Pruufsteine des kollektiven Arbeitsrecht, NZA 1985, S.75.

125　Hanau/Adomeit, Arbeitsrecht, 8.Aufl., Luchterhand, 1986, S.113.

126　v.Hoyningen-Heune/Meier-Kreuz, a.a.O.(Fn.121), S.308.

127　BAG vom 10.2.1988, BAGE 57, S.317.

128　Dietz/Richardi, Betriebsverfassungsgesetz, 7.Aufl., C.H.Beck, 1998, S.79.

129　U.Zachert, a.a.O.(Fn.120), S.5; P.Hanau, a.a.O.(Fn.124), S.75f.

60　第1章　横断的労働協約の変容

　以上のように、連邦労働裁判所の判決に対しては厳しい批判も加えられて
いるが、労使双方とも協約に拘束されている場合に、その者にのみ関わる規
制権限が事業所協定当事者に付与されることは肯定されており[130]、さらに、
協約に拘束されていない労使についても、労働契約上、労働協約が援用され
るのが一般なため、実際上不都合は生じないとされ、実務上は事業所レベル
への規制についてそれほど問題はない[131]。なお、金属産業において1987年4
月に締結された労働協約は、平均労働時間を短縮し（ヘッセン金属産業一般
労働協約では、88年4月1日から37.5時間、89年4月1日から37時間）、労働時
間の枠も短くされたが（同37時間〜39.5時間、36.5時間〜39時間）、基本的な性
格は、大論争を巻き起こした84年協約と変わらなかった。しかし、90年には、
再び労働協約において労働時間が確定された（上記ヘッセン金属産業一般労働
協約では、93年4月1日から36時間、95年10月1日から35時間）。ただし、事務
労働者及び管理労働者を含む全労働者の13％を上限として、個々の労働者と
の同意によって、40時間まで延長し得る（延長時間分の賃金か長期の代替休暇
と引換え）と規定され、従業員代表委員会ではなく、個別労働者との合意に
よって労働時間の延長を認めた点が特徴的であった。同様の協約は他の州で
も締結されたが、上限は13％〜18％と異なる[132]。

2　不法な分権化

（1）労働協約違反の事業所協定

（A）問題の所在

　上記のように、事業所組織法77条3項によると、賃金その他の労働条件が
労働協約において現に規制されているか、規制されるのが通常な場合には、
それを事業所協定の対象とし得ず、また当該協約の適用範囲内にある限り、
労働協約に拘束されているかどうかは問われない。労働協約上の開放条項に

130　M.Lieb, Mehr Flexibilität im Tarifvertragsrecht?, NZA 1994, S.290; R.Waltermann,
　　Zuständigkeiten und Regelungsbefugnisse im Spannungsfeld von Tarifautonomie und
　　Betriebsautonomie, RdA 1996, S.137; R.Wank, Empfiehlt es sich, die Regelungsbefugnisse der
　　Tarifparteien im Verhältnis zu den Betriebsparteien neu zu ordnen?, NJW 1996, S.2281.
131　W-D.Walker, Möglichkeiten und Grenzen einer flexibleren Gestaltung von Arbeitsbedingun-
　　gen, ZfA 1996, S.365f.
132　以上、和田・前掲書（注61）38頁以下参照。

基づき事業所協定が締結されていれば問題はないが（「統制された分権化〈kontorollirte Dezentralisirung〉[133]」）、柔軟化が広がるにつれて、開放条項が許容していない、あるいは許容の範囲を超えて協約基準を逸脱する事例が増加している（「不法な分権化（wilde Dezentralisirung）」）。以前は、協約基準を上回る賃金等の事業所協定が問題とされたが[134]、最近では、これを下回り、労働条件を悪化させるのが問題となっている（実態に関しては、上記IV二参照）。こうした「不法な分権化」による事業所協定は無効であり、したがって労使双方とも協約に拘束されている限り、労働者は、使用者に対して協約基準に従った労働契約上の権利を主張し得る点には異論がない。また、協約当事者間の内在的な義務として、平和義務と並んで実行義務（Durchführungspflicht）があり、使用者団体傘下の構成員が協約を遵守しない場合、労働組合は使用者団体に対してそれに従うように働きかけることを求め得る。しかし、労働者個人による権利主張は困難な場合が少なくなく、また後者の方法も迂遠であるのみならず、使用者団体に属していない使用者に対しては意味がない[135]。そこで、協約当事者が、事業所協定の当事者たる使用者を相手にして、裁判上、当該事業所協定の無効確認や不作為請求をなし得るかが問題となってくる[136]。

(B) 連邦労働裁判所判決と評価

　判例・学説は、従来、こうした訴訟に否定的であったが[137]、それは、事業所協定がなによりも使用者と従業員代表委員会間、並びに使用者と労働者間の法律関係に関わっており、労働組合はこの関係に直接関与していないとの前提に依拠している。学説は、特に協約当事者の権利保障の必要性からこの判断を厳しく批判し[138]、連邦労働裁判所第一小法廷は、これを一部受け入れて事業所組織法23条3項（「従業員代表委員会または事業所において（組合員

133　U.Zachert, Tarifautonomie im Umbruch-Kontorollirte und wilde Dezentralisirung, Zeitschrift für Tarifrecht 1998, S.3.

134　F.J.Säcker, Tarifvorrang und Mitbestimmung des Betriebsrates biem Arbeitsentgelt, BB 1979, S.1201.

135　なお、個々の使用者が協約当事者となっている企業協約の場合、労働組合は、協約当事者たる使用者に対して直接に誠実な履行を求め得るが、これは、「実行義務」に基づくものである。

136　なお、事業所協定が誠実に遵守されていない場合、従業員代表委員会が使用者を相手にして履行請求や不作為請求をなし得る点も争いはない（BAG vom 24.2.1987, BAGE 54, S.191）。

137　Löwisch/Rieble, TVG, § 4 Rn.73, Vahlen, 1992.; BAG vom 18.8.1987, BAGE 56, S.44.

62　第1章　横断的労働協約の変容

を）代表する労働組合（im Betrieb vertretene Gewerkschaft）は、この法律か
ら生じる使用者の重大な義務違反に対して」不作為請求し得る。）に基づき、
77条3項に違反する事業所協定については、それが「事業所組織法上の秩序
の基本的な規範（Fundamentalnorm）」であり、この遵守は23条1項及び3
項によって保障されるべきであるから、労働組合は、その不作為を求め得る
との判断を下した[139]。

　このような判断に対して一部の学説は、77条3項の保障対象は協約自治と
団結の活動能力のみであり、その違反は、経営組織ではなく協約自治を侵害
するにすぎず、「たまたま」事業所組織法にこうした競合する規制が置かれ、
したがって労働協約法にも置かれ得たものであるから、「事業所組織法の本
来的な構成要素（originärer Bestandteil des Betriebsverfassungsrechts）」では
ないと批判する[140]。この批判においては、事業所組織法上の秩序の範囲を狭
く捉えている点に特徴があるが、事業所協定も基本法やそれを具体化した労
働協約法等の枠内で事業所内での組織秩序を形成しており、これを「事業所
組織法上の秩序の基本的な規範」と捉えることは理論的にも十分に可能であ
ろう。したがって、多くの学説は少なくともこの判断に対して賛成してい
る[141]。ただし、本判決は、〜本件で問題となったが（毎日の始業時間・終業
時間及び各週における労働時間の配分を定めた事業所協定）〜87条1項に規定す
る事項に関する労働協約が存するにもかかわらず、これに抵触する事業所協
定が締結された場合については、単なる「高位の協約秩序」違反にすぎない
として不作為請求権を認めなかった[142]。

　本判決に対しては、事業所組織法23条3項では使用者団体からの訴えは認
められず、また87条1項違反の事業所協定との関係でなお不十分である、さ

138　O-E.Kempen, Zur Rechtsschutzgewähr für die Tarifvertragsparteien im neuen tariflichen
　　　Arbeitszeitrecht, AuR 1989, S.261; J.Weyand, Möglichkeiten und Grenzen der Verlängerung
　　　tariflicher Regelungskompetenzen auf die Betriebsebene, AuR 1989, S.193.

139　BAG, vom 20.8.1991, BAGE 68, S.200.

140　W-D.Walker, Rechtsschutz der Gewerkschaft gegen tarifwidrige Vereinbarungen, ZfA 2000,
　　　S.34f.

141　Däubler/Kittner/Klebe（Hrsg.）, a.a.O.（Fn.103）, S.529（Tritten）; Fitting/Kaiser/Heither/
　　　Engels, a.a.O.（Fn.103）, S.468f.

142　zust.W-D.Walker, Der tarifvertragliche Einwirkungsanspruch, in: Festschrift für Schaub,
　　　C.H.Beck, 1998, S.759.

らに不作為との給付の訴えのみならず、確認の訴えも肯定されるべきである
との批判がなおなされているが[143]、むしろ～本判決では否定されたが～、基
本法9条3項に基づき、独自の不作為請求権を肯定すべきであるとの主張も
有力である[144]。こうした主張の前提は、労働協約の履行に関して団結独自の
保護法益が肯定されることであるが、連邦労働裁判所は、1999年、次に述べ
る規制の合意等による逸脱につき、これに関連する判断を下した。

（2）規制の合意等による逸脱

（A）事業所内統一的労働条件規制と不作為請求

　事業所内において統一的に労働条件規制をする方法は、「事業所協定」に
限らない。使用者が一方的に設定する一般的労働条件（allgemeine
Arbeitsbedingungen）[145]、従業員代表委員会との了解がある「規制の合意」や
その支持を受けて設定する場合などが考えられる。こうした事業所内統一的
規制は、事業所協定とは異なり規範的効力（77条4項）を有せず、労働契約
当事者の合意を通じて拘束力を有することになる。特に、使用者と従業員代
表委員会との合意という、事業所協定と同じ方法で設定される「規制の合
意」も、共同での決議、書面の作成そして両当事者の署名との要件（事業所
組織法77条2項）を欠いていたり、そもそも「事業所協定」として締結の意
図がないなどの理由から、せいぜい債務的効力しかないと考えられている[146]。
これらが事業所協定と同一の機能を果たしているのは明白であり、このため
賃金や労働時間等に関して統一的規制がなされた場合、77条3項がすべての
競合する規制の排除をめざしているとしてこれに違反するとの見解も有力で
あるが[147]、通説・判例ともこれを否定する。それは、77条3項において文言
上「事業所協定」が用いられているだけではなく、同項の立法目的が、協約

143　W.Däubler, Betriebsräten und Gewerkschaften, in: Festschrift für Wlotzke, Rudolf Anzinger,
　　1996, S.275 ff; Däubler/Kittner/Klebe（Hrsg), a.a.O.(Fn.103), S.1043f（Berg); U.Zachert, Kriese
　　des Flächentarifvertrags, RdA 1996, S.146.

144　Kempen/Zachert, a.a.O.(Fn.11), S.650（Kempen); M.Kittner, Rechtsschutz für
　　Tarifverträgen, in: Festschrift für Stahlhacke, Luchterhand, 1995, S.254f.

145　一般的労働条件に関しては、村中孝史「労働契約と労働条件——西ドイツ一般的労働条件論
　　序説（一）（二）（三完）」民商法雑誌97巻6号（1988年）793頁・98巻1号79頁・2号188頁以下
　　（同年）、同「労働契約と労働条件の変更——西ドイツ一般的労働条件論をめぐって」法学論叢
　　124巻5・6号（1989年）135頁以下が詳しい。

146　Vgl., Fitting/Kaiser/Heither/Engels, a.a.O.(Fn.103), S.1167.

64　第1章　横断的労働協約の変容

当事者と事業所協定当事者間において規範的効力をもって労働条件を規制する権限を調整し、協約自治を尊重して「規範の競合」問題を解決する点にあり、単なる規制の合意その他の統一的規制はそうした効力をもたないからである[148]。この立場に立つと、それが協約基準を上回る場合には有利原則の問題として扱われることになるが、問題なのは下回る場合である。ここでも、事業所協定の場合と同様、「不法な分権化」が実際上行われている点に変わりはない。労働協約上許容されていない限り、協約基準の規範的効力に違反する以上無効と解されるが（労働協約法4条3項参照）、労働組合は、上記協約違反の事業所協定同様、当該使用者に対して訴訟上不作為請求し得るかがここでの論点である。

(B)　メディア産業労働組合事件判決

　メディア産業労働組合事件[149]ではまさにこの点が争点となった。そこでは、印刷会社とその従業員代表委員会との間で、経営事情の悪化に鑑みて、協約上の週労働時間（35時間）を超えて39時間とし、35時間を超える時間につき協約に定める割増率を下回る報酬しか支払わない旨の「規制の合意」がなされ、その引換えとして、2000年末までの5年間の雇用保障が約束された。従業員の95％がこれに同意する旨の書面にサインをした。これに対して、メディア産業労働組合は使用者に対して、協約を逸脱する当該規制を適用しない旨の不作為請求を行なった。連邦労働裁判所第一小法廷は、上記のように、ここでは事業所協定を対象にする事業所組織法77条3項の問題ではなく、また報酬や労働時間の長さという実質的労働条件に関わっているため、同法87条1項の問題でもないとした。しかし、こうした協約基準排除の目的を有する「規制の合意」たる統一的規制は、労働組合独自の権利である団結権（基本法9条3項）を侵害し、したがってこれに基づき、不作為請求（ドイツ民法典1004条1項2文）し得るとの判断を示した。同1004条1項2文の不作為請

147　Däubler/Kittner/Klebe（Hrsg.），a.a.O.(Fn.103)，S.1041（Berg）; F.Gamillscheg, a.a.O.(Fn.39)，S.328; U.Zachert, Krise des Flächentarifvertrages., RdA 1996, S.145.

148　Wiedemann/Oetker/Wank, a.a.O.(Fn.13)，S.1155（Wank）; Fitting/Kaiser/Heither/Engels, a.a.O.(Fn.103)，S.1139; BAG vom 20.4.1999, NZA 1999, S.887.

149　BAG vom 20.4.1999. NzA 1999, S.887. 本判決に関しては、根本到「雇用保障を代償として協約上の労働条件を低下させた事業内合意に対する労働組合の不作為請求」労旬1476号（2000年）28頁以下参照。

求の保護対象は絶対的権利及び法律上保護される法益であるところ（同823条１項参照）、団結権もこれに含まれるとする。この点は古くから認められていたが[150]、問題はその範囲である。連邦労働裁判所第一小法廷は、団結権の保障領域はいわゆる「中核領域」に限定されず、「団結に特有な（koalitionsspezifisch）すべての行為態様（alle Verhaltensweise）」まで拡張されるとの連邦憲法裁判所の新たな流れの判例[151]に依拠し、団結の自由に対する侵害は、労働協約の創出を妨害する場合のみならず、〜本件で問題となっているような〜労働協約を誠実に履行せずにその効力を無力化する場合にも生じるとの判断を示した。もっとも、すべての協約違反の統一的規制に対してこれが妥当するわけではなく、「集団的な秩序としての協約規範を排除し、それでもってその中心的機能が奪われる」場合に限られるとする。その具体的要件は、①統一的に作用し、協約規範に取って代わる事業所内での労働契約上の統一的規制であり、②当該協約が、問題とされている統一的規制の適用領域において規範的に妥当していることである。なお、①に関わる統一的規制として、「協約違反の事業所協定（tarifnormwidrige Betriebsvereinbarungen）」のほかに、規制の合意に基づく場合、及び当該契約の提示が明確に従業員代表委員会によって支持されている（unterstützen）場合が典型的に「明白な」場合として挙げられているが、その理由は、これが集団的性格を有するとともに、妥当している協約との「意識的な衝突（bewußte Kollision）」が特に「明白」であるからであるとされる。

(C) 評価

連邦労働裁判所第一小法廷は、上記91年判決において事業所組織法77条３項違反の事業所協定に対しては、事業所組織法上の「基本規範（Grundnorm）」に反するが故に同法23条に基づき、当該事業所の「（組合員を）代表する労働組合」による不作為請求が肯定されるとしたが、基本法９条３項に基づく団結独自の権利による訴えについては、①特別の規定がない限り第三者の法律関係（ここでは使用者と労働者）には関与し得ない、②団結権の「中核領域」には労働協約の実行までは含まれないとして否定した。これに対して、本判決は、協約違反の事業所協定とならんで労働契約上の統一的規制につい

150　Hueck/Nipperdey, a.a.O.(Fn.14), S.144ff.

151　BVerfG vom 14.11.1995, NZA 1996, S.381; vom 24.2.1996, NZA 1996, S.1157.

66　第1章　横断的労働協約の変容

ても、一定の要件を前提にしつつ、団結の自由に対する侵害を根拠にこれを
肯定した。その際、従来規範的効力をもった労働協約の締結のみが団結の自
由によって保障されていると捉えられてきた見解を改め、その実行までも含
まれるとして保障の範囲を広げた点が重要であろう。同じ第一小法廷の判決
である点を考慮すると、実質的に判例変更されたと見ることができよう。

　91年判決によると、事業所組織法23条に基づき、労働組合は、73条3項違
反の事業所協定に対しては、「代表」性の要件を充たせば、使用者が協約に
拘束されているかどうかを問わず、不作為請求し得る。本判決では、協約違
反の事業所協定のみならず、事業所内統一的規制に対しても不作為請求が肯
定されたが、原則として労使双方とも協約に拘束されていることが前提であ
る。両判決ではカバーしきれない違反も存するが（例えば、使用者が協約に拘
束されておらず、かつ労働組合が「組合員を代表」していないケース）、少なく
とも実質的労働条件に関しては、組合員が存する事業所や労働協約の適用下
にある事業所での違反という、労働組合が実務上特に問題とする場合に不作
為請求が肯定されたのであり、このことは、労働組合に有利なように、無秩
序な「分権化」に一定の歯止めをかける可能性が広がったといえよう[152]。た
だし、本判決にはいくつかの理論的な問題点が残されている点も指摘する必
要があろう。第一に、特に組合員数との関係で、どの程度であれば当該事業
所において「集団的秩序としての協約規範」が排除されるのかである。当該
事業所が労働協約の適用下にある、すなわち労使双方とも協約に拘束されて
いる必要があるが、従業員の相当部分が組合員であるならば問題はないであ
ろう。しかし、それが少数にすぎない、例えば1人しか組合員がいない場合
にどうなるかは必ずしも明確ではなく、従業員の中での組織の程度が未解決

---

[152]　なお、ドイツ労働組合総同盟によって団体訴訟権（Verbandsklagerecht）が新たに提案され
　　ており、そこでは一方ないし双方の協約当事者に対して、協約基準及び法律上の最低基準を個々
　　の労働関係に移し替えることを、その構成員たる使用者ないし労働者に代わって裁判上請求する
　　訴訟権を与えることが意図されている（Handelsblatt vom 12.7.1999 S.7; vom 13.7.1999 S.6.）。
　　もっとも、労働協約と事業所協定との関係をテーマとする第61回ドイツ法曹大会における労働法
　　分科会では、こうした提案（「協約違反の事業所協定が締結されたり、使用者がその他のやり方
　　で協約を維持しない場合、協約を締結した労働組合は、この使用者に対して協約維持の訴あるい
　　は争議手段を取り得る。」「協約当事者は、事業所の実務において締結された協約の維持を、法的
　　手段を用いて効果的に実現し得ることが保障されるべきである。」）は否決され、支持を得ていな
　　い（Beschlüsse Nr.10 a und b NJW 1996, S.2995）。

の問題として残る[153]。なお本判決は、不作為請求し得るのは、原則として組合員との関係のみであり、したがって当該組合員名を明らかにする必要があるとする。ただし例外的に、協約違反の規制を協約適用者に限定せず、協約の拘束を問わずに全従業員ないし一定の従業員に及ぼそうとする場合には、こうした従業員との関係でも不作為請求を求め得るとするが、ここでは特に組合員数が問題となると思われる。第二に、87条1項に定める形式的労働条件に関して協約に定めがあるにもかかわらずこれに違反する事業所協定が締結されたケースでの不作為請求の可否である。9条3項の団結権保障の射程がここまで及ぶのかについては、87条1項の立法趣旨をも勘案して、なお理論的に詰めた検討が必要であろう[154]。

3　優位説と二重の制約説の対立

（1）優位説と二重の制約説の相違

　労働協約と事業所協定との関連については、77条3項と87条1項との相互関係にもふれておかねばならないであろう[155]。77条3項は、労働協約によって定められている、あるいは定められるのが通常な賃金その他の労働条件に関しては事業所協定の対象とし得ないと規定する。他方、87条1項は、法律または労働協約に規定がある場合を除いて、事業所委員会と使用者間において共同決定すべき労働条件を定めている。旧事業所組織法では、遮断的効力を規定する59条が実質的労働条件、強制的共同決定権を規定する56条1項が形式的労働条件に関わっていたため、両者が競合することは理論的にはないと捉えられていた[156]。これに対して、1972年に改正された現行法では、強制的共同決定を規定する87条1項が形式的労働条件のみならず、一部実質的労働条件も含んでいるため（事業所において通例の労働時間の一時的な短縮また

153　W-D.Walker, a.a.O.(Fn.140), S.44.

154　Vgl., H-D.Wohlfarth, Stärkung der Koalitionsfreiheit durch das BAG, NZA 1999, S.963; E. Kocher, Materiellerechtliche und prozessuale Fragen des Unterlassungsanspruchs aus Art.9 Abs.3 GG, AuR 1999, S.384f.

155　この問題については、大内伸哉『労働条件変更法理の再構成』（1999年・有斐閣）191頁以下、緒方桂子「ドイツにおける成績加給制度と法的規整の構造」季労190・191合併号（1999年）145頁以下において詳細に分析されている。

156　Vgl., BAG vom 31.1.1969, AP Nr.5 zu §56 BetrVG Entlohnung.

68　第1章　横断的労働協約の変容

は延長、請負ないしプレミアの額等）、両者間の関係をいかにとらえるかが問
題となった。これに関しては、大きく優位説と二重の制限説が主張されてい
る。優位説は、87条が優先的に適用され、したがって同条によって共同決定
権が存する労働条件には77条3項の遮断的効力は生じないとする[157]。これに
対して、二重の制限説は、77条3項は、87条1項の強制的共同決定の領域に
おいても適用されるとの見解であり[158]、優位説とは対照的に、労働協約によ
って規制されている場合のみならず、規制されるのが通常な場合にも、仲裁
裁定を通じて強制され得る事業所協定の対象たり得ないとされる。ここでは
両者の根拠づけについての議論に立ち入ることは避け、必要な限りでポイン
トを指摘すると、優位説は、二重の制約説に比べて事業所協定当事者に広い
規制に委ねる点が重要である。具体的にはまず、二重の制約説では、労働条
件を規制するのが通常な場合（余後効期間中も含む）にも事業所協定の締結
が遮断されるのに対し、優位説では、規制が通常な場合には遮断されない。
次に、77条3項の遮断効は、使用者が協約に拘束されていなくても、時間的
場所的職種的適用下にあればよいが、87条1項の強制的共同決定権の場合、
協約規制が存する場合に遮断効が生じるのは協約に拘束された使用者に限ら
れる。優位説だと、協約に拘束されていない場合、87条1項に列挙された労
働条件を規制する協約が存しても強制的共同決定が行われるが、二重の制約
説だと、これが行われないことになる。もっとも77条3項の対象を、形式的
労働条件を含まず実質的労働条件に限定する立場では、87条1項に規定され
た事項のうち一部の実質的労働条件について制約を受けるにすぎないため、
両者の差は小さくなる。

（2）連邦労働裁判所の判例〜優位説〜

（A）こうした対立の中で、連邦労働裁判所第一小法廷は、1987年2月24日
決定において優位説に立つことを明確にし、その後も同様の判断を何度も下
し[159]、大法廷もこれを肯定した[160]。この判断においては、87条1項を「特別

157　Däubler/Kittner/Klebe（Hrsg.）, a.a.O.（Fn.103）, S.1037（Berg）.

158　Dietz/Richardi, a.a.O.（Fn.128）, S.992; Fitting/Kaiser/Heither/Engels, a.a.O.（Fn.103）, S.1142;
　　D.Joost, Betriebliche Mitbestimmung bei der Lohngestaltung im System von Tarifautonomie
　　und Privatautonimie, ZfA 1993, S.267; Wiedemann/Oetker/Wank, a.a.O.（Fn.13）, S.1166ff（Wank）.

159　BAG vom 13.1.1987, BAGE 54, S.79; BAG vom 24.11.1987, BAGE 56, S.346; BAG vom
　　10.2.1988, BAGE 57, S.309; BAG vom 6.12.1988, BAGE 60, S.244.

規定」と位置づけ、その際、制定史や条文との相互関係にも触れられている
が、87条1項の立法目的が決定的に重要な役割を果たしている。すなわち、
同項で列挙された事項に関して従業員代表委員会の共同決定権が保障されて
いるのは使用者の一方的決定権限を制約し、それを通じて労働者保護を図る
ためであり、この点で協約自治の効果的な保障を目的とする77条3項とは異
なるとする。当該事項に関する協約上の規制（及び法律上の規制）が存する
場合は別であるとしても、それは、協約上、例えば単に労務給付の対価が定
められているだけでは不十分であり、協約自体において完結的かつ強行的に
規制され、これでもって共同決定権の保護目的に代替し得るのに十分な場合
に限られる。したがって、協約が労務給付の対価のみを規制しているだけで
は最低労働条件を定めているにすぎず、上記保護目的の達成にとっては十分
とはいえず、従業員代表委員会の共同決定権は依然として存することになる。
すなわち、協約上の対価規制は、事業所内での賃金形成の透明性を作り出さ
ず、また協約賃金を超える領域での賃金の正当性を保障することにならない
のである。そして、単に協約規制が「通常な」場合にも保護目的を充たすと
はいえないとする。

(B) こうした判断には学説からの批判がなお強いが（77条3項では協約規制
が通常な場合、「事業所協定」の締結が禁止されているだけあって、当該事項に関
する「共同決定権」、例えば従業員代表委員会の同意や規制の合意まで排除されて
おらず、これによって労働者保護との目的は達成されるなど)[161]、連邦労働裁判
所の判例としては確立しているといえる。たしかに、連邦労働裁判所は、直
接的には労働者保護という目的から優位説を根拠づけている。また一連の判
決に対しては、「事業所自治（Betriebsautonomie）に有利なように協約自治
を後退させる」との法政策的動機がある[162]、「協約自治に不利な方向での、
法政策的に動機づけられた立法状態の修正」[163]との批判が加えられているが、
いずれにせよ基本的な考え方として、事業所レベルの規制に重心を移したと

---

160 BAG vom 3.12.1991, BAGE 69, S.134.

161 大内・前掲書（注155）193頁以下参照。

162 W.Hromadka, Zur Mitbestimmung bei allgemeine übertariflichen Zulagen, DB 1988, S.2640.

163 R.Waltermann, Rechtsetzung durch Betriebsvereinbarung zwischen Privatautonomie und Tarifautonomie, 1996, Mohr Siebeck, S.300.

70　第1章　横断的労働協約の変容

いえ、こうした点で注目に値しよう。

Ⅷ　総括

一　「統制のとれた分権化」の必要性
1　事業所レベルへの移行

　今日、ドイツ社会が多様なレベル、多様な側面において変動しつつある中、その労働法においても、「規制緩和」、「弾力化」等がキーワードであることは周知の通りであるが、本節では、労働協約の「柔軟化」、「分権化」、「相違化」につき、企業・事業所レベルでの規制、特に事業所協定との関係で考察した。ほぼ順調な経済成長が続いてきた1980年頃までなら、個々の企業の経営状況等を考慮する必要性はそれほどなく、むしろ賃金ドリフトのほうが問題であり、したがって単純に労働協約の優位性を論じていればよかった。しかし、80年代に入り、企業間業績の格差が目立ち、また失業情勢が徐々に悪化するにつれ、横断的労働協約の「改革」の必要性が主張されるようになった。特にドイツが再統一を遂げ、またグローバリゼーションが進行する90年代にはその必要性が大きく増した。その際、嚆矢となったのは、1984年のLeber-Kompromiß における週労働時間の弾力化協約であった。これを契機にしてさまざまな実務上及び法律上の問題が議論されるに至るが、このことは、横断的労働協約の柔軟化を促進することにもなった。

　協約レベルから事業所レベルへ一定程度労働条件規制を移行すること自体については、使用者・使用者団体及び労働組合のみならず、学界においても異論はなく、裁判所もこれに即応した判断を下している。まず第一に、労働時間のみならず賃金に関しても柔軟化の弾みをつけた1984年のニーダーザクセン金属産業労働協約に関する連邦労働裁判所判決（1987年8月18日）である。同金属産業労働協約においては、賃金とともに伝統的に労働協約の専権的事項とされてきた労働時間の規制を事業所組織法77条3項に則り事業所協定に開放したが、その際一定のゾーンが設定された点に大きな特徴があった。上記のように、この協約はさまざまな法的問題を引き起こした。連邦労働裁判所は、当該協約につき肯定的な判断を下すが、その際、77条3項において遮断されている実質的労働条件に関して、原則的に事業所協定当事者に「包括

的な規制権限」が存在することを肯認し、本来的に有する規制権限に基づき事業所協定が締結され、これを通じて第三者に適用される以上、非組合員の消極的団結権に抵触しないとした。これは、事業所協定に重心を置いた判断といえよう。第二の例として、事業所組織法77条3項と87条1項との関係である。連邦労働裁判所は、両規定の立法趣旨の相違を強調し、87条1項の労働者保護という目的から優位説を根拠づけているが、結果的には事業所レベルの規制に重心を移したといえる。ドイツのいわゆる「労働組織（Arbeitsverfassung）」は、法律、労働協約、事業所協定そして労働契約を基礎にして形成されているが、労働協約と事業所協定との関係でのこうした変化は、ドイツ労働法を理解するにあたって看過することはできないであろう。

　事業所ないし企業レベルへの大胆な規制権限委譲に対しては批判が強いことは上述の通りであるが、特に経営基盤の弱い中小零細企業からは、これを求める根強い意見がある点には注意を要する。北部ドイツ（旧西ドイツ）の中小零細企業主の団体であるASU（Arbeitsgemeinschaft Selbstständiger Unternehmen）は、1992年1月、「責任ある賃金政策」を公表したが、そこでは、「企業交渉」の充実との考えが打ち出されている。産業別協約はせいぜい枠組協定とし、企業・事業所レベルの交渉で具体的な詰めを行うべきとの内容である。また、労働時間の弾力化のほかに、中長期的には事業所協定の締結とそのための法改正を伴う従業員代表組織の機能拡充を訴えている[164]。これには、大企業労使による「交渉カルテル」に対する不満があると考えられている。こうした「分権化」が進むと、「労使関係のドイツモデル崩壊の引き金」になりかねないが[165]、ここまで突き進むことはないであろう。ただし、そのためには、多くの論者が指摘するように、いかにしてそれぞれの実情に即した柔軟化がいっそうなされるのかが緊喫の課題であり、その内容や

164　稲上毅・H. ウィッタカー「ドイツ・モデルの適応力と困難」稲上他『ネオコーポコーポラティズムの国際比較』（日本労働研究機構・1994年）222頁参照。

165　稲上毅・H. ウィッタカー・前掲論文（注164）223頁。なお、210頁以下では、労使関係のドイツモデルは、①労使関係の二重構造（超企業的な団体交渉と企業内労使協議という労使関係の法的・制度的フレームワーク）、②憲法的法定主義（労働協約の一般的な法的拘束力のみならず、その協約の遵守が「憲法的正義」とみなされ、当事者の一方的な事由によって勝手に破棄などできないこと）、③「包括的」な利益表明行動に基づく集権的かつ協調的あるいは共同決定的な労使関係の3つの構成要素から成り立っているとする。

規制方法につき労使の詰めた議論が重要である[166]。

　ミュッケンベルガーは、「標準的労働協約制度」との概念を打ち立て、その変容として、①実効性の弱体化、②労働協約の分配機能の弱体化、③労働協約の有利性機能の弱体化、④自治の弱体化、⑤代表制の弱体化、⑥正統性の弱体化、⑦法的性質の弱体化を指摘し、興味深い分析を行っている。しかし、協約当事者は、こうした点を意識し、国家の介入を避けつつ自主的努力によって当面する危機を脱して改革を進めていこうとしているといえよう。上記調査（Ⅳ二参照）における、法律との関係でのアンケート結果によると、協約自治に対して介入的意味をもつ事業所組織法77条３項を廃棄することには労働組合のみならず、使用者も否定的である。一般的拘束力の制限に関しては肯定する回答が見られるが、それでも否定回答が大きく上回っている。また、賃金や労働時間につき協約の水準を補完したり、協約に存する欠缺を補充する法律についても否定的である。さらに、労働協約の秩序機能と平和機能が維持される価値があると回答され（それぞれ90％と80％以上）、労働協約と結びついた、従業員代表委員会と使用者の負担軽減（70％）及びカルテル機能（70％）も高い割合を占めていることも注目すべきであろう[167]。

2　横断的労働協約改革の方向

　今後も横断的労働協約の改革が徐々に進行していくと考えられるが、特に労働時間の開放はさらに進むと予想される。上記調査によると、労働時間口座（約80％）、労働時間の配置（約70％）、労働時間ゾーン（約70％）、そして高齢者パート規制（約70％）が高い割合を占めている。また、労働時間の長さに関しても半数以上がよりいっそうの開放を望んでいる[168]。なお、超過勤務時間を時間外労働手当で清算せずに貯めておき、まとめて休日として取得する労働時間口座は[169]は、柔軟化による事業所協定上の利益と労働時間主権による個人の利益にかない、労働時間ゾーンと並んで、労働時間規制に関する将

166　R.Bispinck, Deregulierung, Differenzierung des Flächentarifvertrages, WSI-Mitteilungen 1997, S.551ff.

167　Oppolzer/Zachert（Hrsg.）, a.a.O.（Fn.72）, S.220.

168　Ebenda, S.22f.

169　労働時間口座については、宮前忠夫「ドイツにおける労働時間弾力化の現状──労働時間口座とそのねらいを中心に」労旬1445号（1998年）６頁以下参照。

第1節　大量失業・グローバリゼーションとドイツ横断的労働協約の「危機」　73

来の協約政策の本質的な要素となると予想されている[170]。これに対して賃金
には、労働時間ほどには開放の傾向は予測し得ない。特に、基本賃金にこの
ことは妥当するとされる。というのは、賃金原則と方法（Entlohnungsgrundsätze
und -methoden）については伝統的に開放化が行われてきたからである。また、
従業員やその利益代表者の抵抗が予想され、さらに協約上の特別手当の柔軟
化で十分であるとの使用者側の認識にもよる[171]。開放が進むと予想されるの
は、一定の労働者グループの過渡的賃金（約50％）特別手当（クリスマス手当
等、約50％）、休暇手当（約50％）などである[172]。

　いうまでもなく、こうした事業所レベルへの重心の移行の前提は、従業員
代表委員会が現実に機能しており、かつ労働組合と良好な関係に立っている
ことである。たしかに、従業員5人以上の事業所では従業員代表委員会を設
置できるが、現実にはそれが存しない事業所は少なくない[173]。また、設置さ
れていても、独自の行動を行い、労働協約に従わない場合、すなわち「不法
な分権化」がなされると、協約当事者にとっては、協約自治が脅かされると
捉えられ、不作為請求等が裁判上求められることになる。連邦労働裁判所は、
こうした不作為請求に肯定的な判断を下しているが、これは、協約自治に配
慮し、いわば「統制のとれた分権化」の重要性を確認したといえる。もっと
も、この訴が認められたとしても、協約に違反しようとする使用者の実情に
対する考慮がなければ根本的な解決にはならないであろう[174]。

170　Oppolzer/Zachert（Hrsg.）, a.a.O.（Fn.72）, S.223f.

171　Ebenda, S.224.

172　Ebenda, S.22.

173　従業員代表委員会を有する企業は、旧西地域では、16％、旧東地域では14％にすぎないとい
　　う。その設置率は、企業規模が大きくなるに従い高くなり、従業員1,000人以上の企業では、99
　　％までが存している。他方、10人以下の企業では90％以上が存していない（海外労働時報290号
　　119頁参照）。

174　Vgl., H.Buchner, Der Unterlassungsanspruch der Gewerkschaft-Stabilisierung oder Ende des
　　Verbandstarifvertrages?, NZA 1999, S.900f. 労使双方の協約拘束を前提として、協約違反の事業
　　所内統一的規制に対する不作為請求を肯定した連邦労働裁判所判決1999年4月20日に対して、
　　個々の企業の実状にあった規制が進まない限り、使用者団体からの脱退や「協約に拘束されない
　　構成員資格」を助長するとの批判がなされている。また、事業所組織法73条違反の事業所協定の
　　場合、当該使用者が協約に拘束されていなくともその事業所の「代表的な労働組合」が不作為請
　　求し得るが、団結の自由違反に対する労働契約上の統一的規制の場合には当該使用者が協約に拘
　　束されていることが前提であるため、いくら不作為請求を裁判上求め得るとしても、使用者が使
　　用者団体を脱退してしまうと、こうした請求も無意味になってしまうという。

74　第1章　横断的労働協約の変容

　ドイツにおける労使関係の大きな特徴は二元的構造であり、これが円滑に機能すれば、労使関係の安定、企業目的の追求並びに労働者の権利保障にとって中心的な役割を果たす。事業所レベルへの移行もこうした機能の円滑さが前提となるが、これがいかに確保されるかが協約政策の重要なポイントとなろう。

二　注目すべき動向～協約に拘束されない構成員資格～

　使用者団体からの脱退は数的にはそれほど多くないが、協約自治の基礎を掘りくずす危険性を有するだけに深刻といえる。こうした中で今後の動向が注目されるのは、協約に拘束されない構成員資格（OT〈ohne Tarifbindung〉-Mitgliedschaften）である[175]。労働組合については、ÖTVやドイツ官吏同盟（Deutscher Beamtenbund）がすでに官吏（Beamte）を対象にして、協約に拘束されない組合員資格を認めているが、使用者団体においても同様の構成員資格が採り入れられている。これには、2つのタイプがある。第一に、分割モデル（Aufteilungmodell）である。それは、同一の産業における2つの使用者団体を前提とし、一方は従来通り協約能力を有するが、他方はこれを有しないとし、協約に拘束されたくない使用者は後者に属することになる。そこでは、使用者団体のサービス及び利害関係に関わる機能が享受される。例えば、労働裁判所及び社会裁判所での構成員の代理、法的事項や経済政策・社会政策事項に関する助言、官庁等に対しての代理である。この分割モデルは、ドイツ船主団体、ドイツ旅行社団体等で導入されている。第二の段階モデル（Stufenmodell）は、1つの使用者団体において異なった構成員資格を認める。すなわち規約に従い、協約の拘束力ある構成員か、拘束力のない構成員かを選択する。両者の構成員は原則的には同等の地位にあるが、当然ながら、拘束力のない構成員は、協約政策に関わる活動には関与しない。こうした使用者団体は、ラインラント・プファルツ木材・プラスティック加工業団体、北西ドイツ繊維産業団体、中部ドイツ衣服産業団体で結成されている。

　2つのモデルの中で、分割モデルは、それぞれがまったく同等の資格を有する使用者のみが構成員となっているため、それほど問題はない。議論があ

175　以下、vgl, U.Schlochauer, OT-Mitgliedschaft in tariffähigen Arbeitgeberverbänden, in: Festschrift für Schaub, a.a.O.(Fn.142), S.699ff.

るのは、1つの使用者団体において異なった資格を有する構成員を抱える段階モデルであり、通常、OT-Mitgliedschaftはこれを意味するものして使われる。そこでの論点は多岐にわたる。すなわち、協約能力（Tariffähigkeit）を有するのかどうか、規約によって労働協約の人的適用範囲の制限が可能か、協約の構成員は協約に拘束されると定める労働協約法3条1項に反しないか、団体としての力は結束するが、協約能力を（一部）放棄することを使用者団体に認めると、交渉力の対等性が脅かされ、労働組合に不利にならないか、協約に拘束されずに団体の利益だけ主張し得るのは団結の自由の濫用ではないか、同一団体内で異なった権利を有するのは団体法上の平等取扱い原則に反しないかなどである。学説上、OT-Mitgliedschaftは許容されないとの説も有力に主張されているが[176]、許容されるとの見解が多数といえる[177]。ここでは議論の詳細には立ち入らないが、OT-Mitgliedschaftが許容されると論じるSchlochauerは、特に協約能力に関して、相手方から独立して協約を締結する任務を果たし、対向者に圧力を行使し得るためには、協約に拘束されない構成員が協約政策事項や争議事項に関して影響力を持たないことが前提であり、人数的に同一になると、協約能力に関して疑問が生じるとし[178]、またその他の論者も、法的に疑問がないとしても、望ましくないとする点には注意を要しよう。

三　「柔軟性」と「（雇用）保障」〜 Flexicurity 〜

　ドイツにおいて横断的労働協約は、単に労働条件を確定し、使用者団体と労働組合との関係を規制するだけではなく、労使関係のドイツモデルの支柱をなし、社会的経済的にも重要な役割を果たして国家政策にも関わりをもってきただけにその改革の方向には重大な関心が寄せられている。今日の情勢

176　W.Däubler, Tarifpflicht, eine aussichtsreiche Strategie zur Reduzierung von Lohnkosten? ZTR 1994, S.448ff.; J.Röckl, Zulässigkeit einer Mitgliedschaft in Arbeitgeberverbänden ohne Tarifbindung, DB 1993, S.2382ff.

177　H.Bucher, Verbandsmitgliedschaft ohne Tarifgebundenheit, NZA 1995, S.761ff.; M.Löwisch, Gewollte Tarifunfähigkeit im modernen Kollektivarbeitsrecht, ZfA 1974, S.29ff.; D.Reuter, Die Mitgliedschaft ohne Tarifbindung（OT-Mitgliedschaft）im Arbeitgeberverband, RdA 1996, S.201ff.

178　U.Schlochauer, a.a.O.(Fn.175), S.705.

76 第1章 横断的労働協約の変容

の下でその改革が論じられることは、横断的労働協約が歴史的に重要な規制
を果たしてきたからであろう。1998年に発足したシュレーダー政権の下で
「雇用のための同盟（Bündnis für Arbeit）」が開催され、そこにおいて取り上
げられている失業克服、年金改革、賃上げ額などの多くの事項は横断的労働
協約と密接な関わりをもつ。

　横断的労働協約の「危機」は同時に「チャンス」でもあるとの主張が労働
組合サイドに立つ論者からなされているが、いうまでもなくこれは、伝統的
なスタイルを変えて、変容している新たな状況に適合させることなしには労
働協約の発展はあり得ず、今日がその好機との認識があると考えられる。た
だしこれを進めるにあたっては、経済的効率性と社会的保護の必要性を同時
に充たすことが大前提であり、特に前者のみを偏重することはできないとの
指摘の重要性も再認識しておく必要があろう[179]。デンマークやオランダにお
いては、「柔軟性（Flexibility）」と「（雇用）保障（security）」とを統合した独
自の概念、"Flexicurity" が用いられているが[180]、社会の発展方向を見定め
ながら、いかにして両者間のバランスをとっていくのかは困難な課題とはい
え、常に意識していなければならない。わが国では、法律による規制は必ず
しも厳格とはいえず、また企業毎に締結される労働協約も、企業内ですら十
分に労働者の権利や利益を保障していない。このようにそれでなくとも規制
が弱いわが国において[181]、前者に重心が置かれ、「規制緩和」が進められる
ことは妥当ではないであろう。

　ドイツにおいては、本節で取り上げた労働協約の「規制緩和」のみならず、
労働法規のそれに関しても、必ずといっていいほど協約自治との関係からも
議論され、労使の意向を無視しては強行しにくい仕組みになっている。特に、
さまざまな角度から批判にさらされているとはいえ、社会的になお重要な地
位を占める労働組合が「規制緩和」のプロセスに実質的に関与しているため、
経済的効率性に大きな重心を置くことは困難であり、労働組合・労働者の利
益も考慮され易くなっている。そしてこのことは、基本法に規定された社会

179　Vgl., Oppolzer/Zachert（Hrsg.）, a.a.O.（Fn.72）, 231.

180　Vgl., U.Zachert, Flexicurity im Arbeitsrecht-eine schwierige Balance, WSI-Mitteilungen
　　2000, S.285.

181　西谷敏「ドイツ労働法の弾力化論（三・完）」法学雑誌43巻1号（1996年）35頁以下参照。

国家原理に基づく「社会的市場経済」の考えに即しているが、それはこうした考えが社会的に確固として定着しているためであり、この重要な担保となっているのが、歴史的に形成発展してきた協約自治である。わが国では、労使自治は脆弱であり、法律での規制が中心にならざるをえないが、その「規制緩和・弾力化」にあたっては、必ずしも憲法の理念が尊重されず、またとりわけ労働者・労働組合側の意見が十分に反映されているとはいえないと考えられる。法律を審議・可決する国会においても議論が十分であるとはいえず、労働者の多くもこれに無関心であるが、わが国ではこれこそが「危機」といえるであろう。

78　第 1 章　横断的労働協約の変容

第 2 節　2000年以降の横断的労働協約をめぐる変化

Ⅰ　はじめに

　2000年までの横断的労働協約の「分権化」、「柔軟化」そして「相違化」の
状況及び改革に関しては前節において詳細に論じたので、本節では、その後
の特徴的な動向をフォローするとともに、集団的労使関係の当事者、特に労
働組合の変化を概観し、ドイツ労働法の骨格を形成する協約自治の基盤が動
揺している実情を明らかにする。

Ⅱ　2000年以降の横断的労働協約をめぐる動向

一　協約拘束性の低下傾向

　労働協約の適用対象は、労使の協約当事者（労働組合と使用者団体）に所
属する構成員であり、労働契約当事者双方ともこれに属していなければなら
ない（労働協約法第 3 条 1 項）。企業協約（Firmentarif）[1]では、使用者が協約
当事者であるので、労働者が組合員であれば拘束される。さらに、一般的拘
束力によっても労働協約が適用される（労働協約法第 5 条）。拘束力が高けれ
ば労働協約の影響力が大きく、事実上最低基準として機能することになる。
しかし、労働協約（企業協約含む）に拘束される労働者は漸次低下している
（図 1 参照）。西ドイツ地域では、1998年に76％であったのが、2000年に70％、
2015年には59％にまで下がっている。東ドイツ地域での拘束力は西ドイツ地
域と比べてもともと低かったが（1998年63％）、2015年には49％にまで低下し
ている。
　2015年時点で、西ドイツ地域では、団体協約に拘束される労働者の割合は

1　産業別組合が個々の企業との間で締結する（対角線）協約。

図1　協約拘束力（労働者）の推移　1998～2015年（％）

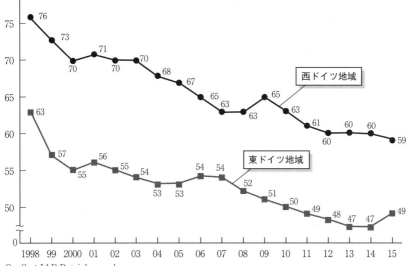

Quelle：IAB-Betriebspanel.
（資料出所）WSI-Tarifarchiv Tarifbindung.
（https://www.boeckler.de/wsi-tarifarchiv_2257.htm〈20170625〉.）

51％、企業協約 8 ％であり、それ以外（41％）は協約に拘束されていない。ただし、21％が協約を基準としている（労働契約による労働協約の援用）。他方、東ドイツ地域では、その割合は低く、団体協約37％、企業協約12％であり、拘束されていないのは過半数（51％）に達する。協約を基準としているのは22％である（表 1 ・ 2 参照）。

2000年、事業所単位での適用率は48％、協約非適用であるが基準とするのが21％であったのが（西ドイツ地域）、2015年には前者は31％に低下している（後者は29％）。東ドイツ地域は、2000年協約適用27％、協約基準31％が、それぞれ21％と30％になっている（表 1 ・ 2 参照）。

協約の影響力は業種毎で異なり、情報・コミュニケーションが特に低い。また、大企業や中規模企業での拘束力は高いのに対し、小企業では低い傾向が看取され、新設企業で拘束されているのはまれである[2]。

---

[2] R.Bispinck, Von der Erosion zur Restabilisierung?, in: T.Dieterich usw（Hrsg.）, Individuelle und kollektive Freiheit im Arbeitsrecht（Gedächtnisschrift für Ulrich Zachert）, Nomos, 2010, S.479.

80 第1章 横断的労働協約の変容

表1 従業員に対する協約の拘束力 (西ドイツ地域)

従業員割合 (%)

年	協約拘束力あり			協約拘束力なし		
	全体	団体協約	企業協約	全体	協約を基準とする	協約を基準とせず
2000	70	63	7	30	15	15
2005	67	59	8	34	16	18
2010	63	56	7	37	19	18
2015	59	51	8	41	21	20

事業所割合 (%)

年	協約拘束力あり			協約拘束力なし		
	全体	団体協約	企業協約	全体	協約を基準とする	協約を基準とせず
2000	48	45	3	52	21	31
2005	41	38	3	59	22	38
2010	36	34	2	64	26	38
2015	31	29	2	69	29	40

Quelle：IAB-Betriebspanel.
（資料出所）図1と同じ。

　協約拘束力の低下の要因として以下を指摘できる。第一に、協約当事者の構成員、特に労働組合員数の減少である。第二に、一般的拘束力宣言される協約数の減少である。20年間で一般的拘束力宣言されている協約数自体は一定数減っているが（622〈1991年〉→444〈2016年〉）、新たに宣言されるのは199から27と大幅に減少している[3]。第三に、90年代から開始された、協約の拘束力なき構成員資格との使用者団体の戦略も影響している。使用者団体は、これを用いて協約政策に圧力をかけているが、労働組合側は有効な戦略が立

3　Bundesminisiterium fur Arbeit und Soziales, Verzeichnis der für allgemeinverbindlich erklärten Tarifverträge（Stand: 1. Januar 2017）, S.7.（https://www.bmas.de/SharedDocs/Downloads/DE/PDF-Publikationen-DinA4/arbeitsrecht-verzeichnis-allgemeinverbindlicher-tarifvertraege.pdf?_blob=publicationFile〈2017/07/01〉.)

第2節　2000年以降の横断的労働協約をめぐる変化　　81

表2　従業員に対する協約の拘束力（東ドイツ地域）

従業員割合（％）

年	協約拘束力あり			協約拘束力なし		
	全体	団体協約	企業協約	全体	協約を基準とする	協約を基準としない
2000	55	44	11	45	24	21
2005	53	42	11	47	23	24
2010	50	37	13	50	24	26
2015	49	37	12	51	22	27

事業所割合（％）

年	協約拘束力あり			協約拘束力なし		
	全体	団体協約	企業協約	全体	協約を基準とする	協約を基準としない
2000	27	23	4	73	31	42
2005	23	19	4	77	29	48
2010	20	17	3	80	31	49
2015	21	18	3	79	30	49

Quelle：IAB-Betriebspanel.
（資料出所）図1と同じ。

てられないでいる[4]。

　こうした中で深刻化しているのは低賃金労働者の増加である。たしかに、これは協約政策だけが原因ではなく、失業克服手段として低賃金労働推進政策（ミニジョブ・ミディジョブ）が採られた点も指摘しなければならない[5]。しかし、労働協約の有する秩序機能や保護機能が低下している点は看過し得ないであろう。このことから、協約の機能強化のために国家の援助を求める議論が活発化し、2014年、労働協約法の改正及び最低賃金法が制定されるに至る。

4　R.Bispinck, a.a.O., （Fn.2）S.480.

5　第2章第1節V二3（2）参照。

82　第1章　横断的労働協約の変容

二　協約基準の分権化・差異化の進展

1　概説

　労働条件規制は、産業・業種レベルから企業（事業所）レベルに下降する傾向が見られ（「事業所化（Verbetrieblichung）」）、2000年代に入っても進行し、事業所の経営状況等に対する協約基準の適合がめざされている。こうした「事業所化」は、2つのタイプに大別できる。第一に、協約基準の差異化（die Differenzierung von Tarifstandard）であり、産業別労働協約における職種ないし人的適用範囲を細分化して、それぞれに適合した労働条件を定める方法である。ここでは、協約基準よりも低く設定されることが少なくない。例えば、新規雇用される労働者に対する労働条件引下げ規定が挙げられる。第二は、個々の企業の経営状況に合わせて、協約基準を上回るないし下回る内容を合意する方法である。これには、協約当事者によって統制される場合と統制されない場合（「不法な分権化（wilde Dezentralisierung）」[6]に分けられる。以下、統制された分権化の代表的な形態を、締結当事者に分けて紹介しておこう。

2　統制された分権化

（1）企業レベル協約の締結

　これには、①団体協約において当該企業ないし事業所に関する労働条件を定める補充協約（Ergänzungstarifvertrag）、②産業別組合が個々の企業との間で締結する（対角線）企業協約（Firmentarif）」、③日本同様の企業別協約のタイプが見られる。

　2000年代以降も協約数自体は増加し、そこでは団体協約（Verbandstarifvertrag）が優位を占めている状況に変化はないが、徐々に企業協約（Firmentarif）が増加する傾向にある。企業協約は1998年に約18,000存したが、2013年には38,000と2倍以上締結されるに至っている。企業協約を有する企業数でみると、1995年に4,512（東1,588、西2,924）であったのが、2000年には約6,415（4,492、1,923）、2016年には11,120（8464、2,656）と増加している[7]。例えば、エネルギー産業と医療産業では、企業協約が大多数

6　Vgl., A.Mergener,/F.Décieux,/O.Nachtwey, Informelle Tarifabweichungen und die Innere Erosion des deutschen Tarifsystems, WSI-Mitteilungen 2015, S.86ff.

第2節 2000年以降の横断的労働協約をめぐる変化 83

の従業員に対して影響力を有しており、サービス産業でも同様である。民営
化された（旧）国営企業（鉄道、航空、郵便、テレコム）では、機関士（運転
士）組合、コックピット組合、テレコム組合等と各企業との間において、日
本同様の企業別協約が締結されている[8]。

（2）開放条項

（A）事業所協定の広がり

　第1節において詳説したように、原則として事業所協定では賃金その他の
実質的労働条件を対象にできないが、労働協約が許容する場合は別である
（事業所組織法第77条3項）。使用者団体と労働組合は、一定の条件下で協約
当事者の同意の留保によって、ないし留保なしに事業所協定当事者による協
約基準と異なった規制を許容し得る。こうした開放条項は、1980年代中葉以
降、特に労働時間の柔軟化のために活用されるが、90年代半ばからは、東ド
イツ地域での「適応危機（Anpassungskrise）」、及び西ドイツ地域での「経済
危機（Wirtschaftskrise）」から、賃金規制にも導入されるに至り、さまざま
なバリエーションが見られる[9]。2000年以降、こうした「統制された分権化」
を採用する例が増えている。

　開放条項の実情について、2つのデータを紹介しよう。第一は、やや古く、
また地域・産業が限定されているが、1991年～2004年のバーデン・ヴュルテ
ンブルグ州の製造業における開放条項の動向である。ここでは、開放条項な
しの協約が大幅に減少する一方、賃金及び労働時間の開放条項が大きく増え
ている。1991年には、賃金で2％、労働時間では7％の労働協約に開放条項
が規定されていたにすぎなかったのが、2004年には半分以上になり、併せて
81％の従業員に適用されるに至っている。この要因として、1997年～2001年
にかけて、金属・電機産業での導入が挙げられる[10]。

　第二に、IAB（Institut für Arbeitsmarkt- und Berufsforschung. 連邦雇用エ
ージェンシー附属の研究機関）の大規模な調査である[11]。当該調査から、公務関

7　Vgl., WSI-Tarifarchiv 2017, Statistisches Taschenbuch Tarifpolitik.（https://www.boeckler.
　de/pdf/p_ta_tariftaschenbuch_2017.pdf〈2017/08/01〉.）

8　R.Bsipinck, a.a.O., (Fn.2), S.480ff.

9　R.Bispinck, Kontrollierte Dezentralisierung der Tarifpolitik – Eine schwierige Balance, WSI-
　Mitteilungen 2004, S.237ff.

10　T.Brändle/W.D/Heinbach/M.F.Maier, Tarifliche Öffnung in Deutschland, ZAF 2011, S.165f.

係を除外し、5人以上の民間事業所に限定して分析した論者[12]によると、なんらかの開放条項を有する事業所は28%（従業員割合では47%）であり、そのうち4分の3が実際にこれを用いている。規模別では、従業員数が多くなるにつれて開放条項が存在する事業所が増加しているが、利用割合にそれほどの差異は見られない。賃金及び労働時間の別では、後者の利用割合が高くなっている。このほか、2007年と比較すると、2011年では、開放条項を利用する事業所は、賃金10%、労働時間13%それぞれ増加している。

(B) 新たな展開～プフォルツハイム協定～

　開放条項は、90年代には経営危機の克服ないし企業のリストラへの貢献のために採用されたが、2000年代の特徴は、経営の革新と競争力強化のために用いられることである。典型例として、2004年、IG Metallと使用者団体との間で締結されたプフォルツハイム協定が挙げられ、他業種の労働協約にも影響を及ぼすことになった。金属使用者団体は、①労働協約に規定された労働時間（西ドイツ地域週35時間、東ドイツ地域週38時間）を個別の事業所において、延長分の賃金を支払わずに40時間まで延長できること、②この措置を各事業所レベルの労使当事者が自主的に決定できることを要求した。これに対してIG Metallは、「賃金補償を伴わない労働時間延長」を開放条項によって行う点に強く反発し、鋭く対立することになる。最終的に締結されるプフォルツハイム協定では、協約非適用の条件として、雇用保障・新規雇用のために「競争力、イノベーション能力、投資条件」を改善ないし維持するという包括的一般的な理由が合意された点に大きな特徴がある。他方、事業所レベルの労使当事者の協定にあたっては労働協約当事者の同意を要し、この点でIG Metallの統制下に置かれることになり、当初、組合に有利と考えられた。しかし、ジーメンス社は、労働コストの安い東欧への工場移転を用いた交渉を行い、IG Metallは同意を余儀なくされた。たしかに、整理解雇は回避されるが、賃金補填なく労働時間が延長されることになり、組合にとっては不利な状況となった。プフォルツハイム協定の評価と影響は慎重に検討

11　IABは、1996年以降定期的に、約15,500の事業所を対象にした調査（IAB-Betriebspanel）を実施しており、開放条項の有無等も質問項目に含まれている。

12　P.Ellguth/S.Kohaut, Öffnungsklauseln–Instrument zur Krisenbewältigung oder Steigerung der Wettbewerbsfähigkeit?, WSI-Mitteilungen 2014, S.442ff.

する必要があるが、これが契機となり、開放条項が増加し、労働組合は重い課題を負うことになる[13]。

3　まとめ

　今日、分権化・差異化は、ドイツ協約制度の「通常の構成要素」になっている。団体協約に拘束される企業及び労働者は減少し、その規制力は下がっている。しかし、団体（横断的）協約の性格が変化するとまでは言えないとされる[14]。また協約非適用であっても、協約を基準とする労働契約が普及し、これを含めると7割以上がこの影響を受けており、それほど深刻とも言えないと思われる。それにもかかわらず、「危機」と捉えられるのは、横断的労働協約の歴史的機能の低下として座視し得ないとともに、「社会国家」の主柱の1つと位置づけられている点とも関係しよう。この点は、最終章において論じる。

三　協約競合

　2000年代に生じた新たな傾向は、労働組合間の対立、特にDGB傘下の産別組合とこれに属さない専門職組合間における労働協約の競合である。これに関しては、第3章第1節において詳述するので、ここでは協約をめぐる変化を概観するにとどめる[15]。

　長い間、ドイツ職員組合（Deutsche Angestellten-Gewerkschaft. DAG）はDGB所属の産別組合と競合する協約当事者として活発な活動を行ってきたが、2001年、DGBの組織再編によって発足した合同サービス産業労働組合（Vereinte Dienstleistungsgewerkschaft. Ver.di）と合併した。他方、ドイツ官吏同盟（Deutscher Beamtenbund. DBB）は、現在でも併存関係にある。DBBは、2003年、組織対象を公務で働く（現業）労働者（Arbeiter）と職員（Angestellte）に拡大してドイツ官吏同盟・協約ユニオン（Beamtenbund und Tarifunion）に名称変更する。DBBは、42の構成組合のための協約交渉の当事者として活動し、公務関係や民営化された部門の領域で影響力を有してい

13　以上、岩佐卓也『現代ドイツの労働協約』（法律文化社・2014年）43頁以下参照。

14　A.Mergener/F.DÉcieux/O.Nachtwey, a.a.O.(Fn.6), S.92.

15　以下、R.Bispinck, a.a.O.(Fn.2), S.483ff.

る。Ver.di とは別個に団体交渉を行っていたが、2008年の協約交渉以降、共同交渉している。

　最近の特徴は、さまざまな専門職（職種別）組合の活動の活発化である。コックピット組合（Vereinigung Cockpit. VC. 1969年結成）は、2001年以降、独自交渉している。独立客室乗務員組合（Unabhängige Flugbegleiter Organisation. UFO）は1992年に設立され、協約交渉を行っている。航空管制官組合（Gewerkschaft der Flugsicherung. GdF）は、以前は DAG と交渉団体を結成していたが、2003年末以降独立して交渉している。マールブルグ同盟（Marburg Bund. MB. 1947年結成）は、医師の組合である。1950年以来、DAG と交渉団体を結成し、その後 Ver.di と共同交渉していたが、2005年、これを解消した。その理由は、Ver.di によって締結された公務の新協約に関する見解の相違であった。ストによる大幅な賃上げの実現等によって、マールブルグ同盟は、独自の協約当事者として、病院医師に対する影響力を構築している。

　鉄道産業おいても長い間、競合関係が存在する。DGB 傘下の Transnet のほかに、2つの組合が活動していた。1つはドイツ連邦鉄道官吏労働組合（Gewerkschaft Deutscher Bundesbahnbeamten und Anwärter. GDBA）であり、DBB の構成員であった。2005年以降、GDBA と Transet は、両者間の合意に基づき協約共同体を組織して共同行動を採り、2010年、合併して鉄道・交通労働組合（Eisenbahn- und Verkehrsgewerkschaft. EVG）を結成する。第二の鉄道組合は、DBB に所属するドイツ機関士（運転士）労働組合（Gewerkschaft Deutscher Lokomotivführer. GDL）であり、独自の組織・協約戦略に基づき活発に活動している。大多数の機関士（運転士）を組織し、影響力の大きいストを通じて成果を上げている。

　専門職組合の特徴は、単一職種の労働者利益の実現をめざしている点に見出され、特に当該産業・業種における基幹的な職種（パイロット、機関士（運転士）、医師等）であるので、ストライキの威力は絶大であり、大幅な賃上げなどを実現した。他方、さまざまな職種から構成される産業別組合は、停滞する経済状況の中で、交渉による成果を通じて構成員を結束させ、あるいは増加させることが困難となった。

　こうした中で、伝統的に維持されてきた「一事業所一労働協約」体制が崩

れて、同一事業所内に複数協約が併存することになり、連邦労働裁判所は、「協約単一原則」を違憲（基本法第9条3項違反）との判断を下した（2010年7月7日）。これに対して、DGBとBDAは、労働協約単一原則を内容とする提案を共同で行い、大連立政権（CDU/CSUとSPD）の下で、これを踏襲した労働協約法改正がなされた。それに強く反発するコックピット組合などは、連邦憲法裁判所に違憲の申立を行い、その判断が注目されていたが、2017年7月11日、一部を除き合憲との判断を下した[16]。

　このほかCGB（キリスト教労働組合）とDGBの対立が先鋭化している。CGBは、16の組織と300,000人の構成員である。これらは、多くの分野で、DGB組合の協約政策と競合関係にある。上記専門職組合と異なり、労働条件を向上させるのではなく、引き下げる機能を果たしている点が問題とされる。特に労働者派遣法に規定される、派遣先労働者との均等待遇原則の例外である協約開放規定（協約に開放された強行法規）に基づき、低い賃金を定める労働協約の締結が挙げられる[17]。

四　政治レベルの動向[18]

　90年代から経済の停滞、失業者増加などを背景にして、協約当事者、特に労働組合への圧力が強まっていた。1998年に成立したシュレーダー政権（SPDとBündnis90/die Grünenの連立政権）は、僅差での再選後（2002年）から本格的な労働市場改革に取り組み始める。アジェンダ2010（2003年）やハルツ改革がそれであり、大きな転換点となる。失業対策が主であるが、協約制度改革にも言及されている。すなわち、使用者側からは、産業別を基本とする労働協約の拘束力が強い「労働協約のカルテル（機能）」に対する反発が強く、事業所レベルでの労働条件決定の拡大など求める主張が出されていた。シュレーダー首相は、労働協約当事者に対して「柔軟化」を求め、事業所レベルの労使協議が進まない場合は、法律による開放条項の導入を行うと表明する。CDU/CSUとFDP並びに使用者団体の一部は、労働協約法改正

16　詳細は、第3章第3節参照。

17　第3章第1節参照。

18　Vgl., R.Bispinck, 60 Jahre Tarifvertragsgesetz-Stationen der Tarifpolitik von 1949 bis 2009, in: R.Bispinck/T.Schulten（Hrsg.）, Zukunft der Tarifautonomie, VSA, 2010, S.31f.

（有利原則の判断手法）とともに事業所組織法の改正（労働協約優位原則の制限）の法案を提出した。具体的には、労働協約のほか、従業員の3分の2以上の同意を条件にして、事業所協定によって協約基準からの逸脱を認める規定の新設（第88a条）である。しかし、労働組合を中心とする強い反対運動によって、こうした試みはとん挫することになる。その後、2005年（CDU/CSUとSPDの大連立政権）、2009年（CDU/CSUとFDPの連立政権）、そして2013年（CDU/CSUとSPDの大連立政権）の各連立協定において、こうした内容は盛り込まれることはなかった。その要因として、上記プフォルツハイム協定の締結など開放条項の普及が挙げられよう。

Ⅲ　総括

一　デュアルシステムの変化

　WSI（Wirtschafts- und Sozialwissenschaftliches Institut）所属の研究者であったビスピンクは、「ほぼすべての労働者の労働・賃金条件を、拘束力あり規範的効力を有する協約基準でもって規制する横断的労働協約の神聖なる世界は、過去のものである」と指摘する[19]。

　2000年代に入ってさらに進行した事業所レベルへの下降化と協約内容の差異化は、協約の拘束力の低下をもたらした。労働組合は、事業所レベルでの規制を確保するために、企業協約や開放条項、また事業所の経営事情に合わせた協約内容とせざるを得なくなっている。特に開放条項は、ほとんどすべての業種で存在し、増加傾向にある。こうした点からして、横断的労働協約は依然として主要な役割を果たしている点に変化はないとしても、協約政策の事業所化は、決して一時的ないし周辺的な現象ではないと考えられる。

　従来、産業レベルでの労働条件規制は労働組合、そして事業所レベルでの規制は従業員代表制と分けられていた。しかし、事業所化が進行するにつれて、労働組合の役割は、これまで以上に増加し、事業所レベルでの規制に関与することを余儀なくされる。すなわち、個々の経営状況などの政策である。全体的な利益調整を行い、統一化することはより困難となる。というのは、

19　R.Bispinck, a.a.O.（Fn.2）, S.484.

ある企業でなされ、その存続を図る譲歩は、他の企業での負担となりかねないからである。この結果、組合の調整への要求が増すことになり、組合内での民主主義と意思形成の問題も生じるであろう。

二 新たな動向

　以上の通り、ドイツにおいて枢要な機能を果たしてきた横断的労働協約は、時代に適合するように変容しなければならないとの認識が広く共有されるに至っている。依然として、協約の拘束力は60％を超えており高い水準であるにもかかわらず、これだけ「危機感」が持たれるのは、労働協約が組合加入の有無を問わず実質的に適用され、労働条件規制にあたって法律と同様の機能を果たしてきたためである。最近、大きな問題となっている低賃金労働者の増加は、労働協約が機能低下している証左である。

　規制の「事業所化」が進展したとしても、これには限界がある点にも留意を要する。横断的労働協約は、個々の企業の実情を問わずに最低労働条件を設定することを通じて、保護機能、秩序機能、平和機能、そしてカルテル機能を果たしてきたのであり、その有用性は使用者側も認識しており、完全に団体協約を放棄することは、使用者の多数にとっては正当な方法ではない。また、国家にとっても、行き過ぎた事業所化と協約制度の弱体化は、自らに多くのことが求められることになりかねないであろう。こうした点に鑑みて、最近は「再安定化」が重視されている[20]。協約制度の「再安定化」は、下から、すなわち労働組合の新たな組織力に基づくだけでは、少なくとも短期的には達成しがたく、一定程度、国の助力が求められるとされる。

　「再安定化」にあたって重視されるのは、一般的拘束力制度の機能強化である。過去20年間、一般的拘束力が宣言される労働協約が劇的に減少しており、規制改革の必要性が明らかになったからである。ドイツ同様、産業（業種）別労働協約が主要な位置を占めているフランスなど他のヨーロッパ諸国では、驚くほど協約拘束性が保たれており、これは一般的拘束力の影響力によると考えられる。ドイツの使用者団体は一般的拘束力を例外的な場合にのみ利用しようとするが、他のヨーロッパ諸国では、秩序づけられた競争条件

20　R.Bispinck, a.a.O.（Fn.2）, S.479ff.

を創出し、また賃金ダンピング等を防止する点で積極的である。

　ドイツにおいては、「上からの」、政治的に指示された協約制度の再安定化に関する議論が活発化し、協約制度の浸食を政策的介入によって阻止して、逆転させることが検討され、一般的拘束力制度の要件を緩和する法律改正がなされた（「協約自治強化法」）。

　さらに深刻化しているのは低賃金労働者の増加である。たしかに、これは協約政策だけが原因ではなく、失業克服手段として低賃金労働を増加させる政策が採られた点も指摘しなければならない。この点でも国家の介入が求められる議論が活発化し、最低賃金法が制定されるに至る（2014年）。これは伝統的に規制されてきた協約自治の領域への国家介入といえるが、法定最賃によって最低生活を保障し、これを上回る労働協約の締結をめざす点で協約自治に資すると考えられたのである。以上の動向は、第3章において詳述する。

　1990年代に注目されるに至った「横断的労働協約の危機」的状況は、2000年代に入っても改善の傾向は見られない。ただし、あくまでもそれ以前と比較してであり、協約の拘束力は、低下したとはいえ横断的労働協約が依然として枢要の地位を占めている点を改めて強調しなければならないであろう[21]。

21　山本陽大『ドイツにおける集団的労使関係システムの現代的展開──その法的構造と規範設定の実態に関する調査研究』労働政策研究報告書193号（2017年）131頁以下、も、ドイツ労働協約の詳細な調査分析の結論として、産別協約が「いまなお高いプレゼンスを誇っている」とともに、「労働条件規整権限の産業レベルから企業・事業所レベルへの分権化という現象が、全く見られないということでは決してないけれども、しかしこれをもって産業レベルでの労使関係が保持してきた労働条件規整権限を空洞化させるような要因とまで評価することは、尚早」と指摘する。

第3節　ドイツにおける最低生活保障システムの変化
～労働協約の機能変化と関連して～

I　はじめに

　長い間ドイツは、先進国の中でも、日本と並んで貧富の格差が小さい国であった。OECD の調査[1]によると、国際的な傾向とは異なり、ドイツにおける所得の不均衡は減少していた。スカンジナヴィア諸国のみがドイツよりも所得格差が少なく、また低賃金労働者の割合も低かった。さらに、より高い賃金の職場への転職の機会は、アメリカやイギリスよりも明らかに有利であった[2]。しかし、特に2000年以降、所得の不均衡と貧困率は、他の OECD 諸国と比べて上昇しており、貧困率（中位所得の50％未満で生活している者の割合）は、1985年に 6 ％であったのが2005年には11％、2013年にはやや減少して9.1％である[3]。連邦政府が定期的に公表する「ドイツの生活状況―貧困・富裕報告書（Lebenslagen in Deutschland - Armuts- und Reichtumsbericht)」でも同様の傾向が窺われる。その主因として、90年代半ば以降、低賃金労働者の割合が増加して EU 諸国の平均を超え、ドイツの就労モデルがもはやその拡大を阻止し得なくなっている点を指摘できる[4]。東西ドイツ統一後に顕著になった大量失業を克服するために、これまでにさまざまな施策が講じられたが、その 1 つとして低賃金労働の促進が挙げられる。些少労働（ミニジョブ・ミディジョブ）や第二市場労働（社会保険加入義務のない労働）などが典型例であるが、第 2 期シュレーダー政権下（2002年～2005年）で実施された

1　OECD, Outlook 1996, S.1997.

2　OECD, Outlook 1997, S.31.

3　OECD, Growing Unequal? Income Distribution and Poverty in OECD Countries, 2008, Country notes（Germany).（http://www.oecd.org/els/soc/41525346.pdf；http://www.oecd. org/els/family/database.htm〈2017/07/01〉.)

4　G.Bosch/T.Kalina, Niedriglöhne in Deutschland–Zahlen, Fakten, Ursachen, in: G.Bosch/C. Weinkopf, Arbeiten für wenig Geld, Campus, 2007, S.20.

92 第1章 横断的労働協約の変容

ハルツ改革でもこれがいっそう採り入れられたといえる。

　失業者のみならず低賃金労働者・ワーキングプアの増加、また格差社会・貧困の広がりはドイツにおいても深刻な問題と捉えられ、最低賃金に関する議論が活発化し、労働者送出し法及び最低労働条件決定法の改正（2009年施行）、また労働者派遣法改正による最賃制の導入（2011年）、2014年には最低賃金法の制定に至っている。こうした最賃制の動向は、低賃金労働者・ワーキングプアあるいは失業者の労働条件ないし生活保障に関わるだけではなく、ドイツにおける労働条件決定システムの変化も示し、興味深い。すなわち、最低労働条件を規制するにあたって歴史的に重要な役割を果たしてきた労働協約の機能低下を意味しており、集団的労使関係の変化を窺わせる。

　ドイツ最賃規制に関してはすでに多くの研究[5]が存するが、本節では、低賃金労働に焦点をあててドイツの実情を紹介し、これと密接に関連し、ドイツ労働法の骨格をなす労働協約の機能変化と法的議論及び法律による最賃規制の動向を紹介・検討して、最低生活保障システムの変容の一断面を論じたい。なお、最低賃金法（2015年施行）は、第3章第3節において詳述するので、ここではそれ以前の動向を論じる。

Ⅱ　ドイツにおける低賃金労働の現状とその要因

一　低賃金労働者の実情

　ドイツでは、2000年前後から低賃金労働に注目が集まり始め、調査研究の対象となる。低賃金労働（者）とは、労働者個人を単位とし、一定の水準以下の賃金しか得ていない場合（者）をさす。多くの分析が公表されているが、低賃金労働者数は、「低賃金」とする賃金水準、対象「労働者」の範囲（フルタイムのみか、パートタイムやミニジョブなども含むのか、社会保険加入義務のある労働者か、一定期間継続雇用されている労働者のみを対象にするのか、など）によって異なってくる[6]。以下、代表的な統計に基づき、現状を分析する。

5　橋本陽子「ドイツにおける最低賃金法制定の動き（上）（下）」国際商事法務34巻12号1585頁以下・35巻1号39頁以下（2006年・2007年）、根本到「ドイツにおける最低賃金規制の内容と議論状況」日労研593号（2009年）84頁以下、齊藤純子「ドイツの最低賃金規制」レファレンス2012年2月号2頁以下。

第3節　ドイツにおける最低生活保障システムの変化　　93

1　SOEP の分析

　低賃金労働者を厳密に定義し、かつ経年比較できるのは、SOEP（Sozio-ökonomische Panel. ドイツ経済研究所が実施する代表的な調査の1つ。）の分析である[7]。

　SOEP が分析の対象とする労働者は、フルタイマーだけではなく、社会保険加入義務があるパートタイマー及びミニジョブ従事者も含まれる[8]。フルタイマーは、週37.5時間以上とされる。低賃金の基準は、OECD 基準に従い中位所得の3分の2に設定されている。基準額は、1995年、時給7.59ユーロであったのが、2013年には9.30ユーロとなっている。特徴的な点は、以下の通りである。第一に、1995年以降全労働者に占める低賃金労働者の割合が高まり、2013年には約4分の1（24.4％）を占めている。東ドイツ地域では当初から高い割合であり、2007年にピークに達した後（42.8％）、徐々に減少傾向にあるのに対し、西ドイツ地域では、上昇傾向にある（図1参照）。実数では、1995年に590万人であったのが、2013年には810万人に達している（表1参照）。雇用形態別では、ミニジョブでの割合が高いが、フルタイムでも一定程度存するのが注目される（表2参照）。第2に、（資料は付けていないが）低賃金労働者層は固定している。IAB の分析[9]によると、1998/99年にフルタイムで低賃金であった労働者のうち、より高い賃金ポストに移行できたのは13.3％にすぎず、他方同じく低賃金労働に留まっているのは、34.1％である。上昇できたのは、男性、若年者（34歳未満）、そして高い（職業）教育を受けた者である。第3に、低賃金労働者の半数以上はサービス産業や小企業で働いている。比較的組合の組織率が高い製造業での低賃金労働の割合は低いのに対し、多くのサービス産業ではその割合が高い[10]。

6　ワーキングプアが論じられるのは、2002年以降、低賃金領域での長期失業者の就労を促進する政策が重視され、特に失業手当Ⅱ（「求職者の基礎保障」）の制度化後（2005年1月1日施行）、就労しつつこれを受給できるようになってからである。ただし、低賃金労働と比較して、それほど論じられていない。Vgl., K.Bruckmeier/T.Graf/H.Rudolph, Working Poor: Arm oder bedürftig ?, IAB-Discussion Paper, 34/2008, S.5.

7　Vgl., T.Kalina/C.Weinkopf, Niedriglohnbeschäftigung 2013: Stagnation auf hohem Niveau, IAQ-Report, 03/2015, S.1ff.

8　自営業者、職業訓練生、実習生等は除外される。

9　T.Schank/C.Schanabel/J.stephani/S.Bender, Sackgasse oder Chance zum Aufstieg, IAB-Kurzbericht, 8 /2008, S.1ff.

94 第1章 横断的労働協約の変容

表1 低賃金ライン及び低賃金労働者の割合（2013年、パートタイム及びミニジョブを含む）

	統一された低賃金額
低賃金ライン（税込み時給）	9.30ユーロ
低賃金労働者の割合　旧西ドイツ	21.1%（610万人）
旧東ドイツ	38.5%（230万人）
ドイツ全体	24.4%（810万人）

（資料出所）T.Kalina/C.Weinkopf, Niedriglohnbeschäftigung 2013: Stagnation auf hohem Niveau, IAQ-Report, 2015-03より作成。

表2 雇用形態毎の低賃金労働者の割合

	1995年	2006年	2013年
フルタイム	13.3%	14.3%	15.2%
パートタイム	20.3%	23.4%	22.4%
ミニジョブ	67.3%	91.7%	76.1%
全体	18.7%	22.2%	24.4%

（資料出所）表1と同じ（5頁）。

2 最低賃金未満の労働者

　2015年1月1日、最低賃金法が施行され、最賃額が8.5ユーロと設定された。これについて分析しておこう（表3・図2参照）[11]。

　最賃以下の労働者の割合（2013年）は、ドイツ全体では、18.9%（630万人）であり、東西間の差異が見られる（西ドイツ地域16.1%、東ドイツ地域31.0%）。ただし、上記SOEP調査とは異なり、1995年以降、減少ないし横ばい傾向にある点が特徴的である。特に東ドイツ地域では、50.2%から31%（2013年）と約20ポイント減少している。割合が高いのは、職業訓練未了者と女性であり、年齢別では、25歳未満と55歳以上が高く、有期契約とミニジョブでも同様の傾向が見られる。

　産業別では、小売業（1046千人）、健康関連業（814千人）、そしてホテル等

10　Ebenda.
11　Vgl., T.Kalina/C.Weinkopf, a.a.O.(Fn.7), S.8ff.

表3　8.5ユーロ未満の労働者の割合

	カテゴリー	2013年
資格	職業訓練未了	35.1%
	職業訓練修了	18.7%
	大学 / 単科大学卒	7.0%
性別	男性	14.0%
	女性	23.9%
年齢	25歳未満	44.9%
	25〜34歳	19.5%
	35〜44歳	14.0%
	45〜54歳	14.7%
	55歳以上	22.2%
国籍	ドイツ	18.3%
	外国	25.4%
期間	有期	32.3%
	無期	14.8%
雇用形態	フルタイム	10.8%
	パートタイム	16.9%
	ミニジョブ	65.4%
全産業		18.9%

Quelle：SOEP v30, IAQ-Berechnungen
（資料出所）表1と同じ（10頁）。

の接客業（653千人）が多い。

二　低賃金労働者増加の背景・要因

　第1に、最近は改善しつつあるが、長期に及ぶ経済不況と大量失業の影響、第2に、低賃金労働が多い産業ないし業種での国際競争の激化・EU拡大による外国人労働者の流入、第3に、パートタイマーや派遣労働者等の増加による雇用構造の変化、第4に、低賃金労働政策の推進、第5に、企業横断的労働協約の機能低下を挙げることができる。他の章や節で詳しく述べる点を

図1　低賃金労働者の推移（就労者割合）

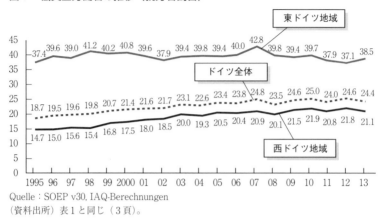

Quelle：SOEP v30, IAQ-Berechnungen
（資料出所）表1と同じ（3頁）。

除き、ここでは、本節のテーマと直接関係する第3と第4の点のみ簡潔に触れておく。

1　雇用構造の変化

　雇用形態が変化し、伝統的な標準的労働関係の下で就労する労働者が減少する一方で、パートタイマーや派遣労働者の増加傾向が見られる。1998年に全就労者（単独及び労働者を雇用する自営業者を含む）のなかで標準的労働関係の労働者の割合は72.6％であったが、2008年には66.0％、2014年64.0％にまで低下する一方、非典型雇用労働者は21.0％を占め、1991年と比較して9.0ポイント増となっている[12]。非典型雇用労働者のうちパートタイマーは64％を占める[13]。後述するミニジョブ・ミディジョブはパートタイムの一形態であるが、これも増加傾向にある。パートタイマーには均等処遇が義務づけられているが（パートタイム有期労働契約法第4条第1項）、時給が同一でも短時間である点で賃金が少なく、また必ずしも均等に取り扱われていないケースも少なくない。

　ドイツでは派遣労働に対する規制が厳しく、従来はそれほど利用されてい

12　Statistisches Bundesamt, Statistisches Jahrbuch 2015, S.354.
13　Ebenda.

第3節 ドイツにおける最低生活保障システムの変化 97

図2 最低賃金（8.5ユーロ）未満の労働者の割合

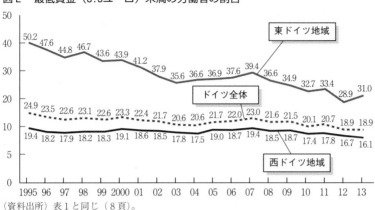

（資料出所）表1と同じ（8頁）。

なかった。しかし、労働者派遣法の改正（2002年）によって大幅に規制緩和されたこともあり、派遣労働者は徐々に増加傾向にある。2003年約33万人であったのが、2008年には79万人（リーマンショックの影響で2009年は61万人に減少）、2015年、96万人に増加している[14]。派遣労働においても派遣先労働者との均等処遇が義務づけられているが、労働協約によってこれを下回ることができるため（第3条第1項3号）、十分な賃金でないケースも見られる。

2 低賃金労働政策の推進

些少労働と呼ばれていた短時間就労は、ハルツ改革において2003年4月以降ミニジョブ・ミディジョブと名称を変え失業を克服する手段として、その範囲を拡大・推進されることになった。月額400ユーロ以下（2003年以前は325ユーロ）の賃金の労働者は、社会保険料の拠出義務を免れる。使用者は、2006年7月以降、賃金の30％（それ以前は25％。疾病保険に13％、年金保険に15％、そして2％の税金）を支払っている。ミディジョブの使用者負担割合はミニジョブよりは低く、他方、労働者は一定割合を負担する（表4参照）。

---

14 Arbeitsmarkt 2009, S.85 und Arbeitsmarkt 2015, S.90.

98　第1章　横断的労働協約の変容

表4　ミニジョブ・ミディジョブ労働者の社会保険料及び税負担（2006年7月より）

総収入（ユーロ）	使用者負担割合（%）					労働者負担割合（%）			
	計	年金保険	医療保険	失業保険	税	計	年金保険	医療保険	失業保険
〜400 （ミニジョブ）	30.0	15.0	13.0	0	2.0	0	0	0	0
400.01〜799.99 （ミディジョブ）	20.5	9.75	7.5	3.25	0	負担割合は賃金の上昇と共に段階的に引き上げられる（上限21.4%）			
800〜						21.4	9.75	8.4	3.25

（資料出所）厚生労働省編『世界の厚生労働2007』78頁。

（注1）いずれも労働者の賃金に対する割合。

（注2）医療保険には介護保険料（労使とも賃金の0.85%）を含む。

（注3）年金及び失業保険料は労使折半だが、医療保険料には労働者のみ負担する追加保険料（賃金の0.9%）があるため、労使の負担に差がある。

（注4）ミニジョブ・ミディジョブの上限は2013年にそれぞれ50ユーロ引き上げられた。

Ⅲ　新たな最低賃金規制

一　既存の最賃規制

　ドイツでは、特定の業種・職種において最賃規制がなされていたが、2015年まで、全労働者を対象とする法定最低賃金は制度化されていなかったため、一般的な下限規制は存しなかった。ただし、労務給付と賃金との関係が顕著に不均衡であれば、公序良俗違反（BGB第138条）になる。刑法第291条1項1文でも賃金「搾取」は罰せられる[15]。連邦労働裁判所の最近の判例[16]によると、当該業種と地域において通常支払われる協約賃金の3分の2に達していない場合には、「公序良俗に反する法律行為」に該当して無効となる。協約賃金は、当該地域での使用者の50%以上が協約に拘束されている、ないし

15　詳細は、根本・前掲論文（注5）85頁以下参照。

16　BAG vom 22.4.2009, NZA2009, S.837. これは、ポルトガル出身でドイツ語能力が不十分な者が造園業での補助労働者として就労していたが、時給は6DMないし3.25ユーロ（手取り）であったケースである。

組織された使用者が当該地域において50％以上の労働者を雇用している場合、「通常」と判断される。公序良俗違反とされると、通常の協約賃金を請求し得る（BGB 第612条 2 項）。

　このほかに最賃に関わる法規制として協約遵守法が存する。これは、競争制限防止法第97条 4 項に基づき、州が、州法を通じて、公共事業の受託企業に対して、その地域に適用されている協約上の労働条件の遵守を義務づける制度である。2008年 4 月、欧州司法裁判所は、ニーダーザクセン州の遵守法が EC 条約第49条及び EC 送出し指令において保障する「サービス提供の自由」に違反すると判断した[17]。その後、これらに適合する州法が制定され、バイエルンとザクセンを除く14州において制定されている（2015年 3 月現在）。大半の州では、発注にあたり労働者送出し法によって最賃規制がなされるすべての業種の労働協約の遵守が義務づけられる（ただし、ニーダーザクセン州は建設産業のみである）。また、EC/EU 条約に規定されたその特別の地位に基づき、交通部門（Verkehrssektor）において包括的な協約遵守の宣言を求める州が多く、さらに公共事業の受託企業すべてに適用される最低賃金を定める州も大半を占める（ほとんどの州は税込時給8.5ユーロ）[18]。

二　最賃規制の必要性

　上記「搾取」賃金を超えていても、また州での最賃規制がなされたとしても、労働関係にかかわる具体的かつ継続的に機能しうる法的枠組みを、国が連邦全体において維持・形成することが課題であるとされる。というのは、そもそも賃金は労働者及びその家族の生存を確保するために日常的に必要な支出をまかなえるだけの水準に達していなければならず、また失業・疾病などに伴う社会的危険から防護するための社会保険制度等を将来的に維持していくには、一定水準以上の賃金額が確保されねばならないからである。年金・失業・医療・介護保険の受給金額と拠出金は就労時間・期間や賃金額と関連しており、これが短いないし低いと、保険制度を存続させるために公的資金の投入が不可避となる。したがって、社会政策上、公序良俗違反の賃金

17　EuGH vom 3.4.2008, NZA 2008, S.537.
18　WSI-Tariftreue（Stand: März2015）.（https://www.boeckler.de/pdf/wsi_ta_tariftreue_uebersicht_stand_2015_03.pdf〈2017/08/01〉.）

100   第1章 横断的労働協約の変容

額を超えていても低賃金を法律によって排除することは推奨されるだけでは
なく、不可欠であると指摘される[19]。

　協約の拘束力の低下は、特に社会において比重を増しているサービス産業
において顕著である。そしてここでは非典型雇用が多い点に特徴が見い出さ
れる。EU 域内において28か国中20か国が法律による最低賃金の設定をして
いる点も考慮され、ドイツでの議論が活発化した[20]。

　全国一律最賃法の制定は、旧大連立政権（SPD 及び CDU/CSU）の時期
（2005年〜2009年）から導入の是非をめぐる論争がなされるようになった。労
働組合内でも議論があったが、特に低賃金労働が深刻な合同サービス産業労
組（Ver.di）と食品・栄養・飲食労働組合（NGG）が制定を主張し、SPD（社
会民主党）及び DGB（ドイツ労働組合総同盟）は時給7.5ユーロ（税込み）を
要求した。しかし、これには経済界や連立与党の CDU/CSU（キリスト教民
主同盟・社会同盟）が強く反対したため、連立与党内では、労働者送出し法
（正式名称：「国境を越えた役務給付における強行的労働条件に関する法律」1996
年制定）、及び「最低労働条件決定法」（1952年制定）の「現代化」で合意に
達し、2008年7月に改正法案提出が閣議決定された。その後、議会における
修正を経て2009年2月に成立し、同年4月に施行された。

　2009年9月の連邦議会選挙の結果、CDU/CSU と FDP（自由民主党）との
連立政権が誕生した。最賃に関する連立協定書では、基本的にこうした最賃
規制を維持することになったが、SPD が政権に加わっていた時期に比べて、
これによる雇用喪失や失業率の上昇を危惧する FDP の意向を反映して、最
賃制にやや消極的な対応が看取される。以下、改正された2つの法律の内容
を簡単に紹介する。

19　R.Waltermann, Abschied vom Normalarbeitsverhaltnis ?, Verhandlungen des 68.DJTs（2010）,
　　B.77f.
20　低賃金労働・ワーキングプア対策として活発に議論されているのは、新たな最賃制度であるが、
　　これ以外には、パートタイマーや派遣労働者の均等待遇義務の徹底、職業訓練を通じたより高い
　　資格取得や職業紹介の充実、就労労働者の失業手当Ⅱの受給（Aufstocker）などが挙げられる。

三　労働者送出し法改正

1　制定の経緯

　労働者送出し法制定の契機は、国境を越えて送り出される建設関連労働者が増加し、国際私法の法理によると、その労働条件は母国の基準によるので、ドイツ労働者よりも低い場合、ドイツ建設企業及び労働者に深刻な影響を与えたことによる。すなわち、労働者送出し法は、外国人建設関連労働者の流入によるドイツ人労働者の労働条件低下防止と公正な競争条件の確保を目的とし、こうした労働者に対しても労働協約の強行的適用を図ったのである。また欧州委員会において、ドイツ議会と並行的に審議され、1997年12月16日に公布された「EC 送出し指令（Directive 96/71/EC of the European Parliament and of the Council of 16 December 1996 concerning the posting of workers in the framework of the provision of services）」も労働者送出し法制定（1996年 3 月 1 日施行）に寄与した。

　制定当初は、建設業及び建設関連業において一般的拘束力宣言された最低賃金協約を対象とし、これが外国に所在を置き、ドイツ国内で事業を行う使用者とその労働者間にも適用されることになった（対象労働条件は、賃金のほか休暇日数と休暇手当）。その後、一般的拘束力宣言の手続要件である協約委員会（労使各 3 名と関連大臣で構成）での同意が使用者側委員の反対で得られなくなったため、法規命令によっても一般的拘束力宣言をなし得るとの改正がなされた（1998年12月）。この結果、法規命令での拡張適用を通じて、国外企業のみならず国内企業に雇用されるドイツ労働者にも適用されることになり、また最低賃金等級のみならず、すべての賃金等級も対象にされたので、当該業種における（最低）賃金法としての性格を有することになった。さらに、ビル清掃業そして郵便事業も対象業務に追加された[21]。

2　2009年改正の内容

（ア）改正前は不明確であった立法目的が新設され、上記 EC 送出し指令を参考にして「相当な最低労働条件の設定と実施」及び「公正かつ機能力ある競争条件の保障」とともに、これらを通じて社会保険加入義務ある就労が維

21　以上、橋本・前掲論文（注 5 ）、根本・前掲論文（注 5 ）参照。Vgl., A.Hänlein, Mindestlöhne nach dem Arbeitnehmerentsendegesetz, KJ 2009, S.185ff.

102 第1章 横断的労働協約の変容

持され、かつ協約自治の秩序機能と平和機能を擁護すると定められた（第1条）。

（イ）最低労働条件の設定は、労働協約が一般的拘束力宣言された場合、ないし協約委員会で一般的拘束力が決定されないときに法規命令が発せられる場合（第7条）の2つがある。いずれにおいても、対象となる業種は第4条に列挙される。

（ウ）労働者送出し法は特定の業種を対象にした法律である。このため、建設業と同様の状況にある場合、法律改正によってその適用範囲が拡大されることになった。現在では、建物清掃業務、郵便配達業など9業種が挙げられている。特別規定が置かれている介護（第10条）に関しては、2010年8月1日に対象とされた。なお、最低賃金額は、業種と地域（東ドイツ地域／西ドイツ地域・ベルリン）で異なり、一番低いのは精肉業等（連邦全体）の8.75ユーロである（2017年1月現在）[22]。

（エ）対象となる労働条件は、①最低賃金（超勤手当を含む）、②年休、③労働時間・休憩時間、④安全・健康保護・衛生などである（第2条）。②と③を除き、連邦全土を適用対象とする労働協約が締結されていなければならない（第3条2文）。

（オ）その名称とは異なり、同法の適用対象者は、外国に本拠を置く企業に雇用されてドイツに送り出されて就労している労働者のみならず、ドイツ国内外の使用者の下で就労しているすべての労働者である（第8条）。したがって、同法は、純粋な国際私法の規制ではなく、国内最低労働条件規制との性格を有する。

（カ）当該業種において、複数の協約が、少なくとも部分的に同一の職種に適用されている場合、法規命令者は、立法目的も勘案した総合考慮の下で、関連協約の代表性を考慮して適用する協約を決定する。この代表性の決定にあたっては、特に①それぞれの協約に拘束される使用者に雇用されている労働者数、及び②それぞれの組合員数を基準にする。また複数の協約につき一

---

22 Bundesministerium für Arbeit und Soziales, Mindestlöhne im Sinne des Arbeitnehmer-Entsendegesetzes und nach dem Tarifvertragsgesetz（Stand 1.Januar 2017）.（https://www.bmas.de/SharedDocs/Downloads/DE/pr-mindestloehne-aentg-uebersicht.pdf?_blob=publicationFile〈2017/07/01〉.)

般的拘束力の申立てがなされた場合、特別な慎重さでもって、選択決定によって侵害される憲法上の法益を考量し、対立する基本権の利益調整をしなければならない（第7条第2・3項）。ここでは、別協約の適用を受けている使用者及び労働者にも代表性を認められた協約が適用されることになり（第8条2項）、従来の複数協約の適用原則を排除する内容であり、基本法第9条3項で保障された団結の自由との関係で議論を呼ぶことになる。

四　最低労働条件決定法の現代化

（ア）本法は、労働者送出し法によって最低賃金が設定できない場合に発動される。すなわち、連邦全土において、当該産業ないし業種に労働協約が存しない場合、あるいは当該協約に拘束される使用者に雇用される労働者が全体の50％未満である場合に適用される。

（イ）旧法との大きな違いは、「賃金その他の労働条件」ではなく、「賃金」の決定に限定された点である（第1条1項）。

（ウ）最低賃金は2段階の手続を経て決定される（第2条）。まず中央委員会（Hauptausschuss. 委員長を含めて7名構成。）において、当該産業ないし業種での「社会的歪み（soziale Verwerfungen）」の存否を検討し、最低賃金を設定・変更・廃止する必要があるかを審議して決議がなされる。その際、連邦政府、使用者団体、労働組合及び州政府は書面にて意見を述べ得る。次に、専門委員会（Fachausschusse. 委員長のほか関係使用者及び労働者団体の代表各3名で構成。さらに専門委員も加わり得るが、議決権はない。）において最低賃金額が決定される（第3条、第4条1・2・3項）。最低賃金は、労働者の職務の種類・資格そして地域によって異なって決定され（第4条4項2号）、適切な労働条件を創設するとともに、公正かつ機能しうる競争条件を保障し、社会保険加入義務を維持し得る水準でなければならない（第4条4項）。

（エ）連邦政府は、上記最低賃金を法規命令として公布する。これは、当該産業ないし業種においてその適用下にある限り、国内外の使用者に適用される（第8条1項）。

（オ）同法案の閣議決定がなされた時点（2008年7月16日）以前に締結された協約並びに更新された後継協約がある場合に限り、これが優先適用される（第8条2項）。なお、最低賃金法制定によって、本法は廃止された（2014年9月）。

五 最賃規制をめぐる新たな動向

　2010年以降、派遣労働者に対する最低賃金の設定及び全国一律法定最賃規制の導入との大きな変化が生じた。後者は、第3章第2節において詳述するので、前者を論じよう。

　第一次ハルツ改革法において労働者派遣法が改正され、賃金を含めた労働条件に関して派遣先労働者との均等待遇原則が規定された（2003年1月1日施行）。ただし、派遣先に適用される労働協約によるならば、派遣労働者に不利なように逸脱できるとの例外が認められた（旧第9条・10条）。これは、労働協約に開放された強行法規と呼ばれるものであり、ドイツにおいて協約自治の深遠さを示す規制方法である。それは、労使両団体の力の均衡を前提とし、両者間での柔軟な調整を可能にする。しかし、キリスト教労働組合のみならず、DGB傘下の派遣労働者の労働組合がこうした労働協約を締結し、現実には均等待遇原則を骨抜きにし、派遣労働者の賃金を引き下げる結果となった[23]。しかも当該労働協約を適用されない非構成員も、労働契約による労働協約の援用が広く行われているため、その影響は小さくなかった。このため、上記労働者送出し法の適用対象にすることが議論されたが、政権は、2011年の労働者派遣法改正（労働者派遣の濫用防止規定の導入）に併せて、派遣労働者対象の最賃規制を新設する方法を選択した[24]。

　労働者派遣法3a条は、連邦労働・社会省の法規命令による、派遣労働の領域における最低賃金の設定手続及び法的効果等を定める。この規定は、外国に本拠を有する派遣元会社からドイツ国内事業所に派遣された労働者にも適用があるので、EU域内での完全自由化を控えて、東欧の加盟国の労働者の流入との懸念が払拭された。

　第3a条は、上記労働者送出し法に類似した手続きを定める。連邦全体で労働派遣に関する最低賃金（派遣期間と派遣されていない期間に共通の時間あたり最低賃金額及び適用期間を含まなければならない）を協定した労使両団体が共同申請した場合、連邦労働社会省は、法規命令によって、これを拘束力ある賃金下限額として設定できる。設定前に、派遣元事業主、派遣労働者及び関係

23　緒方桂子「派遣労働に対する労働組合の戦略」労旬1668号（2008年）54頁以下、川田知子「ドイツ労働者派遣法における均等待遇原則の機能と限界」季労225号（2009年）116頁以下参照。

24　その経緯及び内容に関しては、齊藤・前掲論文（注5）42頁以下参照。

労使両団体に対して書面による意見提出の機会が与えられる。その後、協約委員会に申請が委託される（5項）。決定にあたっては、「公共の利益」（労働協約法5条1項1文参照）のために必要とされることが判断基準となる（3項1文）。その際、特に労働者派遣法の目的とともに、「社会保険制度の財政的安定」が考慮されねばならない。このほかに、共同申請した「協約当事者の代表性」も勘案される。

　派遣元事業主は、派遣期間中及び派遣されない期間中、当該最賃支払い義務を負うが、上記均等待遇原則を免れるわけではない。ただし、最低賃金が高い場合は別である。

　2011年10月に申請されたのは、DGB派遣労働協約共同体と人材サービス業者全国使用者連盟（BAP）との間で締結された労働協約であった。最低賃金（2011年11月以降東7.01ユーロ、西7.89ユーロ）が連邦労働社会省の法規命令として公布された（2011年12月21日）。約90万の派遣労働者に適用される。その後、徐々に引き上げられ、2017年6月時点で8.91ユーロと9.23ユーロである。

Ⅳ　まとめ

　ドイツにおいて労働者の賃金等の労働条件を下支えするのに重要な役割を果たしてきたのは労働協約であった。最低賃金に関しては、従来は労使両団体の領域に属し、パートタイマーなどの非正規雇用労働者についてもその支配圏内にあった。しかし、協約の影響力の低下とともに、その支配圏外に置かれる低賃金労働者やワーキングプアが増えてきた。他方、特に長期失業者を減少させるために、ミニジョブ・ミディジョブのような低賃金労働への就労が促進されることになった。こうした中でEU諸国の中で最低賃金を規制する法律が存しない少数の国であったドイツでも、最低賃金等を実質的に規制する法律が生まれ、2015年には全国一律の最低賃金法が施行された。これは、協約自治を尊重するドイツ労働法における重要な転換点といえるが、少なくとも雇用レベルにおいて最低労働条件を設定することは、低賃金労働者の最低生活保障との観点から意義を有するであろう。

　次に、こうした低賃金労働者が一定の所得以下だと失業手当Ⅱを受給でき

る点には留意を要する（「賃金上乗せ受給者（Aufstocker）」）[25]。ただし、これに対しては低賃金労働を増加させるのではないか、国による実質的な賃金補填が妥当かとの批判がある。また正規労働の代替となり、またその賃金アップが抑制されるとの負の効果も指摘されている。いずれにしてもベクトルを上に働かせ、滞留させない施策が不可欠である。

　さらに重要なのは、最低賃金と賃金上乗せとの関係に端的に表れているように、労働法と社会保障法とを関連づけて考察することである。最賃改正二法において「社会保険義務のある就労を維持する」（労働者送り出し法1条、最低労働条件決定法4条4項3号）と触れられているが、最近、ドイツではこの観点からの理論研究が重要な課題であると考えられており、第68回法曹大会（der 68.Deutsche juristentag, Berlin 2010）では、こうしたテーマが取り上げられ、議論された[26]。要点だけを紹介すると、低賃金労働・ワーキングプアの増加は、非典型雇用の増加と軌を一にしているが、非典型雇用で働く者が多くなると、社会保障ないし社会保険の問題が現在及び将来において発生することになる。すなわち、低賃金労働者が増えると、社会保険料や税金がまったくないし少額しか支払われず、このことは当該労働者の失業保険・介護保険・年金等につき不十分な備えとなるのみならず、将来的に見ても社会保障の財源に重大な欠損を生み出し、その維持が困難になる。これを避けるには、現行制度を大胆に見直す必要があり、具体的には、（柔軟化された）標準的労働関係を基本にしつつ、①一般的横断的な最賃法の制定、②ミニジョブ及びミディジョブでの税金・社会保険料の免除・軽減措置の廃止、③派遣労働者の均等待遇原則の徹底（協約での逸脱可能性の廃止）などが提案されている[27]。

25　これに関しては、第2章第3節参照。

26　Vgl., R.Waltermann, a.a.O.(Fn.19), B1ff.

27　Vgl.,Ebenda, Thesen.

第2章 労働市場法改革の動向

第1節 ドイツ労働市場改革立法の動向と伝統的規制システムの変容

Ⅰ 序

　今日、労働者の労働条件及び生活保障を重視してきたドイツの伝統的規制システムは大きく変容しようとしている。労働条件は労働協約と事業所レベルでの二元的規制がなされ、ここでは使用者団体並びに労働組合・従業員代表委員会が重要な役割を果たしてきた。しかし、こうした規制は「硬直的」であるとの批判が高まり、横断的労働協約（Flächentarifvertrag）を改革し、労働条件規制を事業所レベルに移す取り組みが進行中である（第1章第1節・第2節参照）。また、労働市場の「硬直性」にも批判が集中し、これに関わる法規制の大胆な緩和も求められるに至っている。この動向の主要な要因としては、90年代に深刻化した大量失業とグローバリゼーションの影響が挙げられる。

　1990年10月3日、東西両ドイツが統一して政治統合が成し遂げられ、16の州から構成される連邦国家が誕生した。そして90年代のドイツにとって重要な課題は、経済的社会的統合であった。東西ドイツ間の経済体制、産業基盤、通貨価値、社会保障制度、労働生産性などは大きく異なるのみならず、東西ドイツ人の意識、価値観なども違っていた。このような困難な条件下で統合を進めていかねばならなかったため、多くの矛盾が生じることになるが、そ

の中でも重大な問題の１つは大量失業であった。統一直後は、一種の復興需要の発生によって「統一ブーム」となったが、これも長続きせず、93年には「統一不況」に陥る。その後は低成長ながら回復する一方、失業者数は増加し、大量失業克服は大きな政策課題として浮上した。また90年代は、ドイツを取り巻く国際環境が著しく変化する時期でもあった。すなわち、国際的な貿易・資本の自由化と資金の大規模な移動を中核とする経済のグローバル化、並びに EC 市場統合（92年）、EC から EU への発展（93年）、90年から段階的に進展する EU 経済・通貨同盟、EU の東欧への拡大など経済の「ヨーロッパ化」が進展するにつれ、ドイツ企業の国際競争力や「産業立地」などが問題となり、産業・労働分野にもさまざまな影響を及ぼした。

　こうした中で、労働者の生活と権利に重点を置いた伝統的な規制システムに対して厳しい批判が加えられるようになり、労働協約の「柔軟化」、規制緩和の方向での法律の改正などがなされた。しかし、大量失業の状況は変わらず、98年の連邦議会選挙では、コール政権の政策を厳しく批判したシュレーダー氏が政権を奪取する（SPD と Büdnis90/die Grünen の連立政権）。政権交代後、失業率は徐々に減少するが、この主たる要因は、シュレーダー政権の政策というよりは緩やかな景気回復のためであった。もっとも、失業者の減少も長続きせず、2000年に入ると再び上昇し始め、02年連邦議会選挙の大きな争点となった。そこでシュレーダー首相は、８月に公表されたハルツ委員会報告の迅速な実施を公約した。辛勝して発足した第二次シュレーダー政権は、ハルツ関連法律の制定のみならず、問題を抱える労働市場、財政、税制、医療制度などを抜本的に改革することをめざす「アジェンダ2010」を発表して法制度の改革に着手したが、これは、SPD の伝統的な支持基盤である労働者の権利・利益を制限する内容であったため、労働組合などから厳しい批判を浴びることになる。

　いずれにしても、今日、ドイツの伝統的規制システムは大きな転換点を迎えていると考えられる。本節では、まず失業問題を中心にして労働市場の現状を概観し、次に本稿で用いる「伝統的規制システム」とその批判を説明した後、この変容を意識しながら第二次シュレーダー政権の労働市場改革立法を中心にして、その動向を詳細に検討する[1]。

第1節　ドイツ労働市場改革立法の動向と伝統的規制システムの変容　109

Ⅱ　労働市場の現状

一　就業構造（表1参照）

　ドイツの人口は8,253万人であり（男性約4,036万人、女性約4,218万人）、そのうち約8割（6,562万人）が西ドイツ地域（ベルリン除く）に住んでいる。年齢構成で見ると、25歳未満が26.4%であるのに対し、25歳以上45歳未満が29.6%、45歳以上65歳未満が26.0%と多数を占め、今後、さらに少子高齢化社会が進展すると予想されている（03年12月31日現在）[2]。

　現に就業している者（Erwerbstätige. 以下、「現就業者」と略す）[3]は、3,886万人、失業者は438万人である。西ドイツ地域では、現就業者3,155万人、失業者278万人、東ドイツ地域では、現就業者731万人、失業者160万人となっている（04年平均）。現就業者には、（従属）労働者（①社会保険加入義務ある労働者、②些少労働・社会保険加入義務のない労働者、③官吏・裁判官・兵士）、及び自営業者・家族従事者が含まれるが、最近、社会保険加入義務ある労働者が減少する一方で（94年75.7%、04年68.3%）、もっぱら些少労働に従事し、社会保険加入義務のない労働者（2000年10.4%、04年12.4%）及び自営業者・家族従事者（94年10.1%、04年10.4%）が増加する傾向にある[4]。

二　失業の現状
1　失業の推移

　西ドイツ地域では、いわゆる「経済の奇跡（Wirtschaftswunder）」（59年まで）によって失業率は10.4%（50年）から2.5%（59年）にまで減少する。60年〜73年までは「完全雇用（Vollbeschäftigung）」の時期であり、失業率は1%以下であった。第一次オイルショック後の75年には失業者数は100万人（4.7%）を突破するが、その後、減少に転じた。しかし、80年の第二次オイ

1　本節のデータと条文は、本稿執筆時（2005年）のものである。最新のそれは、第3節参照。

2　ドイツ連邦統計局（Statistisches Bundesamt Deutschland）の統計による（vgl., http://www. destatis.de/〈2005.6.1〉）。

3　「現就業者」に失業者を加えたのが「就労者（Erwerbspersonen）」である。

4　Vgl., Arbeitsmarkt 2004, Amtliche Nachrichten der Bundesagentur für Arbeit, 52. Jahrgang, Sondernummer（Arbeitsmarkt 2004）, S.37ff. und S.45.

110 第2章 労働市場法改革の動向

ルショックを契機にして急速に増加し、83年以降は200万人を超える（85年、9.3％）。88年以降再び減少に転じるが、90年のドイツ統一は失業問題に対してもさまざまな影響を与えた。ドイツ経済は、統一ブームのため90年に5.7％の実質経済成長率を達成するが、その後、景気の後退局面に入り、93年にはマイナス1.1％となった。94年以降、低成長ながらプラスに転じるが、2000年以降、やや停滞し、02年第4四半期（10～12月）からマイナス成長に陥った。03年にはマイナス0.1％に落ち込んだ。

　失業者数は、西ドイツ地域では91年までは低下するが、それ以降は劇的に増加に転じ、97年には、東ドイツ地域を含めて約440万人に達した。その後徐々に減少し、2000年には400万人の大台を割って389万人となった（各年平均）。失業率で現すと、98年で11.1％、2000年9.6％となっている。このように減少した要因として、稼得可能な者（失業者含む）の減少と、積極的労働市場政策による就業者の増加[5]、及び緩やかな景気回復が挙げられる。

　しかし、01年後半から再び増加に転じ、02年1月には危険水域といわれる400万人を突破し、後述するように、02年連邦議会選挙の大きな争点となった。その後も改善は見られず、約440万人、10.5％（04年平均）に達している[6]。なお、05年1月、失業者は500万人を突破したが、これは、後述するハルツ第四次法によって失業手当Ⅱが制度化され、従来失業者に含まれていなかった社会扶助手当受給者の一部が移行したためである。

　90年代における大量失業の背景としては、第一にドイツ統一の影響が挙げられる。「体制転換」、及びこれに伴う「計画経済」から「市場経済」への移行のショックは大きく、東ドイツ地域での「経済の奇跡」の到来との、当初の政治的期待は幻想に終わり、92年以降、失業率は高止まりする。90年代前半は、DDR時代に就労していた女性の多くが失職し、後半からは男性の失業率も高まった。この要因として、①東ドイツ企業の設備が古い、②生産性が西ドイツ地域の3分の1程度にすぎない、③統一に際して東ドイツマルク

5　G. Kleinherz, Welche arbeits-und erganzenden sozialrechtlichen Regelungen empfehlen sich zur Bekämpfung der Arbeitslosigkeit?, in: Vehandlungen des 63. Deutschen Juristentages, Leipzig, 2000, B.16.

6　いずれも、自営業者を含み、従属労働に従事する非軍事の就業者（abhängige zivile Erwerbsperosonen）を母数とする数値である。自営業者を除いた就業者を母数とする失業率は、11.7％（04年）である。

を西ドイツマルクと等価交換したため、東ドイツ企業の国際的な競争力が著しく悪化した、④東欧ブロックの崩壊によって、伝統的な交易相手と販売市場を喪失したことなどが挙げられる[7]。

　第二に、経済のグローバル化の影響である。国際的な規模での経済競争が激化するとともに、EU域内の市場統合が進み、さらに東欧との経済関係も緊密化した。これは、輸出市場の拡大とのプラスの側面のみならず、コストの低い地域への企業進出をも促すことになった。いわゆるドイツの「産業立地（Standort）」問題を惹起したのであり、横断的労働協約の改革などとともに、雇用喪失との関連で注目を集めることになった。

2　実際の失業者数～「秘密の積立失業者（Stille Reserve）」～

　連邦雇用庁（現、連邦雇用エージェンシー）の最近の統計では、失業者数は440万人（04年平均）と公表されているが、実際上のそれはこれをはるかに上回るとの指摘がある。それは、統計のとり方と関係している。公式統計では、失業者は、①調査日におけ雇用局（Arbeitsamt）に求職登録している者で、②社会保険加入義務を負う週15時間以上の雇用を希望し、③就業可能で15歳以上65歳未満の者（社会法典第３編118条参照）と定義され、いわゆる登録主義が採用されている。このため、就労断念、早期退職その他の理由から登録しない者は含まれず、また雇用創出措置（Arbeitsbeschaffungsmaßnahmen）や構造調整措置（Strukturanpassungsmaßnahmen）[8]などによって一時的に就労した者も含まれないためである。どの範囲までを「秘密の積立失業者」[9]に

7　M. Kröger/U. Van Suntum, Mit aktiver Arbeitsmarktpolitik aus der Beschäftigungsmisere?, Bertelsmann Stiftung, 1999, S.170.

8　雇用創出措置（社会法典第３編260条以下）とは、居住環境の改善や公園の清掃など公共の利益に合致する付随的な労働を行う事業体に対し、通常１年間、賃金の30％から100％助成する制度である。構造調整措置とは、失業の深刻な東ドイツ地域を対象にした雇用創出措置を強化した制度であるが、雇用創出措置と目的が同一であるので、ハルツ第三次法によって両者は統合され（04年１月１日施行）、構造調整措置に関する規定（旧272条以下）は廃止された（Vgl., Wissing/Mutschler/Bartz/Schmidt-De Caluwe（Hrsg.）, Sozialgesetzbuch Ⅲ Arbeitsförderung, Nomos, 2004, S.1982ff.）。

9　「隠された失業（者）（verdeckte Arbeitslosigikeit）」という言葉も用いられている（Jahresgutachten 2004/2005 des Sachverständigenrates zur Begutachtung der gesamtwirtschaftlichen Entwicklung〈Jahresgutachten 2004/2005〉）。

112 第2章 労働市場法改革の動向

含まれるかで数値は異なるが、連邦雇用庁（連邦雇用エージェンシー）は、①雇用局に登録せずに求職している者、②求職を断念したが、労働市場の状況が好転すれば再び求職するつもりの者、③雇用創出措置並びに構造調整措置等従事労働者や職業訓練受講者、④早期退職した者などを挙げて、約191万人と算定する（04年）[10]。こうした「秘密の積立失業者」も含めると、約630万人に達する。

3 大量失業構造の特徴（表1参照）

（1）東西ドイツ間での格差

　ドイツにおける大量失業構造の特徴としては、まず東西間の地域格差の顕著さが挙げられる。西ドイツ地域では8.5％（278万人）に対し、東ドイツ地域（東西ベルリン含む）では2倍以上の18.4％（160万人）となっており、東ドイツ地域での深刻さが窺われる（04年平均）。東ドイツ地域では、「体制転換」によって約3分の1の職場が喪失し、92年時点で、失業者117万人に達した（西ベルリン含まず）。その後も若干の推移はあるが、20％近くに高止まりしたままである。他方、西ドイツ地域では、97年にピークに達した後（287万人、10.8％）、徐々に減少したが、02年から増加に転じた（04年278万人、9.4％）。なお西ドイツ地域内では、北に比べて南の州での失業率が低い傾向が見られる（バーデン・ヴュルテンベルグ州6.2％、バイエルン州6.9％に対し、ブレーメン13.3％〈04年〉[11]）。これは、基幹産業の1つである自動車産業やハイテク・サービス産業がドイツ中部から南部に多いためである。

　失業者中に占める「長期失業者」（「1年を超えて失業している者」社会法典

10　Vgl., Arbeitsmarkt 2003, S.51. なお、経済発展の評価に関する専門委員会年次報告（以下、「経済専門委員会年次報告」と略す。注9参照）では、以下の者を「隠された失業（者）」と定義する（Jahresgutachten 2004/2005, S.217）。①労働不足（Arbeitsausfall）を除いた操短（Kurzarbeit）従事労働者、②雇用創出措置並びに構造調整措置等従事労働者、③フルタイム職業訓練受講者（Teilnehmer an beruflicher Weiterbildung〈Vollzeit〉）、④ドイツ語会話講習受講者、⑤労働能力減少ないし喪失等により給付を受ける者（社会法典第3編125条、126条、428条）、⑥老齢移行並びに早期退職に伴う金員受給者（Empfänger von Altersübergangs-/Vorruhestandsgeld）、及び失業による老齢年金受給者（Empfänger von Altersrente wegen Arbeitslosigkeit）。

11　Vgl., Arbeismarkt 2004, S.134. ただし、失業率は、従属労働者ではなく、自営業者を含めたすべての就業者中での数値である。

第3編18条1項）は、全失業者中で38.4%（168万人）を占めているが、特に東ドイツ地域では徐々に増加して43.6%（70万人）に達している（04年）。

（2）男女間での差異

男女間での失業率は、西ドイツ地域（男性9.0%、女性7.8%）及び東ドイツ地域（男性18.5%、女性18.5%）である（04年平均）。東ドイツ地域では、統一直後、女性の失業率が急上昇したが、これは、製造業での統一後の構造転換や景気後退、またDDR時代にサービス産業で働いていた女性の失職のためである。さらに女性の就業意欲が高い点も影響している。男性の失業者（東ドイツ地域）は、景気後退の影響を受けて95年以降増加しているのが特徴的である[12]。

（3）年齢での格差

若年者（15歳〜24歳）の失業率は9.9%（西ドイツ地域8.1%、東ドイツ地域16.2%）と平均よりも若干低い（04年）。若年者失業の理由は、生徒が職業訓練のための職場を見つけるのが困難になっているのと、職業訓練学校卒業生及び専門学校卒業生が取得した職業資格に相応しい職場を得にくくなっているためである[13]。

中高齢者の失業率は低下傾向にあるが、なお高く、かつ長期化している。55歳以上65歳未満の失業者は14.6%である（03年9月）。「長期失業者」は、54.9%を占めている[14]。

（4）資格別失業状況

まず、失業者を①大学・上級職業学校修了（Hoch-/Fachhochschulabschluss. 工業大学修了〈Ingeniurschulabschluss〉含む）、②職業教育・専門職業学校修了（〈Lehr-/Fachschulabschluss〉. マイスター、技術者その他同等の職業学校修了〈Meister-/Techniker oder gleichwertiger Fachschulabschluss〉含む）、③職業教育未了（ohne Berufsabschluss）の3つに分け、同じ資格をもった就業者（ただし、職業教育中の者及び兵士を除く〈zivile Erwerbsperosonen〈ohne Auszubildenede〉gleicher Qualifikation〉。以下の数値は、こうした就業者に限定

---

12 以上、G. Engelbrech/A. Reinberg, Beschäftigungskrise trifft im Westen vor allem die Männer, im Osten die Fraucn, IAB Kurzbericht, Nr.9/1997参照。

13 Kröger/Van Suntum, a.a.O.（Fn.6）, S.179f.

14 Vgl., Arbeitsmarkt 2003, S.52; Arbeitsmarkt 2004, S.58 und S.155.

114 第2章 労働市場法改革の動向

されている。）の中での割合を表すと、①は3.7％と少ないのに対し、②は8.8
％と高くなるが、平均失業率（10.5％）よりも低い。これに対して③は22.6
％と高くなり、ここでの失業が深刻であるのが明確となる（2002年）[15]。こう
した点から、失業対策の1つとして職業訓練が重視される。

（5）ミスマッチ〜産業・職種間での格差〜

　連邦雇用庁（連邦雇用エージェンシー）の下に設置されたIAB（Institut für
Arbeitsmarkt- und Berufsforschung der Bundesanstalt für Arbeit）が実施した
調査[16]によって分析しておこう。2000年第4四半期において、西ドイツ地域
において雇用局に登録された空きポストは427,000、登録されていない空き
ポストは876,000の合計1,303,000（早急に埋めるべきポスト967,000、時間的に
余裕のあるポスト336,000）、東ドイツ地域では、それぞれ57,000と96,000の
合計153,000（同94,000と59,000）であり、西ドイツ地域では33％、東ドイツ
地域では37％しか登録されていない。空きポストの内容では、西ドイツ地域
及び東ドイツ地域のいずれにおいても、専門的能力を有する現業労働者や資
格づけられた職務を遂行する職員と官吏が求められている。職種別に、空き
ポストのうち早急に埋められるべきポストの割合と失業者の割合とを見てみ
ると、製造業関連職種（28.9％対32.2％）及び第一次サービス産業関連職種
（27.2％対36.5％。販売員等）に対して、第二次サービス産業関連職種（43.9
％対31.3％。エンジニア、技術者等）において、空きポストの割合が多い。特
に技術者などの需要が高くなっている。ドイツ全体では専門的職種での需要
が高いとともに[17]、比較的失業率の低い西ドイツ地域では、専門性の高くな
い職種・産業でも高くなっている。

15　http://www.sozialpolitik-aktuell.de/tabellen_arbeitsmarkt.shtml#Arbeitsmarkt〈2005.6.1〉

16　Vgl., E. Magvas/E. Spitznagel, Arbeitskräftemangel-Bereits Hemmnis für Wachstum und
　　Beschäftigung-sentwicklung?, IAB Kurzbericht, Nr.13/2001. 本調査の実施時期は2000年秋であり、
　　対象は西ドイツ地域では約3500、東ドイツ地域では約4000の事業所及び官公庁である。

17　情報・通信分野での技術者不足を補うために、連邦政府は、2000年8月1日「グリーンカード
　　令（Green-Card-Verordnung）」を公布した。そこでは、専門的技術を有する外国人労働者を2
　　万人まで雇用することが認められた。当初の15ヵ月間で1万人が雇用されたが、その内の60％は
　　従業員規模100人までの小規模企業に雇用され、501人以上の大企業では、約4分の1が雇用され
　　ているにすぎない。大企業では、外国人技術者と国際的なつながりを有しているため、コンツェ
　　ルン内部で、グリーンカードがなくてもドイツの滞在が可能となるためとされる（Vgl.,
　　Jahersgutachten 2001/2002, S.104）。

第1節　ドイツ労働市場改革立法の動向と伝統的規制システムの変容　　115

（6）失業者の動き

　現在、約440万人の失業者が存するが、1年間の総計で見ると、818万人が新たに失業者になる一方で、803万人が失業から脱しており、その入れ代わりは顕著である（04年）。失業期間が1年未満は63.6％であり、多くは早期に再就職しているが、55歳以上65歳未満の失業者の失業期間は、54.8％が1年以上となっており、中高齢者の再就職の厳しさ示している。25歳未満では、92％が1年未満で再就職しているのとは対照的である[18]。

三　労働市場の変化

　次に、失業以外の90年以降の労働市場における特徴的な変化を概観しておきたい。

1　サービス産業化の進展

　ドイツにおいても着実にサービス産業化が進展し、第一次産業及び第二次産業従事者が減少する一方で、第三次産業従事者（自営業者含む）が増加している。ドイツ統一直後（91年）には第一次産業4.0％、第二次産業29.4％、そして第三次産業66.6％であったのが、第一次産業2.4％、第二次産業27.2％に対し、第三次産業は70.4％と3分の2以上を占めるに至っている（03年）[19]。

2　就業形態の変化[20]

　就業者の中で自営業者と（従属）労働者との割合は過去20年間でそれほどの変化はない（10％と90％）が、前者がやや増加傾向にある（91年9.5％、03年11.5％、家族従事者含む）。ただし東ドイツ地域では、統一後の変革の影響で4.5％（91年）から9.2％（03年）と倍増した。次に、フルタイムかつ期間の定めのない標準的労働関係（Normalarbeitsverhältnis）にある労働者が減少している。パートタイム労働者は、全ドイツで約22％（720万人、03年3月）

18　http://www.sozialpolitik-aktuell.de/tabellen_arbeitsmarkt.shtml#Arbeitsmarkt〈2005.6.1〉

19　Vgl., Jahresgutachten 2004/2005, S.652.

20　Vgl., Statisches Bundesamt Deutschland, Leben und Arbeiten in Deutschland-Mikrozensus 2003, S.42ff.

116　第2章　労働市場法改革の動向

表1　ドイツの労働市場の状況

（単位、％以外は千人）

	ドイツ全体			西ドイツ地域			東ドイツ地域+ベルリン		
	1993	1998	2004	1993	1998	2004	1993	1998	2004
労働力率（％）[1]	71.9	71.7	73.3	71.0	70.5	72.5	76.0	76.9	76.7
男性	81.3	80.2	80.3	81.9	80.2	80.4	78.6	80.2	79.9
女性	62.3	63.0	66.1	59.6	60.5	64.5	73.3	73.5	73.4
現就業者[2]	37555	37911	38860	30103	30353	31547	7452	7558	7313
失業者	3419	4281	4381	2149	2752	2781	1270	1529	1600
男性	1692	2273	2449	1207	1553	1607	485	720	841
女性	1727	2008	1932	942	1199	1174	785	809	759
隠された失業者[3]	2539	1939	1913	1036	1242	1359	1324	697	553
長期失業者[4]	745	1599	1681	441	1086	983	304	513	698
全就労者中の割合（％）	25.0	37.4	38.4	26.0	39.5	35.3	23.8	33.6	43.6
失業率（％）									
全就労者中[5]	/	11.1	10.5	/	9.2	8.5	/	17.8	18.4
男性	/	10.5	10.9	/	9.1	9.0	/	15.8	18.5
女性	/	11.8	10.1	/	9.3	7.8	/	20.2	18.5
従属労働者中[6]	9.8	12.3	11.7	8.0	10.3	9.4	15.4	19.2	20.1
男性	8.6	11.9	12.5	7.8	10.4	10.3	11.3	17.5	20.6
女性	11.3	12.8	10.8	8.3	10.2	8.4	19.9	21.0	19.5

（資料出所）Arbeitsmarkt 2004, Amtliche Nachrichten der Bundesagentur für Arbeit, 53. Jahrgang, Sondernummer, 30. August. 2005, S.24, S.32, S.66, S.145；Jahresgutachten 2004/2005, S.651掲載の表から作成。

　なお、連邦雇用エージェンシーは、2004年から新しい情報技術を用いた統計処理を開始し、過去のデータの修正も行っている。このため、Arbeitsmarkt 2004（30.08.2005）では、それ以前のArbeitsmarkt に比べて各年の数値が変更されている。本表では、一部を除いて修正された数値で記載されている。統計に関する説明として、Arbeitsmarkt 2004, S.10 f. 参照。

（注）

（1）「労働力率（Erwerbsquete）」とは、15歳以上で65歳未満の全人口に占める「就労者（Erwerbspersonen）」の割合。

（2）「就労者（Erwerbspersonen）」とは、15歳以上でドイツ国内に職場を有し、調査期間に直接または間接に稼得を目的とする活動（自営、家族従業、従属的就業を問わず）を行ったか（「現就業者」）、そうした活動を求めていた人（「失業者」）。

（3）隠された失業者（Stille Reserve）」については、本文参照。

（4）「長期失業者（lange Arbeitslose）」とは、1年以上の登録失業者。98年及び04年は通年平均の数値。93年は、9月時点で、かつ上記統計修正前の数値。

（5）登録失業者を従属労働従事者（兵士除く）と自営業者（家族含む）を足した数値で除した割合（Anteil der registrierten Arbeitslosen an allen zivilen Erwerbspersonen〈Abhängige, Selbständige, und mit helfende Familiangehörige〉）。

（6）登録失業者を従属労働者（社会保険義務ある者、些少労働就労者、官吏、そして失業者。兵士除く）で除した割合（Anteil der registrierten Arbeitslosen anden abhangigen zivilen Erwerbspersonen〈sozialverschcherungspflichtige und geringfügig Beschäftige, Beamte und Arbeitslose〉）。

を占めるに至っており、91年（4月）と比較して240万人（8ポイント増）増加した。この間、フルタイム労働者は、15％減少して2,500万人になった。この結果、フルタイム労働者の比率は86％から78％に低下した。特に西ドイツ地域での増加が顕著であり、24％を占めるに至っている（東ドイツ地域は16％）。パートタイム労働者の大部分は女性である。パートタイム労働の一形態である些少労働（ミニジョブ）（後記「Ｖ二3（3）ミニ・ジョブ」参照）も増加傾向にある。

　次に、有期雇用労働者も増加して8％（職業訓練生、兵役従事者・兵役忌避市民活動者除く）に達しており、西ドイツ地域（7％）に比べて東ドイツ地域（12％）が多い。特に若年者の割合が高く、15～20歳未満35％、20～25歳未満24％となっている（03年5月）。

　派遣労働者も徐々に増加し、92年14万人（社会保険義務を負う労働者の0.48％）であったのが2003年には33万人（同1.2％）になっている。ただし、2000年（1.22％）以降はそれほど増えていない[21]。

3　女性の割合

　DDR 時代、東ドイツでは女性の労働力率（15歳以上65歳未満）は高く、統一直後の91年には77.2％であったが、徐々に減少し、04年には73.4％になっている。他方、西ドイツ地域では、91年に58.4％であったのが04年には64.5％と増えている（表1参照）。就業形態では、男性に比べてパートタイム労働に従事する割合が高いが、西ドイツ地域では44.7％なのに対し、東ドイツ地域では26.6％と相違が見られる。西ドイツ地域での女性の就業率向上の主因がパートタイム労働であることを窺わせる。他方、有期雇用の割合は、西ドイツ地域では5.9％に対し、東ドイツ地域では9.0％と高い。失業率は、西ドイツ地域（7.8％）に比べて、東ドイツ地域（18.5％）は2倍である（04年）[22]。

21　http://www.sozialpolitik-aktuell.de/tabellen_arbeitsmarkt.shtml#Arbeitsmarkt〈2005.6.1〉
22　Vgl., Arbeitsmarkt 2004., S.44.

118 　第2章　労働市場法改革の動向

Ⅲ　伝統的規制システムと批判

一　労働者の生活と権利保障制度の概観
1　労働協約及び従業員代表委員会による労働条件の二元的規制
（1）協約自治の保障
　労働協約は、企業横断的に労働条件を規制する産業別協約（多くは州単位）が大部分であり、業種・職種毎に詳細な内容が規定されている。労働協約は、使用者及び労働者双方が協約当事者（使用者団体ないし個々の使用者、及び労働組合）に所属している場合にのみ適用されるが（労働協約法第3条1項）、これ以外の使用者・労働者に対しても、～一般的拘束力宣言がなくても～事実上基準となり、いわば最低労働条件法として機能しており、影響力は大きい。協約自治は基本法第9条3項によって保障され、特に賃金その他の実質的労働条件の規制はその中核をなす。労働協約は原則として強行法規に反することはできないが、「労働協約に開放された法規（tarifdispositives Gesetzesrecht）」の場合、これを下回る労働協約も有効である。
（2）労働協約法による保障
　第一に、規範的効力が規定され、労働協約を下回る労働契約は無効であり、無効となった部分ないし定めがない部分は協約基準による（労働協約法4条1項）。第二に、労使双方が協約締結団体に所属していないと労働協約は適用されず、労働協約を下回る労働契約の締結も可能であるが、関連する協約基準が労働契約によって援用されることが少なくなく、また一般的拘束力宣言（5条）がなされると、当該労働協約の適用範囲内にあるすべての労使を拘束し、「カルテル」機能が強化される。第三に、労働協約の期間満了後、これに代わる「他の合意（eine andere Abmachung）」がなされない限り、当該労働協約は（任意）法規範として適用され、余後効が認められる（4条5項）。「他の合意」には、労働協約のみならず事業所協定や労働契約も含まれるが、実際上、後二者によって異なった労働条件が合意されるのはまれである。第四に、使用者ないし労働者は、所属団体脱退後も、当該労働協約終了までその拘束を受け（3条3項）、協約からの「逃避」が困難となっている。
（3）労働協約の優位性の保障

労働協約は最低基準であり、これを上回る労働契約は有効であるが（有利原則、4条3項）、労働協約と事業所協定間では有利原則の適用はなく、協約当事者に規範設定の特権ないし優越権限が付与され、労働協約の優位性が認められている。具体的に両者の関係を定めるのは、事業所組織法77条3項及び87条1項である。77条3項によると、「賃金その他の労働条件（Arbeitsentgelte und sonstige Arbeitsbedingungen）」が労働協約によって規制されている、あるいは規制されるのが通常である場合、事業所協定を締結し得ない。その優位性は、①こうした労働条件が労働協約によって現に規制されている場合のみならず、規制されるのが「通常な（üblicherweise）」場合も含まれる、②その適用範囲にある限り、使用者が協約に拘束されていなくても、当該労働条件に関して事業所協定を締結し得ないとの2点において強化されている。以上のように、「賃金その他の労働条件」の事業所協定の締結が排除されているが、「労働協約が補充的事業所協定の締結を明確に許容している場合」、その例外が認められる（77条3項2文）。この「開放条項（Öffnungsklausel）」が労働協約の柔軟化にあたって重要な役割を果たしている。

次に87条1項は、法律上並びに協約上の規制が現に存在している場合には、従業員代表委員会との共同決定権事項（職場秩序、労働時間の配置、賃金支払の時期・場所・方法等わが国の就業規則記載事項に類似した事項）に関する事業所協定の締結を禁止する。

（4）従業員代表委員会の関与権の保障

5人以上の事業所に設置される従業員代表委員会は、社会的事項、人事的事項そして経済的事項に関する使用者の権限に「関与する権利（Beteiligungsrecht）」を有する。関与権には、①情報提供を受ける権利、②意見聴取・提案権、③協議権、④拒否権、⑤同意権等がある。使用者と従業員代表委員会との間で締結される事業所協定は規範的効力を有し、これを下回る労働契約は無効であるが、有利な労働条件の場合には有効である（有利原則、事業所組織法77条4項）。

2　法律による規制

上記事業所組織法での規制のみならず、労働時間については、1日最長10時間との規制があり、例外は限定されている。また閉店法（Ladenschlußgesetz vom 28.11.1956）によって、小売業が閉店しなければならない時間が決められている[23]。特に重要なのは、解雇制限法による解雇規制、及び非典型雇用労働に対する厳格な規制である。

（1）解雇規制

解雇に対する規制は、解約告知期間を定める民法と解雇事由の制限等を定める解雇制限法に大別される。使用者による解約告知期間は、最低4週間（暦月15日ないし月末発効）であり（6ヵ月以内の試用期間中では2週間）、25歳以降の勤続年数が加算され、20年を超えると最長7ヵ月（暦月末）と長期間になる（民法622条1・2・3項）。ただし、これらの規定は、協約によって短縮し得る（同条4項）。

解雇制限法は、後述するように、03年に規制緩和の方向で改正されたが、ここでは、それと比較するために改正前の内容を確認しておく。解雇制限法は、5人超の事業所に適用され、その算定にあたって職業訓練生は算入されず、またパートタイマーについても特別の算定方法が採られていた（旧23条、後記「Ⅵ三1解雇制限法の改正」参照）。解雇事由については、6ヵ月を超えて継続雇用されている場合、解雇が「社会的に不当（sozial ungerechtfertigt）」であれば無効であると規定され（1条1項）、解雇を正当とする具体的事由として、①労働者の一身上の事由、②労働者の行為・態度、③切迫した経営上の必要性（整理解雇）が列挙されている（1条2項）。特に失業と関係しているのは整理解雇である[24]。整理解雇の要件として、その必要性については使用者の「決定の自由」が基本法上保障されているので、原則として司法審査は及ばないが、解雇回避努力が義務づけられ、また被解雇者の選択にあたっては、「社会的観点（soziale Gesichtspunkte）」が考慮されねばならない（旧1条3項）。主に①勤続期間、②年齢、③扶養義務の3点であるが、このほかにも再就職の可能性や資産状況などを「総合考慮」する判例もある。さらに一般的に解雇にあたっては、従業員代表委員会の意見聴取が義務づけられ、これがなされないと当該解雇は無効となる（事業所組織法102条1項）。また大量解雇の場合（事業所規模20人超60人未満で6人以上、60人

23　開店時間は、原則として月曜日から金曜日まで8時〜20時、土曜日8時〜16時（日曜祝日閉店）であったが、03年3月の改正で、土曜日も20時までの開店ができるようになった（第3条）。

24　根本到「ドイツにおける整理解雇法理の判断枠組」季労196号（2001年）82頁以下参照。

以上500人未満で、当該事業所で通常雇用されている従業員の10％ないし25人超、500人以上で30人以上）、30日以内に雇用局に届け出ることが義務づけられ（17条）、届出をしてから30日を経過するまでの解雇は、雇用局が許可をした場合にのみ許される（18条1項）。雇用局は、これを2ヵ月にまで延長することができる（18条2項）。

　こうした法律上の規制と並んで、協約によっても解雇が制限されている場合がある。具体的には、通常は50歳ないし55歳の年齢、かつ（または）5年から15年の間での勤続年数を基準として通常解雇を禁止する協約が締結されている。

（2）非典型雇用労働者に対する規制[25]

　まず有期労働契約を締結するには、「合理的理由」が必要であるというのが伝統的な判例理論である（現在、パートタイム及び有期労働契約に関する法律〈Gesetz über Teilzeitarbeit und befriste Arbeitsverträge vom 21.12.2000〉14条1項）。これは、解雇制限規定によって保障された、労働関係存続保護に対する脱法行為の防止を目的とする。「合理的理由」がないと判断されると、期間の定めがない労働契約が締結されたとみなされる（16条）。「合理的理由」は限定的であるので、使用者は期間の定めのない労働契約に拘束されることをためらい、これが雇用創出を妨げているとして常に批判され、後述のように、立法によって徐々に緩和されてきた。

　次に労働者派遣法（72年制定）は、日本と比較すると厳格な規制を加えており、派遣労働者数は少なかったが、後述のように、03年に大幅に規制緩和された。ここでは、改正前の内容を紹介しておく。まず日本の登録型派遣は認められておらず、常用雇用型のみであり（原則として期間の定めのない労働契約の締結しか許されない）、同一の派遣先には一定期間（当初は3ヵ月間。その後、徐々に延長されて24ヵ月となった。）しか派遣は許されなかった。労働者派遣事業を「業として」行う場合には許可が必要である（1条1項）。建設業への派遣は原則禁止されている（1b条）。さらに、派遣先が使用者責任ないし使用者としての危険負担を負わない場合、または上記期間を超えて派遣

25　川田知子「ドイツにおけるパートタイム労働並びに有期労働契約をめぐる新動向：パートタイム労働・有期労働契約法の制定とその意義」中央学院大学法学論叢15巻1・2号（2002年）161頁以下参照。

した場合には、職業紹介が行われたものと推定される（1条2項）。労働者派遣事業の許可なく締結された使用者と派遣労働者との間の契約、労働者派遣法に違反して繰り返し締結された契約等は無効であり（9条）、当該派遣労働者と派遣先との間で労働契約が締結されたものとみなされる（10条）[26]。

（3）職業訓練

ドイツの職業訓練はデュアル・システム（Dual System）として有名である。基礎学校（Grundschule、満6歳から4年間。ただし、ベルリンとブランデンブルグ両州は6年間）を終了すると、①卒業後直ちに就職する生徒が多い基幹学校（Hauptschule、5年制）、②技術者・ホワイトカラーとなる実科学校（Realschule、6年制）、③高度な専門知識取得をめざすギムナジューム（Gymnasium、9年制）、④柔軟なコース選択を可能とする総合学校（Gesamtschule、6年制）のいずれかに進学する。

従来は基幹学校と実科学校出身者のみがデュアル・システムによる職業訓練を受けていたが、近年はホワイトカラー職種でもこうした職業訓練が導入され、手工業部門のみならず、商工業部門においても、職業訓練学校での座学と企業での実習との二元的システムで養成され、職業資格（それぞれの職種毎に等級があり、上位はマイスター）を取得するようになっている。職業能力開発の基本法は、職業訓練法（Berufsbildungsgesetz vom 14.8.1969）であるが、これは社会的に確立した制度を法的に追認したものにすぎないとされる[27]。こうした資格は、就職や賃金の格付けにおいて意義を有する。他方、他の職種への転換に困難を伴い、失業しても新しい仕事が見つからなかったり、また無資格者の失業が多いなどの問題も発生している。

（4）職業紹介

ドイツにおいて国家が本格的に職業紹介に関わり出すのはワイマール期であり、特に1927年のライヒ職業紹介・失業保険庁（Reichsanstalt für Areitsvermittlung und Arbeitslosenversicherung vom 16.7.1927）の設置が重要

26　大橋範雄『派遣法の弾力化と派遣労働者の保護──ドイツ派遣法を中心に』（法律文化社・1999年）参照。

27　苧谷秀信『ドイツの労働』（日本労働研究機構・2001年）276頁以下参照。なお、手工業法（Gesetz zur Ordnung des Handwerks vom 17.9.1953）は、中世以来の伝統的なマイスター制度を規制しており、これを通じて職人が養成されてきたが、マイスター資格取得が相当困難であるなどの批判があり、2003年に緩和の方向で改正された。

な意味を持つ。これは、政労使三者構成の管理委員会を決定機関とする自治管理能力を有する行政機関であり、職業紹介と失業給付を行った。その後、ナチス政権を経て第二次大戦後、連邦職業紹介・失業保険庁が再建され（Gesetz über die Errichtung einer Bundesanstalt für Arbeitsvermittlung und Arbeitslosenversicherung vom 10.3.1952）、職業紹介の国家独占も引き継がれた。69年に制定された雇用促進法（Arbeitsförderungsgestz vom 13.5.1969）によって「連邦雇用庁（Bundesanstalt für Arbeit）」に改組され、その下に州雇用局（Landesarbeitsamt）、さらに雇用局（Arbeitsamt）とその支所（Geschäftsstelle）が置かれている。

民営職業紹介事業は、一部の職種の有料職業紹介（看護婦、マネキン等）を除き禁止されていたが、94年から連邦雇用庁の許可を得れば、すべての職種の職業紹介が可能となった（社会法典第3編291条1項）。それが占める割合は徐々に増加しているが（2001年で約10％）、国家が大部分の職業紹介を行っている状況に大きな変化は見られない[28]。

（5）生活保障

「民主的かつ社会的連邦国家」（基本法20条）たるドイツは、社会保障制度が充実していることでも有名である。現在、その中心となっている法律は、75年に制定された社会法典（Sozialgesetzbuch）である。11編（05年1月1日、連法社会扶助法が全面改正されて社会法典に編入され12編となった）から構成される社会法典の目的は、①人間に値する生存の保障、②人格の自由な発展、とりわけ青年に対するその発展のための平等な前提条件の創出、③家族の保護と支援、④自由に選択された行為を通じた生計費獲得の可能性の確保、⑤社会扶助等を通じた特別の生活困難の防止ないし調整である。さらに、上記の目的を達成するために必要な社会サービス及び制度を適時かつ十分に提供できなければならないとされる（社会法典第1編1条参照）。社会法典の対象は、①教育（生計と職業訓練のための補助金と貸付金）、②雇用促進（職業及び労働市場に関する助言、職業訓練・職業紹介、各種の給付等）、③社会保険（疾病保険、介護保険、年金保険、労災保険等）、④健康障害における社会的補償（治療、稼得能力減少・後遺症等による年金等）、⑤家族のための支出の軽減（児

---

28 Vgl., R. Konle-Seidl, Steigerung von Effizienz und Reputation in der Arbeitsvermittlung, IAB Werkstattbericht Nr.15/2002, S.12.

124　第2章　労働市場法改革の動向

童手当、育児手当等）、⑦適切な住居への補助（家賃補助、住宅取得補助等）、⑧児童及び若年者援助（青年労働、青年社会労働の提供等）、⑨社会扶助（生活保護）、⑩障害者の同等な社会参加（各種リハビリ、雇用の維持・確保等）であり、広範な内容となっている（同2条以下参照）[29]。

　ここでは、失業と密接な関係にある失業保険制度について触れておく。

　失業者の生活保障は、失業保険、失業扶助（Arbeitslosenhilfe）、そして社会扶助（公的扶助、Sozialhilfe）の三制度によって担われている。失業保険は、失業登録以前の4年間に失業保険加入義務のある雇用（週15時間以上）に12ヵ月以上就労しておれば受給できる。給付額は、子供を有する場合、離職前手取賃金の67％、それ以外は60％であり、給付期間は、年齢と加入期間に応じて6ヵ月（年齢に関わりなく12ヵ月の加入期間）から32ヵ月（54歳で64ヵ月以上の加入期間）となっている（社会法典第3編旧127条）。失業保険の支給期間が満了した、あるいは失業保険の加入期間（最低12ヵ月）が短いなどの理由から失業保険を受給できない場合、その生活保障のための制度として失業扶助がある（同旧129条以下）。受給期間は1年であるが、継続は可能であり、また困窮度の審査がある点で失業保険とは異なる。給付は、子供を有する場合、標準手取収入の57％、それ以外は53％である。さらに、社会扶助が「最後のネット」として失業者の生活を保障し、十分な配慮がなされている。このため批判も強く、失業者の生活が「恵まれすぎている」ため再就職に不熱心になるとして、厳格化に関する議論が活発であり、03年に大幅に改正された。

　社会法典第3編において保障されている上記諸権利のほか、疾病時において6週間までの賃金の継続支払い、及び法定祝日における賃金支払が保障されている（祝日及び疾病時における賃金支払法〈Gesetz über die Zahlung des Arbeitsentgelts an Feiertagen und im Krankheitsfall vom 26.5.1994〉）。

29　OECD基準の社会支出の対国民所得の割合は38.83％、対GDPでは28.77％（01年）であり（日本：それぞれ23.72％、17.44％〈02年〉）、多くの予算が支出されている（国立社会保障・人口問題研究所「平成15年度社会保障給付費」〈http://www.ipss.go.jp/ss-cost/j/kyuhuhi-h15/kyuuhuh15.html（2005.10.01）〉参照）。

二 伝統的規制システムに対する批判

1 80年代～フランクフルト学派の提言～

　上記のように、第一次オイルショック後の75年に失業者数は100万人を突破したが、その後減少に転じる。しかし、80年のオイルショックを契機にして急速に悪化し、83年以降は200万人を超え、失業率は、85年には9.3%に達する。

　86年、フランクフルト学派[30]は、就業促進法の内容（後記「Ⅵ－2主要な法律改正」参照）が不十分であるとして、「労働法における市場化の拡大（Mehr Markt im Arbeitsrecht）」との大胆な提言を行った。本報告書は、新自由主義に立脚する経済学者が、労働法の規制緩和を強く主張するもので、ドイツにおける規制緩和の原点ともいうべきものである。その基本的問題意識は、「今日の労働法は、労働者一般並びに特別に保護された労働者グループに有利にではなく、不利に作用している。より多くのかつ保障された職場は、労働法上の保護規定の拡大ではなく、その縮小によってのみ創出される」という点に見出される。労働市場についても、「ほとんどすべての他の市場と同様、価格が上がると需要が減るとの法則が妥当する。すなわち、労働力の価格が市場を動かしている価格（markträumender Preis）以上に高騰すると、失業が生じ」るところ、「使用者が計算し得る労働力価格は、労働協約、法律そして判例によって決定される」とする[31]。こうした点から、就業に悪影響を及ぼすものとして、労働協約、法律そして判例が批判されることになる。もっとも、フランクフルト学派は、規制緩和の必要性を就業のみから根拠付けているわけではない。すなわち、「その労働関係の形態自体を選択する個人の自由は、現行法によって制限され、しかも労働者に対して、かなりの社会的な影響を与えている」と指摘して、「個人の自由」という観点をも付加する。要するに、ハイテク産業やサービス産業では、「わが国の、堅固な労働契約体系（verfestigs System des Arbeitsvertrages）を越えた柔軟な形成の

30　フランクフルト経済政策研究所（Frankfurtes Institut für wirtschfttpolitische Forschung e.W.）の学問上の顧問団。「新自由主義の伝統の下、社会的市場経済が機能する条件を明らかにするとともに、その保障と継続発展に貢献することを目的とする」（Vgl, Brockhaus Enzykiopädie in 24. Bäden）。

31　Mehr Markt im Arbeitsrecht, S.3ff.

126　第2章　労働市場法改革の動向

可能性が必要とされている」とする[32]。しかし、主たる問題意識は失業問題
であり、従来の労働法政策は、現に就業している労働者のみを考慮し、失業
者や新規労働者（newcommer）に負担を負わせており、両者間の利害関係の
調整が労働法に対する喫緊の課題であると強調し[33]、「労働法上並びに社会
法上の諸規定の硬直性と矛盾は、今日、すべての構成員〜労働者、労働を求
める者、そして企業〜に利益をもたらすであろう新秩序に対して最大の障害
である」と批判する[34]。

　フランクフルト学派の提言は、集団的労働法では、①労働協約から逸脱す
る事業所協定締結の許容、②一般的拘束力宣言の廃止、③争議制限規定の制
定（警告ストの禁止、一定の条件下での「冷却期間」の新設、スト開始にあたっ
ての批准の規定等）などである。個別的労働法では、①解雇制限法において、
労働者の能力や勤続期間のような、事業所と関連した社会的「選択」の基準
を緩和し、明確化する、②事業所組織法の「社会計画」に関する諸規定を削
除する、③有期労働契約において、合理的理由がない場合でも雇用できる期
間を3年に延長する、④労働者派遣法の派遣期間を3年に延長する、⑤職業
紹介に関する国家の独占をなくす、である[35]。

　フランクフルト学派は、労働市場の特殊性を考慮せずに他の市場と同じ原
理が妥当すればより良く機能するとの立場である。ここでは、労働法が失業
者やニューカマーの犠牲の上に現に雇用されている労働者の利益を擁護して
いるとして、両者間の対立を描き出している点に特徴がある。提言は、当時
としては大胆な内容を含んでいた。その後の推移を見ると、個別的労働法で
の提言の多くは実現され、この点では先見性を有したといえるが、特に注目
を集めるのは90年代に入ってからである。

2　90年代以降の批判と矛盾の顕在化

　90年代に入り失業問題が深刻化するが、それは、上記のように、ドイツ統
一と経済のグローバル化が大きな要因となっている。東ドイツ地域の失業率

32　Ebenda, S.5f.

33　Ebenda, S.6f.

34　Ebenda, S.36.

35　Ebenda, S.16f.

は、西ドイツ地域の約2倍であり、ここではドイツ統一は、財政問題等ととともにドイツに負の遺産を負わせたといえる。さらに、経済のグローバル化の下で国際競争が激化し、ドイツの「産業立地」問題も深刻化する。ソ連邦の解体、ベルリンの壁の崩壊、そして東西冷戦の終結は、第二次大戦後の政治、経済、社会体制などに大きな影響を及ぼしたが、特に経済面においては、労働コストの安い旧東陣営に所属していた諸国への工場移転などが活発化し、国内産業への影響がさまざまな形で現れた。失業者数は、97年には400万人を突破するが、こうした中で、詳述するように、さまざまな法政策が採られ、大量失業克服の方策が模索される。この流れの中心となっているのが、規制緩和論であることはいうまでもないであろう。特徴的なのは、規制緩和を主張する論者[36]が、労働協約、労働法及び連邦労働裁判所判例を厳しく批判する点である。

　90年代の規制緩和の流れを作ったのは、規制緩和委員会の報告書「市場開放と競争（Deregulirungskommission, Marktöffnung und Wettbewerb）」（1991年3月15日）であり、また独占禁止委員会意見書（Zehntes Hauptgutachten der Monopolkommission 1992/1993〈1994年6月30日〉）も公表され、注目された。その後も、毎年、連邦政府に提出される経済専門委員会年次報告（Jahresgutachten des Sachverständigenrates zur Begutachtung der gesamtwirtschaftlichen Entwicklung）で頻繁に取り上げられている。これらの報告は、詳細な点では必ずしも同じ内容を有するわけではないが、ほぼ同一の傾向を持ち、また集団的労働法のみならず、個別的労働法に関わる規制も包括的に取り上げている点に特徴がある。ここでは、最近の経済専門委員会年次報告[37]を中心にその批判を紹介しておこう。

（1）労働協約の「硬直性」

　労働協約による横断的な労働条件設定とその特権的規制は、企業毎に経営状況や事業運営方針等が異なる現状に適合しなくなっており、また一般的拘束力や脱退後の効力など労働協約の法的効力が「強固」に保障され、そのカ

36　例えば、B. Ruthers, Beschäftigungskrise und Arbeitsrecht, Bad Homburg, 1996参照。

37　Jahresgutachten 2002/2003. Jahresgutachten 2003/2004の報告書においても同様の指摘を行い、協約賃金政策は、「就業に友好的なコース（beschäftigungsfreundlicher Kurs）」に転換されねばならない点を強調する（S.361ff.）。

128 第2章 労働市場法改革の動向

ルテル機能が強すぎ、柔軟化や労働協約法・事業所組織法の改正が必要であると主張される。これについてはすでに論じたことがあるので[38]、特徴的な点のみ指摘しておくと、「開放条項」等を用いた労働時間の柔軟化に関しては評価するが、特に賃金規制の「硬直性」にはなお批判が強い点である。例えば、経済専門委員会年次報告は、「ドイツ労働市場の硬直性（Starrheiten）に関する議論の中心は、賃金の柔軟化の欠如である」とし、これは、「賃金が十分には、経済全体との観点から見た失業に完全にはフィードバック（Rückkoppelung）せず、また地域の失業を不十分にしか顧慮していない」ためであるという[39]。たしかに協約当事者は、労働協約において一連の柔軟な内容を採用してきたが、賃金に関しては、なおかなりの程度の「硬直性（Rigidität）」を有し、これが失業との関連で問題であるとする。そして、次の提案を行う。「協約当事者は、とりわけ報酬（Arbeitsentgelt）に関して、労働契約上の柔軟性をより多く創出する。これは、次のようにして手続を柔軟化することを通じてである。すなわち、例えば利潤への関与（Gewinnbeteiligung）を持った多様な賃金構成（Lohnkomponenten）を採用する。また職場確保が考慮された合意を通じて、事業所は、横断的労働協約から逸脱し得る（効率的な労働契約のための開放条項）。協約当事者は、失業者採用の際の賃金（Einstiegertarife für Arbeitslose）を強く制度化するべきである。」[40]ここで注目すべきは、事業所レベルでの規制のみならず、成果と関連付けた多様な賃金構成（leistungsbezogene Lohnkomponenten）など、労働契約レベルでの柔軟化も提案している点である。

　次に、法律との関係では、「分権化された賃金額（dezentrale Lohnfindung）」のための法的前提を創出するために、法規制は中心点において変更されるべきであるとする。主要な主張としては、第一に有利原則では、賃金や労働時間における譲歩によって職場確保が達成される場合、有利性の判断にあたってはこれが明確に顧慮されるべきである。第二に、事業所組織法77条3項の遮断効は、協約に拘束されない企業に対しては廃止されるべきである。第三に、使用者が所属団体を脱退した場合、新たな合意が成立する

38　第1章第1節参照。

39　Jahresgutachten 2002/2003, S.403.

40　Ebenda, S.405.

までは当該労働協約に拘束されるとの現行規定（労働協約法3条2項）を改正し、一定期間に限定する。第四に、賃金協約の一般的拘束力は廃止されるべきである[41]。

（2）法律規制の厳格さ～「雇用労働者の保護」～

　ドイツにおいて法律規制が強すぎ、このために雇用創出が妨げられていると批判されている。上記経済専門委員会年次報告では、以下のように指摘する[42]。

　「立法者は、より長い期間、例えば4年間の有期労働契約を許容する法的可能性を広げるべきであり、これは協約当事者の同意を条件にすべきでない。解雇保護の形成にあたっては、それが失業者の採用を困難にしていることが考慮されるべきである。失業者の雇用機会を改善するために、解雇保護は、より厳格でないような方向で構成される必要がある。社会的選択の基準は、より明確に表現されるべきである。事後に生じるかもしれない整理解雇に際して、解雇保護を放棄する代わりに補償金を支払う旨、採用にあたって合意する法律上の可能性が創出されるべきである。解雇保護の非適用は、5人までの事業所から20人までの事業所に拡大されるべきである。」

　解雇制限法が雇用を阻害しているかどうかには争いがあるが、規制緩和を強く主張する論者は、一貫して厳格すぎると批判する。また、解雇制限法に関する裁判所の解釈は、「企業の観点からすると、解雇手続を煩雑にし、解雇に要するコストも不明確である」とされる。そして実際上は、「労働関係の継続よりも補償金の支払（Ablösungszahlungen）について交渉されている」との現状分析をした上で、「裁判所による個々の事例に即した判断は、企業に対するシグナル効果を発生させ」、「労働力は、解雇保護の実務を通じて、

41　Ebenda, S.408ff. 規制緩和委員会や独占禁止委員会報告でも同様の主張がなされている。独占禁止委員会報告の中から関連する提案を紹介しておこう。①事業所組織法77条3項を改正して、「事業所協定によって協約規制から一般的に逸脱し得る」とする。②有利原則における有利性の判断を変更し、労働契約当事者が労働時間延長や賃下げの合意をしても、雇用維持の可能性を労働者に有利な事情として考慮すべきである。③余後効を制限する。④所属団体脱退後は労働協約の拘束力が及ばないことを明確化する。⑤経営事項及び事業組織法上の事項が非構成員にも拘束力を及ぼすとの規定（労働協約法3条2項）を削除する。⑥一般的拘束力制度の適用を制限する。

42　Ebenda, S.412.

130　第2章　労働市場法改革の動向

擬似固定的要因となり、かなりのコストを覚悟しなければ、不利な経済状況においても解雇できない」ことになっている。このことは、結局、企業の採用意欲を減退させて、失業者に不利に作用していると結論づける[43]。同時に、「社会計画」に関する共同決定も取り上げる。事業所組織の変更（Betriebsänderungen、操業〈一時〉停止、事業譲渡、合併・分割、事業所組織・目的・施設の根本的な変更、根本的に新しい労働方法・製造過程の導入〈事業所組織法111条〉）を行う場合、使用者と従業員代表委員会との間で、利益調整を行い、社会計画を作成しなければならないが、この緩和を主張する。いずれにしても、解雇制限規制は、現に就労している労働者の利益擁護に資する一方で、失業者には不利に作用するとして、アンビヴァレンツな側面を強調する。

　次に、非典型雇用労働者に対する規制の厳格さである。有期労働契約を締結するには、「合理的理由」が必要であるというのが伝統的な判例理論である（現在、パートタイム・有期労働契約法第14条1項）。たしかに、期間の定めのない労働契約だと労働者の雇用の安定を保障するが、他方、使用者は、すべての場合に期間の定めのない労働契約に拘束されることをためらうことがある。このため、「（雇用）保障と就業効果間の考量（eine Abwägung zwischen der Absicherung und der Beschäftigungswirkung)」が必要となる。上記「合理的理由」は「狭く制限されている」が、「合理的理由」なしに締結し得る範囲を広げて、就業効果を拡大すべきであると主張される[44]。

　労働者派遣法の規制も厳しすぎ、このため派遣労働者数の増加は抑制されていると批判されている。また、建設業における派遣の原則禁止も廃止すべきであると提案する[45]。これらの規制緩和によって派遣労働者を就労させる可能性が広がり、さらなる職場が創出され、失業者減少に資することになると指摘される。

（3）失業者への刺激策

　次に、失業者の生活が保障されすぎており、前職と同様ないしそれ以上の賃金に相当する職が見つかるまで失業状態にとどまる傾向があると批判する。

43　Ebenda, S.412f.

44　Ebenda, S.411.

45　Marktöffnung und Wettbewerb, S.154f.

第1節　ドイツ労働市場改革立法の動向と伝統的規制システムの変容　131

すなわち、失業者が新しい職を熱心に求め、受け入れることに消極的に作用し、就労との目標の欠如にもつながっており、もっと刺激的な効果をもたせる方策が必要である。失業中の諸手当は、求職の積極性や新しい仕事の受け入れに影響を及ぼし、市場賃金がこの諸手当以下の場合、労務提供を抑制する。そして、ドイツでは、上記のように、三段階での生活保障がなされ、また失業手当額が高く、受給期間も長いなど、就労への刺激が欠けており、その改革が必要と主張される。上記経済専門委員会年次報告によると、失業手当受給期間の短縮が雇用局によって紹介された職の受入れへの刺激を高め、かつ失業保険拠出金の負担軽減につながる。また失業扶助手当と社会扶助は同一の機能を果たしているが、支給基準や支給額等が違い、さらに担当機関も異って非効率な制度となっている以上、その統合が必要であるとされる[46]。

（4）ミスマッチ

労働力の需給調整が不十分であり、ミスマッチが生じている点も頻繁に指摘されてきた。失業克服には労働力への需要を高め、ミスマッチを解消する必要があるが、これについて強調されるのは、「人的資源の構築（der Aufbau von Humankapital）」であり、特に「労働者の職業資格化の改善（eine bessere Qualifizierung der Arbeitnehmer）」が重要であるとされる[47]。

Ⅳ　90年代における法政策の展開

一　コール政権下での規制緩和政策

90年代において大量失業が深刻化するが、98年まで継続したコール政権下では、積極的労働市場政策とともに、上記諸批判に応えるような規制緩和政策が採用された。また、失業克服は連邦政府のみならず労使にも課せられた課題であると認識されており、政労使で構成される「雇用のための同盟」も設置された（96年1月）。そして2000年までに400万人を超える失業者を半減させることを目標とし、これを達成するための種々の施策を盛り込んだ「雇用と産業立地確保のための同盟（Bündnis für Arbeit und Standortsicherung）」が合意された。さらに、企業ないし事業所レベルの実情にあわせるために、

46　Jahresgutachten 2002/2003, S.380ff.

47　Ebenda, S.374f.

132　第2章　労働市場法改革の動向

横断的労働協約の改革も進行した。

1　積極的労働市場政策

　ドイツにおける雇用政策の大きな転換点は、69年の雇用促進法（Arbeitsförderungsgesetz vom 13.5.1969）である。これによって、積極的労働市場政策（aktive Arbeitsmarktpolitik）に踏み出した。積極的労働市場政策は、単に労働者のためだけではなく、国民経済（Volkswirtschaft）の利益のためにもできるだけ失業を防止し、また原則として失業者、とくに（再）就職困難者を「第一労働市場（erster Arbeitsmarkt）」[48]での就労へと組み入れることを目的とするが、同時に労働市場における需給調整の改善もめざされている。こうした間接的な、しばしば中長期的な効果とともに、直接、短期的に失業予防ないし減少させる方法も採られる。具体的には、雇用創出措置、構造調整措置、職業教育の促進、操業短縮手当の支給などである。特に雇用創出措置と構造調整措置は、（再）就職困難者を、自治体ないし民間企業への助成を通じて作り出される公益の存する仕事に就かせるものであり、失業の深刻な旧東ドイツ地域において重要な施策である。しかし、これには費用対効果などから疑問も多く出されている。

　雇用促進法は97年3月24日に改正されて社会法典第3編に繰り入れられたが（98年1月1日施行）、旧法では「高い就業状態の達成と維持」、「就労構造の着実な改善」、そして「経済成長の促進」（1条）と定められていた立法目的が、「とりわけ」労働市場の需給調整を支援し、これによって失業期間を短縮し、賃金補填給付を減らすことに変更された。すなわち、雇用に対する国家の役割が一定程度抑制され、雇用促進のための給付は、「サービス的機能（dienende Funktion）」と位置づけられた[49]。

48　ドイツでは、雇用創出措置、構造調整措置などによって、環境、社会サービス、若年者援助、インフラ構造改善などを目的として失業者を就労させる政策が採られているが、これは「第二労働市場（zweiter Arbeitsmarkt）」と呼ばれ、企業などに雇用される「第一労働市場」と区別される。

49　Vgl., Wissing usw（Hrsg.), a.a.O.(Fn.8), S.47ff（Schmidt-De Caluwe).

2 主要な法律改正

上記のように、法律による規制が厳格すぎるとの批判があり、徐々に規制緩和がなされている。この嚆矢となったのは、85年の就業促進法（Beschäftigungsförderungsgesetz vom 26.4.1985）である。82年に成立したコール政権（CDU/CSU と FDP の連立）は、SPD 政権下（ブラント（〈69～74年〉及びシュミット〈74～82年〉）での社会政策と経済政策の見直しに着手し、その一環として就業促進法が制定された。いくつかの法律改正の一括法である就業促進法の個別的な立法目的は同一ではないが、基本的な考えは、「直接的または間接的に長期に及ぶ困難な就業状況を改善する」点に見出され得る[50]。主要な内容としては、第一に、有期労働契約を締結できる事由の拡大、第二に、短時間労働（パートタイム労働）を促進するための制度の整備、第三に、労働者派遣期間の 6 ヵ月間への延長である。その後も、94年 4 月 1 日から職業紹介の国家独占が廃止され、民営職業紹介が解禁された。

またコール政権末期において特に政策の基本となったのは、50項目に及ぶ「投資と雇用のためのアクション・プログラム（Aktionprogramm für mehr Wachstum und Beschäftigung)」（96年 1 月30日閣議決定）である。これは、①技術革新、②財政・租税政策による雇用創出、③賃金付随コストの引下げ・新たな社会国家建設、④競争原理導入による雇用拡大など多様な施策が掲げられている[51]。労働の領域においてこれを具体化するために制定されたのが労働法関連就労促進法（Arbeitsrechtliches Beschäftigungsförderungsgesetz vom 25.9.1996）であり、いくつかの法律が規制緩和・短時間労働の推進などの方向で改正された。また失業者に対する給付（失業手当、失業扶助手当等）、職業紹介、雇用創出等を定める雇用促進法は、雇用促進改革法（Arbeitsförderungsreformgesetz vom 24.03.1997）によって、給付の厳格化などの内容改正とともに社会法典第 3 編に組み込まれ、廃止された。この結果、失業保険は、社会保険としての性格を強め、雇用に関する国家の責任が後退するとともに、労使、特に労働者と失業者の責任がこれまで以上に重視されると指摘されている[52]。以下、特徴的な点を説明しておこう。

---

50 Begründung zum Gesetzentwurf, BT-Drs. 10/2102, S.14.

51 苧谷・前掲書（注27）13頁以下参照。

52 布川日佐史「ドイツにおける社会保障改革」賃社1200号（1997年）18頁。

（1）有期労働契約の締結

判例理論によると、6ヵ月を超える期間の定めのある労働契約を締結する場合、特別の合理的な理由を要したが、85年就業促進法改正によって、次の場合にはこうした理由がない場合でも期間を付すことができることになった。①労働者を新規に採用する、あるいは職業訓練に引き続き訓練生を採用する場合には18ヵ月、②企業設立の場合で従業員が20人を超えない時は2年間。これらは、あくまでも例外的な措置との位置づけがなされ、91年12月31日までの暫定的な規定であったが、その後、95年末まで延長され、さらに上記労働法関連就労促進法によって期間並びに対象範囲が大幅に拡大された。すなわち、①新規採用の場合の期間が2年にまで延長され、また2年の期間内であれば、短期雇用を3回まで更新することができ、受注量に応じた雇用がしやすくなった。②満60歳以上の高年労働者に対しては、こうした制限が適用されないため、自由に何回でも短期雇用し得る。③「新たな雇用」との文言が削除されたため、従前同様、期限の付されていない労働契約に接続した有期契約の締結は許されないが、合理的理由のある有期契約に接続してこれを締結することができることになった。これまで、就業促進法による有期契約→合理的理由のある有期契約のみが締結できたが、その逆も可能となったのである。職業訓練を受けた者に関しては、「期間の定めのない雇用のための職場が確保されえない場合」との条件を充たさなくても期間を付し得ることになった。

（2）解雇制限法の改正

96年、上記労働法関連就労促進法に基づき解雇制限法の改正も行われた。これは、上記のように、厳格な解雇規制ゆえに雇入れが遅々として進まず、失業問題解決の妨げになっており、規制緩和によって雇用促進につながるとの考えによる。改正内容は、第一に、10人以下の事業所への非適用である（従来は5人以下）。第二に、整理解雇における社会的選択の基準が、従来判例において用いられてきた三要素に具体化された。すなわち、それまでの判例では、①勤続年数、②年齢、③扶養義務の他に、その他の事情（例、労働市場における紹介の可能性、重度障害、他の家族の収入）が考慮され、総合的観点から判断されていたが、改正によって三要素に絞られた。

（3）労働者派遣法の改正

まず派遣期間の制限は、制定当初の3ヵ月から6ヵ月（85年）、9ヵ月（94年）、そして1年（97年）と徐々に延長された。次に、労働契約の期間と派遣期間との一致は禁止されているが、「仲介困難な」労働者が派遣期間終了後に派遣先と直接労働契約を締結することが予定される場合に限って、有期の労働契約を締結することが可能となった（3条1項旧5号、94年改正）。さらに、この一致は1回に限り許されることになった（97年）。

（4）失業手当受給の厳格化

97年の雇用促進法の改正において、失業者の就労可能性に対する「特別の責任」（改正にあたって立法者の表明した期待）から、失業手当受給者の範囲の制限、「期待可能性」の厳格化などが行われた[53]。

（5）中高年労働者短時間労働制度

96年年金改革法で導入された中高年労働者短時間労働制度は、早期年金法及びそれを引き継いだ中高年労働者短時間法（89年制定、92年廃止）を前身とし、「58歳規制」（58歳になると退職して60歳まで失業保険を受給し、それ以降は年金を受給する）の代替措置と位置づけられる。その主たる内容は次の通りである。55歳以上の労働者が、労働時間を協約上の標準労働時間の半分に短縮する旨労働契約上合意した場合、使用者は、いわゆる最低手取報酬（協約上の週労働時間就労した場合に支払われる報酬）に少なくとも20％上乗せして70％の報酬を支払い、また年金の拠出金に関しては、労働者が従来の労働時間の90％働くのと同等の額を支払わねばならない。報酬の上乗せ額及び年金保険への追加拠出については、使用者が中高年労働者労働時間制度導入を契機として、失業者を雇用し、あるいは職業訓練生を受け入れた場合、連邦雇用庁から使用者に助成される。

この制度を利用すると、たしかに労働時間が半減するのに70％の報酬が得られるが、報酬の減少を好まない労働者にとっては魅力がなく、どの程度、普及するのか疑問視された。しかし、IG Metall 等において、報酬額を引き上げるなどの措置が講じられ、これまでに利用した労働者は、25万人から30万と推定されている[54]。

53　名古道功「ドイツにおける中高年労働者」労旬1444号（1998年）25頁以下参照。

54　C.Debel, Alterteilzeit "Störfalle" und andere unvorhergeschene Ereignisse, NZA 2001, S.1291.

二　第一次シュレーダー政権の発足と労働市場政策

　1998年、SPD と Bündnis 90/die Grünen による連立政権が発足し、16年間にわたり長期継続したコールに代わり、シュレーダーが首相に就任した。シュレーダーは、選挙公約として、①解雇制限法、賃金継続支払法等コール政権下での労働法制改革を元に戻すこと、②失業者を400万人から350万人に減少させること、などを掲げた。連立協定（「出発と刷新―21世紀に向けてドイツの進むべき道〈Aufbruch und Erneuerung-Deutschlands Weg ins 21. Jahrhundert〉」）では、「失業克服と経済の強化（Bekämpfung der Arbeitslosigkeit und Stärkung der Wirtschaft）」の柱の中で、①雇用と職業教育のための同盟、②若年失業の積極的克服、③職場創出のための新たな経済政策、④中小企業・手工業・企業設立の強化、⑤労働市場における公正な労働条件、⑥積極的労働市場政策、⑦協約自治の擁護・労働者の権利保障・共同決定の強化などが列挙されている。

　第一次シュレーダー政権の労働市場政策は、上記連立協定に基づき、支持基盤である労働者・労働組合のみならず、経営側にも配慮したバランスのとれたものであったといえる。

　主たる政策を紹介しておくと、政権発足後にまず着手したのは、96年に改正された解雇制限法及び疾病時等の賃金継続支払法を元に戻すことであった。これは、「社会保険の修正及び労働者権の保障のための法律（Gesetz zu Korrekturen in der Sozialversicherung und zur Sicherung von Arbeitnehmerrechten vom 19.12.1998）」において実現された（99年1月1日施行）。まず解雇制限法では、非適用事業所10人以下から5人以下に引き下げられた。ただし、従業員の人数の算定にあたって、平均週労働時間が20時間未満のパートタイマーは0.5人、30時間未満は0.75人とし、また事業所の所長は計算に入れられないとの規定は再改正されなかった。さらに3つの要素に絞り込まれた整理解雇における「社会的観点」が再び「総合的考慮」に変更された。次に、疾病時等の賃金継続支払法では、①病気等で就労不能となったなどの場合、その開始時点から6週間、従前賃金の100％ではなく80％支給でよい、②労働者は、20％削減を回避するために病欠日数等を年休で相殺できるとの規定を再改正して元に戻した。

　96年1月以降開催されていなかった「雇用のための同盟」が再開された。

第1節　ドイツ労働市場改革立法の動向と伝統的規制システムの変容　　137

正式名称は、「雇用、職業訓練及び競争力のための同盟（Bündnis für Arbeit, Ausbildung und Wettbewerbsfähigkeit)」であり、シュレーダー首相の下、政労使の合意を得て雇用問題を中核とする政策を進めていった。7回開催され、雇用・失業政策、税制改革、労働協約政策、年金政策など重要な課題での一定の合意が達成され、この点で意義を有したといえる[55]。

さらに、02年1月1日、「労働市場政策の手段を改革する法律（Gesetz zur Reform der arbeitsmarktpolitischen Instrumente vom 10.12.2001)」が施行された。上記のように、雇用促進法が社会法典第3編に編入された際の改正（97年）では、従来の積極的労働市場政策を抑制し、労使の責任を強調する点に特徴が見られたが（1条、2条参照）、改革法では「伝統的な雇用促進目的に回帰した」と指摘されている[56]。この法律は、「Job-AQTIV（Aktivieren-Qualifizieren-Trainieren-Investieren-Vermitteln）法」とも称され、雇用促進（A)、資格付与（Q)、訓練（T)、投資（I)、仲介（V)を活性化するために、失業防止措置の強化、新たな雇用促進措置、職業紹介の改善施策などが採り入れられた。また労働者派遣法も改正され、派遣期間の上限が24ヵ月に延長されるとともに、13ヵ月を超えた場合には、派遣先労働者との均等待遇を義務づけた。

このほか、若年労働者の雇用促進策やパートタイム労働・有期労働契約法の制定（01年）などがなされたが、この時期は、経済が緩やかに回復し、失業率も徐々に減少傾向にあったため、まだ余裕があった。しかし、この間に抜本的な労働市場改革を検討しなかったことが、02年秋の連邦議会選挙前後において、緊急の対応を迫られることになった大きな原因であったといえる[57]。

55　苧谷・前掲書（注27）35頁以下参照。

56　W.Spellbrink/W.Eicher（Hrsg.), Kasscler Handbuch des Arbeitsförderungsrechts, C.H.Beck, 2003, S.4（Eicher).

57　学界では、失業克服政策や労働市場改革について議論されていた。例えば、第63回ドイツ法律家大会（der 63.Deutsche Juristentag）の労働法・社会保障法分科会に提出されたハーナウ教授の鑑定書（P.Hanau, Welche arbeits-und erganzenden sozialrechtlichen Regelungen empfehlen sich zur Bekämpfung der Arbeitslosigkeit?, in: Gutachten B+C zum 63.Deutschen Juristentag, Leipzig, 2000. 小俣勝治訳「失業克服のために推奨される労働法ならびに同法を補完する社会〈保障〉法上の規制は何か」青森中央学院大学研究紀要第5号〈2003年〉245頁以下）参照。

138 第2章 労働市場法改革の動向

V 第二次シュレーダー政権の労働市場政策（1）
～「労働市場における現代的サービス」～

一 ハルツ委員会報告

1 ハルツ委員会の設置

上記のように、97年に約440万人に達した失業者数は、その後徐々に減少し、2000年には400万人の大台を割り、389万人にまで減少した。しかし、その後の景気低迷で01年後半期から失業者が増加し始め、02年に入ると危険水域と言われる400万人を再び突破して9月の連邦議会選挙の大きな争点に浮上し、CDU/CSU及びFDPは、これに厳しい批判を加えた。こうした中でシュレーダー政権は、ハルツ委員会報告に基づく大胆な労働市場政策を打ち出した。

02年2月、連邦雇用庁の下にある多くの雇用局において職業紹介統計が実際よりも多く計上されていたことがわかり、その改革が緊急の課題となる。リースター社会・労働大臣は二段階の改革を提案したが、その原則は①競争下でのサービス、②職業紹介を中心とした中核的課題への集中、③高い遂行能力をもち、顧客本位の現代的企業マネージメントとされた。第一段階の改革（「効果的な即時措置〈Wirksame Sofortmaßnahmen〉」）では、①連邦雇用庁に理事会及び監査役会を設置すること、②民間職業紹介事業の自由化の拡大、及び雇用局での競争の導入等がなされた。第二段階の改革（「包括的な改革のための原則的なポイントの切換（eine grundsätzliche Weichenstellung für eine umfassende Reform)」）の目的は、「連邦雇用庁を現代的なサービス組織へと変革する」ことである。このため、その詳細な検討をハルツ委員会に委ねた[58]。ハルツ委員会（02年2月設置、15人の委員で構成）の正式名称は、「労働市場における現代的サービスのための委員会（Kommission für moderne Dienstleistungen am Arbeitsmarkt)」であり、委員長は、VWの労務担当重役であるPeter Hartzである。ハルツ委員会は、02年8月半ばまでに報告書の提出を求められ、また総合コンセプトの目標として、3年間に200万人の失

---

58 海外労働時報2002年5月号32頁以下参照。

業者を減らすことを決めた。

連邦議会選挙に辛勝したシュレーダー首相は、ハルツ委員会報告（「労働市場における現代的サービス」2002年10月）に基づく大胆な労働市場改革の着手を決定した。

2 基本理念

ハルツ報告の基本理念は、失業者の「自助努力を呼び起こし、かつ保障を約束する（Eigenaktivitäten auslösen, Sicherheit einlösen)」ことである。従来の雇用促進政策の原則は「支援と要請（Förden und Fordern)」並びに「反対履行なくして給付なし（Keine Leistung ohne Gegenleistung)」であったが、特に前者の原則は、雇用局による金銭的並びに非金銭的給付に対して、損失を減少させる（被保険者の）義務という趣旨において相当かつ目的に沿った行為（応募、面接の提案の受入れ、期待され得る就労提案の受入れ等）によって応対するとの、被保険者に対する保険者の期待的態度に相応したものであった。これに対して、「自助努力を呼び起こし、かつ保障を約束する」とは、「活性化された提案と約束（aktivierendes Angebot und Versprechen)」との内容を含んでいる。まず「自助努力を呼び起こす」ために、失業者に対して「いくつかの選択肢と（期待され得る）行為のオプション（Wahl-und Handlungsoptionen)」が提案されるが、これは、より広範な就労の見通しに関する決定を可能にすることを目的とする。そして、失業者は、諸種のサービスの提供によって、自ら労働市場への参入をめざして活動できるようになる（派遣労働の受入れや職業資格取得のための継続（再）職業訓練への参加から新たな期待可能性の下での高度な流動性を求められる就労の受入れに至るまで）。他方、「保障を約束する」では、「助言、支援（Betreuung)、金銭的支援（materielle Absicherung)との労働市場参入システムを通じて、（失業者に期待され得る）行為のオプションを提示し、発生している問題及び不利益を克服し、そして就労参入への個々人の解決策を見出すことを援助する。」すなわち、「自助努力を呼び起こし、かつ保障を約束する」においてなによりもまず強調されるのは、「失業者自身による参入の履行（die eigene Integrationsleistung)」であり、これは、サービス及び支援の提供によって支えられ、かつ裏打ちされる[59]。要するに、従来の原則である「支援と要請」

では、両者は「双務的な関係（synallagamatisches Verhältnis）」にあったが、ハルツ報告では、「自助努力」に重点が移ったといえる[60]。この点は、後述するように、いくつかの法律改正において失業者に対する給付の制限や制裁などで具体化され、重要な意味を有する。

　ハルツ委員会報告においてさらに重視されているのは、失業予防のための「移行労働市場（Übergangsarbeitsmärkte）」の原則である。すなわち、フルタイム労働とパートタイム労働、稼得労働と家族としての労働（Erwerbs-und Familienarbeit）、職業訓練と稼得労働、自営業と従属労働それぞれの間において、社会的に保障されかつ調和した方法によって、移動し、あるいは個々人の生活事情に応じたさまざまな労働形態の結合を可能にすることである。そして、失業の脅威にさらされている者が失業との汚点なしに新たな就労を見出せる施策が重視されている[61]。

3　具体的提案

　ハルツ委員会の具体的提案は、以下の13である。
①顧客（求職者と使用者）に対するサービスの改善〜ジョブセンターの設置〜、②家族にやさしい迅速な職業紹介と職業紹介のスピードの向上、③新たな期待可能性と自発性、④若年者の失業対策〜「職業訓練期間有価証券（AusbildungsZeit-Wertpapier）」の発行〜、⑤中高齢労働者の就労促進と「ブリッジシステム」の導入、⑥失業手当制度と社会扶助制度の統合、⑦企業の社会的責任と企業に対するボーナスシステム、⑧人材サービス機関（Personal Service-Agenturen）の設置、労働者派遣法の改正、⑨「私株式会社（Ich-AG）」と「家族株式会社（Familien-AG）」を通じた闇労働の撲滅とミニジョブの改善、⑩連邦雇用庁の改革、⑪州雇用局の専門能力センター（Kompetenz Center）への改組、⑫失業克服のための措置への財政的援助、⑬国民各層の貢献。

　これらは相互に関連しあっているが、その主たる目的との観点から分類すると、職業紹介機関の組織改革のための諸施策、及び失業者の労働市場への参入のための諸施策と支援策となる。ここでは、法規制との関係で重要であ

59　Moderne Dienstleistungen am Arbeitsmarkt（Harz-Bericht），S.45.

60　J.Münder（Hrsg.），Sozialgesetzbuch Ⅱ，Nomos, 2005, S.22（Münder）.

61　Harz-Bericht, S.46f.

る後者を中心に具体的内容を紹介しておこう。

（1）ジョブセンターの設置（報告書67頁以下）

181ある雇用局（Arbeitsamt）を改組してジョブセンター（Job Center）を設置し、これを労働市場に関わるすべてのサービスを実施する地方の中核機関とする。すなわち、雇用局のみならず、（自治体の）社会局、青年局、住宅局などのサービスを統合した機関として、職業紹介プロセスにおける情報提供、助言提供、そして支援提供を1つの組織において行い、調整するとの任務を遂行する。例えば、失業者と稼得能力ある社会扶助手当受給者に対する、雇用局と社会局との二重の管轄はなくなる。職業紹介担当官（Vermittler）は、行政的職務や副次的職務から解放されて、企業とのコンタクトと求人開拓、求職者の助言に集中できることになる。企業にとってもメリットがあり、当該産業に特有の支援が受けられる。

（2）家族にやさしい迅速な職業紹介と職業紹介のスピードの向上（同87頁以下）

ジョブセンターでの職業紹介のスピードを高めるために、労働者は、解雇の時点でジョブセンターへの通知を義務づけられ、時期に遅れて連絡すれば、失業手当を減額される。また使用者は、当該労働者の職務を免除するなどして、早い段階での職業紹介の取り組みを支援しなければならない。さらに失業者がその家族や介護等を要する者に特別の責任を負っている場合、雇用局は、優先的に職業紹介しなければならない。家族等を有する失業者や就職困難な失業者を就職させた担当官ないしそのチームに対しては、ボーナスが支給される。

（3）新たな期待可能性と自発性（同93頁以下）

社会法典第3編121条1項によると、失業者には、その労働能力にふさわしいすべての就労が「期待され得（zumutbar）」、拒否した場合には失業手当の支給が中断されるが、一般的ないし個人的理由がある場合にはこの限りではない（後記「Vニ2（4）職業紹介における期待可能性の強化」参照）。ハルツ報告では、職業紹介の受入にあたっての「期待可能性」は、現行よりも厳しい基準で判断されることが提案されている。具体的基準は、①地理的側面（例、引越しを伴う職業紹介であっても、単身の若年の長期失業者であり、かつフルタイムの紹介の場合、期待可能である）、②金銭的側面（従来の職務より

142 第2章 労働市場法改革の動向

も少ない報酬でも期待可能である。例、失業期間3ヵ月で20％減、3〜6ヵ月で30％減、6ヵ月以上で失業手当と同額)、③職務基準（低資格の職業も、「職務と家族との相関関係のコンセプト〈Job-Familien-Konzept〉」の枠内で期待可能である)、④社会的基準（失業者の家族構成が考慮され、単身者の場合、期待可能性が強いし、また失業期間が3ヵ月を超えると、単身者は転居を伴う紹介に応じねばならない）である。

次に、「選択の自由―反対履行なくして給付なし（Freiheit der Wahl-Ohne Leistung keine Gegenleistung)」が強調され、ジョブセンターが「自助のための支援（Hilfe zur Selbsthilfe)」に基づき個々の失業者に適したサービスを提供する代わりに、失業者もこれに相応した自助努力が求められ、これを怠る場合にはサービス停止もあり得る。また重大な理由なく期待され得る職業紹介を拒否した場合、失業手当の給付が制限される。

（4）若年者の失業対策〜「職業訓練期間有価証券」の発行〜（同105頁以下)

失業している若年者の半数が実習を重視した職業訓練（Berufsausbildung)を終了していない現状に鑑みて、これを克服するためにジョブセンターが積極的な役割を果たすとともに、学校教育や職業訓練を充実させる。また、労働市場への参入が困難な若年者に対して、ジョブセンターにおける各担当官（学校、職業訓練、労働市場及び若年政策）の密接な協力を通じた強力な支援がなされる。さらに、若年者が職業訓練できる職場を増やす、また財政支援を通じて職業訓練を保障するために、「職業訓練期間有価証券（AusbildungsZeit-Wertpapier)」を発行する。地域ないし地方で組織された公益財団（gemeinnütige lokal oder regional organisierte Stifung）が担い手となって、職業訓練職場を調達して、有価証券の売却による資金によって支援する。

（5）中高齢労働者の就労促進と「ブリッジシステム」の導入（同117頁以下)

今後の少子高齢化社会を見据えると、中高齢労働者の就労参加は、労働市場政策と就業政策の重要な課題である。このため、就労継続を保障し促進すること、並びに中高齢者の高い失業率を責任をもって回避し、その見通しを提示することが肝要である。具体的には、従前より低い報酬の職に就いた場合、一定額の賃金補填をすることのほか、ブリッジシステムが提唱される。ブリッジシステムとは、55歳以上の失業者であって、家計的に余裕がある場合（例、持ち家の負担がない、子供の教育負担がない)、自己の希望に基づき、

ジョブセンターの支援から脱却し、生活に要するコストと無関係に算定された月々の支払い（社会保険料負担を含む）を得る制度である。この支払いは、失業手当に代わるものであり、60歳になると、報酬引下げ分だけ減じられた、法律上の老齢年金を事前に請求できる。

（6）失業扶助制度と社会扶助制度の統合（同125頁以下）

　2つの社会給付制度（失業手当・失業扶助手当及び社会扶助手当）の相互関係を調整する必要がある。現在、失業手当は保険料、また失業扶助手当は税金で賄われ、失業直前の収入と生活水準が基準とされるのに対し、社会扶助手当は税金を財源とし、当該市民の困窮度を基準としている。問題なのは、90万人も稼得能力を有しながら職業訓練を受けていない社会扶助手当受給者（15歳～64歳）がおり、また社会扶助手当とともに失業手当ないし失業扶助手当の両方を受給している失業者（約27万人）が存在する点である。この原因は、失業手当と失業扶助手当が社会法典第3編、そして社会扶助手当が連邦社会扶助法というように、法規制を異にする点に求められる。いずれにしても、こうした莫大な行政上の支出と不透明性を回避し、従来、雇用局と（自治体）社会局が担当していた業務を一元化する必要がある。このため、失業手当Ⅰ（Arbeitslosengeld Ⅰ）、失業手当Ⅱ（Arbeitslosengeld Ⅱ）、そして社会手当（Sozialgeld）の3つの制度に改編する。失業手当Ⅰは、現行の失業手当に該当し、原則として従来の内容を維持するが、失業手当Ⅱは、失業扶助手当並びに稼得能力ある社会扶助手当の両受給者を対象とし、ジョブセンターが担当機関となる。社会手当は、従来の社会扶助に該当し、稼得能力のない者のみが対象となり、その関連組織と財政については、自治体を担当機関とする。さらに、給付額の計算を単純化するために、算定報酬の概算との方法を採用する。

（7）企業の社会責任と企業に対するボーナスシステム（同139頁以下）

　すべての企業は、職場の確保と創出に対する責任に沿った行動をし、かつできるだけ解雇を避けるために、柔軟な労働時間モデルなどあらゆる適切な措置の利用が求められる。そして、ジョブセンターと専門能力センター（Kompetenz Center）は、就労助言サービスを提供して、企業を支援する。雇用を保障し、また創出した企業に対しては、「ボーナス」が与えられる。

（8）人材サービス機関の設置（同147頁以下）

144 第2章 労働市場法改革の動向

　失業克服のための「中核（Herzstück）」をなすものとして提案されたのが、労働市場への参入に向けられ、かつ新たな形態の「派遣会社（Zeitarbeitsgesellschaft）」たる性格を有する「人材サービス機関（Personal Service-Agenturen）」（略称、PSA）である。PSA は、「独立したビジネス単位（Business Unit）」として広範なサービスを提供する機関であり、ジョブセンター毎に設立される。PSA は、私法上の機関として、ジョブセンターの委託に基づきサービスを提供する。その設置については、地域の特性に応じて①他のサービス提供者（例、民間の派遣会社）に委託する、②民間のサービス提供者と共同で担う（公私のパートナーシップ）、③ジョブセンター内において「私法上の機関」として設立するとの3つの形態が想定されている。失業者は、新しい期待可能性の規制に従って PSA における就労の受け入れを義務づけられ、これを拒否すると失業給付等で不利益が課せられる。PSA と失業者間では契約が締結され、就労にあたっては社会保険の加入義務を負う。試用期間中（最高6ヵ月間）は、失業手当と同額の賃金を得る。その後は、正規雇用よりも低い PSA 賃金（労働協約による規制が予定）となる。PSA の主要な任務は、派遣によって労働者を再就職させる、すなわち「労働関係を、スムーズに一時的なのから継続的なのに移行させる（「接着効果〈Klebeeffekt〉」）ことである。これを円滑に進めるために、労働者派遣法の大幅な規制緩和が提唱されている。労働者派遣法に関する評価としては、それが「今日、なお厳しい命令（Auflagen）と制限に服している。PSA は、〜労働者派遣会社同様〜労働者派遣法の諸制限が適用されなくなった場合にはじめて、効果的に活動し得る」とする。そしてとりわけ、①雇用期間と派遣期間との一致の禁止、並びに派遣労働関係特別の期間設定の禁止、②建設産業における派遣労働の禁止、③派遣期間の上限の制限、④母国語での労働契約締結義務のような特別の行政上の命令（administrative Auflagen）、⑤再雇用禁止の5つの廃止を提唱する。そのほか、PSA は、コーチングや資格づけのための訓練を実施する。

（9）「私株式会社」と「家族株式会社」による闇労働の撲滅とミニジョブの改善（同163頁以下）

　ドイツにおいて「闇労働（Schwarzarbeit）」が大きな問題となっており、これをフルタイム労働に換算すると、500万人に相当するという（02年）。他

方、闇労働の対象である家庭に近接したサービスの需要は大きく、約350万の家庭に達すると算定される。

99年、社会法典第5編・6編等の改正によって、「些少労働（geringfügige Arbeit）」の定義が、1週間に週15時間の労働時間を超えず、かつ1月の賃金額が630マルクを超えない場合と変更された。また、従来免除されていた公的医療保険料及び公的年金保険料をそれぞれ月額賃金の10％と12％納入しなければならなくなった（ただし、使用者のみ負担）。他方、使用者が納税していた所得税20％は、原則的に免除されることになった[62]。しかし、こうした方法でも闇労働問題を解消し得なかったため、ハルツ報告では、「私株式会社と家族株式会社（Ich-AG und Familien-AG）」、並びに「ミニジョブ（Mini-Jobs）」が新たに提唱された。

まず私株式会社において重要なのは、3年間の過渡期（Übergangsphase）経過後、「完全な自営（volle Selbstständigkeit）」がめざされ、これによって失業者を減少させるようとしている点である。このため、最高3年間はジョブセンターから補助金（失業手当相当額と社会保険料）が支払われる。また税金は、年間収入25,000ユーロまでなら10％の一括課税（Pauschalsteuer）となる。他方、社会保険料（年金、疾病、失業、そして介護保険）は負担しなければならない。家族会社は、家族が会社の構成員となっている場合であり、補助金額が多く、また課税最低額も高くなっているが、基本的には私会社と同様の取扱いとなる。

次に、ミニジョブでは、自営業へは移行できない闇労働に基づく収入を合法化するために、個人家庭での些少労働の上限を500ユーロ（現行325ユーロ）にまで引上げるとともに、社会保険料は10％に引き下げられた。ミニジョブの規制は、失業者と非稼得者に適用され、通常の就労へ結びつくことが期待される。

そのほか、私株式会社・家族株式会社及びミニジョブのサービスの利用者に対しては、税控除が認められる。

---

[62] 旧定義では、1週間の労働時間が15時間を超えない点では同一であるが、一月の定期的な賃金額が、①公的年金保険の保険料算定の基礎となる平均報酬月額の7分の1を超えない場合、あるいは②1月の賃金額が全収入の7分の1を超えない場合と定義されていた（緒方桂子「社会保険非適用限度内就業と社会保険財政の問題1」賃社1275号〈2000年〉52頁以下参照）。

146 第2章 労働市場法改革の動向

4 ハルツ報告の特徴点

第一に、失業者の「自助」努力への要請が強い点である。具体的には、解雇の通告を受けた労働者は、速やかにジョブセンターに通知しなければならず、これを怠ると一定の不利益が課せられる点、ジョブセンターに紹介される就労に対する期待可能性が厳格となっている点、さらにPSAでの就労への期待可能性の規制である。

第二に、自営業者化と低賃金労働を促進しようとしている点である。両者とも、そのあり方について活発に議論され、またこれに関わる法改正もなされてきた問題であるが、「闇労働の撲滅」のために推進し、また失業者減少にも通じるとの位置づけを与えて、その方向を促す提案をした点に注目すべきである。

第三に、PSAによる労働者派遣事業を提案し、「接着効果」を期待して労働者派遣を推進しようとしている点である。そして、厳格な規制をしている労働者派遣法の改正を提言しており、従来の政策を大きく変えようとしている。

第四に、～本節では詳しく紹介しなかったが～職業紹介機関を効率的かつ効果的な機関に変えようとしている点である。ジョブセンターの設置のほか、専門能力を備えた専門能力センターの設置（州雇用局の改組）、それぞれの機関における紹介機能の効率化などである。

第五に、ハルツ報告には社会法典に関わる重要な改正提案が含まれているが（失業手当等）、労働法に関しては、労働者派遣法改正に触れられているにすぎない[63]。すなわち、失業予防や雇用創出を行うにあたって、労働法の保護基準の引き下げではなく、労働市場参入方法の変更を重視している。重要な争点である解雇制限法の改正については、後述する「アジェンダ2010」で提案されることになる。

ハルツ報告に対しては、野党、使用者団体、労働組合などからさまざま点において賛否の意見が表明され、大きな議論となった。野党及び経済界からは一定の評価を得たが、特に労働組合サイドからは、失業者の生活保障水準

---

[63] なお、全国各地に多くのPSAを設置し、紹介派遣などを実施することが提案されているが、これが充分に機能するには労働者派遣法の大幅な規制緩和は不可欠であると指摘されている（J.Weyand/F.J.Düwell, Das neue Arbeitsrecht, Nomos, 2004, S.34.）。

第1節　ドイツ労働市場改革立法の動向と伝統的規制システムの変容　　147

の低下と労働者派遣法の改正などについて批判がなされた[64]。次に紹介するように、立法段階で一定程度、この批判が考慮されている。

　経済専門委員会年次報告書は、仲介行為に関して連邦雇用庁の能力を高め、顧客本位の組織に改善するのは望ましいとしつつも、中心的な内容において不十分な点が多々見られ、失業問題解決に完全には対応できないとする。その理由として、失業の根本的原因に肉薄しておらず、また多くの提案内容が不明確な点を挙げる。例えば、職場をいかにして創出するのか、また労働市場における需要と供給をより正確に接近させる調整メカニズムをいかにして改善するのかとの問題に十分には取り組まれていない。さらにハルツ報告において中核的な位置を占めるPSAに関して、どのような基準で失業者を選ぶのか、（再）就職に困難を伴う「問題グループ」だけとするのか、それともすでに職業資格を有しているグループに焦点をあわせるのかが不明確である。付加するに、PSAや「私株式会社」などにおいては、現行の規制を超える相当な予算支出を伴うのではないかなども指摘される[65]。

　以上のような厳しい批判はなされたが、シュレーダー政権は、ハルツ報告を真摯に受けとめて具体化するほかに選択肢はなく、以下に述べる4つの法案が議会に提案されることになった[66]。（労働市場改革立法の主要な内容については表2参照）。

二　ハルツ第一次法及び第二次法の制定

1　経緯

　02年9月の連邦議会選挙においてかろうじて過半数を制したSPDとBündnis 90/die Grünen の連立政権は、10月16日、連立協定締結とともに閣僚人事を決定して第二次シュレーダー政権を発足させた。大臣の中で特に注

64　都倉裕二「シュレーダー政権の課題——ハルツ委員会答申と労働市場改革」海外労働時報330号（2002年）56頁以下参照。

65　Jahresgutachten 2002/2003, S.414ff.

66　労働市場改革立法の動向を紹介したものとして、ルドルフ・アンツィンガー「ドイツにおける雇用政策の新しいトレンド」（高橋賢司訳）日本労働法協会会報5号（2004年）97頁以下、橋本陽子「第二次シュレーダー政権の労働法・社会保険法改革の動向——ハルツ立法、改正解雇制限法、及び集団的労働法の最近の展開」学習院大学法学会雑誌40巻2号（2005年）173頁以下、野川忍「ドイツ編」島田ほか著『欧米の社会労働事情』（日本ILO協会・2005年）所収参照。

148 第2章 労働市場法改革の動向

表2 労働市場改革立法の主要な内容

法律名	主要な内容
労働市場の現代的サービスのための第一次法（第一次ハルツ法）	①労働契約終了にあたっての雇用局への通知義務 ②人材サービス機関の設置 ③労働者派遣法改正 ④失業給付の諸改正（スライド制の廃止、中断期間の柔軟化、期待可能性の若干の厳格化） ⑤職業訓練有価証券の導入 ⑥有期労働契約の緩和（52歳以上の労働者の雇用では合理的事由不要）
労働市場の現代的サービスのための第二次法（第二次ハルツ法）	①起業助成（「私株式会社」「家族株式会社」） ②些少労働（ミニジョブ）改革 ③家庭におけるサービス給付の導入
労働市場改革法	①解雇制限法改正 ②設立起業における有期雇用契約の最長期間の廃止 ③失業給付金の減額
手工業法改正及び小企業促進のための法律	手工業の中核に属しない単純行為の、非手工業企業による行使
労働市場の現代的サービスのための第三次法（第三次ハルツ法）	①連邦雇用庁・雇用局改革 ②失業手当受給権の要件の緩和 ③ABMとSAMの統合
手工業法及びその他の手工業法の諸規定改正のための第三次法律	①マイスター強制を有する企業数の減少 ②経験職人による手工業企業譲り受けの簡易化 ③マイスター制度の緩和
労働市場の現代的サービスのための第四次法（第四次ハルツ法）	①失業扶助手当と社会扶助手当の統合（失業手当Ⅱの制度化） ②就労支援の強化と制裁の厳格化 ③担当機関の統一と協働化

（資料出所）Jahresgutachten 2003/2004, S. 143.（一部論者修正・補充）

目すべきは、経済省と労働社会省の労働関連部門を統合して新たに経済労働省を設置したうえで、「スーパー大臣」としてクレメント氏（ノルトライン・ヴェストファーレン州首相）を任命した点である。大量失業を克服するには、

労働と経済の両部門を統括して政策を進めていかねばならないと考えられたためである。

クレメント大臣は、ハルツ委員会報告の迅速な立法化に着手し、02年11月5日、2つの法案を連邦議会に提案した（「労働市場の現代的サービスのための第一次及び第二次法案〈Entwurf des 1. und 2. Gesetzes für moderne Dienstleistungen am Arbeitsmarkt〉」）。第一次法案及び第二次法案とも、単一ではなく、いくつかの法律の改正を一括した内容である（Paketgesetz）。具体的には、第一次法案は、社会法典（1、3、5、6、9編）、労働者派遣法、労働者送出し法（Arbeitnehmer-Entsendegesetz）、パートタイム・有期労働契約法等の各改正、そして第二次法案は、社会法典（3、4、5、6、9、10、11編）、連邦社会扶助法等の各改正である。

両法案とも、11月15日に連邦議会で可決された。ただし、第二次法案は、連邦参議院の同意を要するところ（基本法77条2項、4項参照）、11月29日に野党の反対で否決された。両院協議会での協議が整い、最終的に両法案とも12月20日成立した。

2　ハルツ第一次法の内容

第一次法の主たる立法目的は、職業紹介の改善及び職業訓練促進策の新たな形態を通じて失業者を減少させることである。以下、主要な点を紹介しておこう[67]。

（1）失業手当の減額を伴う早期の通知義務

労働者は、労働関係が終了する時点を知った場合、遅滞なく自ら、雇用局に求職を通知する必要がある（社会法典第3編37b条）。これには、労使いずれかからの解約告知のみならず、有期契約における期間の到来や合意解約の場合も対象となる。期間の到来の場合、その3ヵ月前から通知し得る。そしてこれらの通知は、労働関係存続に関して裁判上争う可能性があるかどうかを問わない。立法趣旨は、雇用局が求職者に対して必要な措置を早期に講じることができ、これを通じて再就職を早めて失業及び失業に伴う給付をできるだけ回避する、ないし失業期間を短縮する点に見出される[68]（03年7月1

67　以下で紹介する内容のほか、積極的就労促進及び失業扶助手当と社会扶助の統合の準備が含まれる。

150　第2章　労働市場法改革の動向

日施行）。

　重要なのは失業手当に関する不利益措置が置かれている点であり、遅れた日数1日につき、算定報酬（従来の税込み報酬額）に応じて①7ユーロ（算定報酬400ユーロまで）、②35ユーロ（同700ユーロまで）、③50ユーロ（同700ユーロ超）減額される。減額は遅延した日数で、最高30日分である。減額額が35ユーロ及び50ユーロの場合、1日当たりの失業手当給付を半額にして給付するとの方法で行われる（第3編140条）。

　なお使用者は、労働者に対して、求職について自主的な活動の必要性や上記雇用局への通知義務に関する情報を与え、また求職のために必要な職務免除を行うことなどを義務づけられている（第3編2条2項）。これは、労働者が新しい仕事にできるだけ切れ目なく移行できるようにするための使用者の協力義務（die Pflicht zur Mitwirkung）を具体化したものである[69]。

（2）PSAの導入

　すべての雇用局は、少なくとも1つのPSAを設置しなければならない。PSAの業務は、失業者を雇用につなげるために労働者派遣を行うこと、及び派遣されない期間中、職業資格取得のための職業訓練や継続（再）職業訓練[70]を行うことである（社会法典第3編37c条1項）。いうまでもなく、前者の業務が重視されており、労働者派遣会社との違いは、「第一労働市場の企業に派遣労働者を残留させること」がめざされる点である。上記のように、「臨時から継続へ（Temp zu Perm）」がPSAの重要な成果とみなされることになり、「接着効果（Klebeeffekt）」が期待されている（04年1月1日施行）[71]。

　PSAは、原則として許可を得て活動している派遣会社との委託契約によって設立される。派遣会社は、PSAの業務を遂行するために、本来の派遣事業との分離を確保できる組織を新たに設ける必要がある。法文上は、連邦

68　Begründung zum Gesetzentwurf, BT-Drs.15/25, S.27. 平均失業期間が1週間短縮され、10億ユーロの節約が可能になると予測されている。

69　Bgündung zum Gesetzentwurf, BT-Drs.15/25, S.55.

70　「職業訓練（berufliche Ausbildung）」は、当該職業上の知識・経験（Kentnisse）を初めて取得する場合に用いられるのに対し、「継続（再）職業訓練（berufliche Weiterbildung）」は、基本的にこうした職業訓練をして知識・経験を取得しており（Vorhandensein beruflicher Vorkenntnisse）、さらに向上させる場合に使われる（Vgl., Wissing usw, a.a.O.(Fn.8), S.505; BR-Drs.550/96, S.168.）。

71　Vgl., Hartz-Bericht, S.154.

雇用局の許可（労働者派遣法1条1項1文）を得て派遣事業を行っていることのみが設立の要件であるが、上記業務の遂行にあたって信頼に足るとの保証を提示しなければならないとされ、具体的には、特に過去の実績が検討の対象となる[72]。

PSAの業務を遂行する適切な派遣会社が存在しないなどの理由で上記委託ができない場合、雇用局が派遣会社に資本参加（beteiligen）してPSAを設立するが、まず過半数に満たない少数の資本参加がめざされねばならない（37c条3項参照）。こうした方法によってもPSAを設立し得ない場合、雇用局自らが設置することになる。

PSAと失業者との間では、社会保険の加入義務を負う労働関係が設立されるが、どの失業者を雇用するかは、雇用局の提案に基づき決定される。具体的には、当該地域の実情と特殊性を考慮して決められ、一般就労への期待可能性の規制が適用される[73]。この労働契約に対しては、一般的な労働法上の諸規定、したがって労働者派遣法も適用される。派遣期間と一致した有期契約の締結は、派遣されない期間も職業資格取得のための訓練等が実施されるため、禁止される。なお雇用局は、PSAを設立した派遣会社に、PSAの活動に対する報酬（Honorar）の支払を合意し得る。ただし、過去4年間に3ヵ月以上社会保険義務を負って雇っていた使用者に当該労働者が派遣される場合、相当の報酬を減額される（社会法典第3編37c条2項6文参照）。これは、当該使用者に解雇された労働者を派遣労働者として就労させることを制限するためである[74]。

（3）労働者派遣法の改正

上記のように、労働者派遣法は何度か改正されてきたが、特に派遣期間の上限が引き上げられ、24ヵ月となった。他方、12ヵ月を超えた場合には、派遣先企業において比較し得る労働者と同一賃金を支払う義務が課せられた（旧10条5項、均等処遇原則）。しかし、今回は最も根本的な改正である[75]。

72　Vgl., J.Ülber, Personal-Service-Agenturen und Neuregelung der Arbeitnehmerüberlassung, AuR 2003, S.13.

73　BA-Rundbrief, 71/2002 vom 23.12.2002, Nr.2・3.

74　Begrundüng zum Gesetzentwurf, BT-Drs.15/25, S.28.

75　大橋範雄「ドイツにおける派遣法の弾力化と均等待遇原則」労旬1594号（2005年）4頁以下参照。

152　第2章　労働市場法改革の動向

　第一に、均等処遇原則が徹底された点である。すなわち、これは派遣期間が12ヵ月を超えてからではなく、原則として派遣開始からとなった。派遣期間中、「賃金を含めた本質的な労働条件（wesentliche Arbeitsbedingungen einschließlich des Arbeitsentgelts）」が派遣先事業所の比較し得る労働者と同一でなければ、派遣事業の許可ないしその延長が認められず（3条1項3号）、これに違反する合意は無効であり（9条2項）、そして同一の労働条件を請求し得る（10条4項）。「本質的な労働条件」には、賃金や休暇の長さ、福利制度（soziale Einrichtungen）などが挙げられる。派遣労働者は、派遣先事業所での比較し得る労働者の賃金水準を知るために、派遣先使用者に対する情報（請求）権（Auskunftrecht）を有する（13条）[76]。ただし、これまで失業者であった労働者の場合、就業開始から最高6週間までは失業手当と同額の手取り賃金で良く（以前に当該派遣元使用者と労働契約が締結されたことがある場合にはこの例外は認められない）、また労働協約によって異なった取り決めをなし得る。なお、協約の適用範囲にある場合、協約非適用使用者及び労働者も当該協約を援用し得る（3条1項3号）。

　実際上、特に「同一の賃金」が何であるかを見出すには大きな困難を伴うと指摘されているが[77]、派遣労働者の「同一賃金」・「同一処遇」との観点からすると、重要な意義を有すると考えられる。こうした均等処遇原則は、ハルツ報告では求められておらず、逆に低い賃金を認めることで雇用を促進しようと考えられていたが[78]、EU指令案及び労働組合の要求に基づき導入された。

　第二に、現行の主要な諸制限を廃止した点である。具体的には、①有期労働契約の締結を反復するいわゆる連鎖労働契約の禁止（3条1項旧3号）、②有期労働契約の期間満了後、3ヵ月以内に再び労働契約を締結することの禁止（旧4号）、③派遣労働者の労働関係が派遣期間と同じであることの反復の禁止（旧5号）、④同一派遣先への派遣期間の上限24ヵ月（旧6号）、⑤派

76　なお、ハルツ第四次法において、派遣労働者の派遣先企業に対する情報（請求）権は、均等処遇が適用されない例外の場合には（雇入れ後6週間、労働協約での規制）存しないことが明記され（13条）、また派遣元企業の派遣先企業に対する情報（請求）権も同様に制限された（12条1項3文）。

77　J.H.Bauer/J.Krets, Gestze für moderne Dienstleistungen am Arbeitsmarkt, NJW 2003, S.539.

78　Harz-Bericht, S.42.

遣期間が12ヵ月を超えた場合、職業紹介がなされたとの推定（旧1条2項）。これらの改正は、派遣労働を臨時的労働と位置づけたドイツ派遣法の基本的骨格を変容させる内容を有するが、均等処遇原則も導入されたので、派遣会社にとっては、「高い代償」であるとの指摘もされている[79]。

こうした規制の撤廃によって、日本で一般的に行われている登録型派遣が可能になったかというと、必ずしもそうはならない。というのは、後述するように、パートタイム・有期労働契約法において、有期契約を締結し得る事由が制限されているためである。

第三に、建設業における原則派遣禁止規定が緩和された。建設業において違法派遣が蔓延し、また外国人労働者が劣悪な労働条件下で働く現状を考慮して、現業労働者（Arbeiter）によって通常行われる業務への派遣は原則的に禁止されていた。例外的に許容されるのは、建設会社間での派遣であり、両者が同一の労働協約を適用されている、ないし一般的拘束力下に置かれている場合に限られていた（1b条旧2文）。今回、建設会社間では、派遣先企業は協約に拘束されている必要はなくなった。他方、派遣元企業は、派遣の時点で少なくとも3年間は建設業関連の協約（基本協約と社会基金協約）に拘束されていなければならないとされ、建設業において派遣目的のためだけの会社の設立が阻止されることになった。次に、建設業以外の企業から建設会社に現業労働者を派遣することが可能となった（1b条2文）。その要件は、建設業以外の企業に対する一般的拘束力宣言された労働協約に、業種を越えた派遣が行われる旨明記されている場合であり、この点で協約当事者の主導的役割が認められている[80]。

（4）職業紹介における期待可能性の強化

まず、従来の期待可能性の内容にふれておく。社会法典第3編121条1項によると、「失業者には、その労働能力にふさわしいすべての就労が期待され得る（zumutbar）」が、一般的理由ないし個人に関わる理由がある場合に

---

79 Bauer/Krets, a.a.O.(Fn.77), S.540.

80 建設業において労働者派遣を行うには、派遣元企業の労働協約拘束性が要件であるが、これは外国企業が派遣を行うのを困難にするので、EU法に違反するとの欧州司法裁判所の判断が下された。このため、外国企業は労働協約に拘束されている必要はないとの改正もなされた（1b条3文）。名古道功「ドイツ労働者派遣法における建設業への派遣規制と『サービス提供の自由』・『開業の自由』」国際商事法務33巻1号（2005年）84頁以下参照。

はこの限りではない。こうした期待可能性の規制は、失業手当支給の中断という制裁を伴う（144条参照）。就労が期待可能でない場合として挙げられるのは、以下の3つである。①就労が、法律、労働協約あるいは事業所協定上定められた、労働条件に関する諸規定に反する、ないし労働保護規定に反する場合（一般的理由）。②紹介される就労から得られる報酬が、失業手当算定の基礎となる報酬よりも相当低い場合（個人に関わる理由）。具体的には失業後の最初の3ヵ月間では、その格差が20％を超える、6ヵ月までは30％を超える、それ以降は、手取り賃金が、就労と関連する出費を考慮して、失業手当よりも低い場合。③毎日の通勤時間が、労働時間と比較して不均衡に長い場合（個人に関わる理由）。具体的には6時間以下では2時間、6時間を超える場合、2.5時間である。なお、①期間の定めがある就労の場合、②別居を要する場合、③現在受けている職業訓練にふさわしい就労でない、あるいはこれまでに行った就労の範囲に入らない場合だけでは、期待可能でないとはいえない（121条5項）。

　従来、失業者の生活保障に対する批判は厳しく、手厚い保障がなされているがゆえに就労しようとしないといわれていた。このため、97年の雇用促進法改正では、失業者の就労の可能性に対する「特別の責任」（改正にあたっての立法者の表明）から、期待可能性の判断基準が厳格化された。すなわち改正前までは、①失業者が有する職業資格、②従前の賃金水準、③通勤時間の3点に基づき判断され、連邦雇用庁の命令では、失業期間が長期化するにつれ、職業資格に適応しない、あるいは低い賃金の仕事も拒否できないとなっていたが、実際上、下の階層に失業者がいる場合、そこへの就労は促されなかった[81]。改正によってその基準が社会法典上明記され、上記のように、報酬水準が数値化され、また職業資格は考慮されないなどとなった。

　ハルツ第一次法による改正（03年1月1日施行）では、上記通勤時間を超えた転居（Umzug）を伴う就労も期待可能であるとされた。具体的には、失業から3ヵ月以内では、失業者が上記通勤時間の範囲内の就労を受け入れるとは「予想され得ない場合」には転居を伴う就労は期待可能となる、4ヵ月目以降は、転居を伴う就労の受け入れが「通常（in der Regel）」期待され得

81　布川・前掲論文（注52）19頁参照。

ることになる。ただし、転居を妨げる重大な事由がある場合（「特に家族に関わる諸事情（familiäre Bedingungen）」には適用されない（121条4項4〜7文）。そして、「重大な事由」の判断に対して決定的な事実が失業者側に存する、あるいはその責任領域に存する場合には、失業者がそれを提出し、立証しなければならないとされた（144条1項2文）。このように、「地域を越えた流動性（überregionale Mobilität）」を高めることによって、期待可能性がさらに厳格化された[82]。

（5）継続（再）職業訓練の促進

今回の改正では、継続（再）職業訓練を促進するために、従来の法規制を簡素化して、①雇用局の裁量を不必要に制限している、②訓練受講者の自己責任に悪影響を及ぼしている、③訓練機関相互の競争を阻害している諸規制が廃止された。主要な内容を紹介しておこう。

第一に、「職業訓練クーポン券（Bildungsgutschein）」の発行であり、継続（再）訓練促進のための要件が存在していることの証明書が労働者に発行される（第3編77条3項）。雇用局が継続訓練の必要性を肯定した労働者は、職業（再）訓練クーポン券を取得し、これを用いて訓練方法と訓練機関を自由に選択する。ただし、期間と地域が限定され、また一定の訓練目的に制限され得る。こうした制度導入の趣旨は、継続（再）職業訓練を受ける者の自己責任と裁量を広げるとともに、訓練機関相互の競争を強化する点に見出され[83]、この点で新規さがある。

第二に、継続（再）職業訓練は、失業手当請求権の期間延長ではなく、職業紹介の機会の改善にある点が重視されて、当該職業訓練終了後に就職できずに失業手当を受給する場合には、生計維持費（Unterhaltsgeld）[84]の受給期間の半分までの期間が失業手当請求権の期間に算入される（128条1項8号）。ただし、失業手当の受給期間が1ヵ月を下回ってはならない（同条2項）。

第三に、継続（再）職業訓練終了後3ヵ月まで支払われていた「接続生計

82　Vgl., Spellbrinker/Eicher, a.a.O.(Fn.56), S.626（Valgolio）.

83　Begründung zum Gesetzentwurf, BT-Drs.15/25, S.29.

84　「生計維持費」とは、フルタイムの継続（再）職業訓練（週35時間、場合によっては週25時間）の参加者に給付される金銭である。ハルツ第三次法によって、失業手当と統合され、「継続（再）職業訓練における失業手当（Arbeitslosengeld bei beruflicher Weiterbildung）」（117条1項）となった（2005年1月1日施行）。

維持費（Anschlussunterhaltsgeld）」は廃止された。ただし、失業扶助手当請求権は存続する。

（6）失業手当の支給停止

　失業手当の支給停止制度は古くから存在していたが、本格的に整備されたのは97年に雇用促進法が改正されたときであり、その後も Job-AQTIV 法において改正がなされた。支給停止事由は、①労働者が自己都合退職をした場合、あるいは労働契約違反の行為が労働関係解消の原因となっている場合、②紹介された就労などを拒否した場合、③職業訓練の受講などを拒否した場合、④職業訓練の受講などを途中で放棄した場合（第3編144条1項1文）であり[85]、原則として12週間の失業手当の支給停止期間が置かれ、受給総額も減少したが、今回の改正（04年1月1日施行）では、関連判例を考慮して当該事情に即した支給停止期間の柔軟化・差異化がなされた。すなわち、①の場合、原則12週間であるが、当該事情に応じて6週間及び3週間に短縮され、②③④の各場合、拒否等の回数に応じて、1回3週間、2回6週間、3回12週間となった（同条3項）。また、重大な事由がある場合の失業手当給付の一時停止に関する証明責任の変更もなされ、争いがある場合、従来は雇用局に立証責任があったが、改正後は失業者が立証しなければならなくなった。すなわち、上記諸行為に関連する「重大な事由」の存否に対する決定的な事実が失業者側に属する、あるいはその責任領域に属する場合には、失業者がそれを提出し、立証しなければならない（144条1項2文）。失業者の個人的事情は、雇用局よりも容易に立証できるとの考慮に基づいており、連邦社会裁判所判例に従ったものである[86]。具体的には、(a) 保険の趣旨に反した（versicherungswidrig）行為をしなかった、(b) 自己の責任で失業をもたらさなかった、(c) 失業の終了をさせなかったことに責任がなかったことである[87]。

　さらに、失業手当、生計維持費（Unterhaltsgeld）及び失業扶助手当の、賃

85　ハルツ第三次法律によって、次の2つの支給停止事由が追加された（05年1月1日施行）。①失業者が、雇用局によって求められる自己努力に関して立証しない場合（第144条1項2文3号）、②失業者が雇用局への申告義務を懈怠した場合（同条1項2文6号。旧145条に規定されていたのが繰り入れられた）。

86　Begründung zum Gesetzentwurf, BT-Drs.15/25, S.31.

87　Vgl., Spellbrink/Eicher, a.a.O.(Fn.56), S.849ff (Voelzke).

第1節　ドイツ労働市場改革立法の動向と伝統的規制システムの変容　157

上げに伴う引上げ制の廃止や転居その他の補助手当の廃止などもなされた。

（7）中高齢労働者に対する施策

　第一に、中高齢労働者の就労を促進するために補助金制度が創設された。具体的には、失業中ないしそのおそれがある中高齢労働者（50歳以上）が、従来よりも報酬が少ない、社会保険加入義務のある職業に就いた場合、失業前の（失業手当算定の基礎となる）手取り賃金との差額の50％を受け取ることができる。期間は、失業手当受給期間と同一であり、少なくとも180日分請求できることが条件である。すでに受給している場合は残余期間となる。さらに法律上の年金保険の拠出金への助成もなされる（社会法典第3編421j条）。こうした報酬保障（Entgeltsicherung）の目的は、失業率の高い中高齢労働者の雇用を促進するためである[88]。次に、55歳を超える失業者を雇入れる使用者は、失業保険料3.25％を免除される（421k条）。

　第二に、有期労働契約の拡大であった。上述したように、有期労働契約を締結するには合理的理由を要するが、これは徐々に緩和されてきた。それを要しない例外の1つは、58歳以上の労働者を雇用する場合である（パートタイム・有期労働契約法14条3項。ただし、同一の使用者と期間の定めのない労働契約が締結されてきて、それと「実際上密接な関係（enger sachlicher Zusammenhang）」に立つ場合〈その具体的例として、両契約間の期間が6ヵ月未満である場合が規定されている〉、許容されない〈同項2文・3文〉）。今回の改正では、中高齢労働者の深刻な失業を改善する方策として、02年1月から06年12月末までの4年間に限り、対象年齢を58歳から52歳に引き下げられた（同項4文。法案では50歳で05年末までであった。）。注意する必要があるのは、現行規制では合理的理由なくても2年間までは有期労働契約を締結でき、2年以内であれば3回更新可能な点である（14条2項）。したがって、50歳から合理的理由なく、中高齢労働者を雇入れることができる。ただし、当該使用者との間において、従前、労働契約が締結されていた場合を除く（同項2文）。

3　ハルツ第二次法

（1）ジョブセンターの設置準備

88　Begründung zum Gesetzentwurf, BT-Drs.15/25, S.34.

158　第2章　労働市場法改革の動向

　ハルツ報告において、すべての失業関連業務（助言、仲介、参入等）並び
に生計維持のための金銭給付（社会扶助も含む）を担当するジョブセンター
の設置が提案されていたが、連邦政府は雇用局をこれに改編することを計画
し、第二次法では、第一段階として、雇用局は、社会扶助受給者の社会的デ
ータを収集、加工そして利用し得るとの規定が設けられた（社会法典第3編
402条1項12号）[89]。

（2）私株式会社（Ich-AG）と家族株式会社（Familien AG）の導入

　「私会社」と「家族会社」は、上記のように、一定の補助金の支給を通じ
て自営業の開始を促進し、闇労働の撲滅を目的とする。その対象者は、失業
手当及び失業扶助手当等の受給者、ないし雇用創出措置と構造調整措置にお
ける就業者であって、自営業を開始する者である。そして、年間収入が
25,000ユーロを超えず、かつ労働者を雇っていない（「私株式会社」）、ないし
家族のみしか一緒に働いていない（「家族株式会社」）場合、助成金を受給で
きる（社会法典第3編421l条）。助成金は、1年目は月600ユーロ、2年目は
同360ユーロ、3年目は同240ユーロである（課税せず）。

　「私株式会社」及び「家族株式会社」は注目を集めて発足した制度であるが
（03年1月1日）、8ヵ月後には重要な改正がなされた。すなわち、「小企業の
促進と企業融資の改善のための法律（Gesetz zur Förderung von
Kleinunternehmen und zur Verbesserung der Unternehmensfinanzierung vom
31.7.2003)」可決にあたって、金融委員会の決議勧告に基づき、「労働者を雇
っていない、ないし家族のみしか一緒に働いていない場合」（1項3号）との
文言が削除され、家族以外の労働者を雇うことも可能となった。これは、制
度発足後、「単独企業主」が行う顧客との取引の場合、あるいは予期せぬ労働
不能の場合の代理問題などが生じたこと、並びに当該制度の対象者が失業者
などに限定され、また年間収入の上限が設定されていることからして、相対
的に小企業での起業促進との趣旨から逸脱することはないと考えられたため
である[90]。この改正によって、ハルツ報告において「私株式会社」及び「家
族株式会社」と称されたメルクマールはなくなり、「起業（Exestenzgründung)」

89　12号はハルツ第三次法で削除され、05年1月1日からジョブセンターが正式にスタートした
　　（第3編第9条1a項）。
90　Vgl., Beschlussempfehlung und Bericht des Finanzausschusses, BT-Drs.15/1042.

への助成となった。

　上記助成金を申請した者は「自営業者」と推定するとの規定が新設された（社会法典第4編7条4項1文）。そして、助成金の受給者は、受給期間中、自営業者と「みなされる」（同2文）。注意すべきは、これらの者は社会保険上「自営業者」であるが、労働法上は必ずしもそうはいえず、伝統的な人的従属性の基準に基づき判断される点である[91]。

（3）ミニジョブ・ミディジョブ

　ミニジョブは、些少労働（geringfügige Beschäftige）を大幅に改めた制度である。些少労働とは、325ユーロ（旧630マルク）以下で、かつ週労働時間が15時間未満の場合、一定程度、使用者の労働コストを軽減する制度であった。99年3月31日までは社会保険料が免除されていた。また所得税法上、使用者が一括概算して20％の給与所得税を支払えば、当該労働者が〜主たる仕事において多くの所得を得ているなどの理由から合算すると〜追加の税金を支払わねばならなかった場合でも、支払う必要はなかった。したがって使用者にとっては、些少労働者の雇用はコスト面から価値があったといえる。他方、社会保険料拠出金が減少するだけではなく、フルタイム労働者の削減にもつながった。こうした事情を考慮して、99年に以下のように改正された。第一に、上記主たる仕事を有している場合、合算して税金が課せられることになった。第二に、325ユーロ労働を行う場合、使用者は、年金・疾病保険に対する拠出金を支払わねばならない。年金保険に対しては報酬の12％、疾病保険では10％の拠出金を支払わねばならない。第三に、他に課税される所得がない場合、一括課税（Pauschalsteuer）はない。

　ハルツ報告において、家庭におけるミニジョブの上限を500ユーロに引上げ、また社会保険料拠出の簡素化・税の優遇が提案されたが、ハルツ第二次法では、これを超えた内容となっている。法案の段階では、ハルツ報告に従い、これまでの「些少労働」（15時間未満で月325ユーロを超えない）のほかに、家庭における就労で月500ユーロを超えない場合が付け加えられたが、野党が多数を占める連邦参議院での承認を得るために調整がなされた。その結果、

91　Bauer/Krets, a.a.O.(Fn.77), S.544; S.Rittweger, Leitfaden Mini-Job, Ich-AG und Familien-AG, Beck, 2003, S.73; W.Däubler, Das Umgesetzte Hartz-Modell: Bittere Pillen im Arbeits-und Sozialrecht, AiB 2002, S.734.

ミニジョブによって得られる報酬は消費目的に使われるため、国内経済の不振を克服するのに有益であるとの理由で、ミニジョブが拡大されるとともに、ミディジョブが新設された（03年1月1日施行）[91a]。

（A）ミニジョブの3つのタイプ

（ア）報酬の些少（Entgeltgeringfügigkeit）（社会法典第4編8条1項1号）改正前、①週労働時間が15時間未満で、②報酬が通常月325ユーロ以下となっていたが、①の要件は廃止され、②は400ユーロに引き上げられ、この点でミニジョブの範囲が拡大された。

（イ）時間的些少・短期就労（Zeitgeringfügigkeit, Kurzfristbeschäftigung）（同8条1項2号）

旧規定では、就労開始から1年以内において2ヵ月あるいは50労働日に就労が制限されるのが常である、あるいは契約上限定されており、かつ本職として（berufsmäßig）行われておらず、月325ユーロを超えない場合、「ミニジョブ」として扱われていた。今回の改正では、就労開始ではなく、「暦年」から1年以内となり、また月400ユーロに引き上げられた。

（ウ）個人の家庭における些少就労（geringfügige Beschäftigung im Privathaushalt）（同8a条）

もっぱら個人の家庭で些少労働が行われる場合も「ミニジョブ」として扱われる。これは、個人の家庭によって当該労働が創出され、かつ通常家族の一員によって行われる仕事の場合である。したがって、家事補助、子供の世話、庭仕事など単純労働に限定され、またその家族が「使用者」でなければならない。月400ユーロとの上限がある。

（B）社会保険料・税金

1人の労働者がいくつかのミニジョブに従事する場合、すべて合算され、400ユーロを超えると、社会保険加入義務が発生する。なお改正前は、社会保険加入義務がある本業に従事しつつミニジョブを行う場合、合算されていたが、改正によって1つのミニジョブでは合算されなくなった。社会保険加入義務及び所得税に関しては、25%の一括控除（12%の年金保険、11%の疾病保険、2%の一括税金）、家庭でのミニジョブの場合、12%（年金保険と疾病保

91a　第1章第3節II二2参照。

険各5％、一括税金2％）である。労働者は、400ユーロまでは一切支払う必要はない。副業としてミニジョブを行っている場合にも支払う必要はない。家庭でのミニジョブを促進するために、雇主は、その年間経費の10％を税控除できる（ただし、最高510ユーロ）。

(C) ミディジョブ

　これは、月の報酬が400.01から800ユーロ未満の就労を対象にする。ミニジョブとは異なり、労働者は、報酬額に応じて、社会保険料を拠出し、一般雇用と比べると使用者の負担割合は低い。

4 検討

　ハルツ報告、及びこれを具体化する第一次・第二次法に対して、政界、労使、さらに学界などからさまざまな評価が加えられた。これをほぼ全面的に肯定するのは政府のみであり、それ以外は、失業者への「要請」を重視する経済界と、逆に「支援」を重視する労働組合など、それぞれの立場から批判が加えられた。こうした中で、まず指摘しておかねばならないのは、ハルツ報告と両法律とが「1対1の転換（1：1-Umsetzung）」ではない点である[92]。すでに法案の段階でハルツ報告とは異なる箇所が存したのみならず、その審議においても修正されて内容が変更された。最も論議を呼んだのは、派遣労働に関わる「均等処遇原則」の変更であった。

（1）労働者派遣法改正と均等処遇原則の導入

　ドイツでは派遣労働に対する規制は厳しかったが、派遣先労働者との均等処遇原則が導入されたのは、ジョブ・アクティブ法による改正（02年1月1日施行）においてであった。すなわち、派遣期間の上限を24ヵ月に延長することと併せて、それが12ヵ月を超えた時点から同原則を適用する規定が設けられた。これに対して、今回の改正では、派遣当初から均等処遇原則が適用され、徹底されている。たしかに、派遣労働に対する厳格な規制の撤廃と抱き合わせではあるが、派遣労働者の公正な労働条件の保障[93]との観点からすると評価し得るであろう。これが導入されたのは、労働組合からの要求のみ

92　Bauer/Krets, a.a.O.(Fn.77), S.545.

93　全産業分野での平均月収からすると、派遣労働者の賃金は約60％にすぎない（98年）。特に低資格現業労働者では、格差が大きくなる（Vgl., Walwei, EuroAS 2002, S.149ff.）。

162 第2章 労働市場法改革の動向

ならず、EU 指針案との関係が挙げられる。ヨーロッパ委員会は、02年3月20日、「派遣労働者の労働条件に関するヨーロッパ議会及び協議会の指針（eine Richtlinie des Europäschen Parlaments und des Rates über die Arbeitsbedingungen von Leiharbeitnehmern)」を提案した[94]。第5条は「派遣労働者の労働・就労条件は、派遣先企業への派遣期間中、派遣先企業によって同一の職場に直接雇用されたならば適用されるであろう労働・就業条件に少なくとも一致している」ことと規定しており、これとの整合性が考慮されたと考えられる[95]。

　しかし、派遣労働の拡大を通じて失業者を減少させようとの政策的観点からは強い疑問が提示されている点にも注意が必要である。これは、ハルツ委員長自身が均等処遇原則を厳しく批判しているように[96]、労働者派遣法改正を提唱したハルツ報告でも触れられていなかった[97]。ハルツ委員長は、PSA が35万人までの就業場所を仲介し得るとの考えは、これらの労働者が約30％低い賃金で労働することが前提となっていると指摘する[98]。リーブレ／クレベックによると、派遣労働は、次の2つの前提条件が満たされた場合にのみ機能しうるとされる。第一に、派遣先企業において人材投入の危険性が除かれることである。各派遣先企業の需要に合わせ、必要なときには増員され、不必要になれば引き上げられることを意味する。第二に、派遣労働が低賃金セクターであることであり、特にこの点が重要である。こうしたメリットがなければ、企業は請負契約等に逃避してしまうであろう、と[99]。

94　指針案は、2008年11月に採択された。

95　なお、指針案には次の三つの例外が置かれていたが、同時に行われた労働者派遣法の改正によって例外を用いることができなくなった。①派遣労働者が派遣元と期間の定めのない契約を締結し、かつ派遣されない期間中も賃金が支払われる（5条2項）。②労働協約が派遣労働者に対して相当な保護を与えている場合と法律で定めている（5条3項）。③同一企業への派遣において、派遣労働者の行う職務が、その期間ないし性質から、6週間を超えて求められない（5条3項）。

96　「今日、『同一労働同一賃金』のテーゼに固執するならば、派遣労働は、かなりの程度、機能し得ない。その場合、めざされている職場（増加）数は生じ得ない。」(Der Spiegel 48/2002, S.31.)。

97　ハルツ報告では、次のように指摘する。「ヨーロッパと比較すると、ドイツの派遣労働市場は、発展が遅れている。ここには、高い就業の潜在性が存している。労働協約によるとの条件の下で、派遣労働市場の規制緩和がなされるべきである。ジョブセンターと PSA 並びに民間企業との密接な協力がなされることになる」(42頁)。

98　Vgl., Berliner Bericht, AuR 2003, S.24.

99　V.Rieble/U.Klebeck, Lohngleichheit für die Leiharbeit, NZA 2003, S.23.

第1節　ドイツ労働市場改革立法の動向と伝統的規制システムの変容　　163

　次に、派遣労働者特有の有期労働契約締結の禁止が撤廃されたが、パート
タイム・有期労働契約法との関係が十分に考慮されなかったため、立法者が
期待するほど、派遣労働が自由になったわけではないとの指摘もなされてい
る[100]。すなわち、これまでの有期契約に対する規制がなくなったので[101]、パ
ートタイム・有期労働契約法が全面的に適用されることになり、派遣労働者
と派遣元との契約に期間を定め得るかは、これによって決せられることにな
った。同法は、有期雇用が許される場合を制限しているが、派遣期間と労働
契約の期間とを一致させるには、次の2つの方法が存する。第一に、新規採
用2年間に限って合理的理由がなくても有期契約を締結できる場合である
(14条2項1文)。ただし、これは派遣元にとっては使いにくい制度である。
というのは、①対象労働者が新規採用に限られ、最長2年間までであり、ま
た②更新が3回に制限されているためである。短期の派遣期間の繰り返しが
有益な派遣労働関係の実情には即しないであろう。労働協約が締結されると、
この逸脱も可能であるが（同3文）、DGB傘下の労働組合との締結は簡単で
ないのみならず、それは、更新回数及び2年間の上限期間に限られ、新規採
用の限定まで緩和することはできない。そのほか、企業設立4年間に限って
何回でも更新可能な（暦に合致した）有期契約が締結でき（14条2a項1文）、
また52歳以上の中高齢労働者についても、自由に有期雇用契約が締結できる
が（ただし、同一使用者と密接な関係のある期間内に〈直前6ヵ月以内〉期間の
定めのない労働契約を締結していた場合は許されない〈14条3項3文〉）、これら
も、企業設立後4年間及び52歳以上の労働者との点で限定的である。
　第二に、「合理的理由（ein sachlicher Grund）」があるとして期間を付す場
合である。パートタイム・有期労働契約法14条1項は、「特に（insbesondere）」
と断った上で、次の8つの合理的理由を列挙している。①労務給付
（Arbeitsleistung）への経営上の需要が一時的である、②職業訓練または大学
修了後に継続して雇用する、③他の労働者の代替として雇用する、④労務給

100　Vgl., R.Wank, Der Richtlinienvorschlag der EG-Kommission zur Leiharbeit und das Erste
　　Gesetz für moderne Dienstleistungen am Arbeitsmarkt, NZA 2003, S.14ff.
101　改正前の労働者派遣法では、例外的に期間を定めることができたのは、①派遣労働者自身に
　　存する事情から期間につき正当な事由が生じる場合、②同一の派遣元と締結された労働契約に直
　　接接続している労働契約に期間が定められている場合であった（旧9条2号）。

164 第2章 労働市場法改革の動向

付の特質が期間を正当化する、⑤試用のために期間を付す、⑥労働者の個人的事情が期間設定を正当化する、⑦財政法上有期雇用について規定され、こうした公的財政から労働者に報酬が支払われる、⑧裁判上の和解に基づき期間が付されている。これらに該当する場合、特に期間の長さに制限はない。ヴァンク教授によると、上記「合理的理由」によって派遣労働関係に期間を付すことはほとんど不可能であるという。まず一時的な労働需要（①）と代替（③）とは、派遣先ではなく派遣元事業主に関する事情である。すなわち、派遣先において派遣労働者を必要とする一時的需要があっても、「合理的理由」となるわけではない。たしかに、派遣先との契約によって一時的な需要があるとも考えられるが、判例によると、これは有期契約締結時点でその需要が有期の満了時になくなるとの十分に確実な予想がなければならない[102]。派遣労働の場合、こうした予想は困難であり、これは、派遣労働者に転嫁してはならない典型的な使用者危険に属する事柄である。②も妥当しない。というのは、派遣元事業主は、こうした労働者を他の使用者に委ねるために雇うわけではないからである。さらに、派遣労働はすべての職種を対象にするので、「労務給付の特質」（典型的な例は放送局と芸術分野）からも根拠づけられない（④）。試用のために期間を設定するのも1回のみである（⑤）。⑦は、原則として PSA のみ許容される。その他14条1項1号に列挙されていない事項にも該当しない。というのは、①〜⑧と同程度の内容を有しなければならないからである。ヴァンク教授は、これらの考察から、立法者は「表面的にしか規制緩和をしなかった」と批判する。派遣労働者の労働条件に関するEC 指針案に関して、ドイツの立法者は、①ドイツの派遣労働者が期間の定めなく雇用され、かつ派遣されていない期間中も賃金が支払われているとの現状をも考慮して、均等処遇原則を採用しなくても良い例外規定（派遣労働者が派遣元と期間の定めのない契約を締結し、かつ派遣されない期間中も賃金が支払われる〈5条2項〉）に依拠して、均等処遇原則を採り入れずに現行規制を維持する、あるいは②均等処遇原則を採用するが、派遣労働者の労働契約には期間の定めをすることができるとの特別規定を設ける、のいずれかを選択する可能性があったが、これが考慮されなかった。このため派遣元事業主

102　BAG v.14.1.1982, AP Nr.64 zu　§620 BGB Befristeter Arbeitsvertrag; BAG v.14.1.1982,
　　AP Nr.65 zu §620 BGB Befristeter Arbeitsvertrag.

は、結局、期間の定めがなく、かつ高い賃金で派遣労働者を雇用しなければならなくなったのであり、立法者の意図とは逆に、派遣労働は減少するであろうと指摘されている。

さらに、労働協約を締結すれば均等処遇からの逸脱が可能であり（9条2号）、この点で労働組合の役割が問われることになった。02年末までは派遣労働者に関する労働協約はほとんど存していなかったが、例外的に労働協約によって逸脱できることになったため、労働協約の締結が進んだ。DGBには派遣労働者のみで組織された労働組合が存しなかったので、8つの産別組合が「協約共同体（Tarifgemeinschaft）」を結成し、2つの派遣会社の団体（連邦派遣労働団体〈Bundesverband Zeitarbeit〉、派遣労働利益団体〈Interessengemeinschaft Zeitarbeit〉）との間で、長期に及ぶ交渉を経て2つの労働協約を締結した（04年1月1日発効）。賃金は、当初、使用者団体が恐れていたのよりも相当低く設定された。DGBとは異なったナショナルセンターであるキリスト教労働組合傘下の「派遣労働及びPSAのためのキリスト教労働組合の協約共同体」は、長期の交渉もなく、小規模の使用者団体並びに個々の使用者との間で、さらに低い賃金での横断的協約や企業協約を締結した[103]。以上のように、一応「協約開放（tarifdisipositiv）」規定に基づく労働協約が締結されたが、いくつかの重要な法律問題が提起されている点には触れておく必要があろう。第一に、協約能力の有無である。これが肯定されるには対抗力を備えていなければならない。DGBの協約共同体においては、派遣労働者の数は少ないとはいえ、対抗力を具備しており、派遣先の労働組合がボイコットなどの争議手段を行使できるので、協約能力を肯定し得る。問題なのはキリスト教労働組合であり、構成員も少なく、また対抗力にも疑問が呈され、協約能力がないとの主張が有力である[104]。第二に、均等処遇原則を免れるには協約に拘束されている必要があり、派遣会社が生き残るには、協約当事者の団体へ間接的とはいえ加入を強制されるが、これは消極的団結権に反するのではないかと指摘されている[105]。

（2）低賃金労働・起業の促進

103　Vgl., P.Martin/B.Hersfeld, Tarifverträge in der Leiharbeit（Übersicht）, AuR 2004, S.247ff.

104　Vgl., P.Schüren/B.Riedler von Paar, Risiken nichtiger Tarifverträge in der Leiharbeit, AuR 2004, S.241ff.

166 第2章 労働市場法改革の動向

ミニジョブ・ミディジョブとの低賃金労働の促進によって、失業者を減らす方向が明確となった。上記のように、ミニジョブは拡大されたが、これは使用者にとっては歓迎すべきものである。期待された通り、ミニジョブは大きく増加している。他方、社会保険料や税金の軽減は、いわば国家的に補助された労働となるし、また単に低賃金だけではなく、高齢になっても十分な年金が受給できないとの問題もある。さらに、起業の促進によって労働者と自営業者の区別との問題も生じる。

（3）失業給付の厳格化

失業給付が厳格化される方向も明確になった。具体的には、期待可能性の強化、証明責任の転換、そして失業手当の支給停止が挙げられる。こうした措置の目的は、失業からの脱却を促すこととともに、失業関連費用の削減である。ハルツ報告では、失業手当、失業扶助手当そして社会扶助手当の整理が掲げられていたが、これは、第三次・第四次法で実現されることになった。

（4）若年者・中高齢者対策

本節では取り上げなかったが、若年者対策としては、雇用局は、すべての若年者に対して、労働市場の需要にかなった実習や職業訓練機会を提供する義務を負う。また追加的な訓練機会を提供する場合、「職業訓練クーポン券」を活用する（社会法典第三編77条3項）。中高齢者対策としては、合理的理由がなくても期間の定めを付し得る場合として、年齢を52歳に引き下げた。また、50歳を超えた労働者であって、社会保険加入義務のある職を受け入れ、あるいは失業を回避した場合、失業手当請求権を有し、かつなお180日以上請求し得るとき、差額の50％の補填を受けうる。これは、従来よりも低い賃金しかもらえない職であっても、魅了的にするためである。なお、55歳以上の失業者に対しては早期退職を促すために、失業者は求職活動をやめる代わりに、失業手当よりも25％低い手当と社会保険料相当額を支給される「ブリッジシステム」は、年金改革に逆行するとして法案から削除された。

（5）職業紹介の効率化

職業紹介の効率化促進のためにいくつかの措置が講じられた。具体的には、組織改革と職業紹介機能の効率化が挙げられる。前者は、PSAの設置、民

---

105 P.Schüren（Hrsg.）, Arbeitnehmerüberlassungsgesetz, 2.Aufl., Beck, 2003, S.529（Schüren）; Rieble/Klebeck, a.a.O.（Fn.42）, S.28f.

間委託などであり、後者は、雇用局への迅速な届出義務である。さらに、職業訓練促進措置の簡素化も挙げられる。なお、仲介担当官に「成功報酬」（1,000～2,500ユーロ）を与えることで、職業紹介を促進する措置も導入された（社会法典第3編421g条）。

ハルツ報告において「核心（Herzstück）」と位置づけられたPSAは、労働者派遣を通じて就労へとつなげる施策であり、失業者と企業間とのコンタクトの支援との意味での「接着効果」が期待されている。そこでは、解雇制限法の厳格な規制を回避できるので、迅速な職業生活への参入が期待される。他方、締結された協約において、PSAを通じて仲介された派遣労働者、特に長期失業者に対する特別の賃金減額をほとんど規定していないため、協約当事者はこれに歯止めをかけたとされる。またPSAは、派遣会社とは異なり、派遣先企業への就職を目的とするが、両者が対象とする人材は重なりあうところがあり、相乗効果ではなく、排他的ないし代替的効果が生じているとの指摘もなされている[106]。ヨーロッパ経済調査センターが実施した包括的なアンケートによると、85％の派遣会社は、労働者派遣法の規定改正と労働協約締結の結果、人件費が高騰し、約70％の派遣会社は、売上が減少したと回答している[107]。

なお、03年4月から10月の半年間で、35,500人の失業者がPSAに雇用され、その内、社会保険加入義務のある仕事に就いたのは47.4％である。「接着効果」（PSAの仲介による派遣先への就職）は、25.1％であり、11.0％は派遣会社への移行、独力による（再）就職は11.3％となっている[108]。

（6）「要請」への重点の移行

ハルツ第一次及び第二次法ではさまざまな制度が導入されたが、「支援と要請」の中では、これまでになく労働者への「要請」が強いのが特徴である。また、労働者派遣法改正など十分な検討を経ていない内容もある点も指摘でき、拙速すぎるとの批判も加えられよう。

---

106 Weyand/Dilwell, a.a.O.(Fn.63), S.68.

107 Vgl., Jahresgutachten 2004/2005, S.238.

108 E.J.Jahn/A.Wündsheimer, Erste Erfolge zeichnen sich ab, IAB-Kurzbericht Nr.2/15.1.2004, S.2f.

Ⅵ　第二次シュレーダー政権の労働市場政策（2）

一　さらなる改革の背景

　ドイツの経済・財政は深刻な状況であり、第二次シュレーダー政権は、失業問題だけではなく、景気浮揚政策、税財政改革、社会保険制度改革など抜本的な改革が求められた。すなわち、景気低迷の下で、失業者の増加、税収入の減少、投資・消費の減少、連邦・州・自治体の債務増加が深刻化している。また少子高齢化が進行する中で、社会保険制度をどのように機能させるのかも喫緊の課題となった。本節と関係する労働市場改革に関連した点に絞って論じると、失業者は02年12月に422万人に達し、前年比26万人増となった。このため野党からは労働市場政策の失敗と厳しく批判され、またゲルスタアー連邦雇用庁理事長は、景気の低迷と賃金外コストの高さとの構造的要因を指摘した。さらに、シュレーダー首相の地元であり、連邦首相になるまで州首相を務めたニーダーザクセン州の議会選挙（03年1月）でSPDが敗北を喫し、政権をCDU/FDPに明け渡すことになった。ヘッセン州議会選挙でも前回に続き敗北し、連邦参議院で野党の優位がより鮮明化した。

　こうした厳しい情勢の下でクレメント経済労働大臣は、上記二法律成立後、失業との闘いを最優先課題とする意向を示し、閉店法改正とともに、解雇制限法改正に着手する意向を示した。具体的には、①非適用事業所の従業員数を引き上げる、②整理解雇における「社会的選択」基準を勤続年数、年齢、そして扶養義務に限定したうえで、さらに当該企業の年齢構成全体を考慮に入れる、③労働者は和解金と継続雇用の訴えのいずれかを選択できるなどであった。この改正案に対して、労働組合は強く反対し、他方、経済界からは歓迎された。シュレーダー首相は、「使用者側が採用増を保障すること」などの条件を付けたうえで解雇制限法の緩和に賛成し、「アジェンダ2010」に盛り込まれた[109]。

　次に述べるように、「アジェンダ2010」は大きな政策転換であるので、シュレーダー首相は、「雇用のための同盟」を開催して労使の理解を得ようと

109　Vgl., Berliner Bericht, AuR 2003, S.107ff.

し、3月2日に開催されたが、解雇制限法や失業手当等の改正に関して労使の溝が深く、なんらの成果も得られずに終わった。このため、3月14日、労使の合意を得ないまま、施政方針演説において「アジェンダ2010」が提案された。

二 「アジェンダ2010」の提案〜03年3月14日の連邦議会での施政方針演説〜

「アジェンダ2010」は、労働市場改革、社会（保険）制度（Sozialsystem）の再構築、そして経済発展のための包括的なプログラムである。その目的は、ドイツの経済的ダイナミックスを短期的中期的に強化すること、職場を創出すること、そして社会（保険）制度を長期的に維持し、かつ賃金付加コストを下げるために、それを現代化することである。取り上げられている領域は、①労働市場・労働法（解雇制限法改正、失業手当受給期間の短縮、失業扶助と社会扶助の統合、「新しい雇用局」、構造的に劣っている地域に対する労働市場政策）、②社会保険制度（健康保険制度改正、予防法律〈健康予防〉（Präventionsgesetz〈Gesundheitsvorsorge〉）、年金保険）、③経済（新たな手工業法、中規模企業への支援）、④財政（税制改革・補助金削減、再建のための信用銀行の投資プログラム、自治体財政改革）、⑤教育、職業訓練、そしてイノベーション（積極的な職業訓練、学校教育の改革、研究予算の増加・重点化、早期幼児保育等の促進）と多様である。ここでは、本節と関連し、かつ「改革アジェンダの核心（das Herzstück unserer Reform-Agenda)」たる「労働と経済」に関わる各界の反応を紹介しておこう[110]。経済界は、市場改革の断行を強く期待していただけに、解雇制限法の改正などが不十分であると不満を表明し、また手工業連盟は、伝統的な職人養成制度を規制する手工業法改正によってマイスター制度の質が低下することを危惧する。最大野党CDU/CSUも解雇制限法の緩和は不十分とする一方で、55歳以上の失業者の失業手当受給期間の短縮（18ヵ月）については、中高齢者の保護に欠けるとして反対しており、労組と同一の立場に立つ。厳しく批判するのは、DGBである。特に労働の領域では、解雇制限法改正、失業手当受給期間の短縮、そして失業手当受給に関する期待可能性の強化に強く反対している。5月8日には、「アジェンダ2010」に

110　海外労働時報2003年6月号21頁以下参照。

170 第2章 労働市場法改革の動向

対する対策（「逆転への勇気～成長、雇用そして社会的正義のために～〈Mut zum Umsteuern - Für Wachstum, Beschäftigung und soziale Gerechtigkeit〉」）を、シュレーダー首相に提出した[111]。与党内においても反対論があり、SPDは、急遽、6月1日に臨時党大会を開催して「変化への勇気（Mut zur Veränderung)」との提案を行った。そこでは、経済的社会的状況の困難さ（大量失業、社会保障制度の構造的問題、税収入の減少、投資と消費の大幅な減少、連邦・州・自治体の債務増加）、少子高齢化社会の到来、そして国際競争の激化を指摘した上で、SPDの基本的価値（自由、正義、連帯）に基づく政策の具体的目的が問われており、とりわけ「社会的正義」がどのような内容を有するのかを新たに決定することが重要であると強調する。そして連邦政府は、こうした立場から、「将来に向かって我々の進むべき道：アジェンダ2010（Weg in die Zukunft: Agenda 2010)」を「新たな挑戦」として提案したとし、「アジェンダ2010」の内容を詳細に説明する。これは、90％の代議員の圧倒的支持を得て承認され、シュレーダー首相は大きな危機を乗り切ったといえる。他方、Bündnis 90/die Grünen も特別党大会を開催し（6月14日・15日）、執行部提案は、代議員の過半数の承認を得た。

　こうした経緯をたどり、6月18日、解雇制限法と社会法典第3編等の改正を内容とする労働市場改革法案（Entwurf eines Gesetzes zu Reformen am Arbeitsmarkt)、及びマイスター制度を改める手工業法改正案、パートタイム・有期労働契約法改正案等の議会提出が閣議決定され、また8月13日には、連邦雇用庁の再編を内容とする第三次ハルツ法案（「労働市場における現代的サービスのための第三次法案〈Entwurf eines 3. Gesetzes für moderne Dienstleistungen am Arbeitsmarkt〉」）、及び失業扶助と社会扶助の一部を統合する第四次ハルツ法案（「労働市場における現代的サービスのための第四次法案〈Entwurf eines 4. Gesetzes für moderne Dienstleistungen am Arbeitsmarkt〉」）が閣議決定され、それぞれ議会に提出された。連邦参議院の同意を要しない労働市場改革法案は9月26日、第三次ハルツ法案は10月17日に連邦議会において可決成立するが、連邦参議院の同意を要するその他の法律とともに、両院協議会（Vermittlungsausschuss）の下で調整・修正が図られ、最終的にす

111　Soziale Sicherheit 5/2003, S.146ff. 海外労働時報2003年8月号25頁以下参照。

べての法案は、12月19日に成立した。以下、労働市場改革法とハルツ第四次法を中心に主要な内容を紹介しておこう。

三　労働市場改革法

1　解雇制限法の改正

　第一次シュレーダー政権は、コール政権下で緩和された解雇制限法を元に戻したが、再び同じ方向での緩和がなされた。

　提案理由によると、解雇保護は「社会的市場経済の本質部分」に属するとする。すなわち、不当ないし恣意的な職場喪失からの保護は、労働者及びその家族の生存保障との意義を有すると同時に、労働者は企業の利害へと動機付けられ、かつ関与して尽力するための前提でもある。そしてこのことは、使用者の利益にも通じる以上、「その本質的部分」は維持されなければならないと指摘したうえで、「改正は、現行解雇制限法が運用されにくく、厳格な規制が採用の障害として現れているところで必要となる」。要するに、「透明性と法的安定性を高め、かくて新規採用の障害を除去する」ことを目的として改正される[112]。具体的には以下の通りである。

（1）非適用事業所の拡大（23条）

　99年の再改正以降、解雇制限法は、職業訓練生を除いて5人以下の事業所には適用されず、またパートタイマーは、週労働時間20時間未満では0.5人、20時間以上30時間未満では0.75人とカウントされていた（旧1項）。改正案は、改正法施行後に雇用される有期労働契約の労働者は、当該事業所の雇用労働者にカウントしない、すなわち5人以下の事業所が、有期雇用で労働者を雇入れた場合でも、将来的に解雇制限法の適用を受けないとの内容であった。ただし、施行後5年間（2008年12月31日まで）とする。これは、小規模事業主による新規雇用の決定を軽減するために、法律の適用をより柔軟にすることを目的とする。すなわち従来、一時的雇用を必要とする場合でも、新規採用ではなく超過労働や請負に依存していたが、これは解雇制限法の適用を回避するためであった。今後はこうした不都合をなくし、新規雇用増をめざすことが意図された。連邦議会では、有期雇用労働者の人数の上限を5人に制

112　Vgl., Begründung zum Gesetzentwurf, BT-Drs.15/1204, S.1 und S.8.

限する修正をした上で可決・成立したが、他の法律改正案とともに両院協議
会に委ねられ、最終的に以下のようになった（2項〜4項）。解雇制限法は、
訓練生を除いた労働者5人以下の事業所には適用されず、11人以上の事業所
には適用される。6人から10人の事業所については、03年12月31日までに雇
用されていた労働者には適用があるが、04年1月1日以降雇用される労働者
には適用されない（パートタイマーの算定方法は従来通りである）。新規採用者
は6ヵ月経過後に解雇制限法が適用されるが（1条1項）、同年12月31日ま
でにこの待機期間を充たしていない労働者に関しても、10人までの事業所で
あれば、その適用がある[113]。

　修正前と比較すると、6人以上の事業所について有期雇用労働者に限って
5人まで（当初案では上限なし）に適用がないとして、有期雇用労働者に着
目した雇用創出効果が期待されていたが、修正後は、期間の定めの有無を問
わないことになる一方で、6人から10人までの新規雇用労働者に限って適用
しないことになり、ここでの雇用創出効果が想定されている。なお、修正前
に付されていた施行後5年間との期限もなくなった。

（2）整理解雇

　整理解雇に関する規定は3点改正されたが、コール政権下での改正内容と
ほぼ同一である。まず対象者の「社会的選択」に関してである。改正前には、
「使用者は、労働者の選択にあたって、社会的観点を考慮しない、あるいは
十分に考慮しない場合」、当該整理解雇は社会的に不当であると規定されて
いたが、当初改正案では、96年改正規定同様、勤続年数、年齢そして扶養義
務の3点に限定され、さらなる修正の結果、重度障害における従来の保護を
維持すべきであるとの理由で「重度障害（Schwerbehinderung）」が加えられ
て[114]（9月26日の連邦議会）、4点になった（1条3項1文）。立法趣旨は、透
明性を高め、予測可能性を確保するためである。ただし、「その継続雇用が、
とりわけ知識、能力そして能率ゆえに、あるいは事業所のバランスのとれた

113　なお、解雇保護法が適用されない事業所の労働者に対しても、一般的な確認の訴において解
　　雇無効を求める場合、後述する4条〜7条で規定されている提訴期間の制限は適用される（23条
　　1項参照）。
114　解雇制限法改正案を審議した経済・労働委員会の決議勧告と報告（Beschlussempfehlung
　　und Bericht des Ausschusses für Wirtschaft und Arbeit（9.Auschuss), BT-Drs.15/1587）参照。

人事構成を確保するために、正当な経営上の利益がある」労働者は除外し得る（同2文）。改正前は、「経営技術上、経済的あるいはその他の正当な経営上の必要性が、一人あるいは複数の労働者の継続雇用の前提条件となっており、それでもって社会的観点の選択に対立する場合」には「労働者の選択における社会的観点」は適用されないとなっていた。今回の改正では、コール政権下での改正と同じ文言が用いられており、「正当な経営上の利益」さえ存すれば[115]、使用者は、当該労働者を整理解雇の対象から除外することができる。改正前の文言はやや抽象的であり、「実務上、この規定の適用をめぐって、しばしば不明確な状況が蔓延し」、能力のある労働者が保護の必要性が低いとして解雇されることがあったという。このため、整理解雇の対象から除外できる労働者の範囲を具体化し、またバランスのとれた人事構成を考慮して、特に若年労働者に不利にならない取扱いを認めることによって、「社会的観点よりも経営上の必要性をより強く強調し」、「事業所の業績能力（Leistungsfähigkeit）を維持する」ことがめざされている[116]。

　第二に、上記1条3項1文の社会的観点に関して、労働協約、事業所協定等において、その相互関係をどのようにして評価されるかが規定されている場合、重大な過失がある場合を除いて、その評価は審査されない。旧規定では、相互関係のみならず、どの社会的観点が考慮されるかも定められていたが、上記の4つに限定されて不要になったので、これが削除された（1条4項）。

　第三に、事業所組織法111条による事業所の組織変更（Betriebsänderung）に基づく解雇に関して、使用者と従業員代表委員会との間での利益調整（Interessenausgleich）を経て被解雇者として名前が挙げられた場合、当該解雇は「急迫した事業上の事由」に該当すると推定される（1条5項2文）。当該労働者が「社会的選択」に基づき正当に決定されたかどうかについては、重大な過失がある場合にのみ審査される（同3文）。ただし、利益調整の協定成立後の事情が本質的に変更された場合には、2文及び3文の規定は適用

115　改正後の条文では、「とりわけ」との文言が用いられているので、「知識、能力、能率」は例示であり、「正当な経営上の利益」に焦点がある。Vgl., B.Schiefer/W.Worzalle, Neues-altes-Kündigungsrecht, NZA 2004, S.348.

116　Begründung zum Gesetzentwurf, BT-Drs.15/1204, S.11u.S.16.

174　第2章　労働市場法改革の動向

されない。立法趣旨は、多数の労働者の解雇の場合、「社会的選択」の判断がとりわけ困難であるので、推定と審査の制限によって、法的安定性を増すことである[117]。なお、この規定は96年改正において設けられ、98年に廃止されたが、復活した。ただし、事業所組織法改正によって、適用範囲は拡大した。すなわち、事業所組織法111条は20人以上の「事業所」にのみ適用されていたが、「企業（Unternehmen）」にも適用されることになったので、20人未満の事業所でも適用される場合があることになった[118]。

　第四に、整理解雇の場合、補償金（Abfindung）あるいは継続雇用の訴のいずれかの選択権が労働者に与えられる（1a条）[119]。この規定は、コール政権下での旧規定にはなく、今回新設された。具体的には、整理解雇によって解雇された労働者が、提訴期間内（書面による解約告知到達後3週間以内〈4条1項〉）に解雇無効の訴を起こさない場合、労働者は、解約告知期間経過後、補償請求権（勤続1年につき0.5ヵ月分。6ヵ月を超えると1年に切り上げる〈1a条2項〉。）を有する。ただし使用者が、解約告知において、当該解雇が切迫した経営上の必要性に基づき、かつ労働者が提訴期間経過後補償を請求し得ると書面によって提示することを要する。解雇制限法上の整理解雇の要件を実際に充足しているかどうかは問題ではない[120]。現行規定でも補償金の支払によって労働関係を終了させる方法は存する。すなわち、裁判において解雇無効が確認され、かつ労働関係の継続が労働者に期待しがたい場合に労働者の請求によって、あるいは事業目的に資する、使用者と当該労働者との間の今後の共同作業が期待されえないとの事由が存する場合には使用者の申出によって、裁判所は相当な補償金の支払を命じ得る（9条）。それにもかかわらずこうした規定が新設されたのは、「簡潔、効率的かつ有利なコストでの、裁判前の労働関係終了の表明が労働契約当事者に提供される」点が挙げられ

117　Ebenda.

118　M.Löwisch, Neuregelungen des Kündigungs-und Befristungsrechts zu Reformen am Arbeitsmarkt, BB 2004, S.156.

119　高橋賢司「ドイツ法における解雇の補償」労働者の権利258号（2005年）81頁以下、同「蘇る解雇の自由（一）——ドイツ法における解雇規制の新しい動向」立正法学論集38巻2号（2005年）215頁以下参照。

120　P.Bader, Das Gesetz zu Reformen am Arbeitsmarkt: Neues im Kündigunsgschutzgesetz und im Befristungsrecht, NZA 2004, S.65.

る[121]。この規定が盛り込まれたのは、解雇訴訟の現実として、和解金で終了するケースが多い点が指摘されている。そしてそのメリットとして、①労働者は、補償金を得るために解雇訴訟を起こす必要がない、②法律上規定されると、相当な補償金がもらえないとの危惧が解消される、③使用者は、解雇による危険（賃金の事後支払、裁判費用等）を回避できるなどが挙げられる[122]。

（3）提訴期間

　使用者による解雇通告後3週間以内に労働者は提訴しなければならないとの提訴期間の制限は、現行規定では①「社会的に不当な」解雇（4条）、②非常解雇（13条1項）、及び③破産管財人（Insolvenzverwalter）による解雇（破産法113条2項）にのみ適用されていたが、「他の理由から無効な場合（aus anderen Gründen rechtsunwirksam）」との文言が追加された（4条1文）。これは、コール政権下での改正ではなかった点である。このため、解雇制限法だけではなく、法律禁止規定違反（BGB134条）、公序良俗違反（BGB138条）、母性保護規定違反（母性保護法9条）、従業員代表委員会への聴聞懈怠（事業所組織法102条1項）などにも提訴期間の制限がなされることになった。その趣旨は、解雇によって労働関係が終了したかどうかを迅速に明確化するために、すべての無効事由の主張に対して統一的な提訴期間の導入が不可欠なためである[123]。ただし、当該事情の下で労働者に期待され得るあらゆる注意深さにもかかわらず、3週間以内の提訴を妨げられた場合には、裁判所に申請して許可を得て提訴できる。労働者が解雇規制の適用を解約告知から一定期間経過後に知った場合（例、告知当時、妊娠しているのを知らなかった場合）も同様である（5条1項3文）。

2　有期労働契約締結の簡易化

　有期労働契約を締結するには原則として合理的理由を要するが、上記のように、例外が拡大されてきた。今回は、企業設立後の4年間に限って、有期労働契約を何回でも更新できることになった。ただし、法律上の組織変更（企業分割、事業譲渡等）と関連した設立には適用されない（パートタイム・有

121　Begründung zum Gesetzentwurf, BT-Drs.15/1204, S.9.

122　Ebenda, S.9.

123　Ebenda, S.9.

176　第2章　労働市場法改革の動向

表3　失業手当受給期間

改正前		改正後	
保険加入期間（年齢）	受給期間	保険加入期間（年齢）	受給期間
12ヵ月以上	6ヵ月	12ヵ月以上	6ヵ月
16ヵ月以上	8ヵ月	16ヵ月以上	8ヵ月
20ヵ月以上	10ヵ月	20ヵ月以上	10ヵ月
24ヵ月以上	12ヵ月	24ヵ月以上	12ヵ月
28ヵ月以上（45歳以上）	14ヵ月		
32ヵ月以上（45歳以上）	16ヵ月	30ヵ月以上（55歳以上）	15ヵ月
36ヵ月以上（45歳以上）	18ヵ月	36ヵ月以上（55歳以上）	18ヵ月
40ヵ月以上（47歳以上）	20ヵ月		
44ヵ月以上（47歳以上）	22ヵ月		
48ヵ月以上（52歳以上）	24ヵ月		
52ヵ月以上（52歳以上）	26ヵ月		
56ヵ月以上（57歳以上）	28ヵ月		
60ヵ月以上（57歳以上）	30ヵ月		
64ヵ月以上（57歳以上）	32ヵ月		

期労働契約法 2a 条）。

3　失業給付

　失業中の生活保障の手厚さはドイツの特徴の1つであったが、失業手当受
給期間が大幅に短縮された（表3参照）。現行規定では、45歳以上の失業者
は14ヵ月以上（保険加入期間28ヵ月以上）で、年齢に従い最長32ヵ月間受給し
得た。改正によって、55歳未満の失業者は最長12ヵ月、55歳以上は最長18ヵ
月となった。立法趣旨は以下の通りである。①拠出金が労使双方にとってか
なりの負担となっており、特に労働集約型産業においては、これを軽減する
ことによって雇用創出効果が生じる。②12ヵ月を超える受給は、労働者及び
使用者双方に否定的な刺激（例、安易な失業、失業脱却意欲の喪失、早期年金
受給）を与える。③新規制によって、中期的に見て就労を促進する効果をも

つ[124]。

四　ハルツ第三次法

　ハルツ第三次法の主要点は、連邦雇用庁（Bundesanstalt für Arbeit）のサービス提供能力を高め、かつ顧客本位のサービス提供機関に再編成することである[125]。再編成過程を視覚的にするために名称は、「連邦雇用エージェンシー（Bundesagentur für Arbeit）」に変更され、組織編制を改編して結果責任が強化された。地方の「雇用局（Arbeitsamt）」も「雇用エージェンシー（Agentur für Arbeit）」と名称が変更された。そのほかの改正点は、①失業保険受給権の要件等の簡素化、②雇用調整措置と構造調整措置との統合（前者を特に失業率が高い地域及び職業に重点化した上での促進など、労働市場政策のための手段投入の簡素化）、③中高齢者の就労保障を拡大し、また若年者就労の潜在性を開拓する新たな措置などである。

五　ハルツ第四次法
1　経緯

　第四次法の主たる改正内容は、失業扶助と社会扶助の一部の統合である[126]。失業扶助は社会法典第３編において定められ、失業手当受給期間が終了した失業者、あるいは失業手当受給の資格期間を充たしていない失業者が受給する手当であり、税金を財源とし、実施主体は雇用局である。そして「困窮している（bedürftig）」ことが要件（の１つ）であり、給付額は失業前の賃金の53％ないし57％（子どもがいる場合）に二分されている。すなわち、失業状態にある者に対する「事後の報酬補償給付（nachrangige Entgeltersatzleistung）」[127]としての性格を有する。他方、連邦社会扶助法

124　Ebenda, S.11u.S.16.

125　Vgl., Begründung zum Entwurf, BT-Drs.15/1515, s.1ff.

126　失業扶助制度の基礎は、1918年の失業配慮に関する命令（die Verordnung über die Erwerbslosenfürsorge vom 13.November 1918）であり、稼得能力のある要支援者に対して、特別な形態の扶助が作り出された。失業扶助との言葉は、第二次大戦後、職業紹介と失業保険に関する法律の改正・補充法（Gesetz zur Änderung und Ergänzung des Gesetz）において初めて使われた。その後、同法は1997年に大幅に改正されて、社会法典第３編に編入された。連邦社会扶助法（Bundessozialhilfegesetz vom 1.Juli.1962）は、1962年に制定された。

127　Wissing usw, a.a.O.(Fn.8), S.1464（Krauß）.

（Bundessozialhilfegesetz）で定められた社会扶助は、日本の生活保護に相当し、失業の有無を問わず「困窮している」場合に支給され、税金を財源とする点では失業扶助と同一であるが、実施主体は自治体（社会局）である。基準給付額は定められているが、子どもの人数などによって給付額は個々に異なる。両制度の受給要件は相違し、稼得能力ある者でも社会扶助手当を受給している場合が少なくなかった。このため、すでにハルツ報告において、稼得能力ある者に対する失業扶助と社会扶助の相互関係が「非効率、不透明、そして国民にやさしくない」との問題があると指摘されており[128]、ハルツ第四次法案理由書では、この点を詳細に論じている。制度設計にあたって重要な意義を有すると思われるので、やや詳しく紹介しておこう[129]。

　失業扶助手当は雇用局、そして社会扶助手当は社会局と実施主体は異なるが、いずれも税金を財源とし、また失業扶助手当の受給者と稼得能力ある社会扶助手当受給者とも、職がないがゆえに援助を必要とし、かつ（再）就職が主要な目的でもあるにもかかわらず、以下の諸点において異なっており、このため「非効率、行政上のむだ（金、手間、時間）を生じさせ（verwaltungsaufwendig）、さらに不透明である」とされる。すなわち、

①両実施主体による（再）就職のための措置のアプローチが異なり、両者間の調整も部分的であるのみならず、社会局では当該管轄地域での労働市場のみを対象にしている。

②労働市場への（再）参入のための諸措置が、必ずしも最大限個々人の支援の必要性に合致するように調整されていない。

③社会扶助手当は、いわゆる社会的文化的な最低限の生存の確保が目指されているのに対し、失業扶助手当は、失業直前の報酬が基準とされる。その結果、失業扶助手当の額が個々に異なり、約20万人の失業手当受給者が補足的に社会扶助手当も受けている。両制度間の水準の相違は、困窮度審査における所得と財産の上限、所得での異なった免除額、そして紹介職業の受け入れにおける期待可能性の相違によっている。

④社会保険に関して、失業扶助手当受給者は、年金、疾病そして介護保険の拠出金全部の約34％が補助されている。これに対して社会扶助手当受給者は、

128　Harz-Bericht, S.126.

129　Begründung zum Gesetzentwurf, BT-Drs.15/1516, S.42.

社会保険継続の場合、疾病保険と介護保険の拠出金すべてが支払われるが（任意の疾病保険についても相当な範囲で支払われる）、年金保険の拠出金は、例外的な場合にのみ考慮される。

⑤生計費のためのそれぞれの給付及び失業克服のための援助提供については、異なった実施主体が権限を有しており、このため、失業扶助手当は連邦財政、稼得能力ある失業者に対する社会扶助手当は自治体財政が負担するなど、膨大な金額になる。

⑥上記のことから多くの問題が生じている。例えば、両制度からの二重の受給者に対する（再）就職支援は、他方に委ねるようなことになり、怠られがちである。また、二重の申請手続きや所得審査など「国民に親切でなく、そして行政のむだを生じさせている」。

⑦雇用局、社会扶助の実施主体、そして委託された第三者間での、効果的な就労参入に不可欠なデータ交換は、データ保護法のため、これまで通常不可能ないし制限的にのみ可能であった。

⑧裁判所の管轄も異なり、失業扶助は社会裁判所、社会扶助は行政裁判所である。

こうした多くの問題があることは従来から理解されていたので、連邦政府は、両制度の統合を組織及び給付の観点から検討していた。具体的には、2000年に「雇用局及び社会扶助担当機関との共同作業を改善するための法律（Gesetz zur Verbesserung der Zusammenarbeit von Arbeitsämtern und Trägern der Sozialhilfe vom 20.11.2000)」が制定され、モデル事業（Modellvorhaben zur Verbesserung der Zusammenarbeit von Arbeitsämtern und Trägern der Sozialhilfe、略称 MoZArT）が実施され、重要な実務上のヒントが得られたという[130]。

以上のような検討を経て、ハルツ報告に基づく最後の法律である第四次法案が連邦議会に提出されたが、そこでは少なからぬ自治体で財政赤字に陥っている状況をも重視して[131]、両者を統合した「求職者のための基礎保障

130　Ebenda, S.43. 武田公子『ドイツ自治体の行財政改革』（法律文化社・2003年）175頁以下参照。

131　自治体の財政悪化の背景としては、受給者の増加が挙げられる。すなわち、失業扶助手当受給者は、1991年に40万人であったのが2002年には166万人へ、社会扶助手当は、同年200万人から270万人に増加している（Begründung zum Gesetzentwurf, BT-Drs.15/1516, S.42)。

180 第2章 労働市場法改革の動向

(Grundsicherung für Arbeitsuchende)」が「統一された1つの機関（eine einheitliche Trägerschaft)」の下で、新たな給付を行うこととされた。その中心的な目標は、「促進援助されていない就労（ungeförderne Beschfäftigung)への、受給者の参入の機会を改善する」、「とりわけ特別に強められた助言と支援、並びに～自治体の措置とは異なり、地域を越えて講じられる～積極的労働市場政策の諸措置への参加を通じて（参入の機会を）改善する」点に設定された[132]。なお、ハルツ第四次法案は、2002年3月27日に連邦政府によって召集された、「自治体財政改革委員会（Kommission zur Reform der Gemeindefinanzen)」勧告も考慮されている。同委員会の作業の中心は、営業税（Gewerbesteuer）の将来に関する検討のほか、失業扶助と社会扶助という、異なった移行制度（Transfersystem）の効率的な形態について検討することであった。このため、作業グループ「失業扶助／社会扶助」が設けられ、その報告書（03年4月17日）では、効率的な形態のためのいくつかのモデルが提案された。その中に記載されたデータの多くは、第四次法案作成の基礎とされた。また、03年12月19日、ハルツ第四次法と歩調を合わせて連邦社会扶助法の大幅な改正も可決され、社会法典第12編に組み込まれた（05年1月1日施行）。これは、行政の効率化とコスト削減を目指す内容を有するが、失業扶助と社会扶助の一部の統合に起因する内容も含まれている（就労援助に関する規定の削除、給付の画一化など）。

2　ハルツ第四次法案の目的

　法案の目的は、以下の5つであり、これは、上記作業グループ「失業扶助／社会扶助」の報告内容と一致している[133]。

（1）迅速かつ個々人に適した職業紹介、活性化された労働市場政策（schnelle und passgenaue Vermittlung in Arbeit, aktivierende Arbeitsmarktpolitik)

　生計維持のための金銭給付よりも、労働への参入のためのサービス給付が優先される。その際、節約と経済性の原則が考慮されるべきである。一般的な労働市場（「第一労働市場」）への参入がまずめざされ、これが不可能な場合に限って、特別の、公的に促進された労働市場（「第二労働市場」）への参

132　Begründung zum Gesetzentwurf, BT-Drs.15/1516, S.41.

133　Ebenda, S.44ff.

入となる。こうした目的を達成するために、ケースマネージメント（Fallmanagement）が中核的な手段となり、要支援者の具体的ニーズが把握され、それに基づき、積極的な共同作業の下での個別の紹介がなされるべきである。他方、紹介の受入が拒否された場合、一定の制裁措置が採られる。これによって、働いている者の得る所得が、働いていない者の得る給付よりも高くなるとの原則が確保される。

（2）ニーズに応じた失業の際の十分な金銭保障（Ausreichende materielle Sicherung bei Arbeitslosigkeit in Abhängigkeit vom Bedarf）

　法案は、各人がそれぞれのニーズ及び家族のニーズを満たす責任があるとの基本的考えに基づき、策定されている。したがって、国家が当該責任を引き受けて「人間の尊厳に値する生活」を保障するのは例外的な場合に限られる。また失業保険受給から基礎保障への移行にあたっての経済的困難を緩和するために、2年間に限定された追加支給（Zuschlag）がなされる。さらに、社会保険（疾病保険、介護保険、年金保険）拠出金への助成も実施される。

（3）地域公法人間での一方的な負担の移動の回避（Vermeidung einseitiger Lastenverschiebung zwischen den Gebietskörperschaften）

　連邦雇用エージェンシーないし連邦と地域公法人（州、自治体）との間での失業に関する費用が、それほど減じられずに移動させられるにすぎない事態を回避するために、求職者基礎保障について、その任務と財政に対する責任が統一されねばならない。連邦の委託を受けて、連邦雇用エージェンシーが基礎保障の実施主体となり、その支出の担当となる。連邦、州、自治体がそれぞれ費用を分担する。

（4）効率的かつ国民に優しい行政（Effizierte und bürgerfreundliche Verwaltung）

　雇用エージェンシー内に設置されたジョブセンターがすべての稼得能力ある要支援者に対する統一された開始機関（Anlaufstelle）となり（社会法典第3編9条1a項）、社会扶助を担当してきた地域の社会局と連携しつつ、任務を遂行する。さらに、要支援者の参入プロセスに関わる第三者も含めて、データの交換を行う。

（5）広範な合意（Breite Zustimmungsfähigkeit）

　失業扶助と稼得能力ある者に対する社会扶助の統合は、政党、諸団体そし

て州にまたがる合意においてのみ成功する。

3　内容

（1）支援と要請の原則

　改正案の基本的な考えは、要支援者自身に家族を含めた生計費確保の責任があり、公的な支援を求める前に資産処分などあらゆる可能性が尽くされねばならず（要請の原則）、これが尽くされた場合、国家の配慮として、労働への参入のための包括的な援助を受け得る（支援の原則）ということである。すなわち、「求職者のための基礎保障」は、「稼得能力を有する要支援者（erwerbsfähige Hilfebedürftigte）」とその家族の自己責任を強化して、基礎保障に依存せずに「自己の資力並びに独力（eigene Mitteln und Kräften）」でその生計を支えることをめざしつつ、労働への参入のために支援が必要な場合にはさまざまな措置が講じられ、その一環として生計のための一定の金銭給付がなされるとの枠組で構成されている。

（2）失業手当Ⅱ／社会手当の請求権を有する者

　失業手当Ⅱを請求し得るのは、①15歳以上65歳未満であって、②稼得能力を有し、③支援を必要とし、④ドイツ国内に居住している（gewöhnliche Aufenthalt）者である（社会法典第2編7条）。

　ここでは、要扶助性のみを支給要件にする社会扶助よりも失業扶助手当と比較するのが有意義であろう。失業扶助手当請求権を有するのは、①失業している、②雇用局に失業していることを申告・登録している、③受給資格期間（Anwartschaftszeit）[134]を充たさないため失業手当請求権を有しない、ないし失業手当の受給期間が終了した、④困窮している者である（社会法典第3編旧190条1項）。そして満65歳に達した者は請求権を有しない（旧2項）。年齢と居住性が明確化されたのを別にして大きな相違は、失業手当Ⅱでは、失業前まで職に就き失業手当の拠出金を支払っていた（③参照）との要件を充たす必要がなくなったことである。また雇用局（現、雇用エージェンシー）に失業登録している必要はないが、失業手当Ⅱの実施主体への申告は必要である（後記（7）参照）。

---

[134] 「受給資格期間」とは、失業保険に少なくとも12ヵ月加入していることである（123条）。この間、労使は、原則として拠出金を支払わねばならない。

第1節　ドイツ労働市場改革立法の動向と伝統的規制システムの変容　　183

　失業手当Ⅱにおける「稼得能力を有する」及び「支援を必要とする」との
要件自体は失業扶助手当でも前提とされていたが、それほど厳格ではなく、
失業扶助手当が報酬補填給付としての性格を有するため、困窮性については、
社会扶助と比べて「寛大（großzügig）」であり、実際に困窮しているかまで
は求められていなかった[135]。これに対して失業手当Ⅱでは、その内容が具体
化されている。まず「稼得能力を有する」とは、疾病あるいは障害によって、
現在ないし近い将来、一般的な労働市場の通常の状況下において、少なくと
も1日3時間働けない者を除いたすべての者であり（社会法典第2編8条1
項）、その決定にあたって、稼得能力を一時的に期待し得ないかどうか（例、
3歳以下の幼児の養育）は問題とならない[136]。具体的には、健康に関連した
労務給付能力並びに就労に対する法的制限の可能性が考慮される。6ヵ月以
内に健康上の障害がなくなる見込みがある場合にも稼得能力を有するとされ
る[137]。稼得能力を有しないと判断されると社会扶助の受給～その要件を充た
すことが前提である～となる。次に、「支援を必要とする」者とは、その生
計費、労働への参入、そして生計を共にする者（die mit ihm in einer
Bedarfsgemeinschft lebenden Personen）の生計費を、独力そして自己の財産
では全くないし十分に確保できず、また必要な援助を他の者、とりわけ親族
ないし他の社会給付の機関から得られない者である（9条1項）。生計を共
にする者がある場合、その者の収入と財産も考慮される（9条2項以下）。こ
の要件は、失業者が失業手当Ⅱを受給できるかどうかを実質的に決定するも
のであり、受給額とともに活発な議論が展開された。特に後述する期待可能
な就労の受け入れと並んで、収入ないし資産の活用が求められる。要支援の
判断にあたって考慮されるべき所得（11条）は社会扶助法、また考慮される
べき財産（12条）は失業扶助の従来の規定が基本的に参考にされて定められ

135　Spellbrink/Eicher, a.a.O.(Fn.56), S.903（Spellbrink）.

136　Bundesagentur für Arbeit, SGB Ⅱ（Stand: 1.September 2004), S.14. この定義は、「稼得能力
　　減少に基づく年金（Rente wegen Erwerbsminderung)」に関して規定した社会法典第6編43条
　　2項2文（「完全な稼得能力喪失（voll erwerbsmindert)」とは、「疾病あるいは障害ゆえに、予
　　測できない期間、一般的な労働市場の通常の条件下において毎日少なくとも3時間稼動できない
　　被保険者」）が参考にされた。

137　Begründung, BT-Drs.15/1516, S.52. なお、6ヵ月ないし26週間以内との基準は、連邦社会裁
　　判所判例に従ったものである（z.B.6.9.2001-B 5 RJ 44/00 R）。

た[138]。この要件に関する議論の中で、当初の法案に比べて認定を緩和する方向での修正がなされた。例えば、考慮されるべき財産から除外できるものとして、未成年の子どものための貯蓄の限度額が4,100ユーロまで認められた（12条2項1a）。

（3）期待可能性の強化

　紹介された就労の受け入れの期待可能性は、「要請」の原則を具体化したものであり、要支援者は、原則としてすべての就労が期待可能であるとされる（10条）。上述した失業手当Ⅰ受給者に対する期待可能性よりも厳しい。具体的には、①職業訓練を受け、あるいは実際に従事してきた過去の就労と一致しない、②要支援者に対して実施されている職業訓練に鑑みて価値が低いとみなされる、③以前の就労地ないし職業訓練地と比較して、居住地から就労地が離れている、④労働条件が以前よりも劣っている、以上のような就労であっても期待可能と判断される（10条2項）。これを拒否した場合には、下記制裁が加えられる。また労働参入のための措置（参入契約の締結等）を拒否した場合も同様である。ただし、①当該要支援者にとって、肉体上ないし精神上、一定の仕事をなし得ない、②当該就労が、従来主として行ってきたのを将来行うのを困難にする、③仕事が3歳未満の子どもの養育や家族の介護の支障となるなど重大な事由がある場合は別である（10条1項但書）。

（4）給付内容

　給付の種類としては、①サービス給付、とりわけ労働への参入のための情報、助言、そして個人的な対話パートナーを通じた包括的な支援、②要支援者とその生計を共にする者の生活確保のための金銭給付、③現物給付の3つがある。主たる内容を紹介しておこう。

（A）労働への参入のためのサービス給付

　これは就労促進策であり、雇用エージェンシーが、個々の要支援者とその世帯のための「対話パートナー（Ansprechpartner）」を指名し、支援を実施する（14条）。具体的には、75人の要支援者に1人の割合で「対話パートナー」＝ケースマネージャー（Fallmaneger）が付けられる。雇用エージェンシーは、自治体担当機関の了解の下で、要支援者との間で、労働への参入に

138　Begründung zum Gesetzentwurf, BT-Drs.15/1516, S.53.

必要な給付について契約する（「参入契約〈Eingliederungsvereinbarung〉」）。実際は、ケースマネージャーとの間で、6ヵ月間（ただし、経過措置で2006年末までは12ヵ月間、65条6項）の参入契約が締結され、ここでは、要支援者はどのようなサービスを受けるか、また労働への参入のためのどのような試みがどのような頻度で行われねばならないかなどが合意される（15条1項）。こうしたサービスは、支援必要性を回避ないし除去、短縮ないし減少させるために必要な場合に行われる。内容は、社会法典第2編、第3編等に挙げられている多様なものであるが、必要な場合には、個々のニーズに対応したサービス（例、未成年者や障害を有する子どもの世話、家庭での家族の介護、債務に関する助言、求職助言、子供の保育サービス）も含まれる（16条1項・2項）。25歳未満の者に対しては、基礎保障の申請後即時に、職業訓練や労働の機会を仲介する作業が開始される。近い将来、稼得行為に就くことが期待されない者については、（社会保険加入義務のある）労働の機会が創出される（16条3項1文）。これは、民間ないし公務部門での社会保険加入義務のある通常の労働が想定されている。他方、公益があり、かつ付加的労働の機会の創出との方法も想定されているが、それが労働創出措置として創り出されない場合には、「1ユーロジョブ」（時給）が作出され、失業手当Ⅱに加えて相当な補償金が支払われる（16条3項2文）。これは、「支出増（Mehraufwendungen）」の補填のためであり、失業者に労働への意欲を減退させないことなどが目的とされる。「1ユーロジョブ」は、社会保険加入義務を生じさせる労働関係ではないので、失業手当請求権を根拠づけない[139]。通常は、自治体ないし福祉団体によってこうした仕事が提供される。この制度は、旧社会扶助法19条及び20条で規定されており、失業者の労働への参入を容易にするために実施される。なお権限ある担当機関は、第三者が適切な施設やサービスを提供している場合、これを新設することはできず、委託する必要がある（17条）。さらに連邦雇用エージェンシーは、地域の機関と密接な関係をもって参入事業を進めていくことが求められる（18条）。

(B) 金銭給付

　これに属するのは、失業手当Ⅱ、社会手当（Sozialgeld）、就職手当、法律

139　J.Münder（Hrsg), a.a.O.(Fn.60), S.200（Niewald).

186　第2章　労働市場法改革の動向

表4　基準給付（失業手当Ⅱ・社会手当）

単身者・単身で子どもを養育している者　未成年のパートナーを有する者	満19歳以上のパートナー	満15歳以上19歳未満の子供	満15歳未満の子供
100%	90%	80%	60%
東ベルリンを含めた旧西ドイツの諸州			
345ユーロ	311ユーロ	276ユーロ	207ユーロ
旧東ドイツ諸州			
331ユーロ	298ユーロ	265ユーロ	199ユーロ

上の社会保険給付の拠出金等である。

　稼得能力ある要支援者は失業手当Ⅱを受給し、稼得能力ない者は社会扶助手当を受給するが、給付の水準は同一である。基準給付（Regelleistung）は、西ドイツ地域で345ユーロ、東ドイツ地域で331ユーロであり、子供の数と年齢、及びパートナーの有無に応じて加算される（表4参照）。また、失業手当Ⅱの受給者は、失業手当受給終了後2年間に限り、割増金（失業手当と失業手当Ⅱの差額の3分の2、ただし2年目はその半分）を支給される（24条）。社会手当は、生計を共にする者の内稼得能力を有しない構成員に対して給付される（28条）。具体的には、未成年の子どもや、部分的あるいは完全な稼得能力減少により期限付きで年金を受給している者などである。失業手当Ⅱ及び社会手当とも、給付期間に制限はなく、要件を満たしている限り給付される。その他、住居費、暖房費が支給され（22条）、さらに個々の事情に応じて、生計を維持するために必要な場合、割増手当等が支給される（21条、23条）。

　疾病保険、介護保険そして年金保険の拠出金は、失業保険Ⅱの受給期間中、全額助成される（26条）[140]。

（5）刺激策と制裁

　金銭的な面において、「自己のイニシアティブを支援し、自己責任を求め

140　稼得能力減少により永続的に年金を受給している者、及び満65歳に達した者には支給されない（17条1項）。

る」政策も採られている。第一に、就労を受け入れ、あるいは継続するための金銭的な刺激策として、期間が限定された就職手当金（Einstiegsgeld）の支払いが挙げられる。これは、要支援者が社会保険加入義務のある労働、あるいは自営業に就労する場合、24ヵ月を限度にして、ケースマネージャーが就労を促すに当たって必要であると判断すれば支給され、この点で支給するかどうかはその「裁量」に委ねられている（29条）。特に低賃金労働の受け入れに対する刺激策との目的を有する[141]。

　第二に、期待され得る就労ないし参入措置を拒否した場合、並びに自己のイニシアティブを欠く行為を行った場合に制裁（Sanktion）が課せられる。すなわち、「要請」の原則に基づき、まず自力で失業を脱する努力が求められ、またこの目的を達成するためのすべての措置に積極的に協力しなければならない。こうしたことから、義務に違反する行為がなされた場合、それについて重大な理由がない限り、制裁が加えられるのである（31条）。具体的には、稼得能力ある要支援者に対する忠告にもかかわらず、以下の行為がなされた場合である（同条1項）。①参入契約の締結を拒否する。②参入契約において取り決められた義務を履行しない、特に自己の努力を十分に証明しない。③期待され得る労働、職業訓練あるいは労働の機会（労働創出措置）を受け入れない、あるいは継続しない。④労働参入のために期待され得る措置を中断させ、あるいはそのきっかけを与えた（例、措置の進行を妨げる、措置の成果を危うくする、措置を継続することがそれを実施する担当機関には期待されがたい〈例、弁明できない欠勤の繰り返し、受講上の規則や事業場の規則の重大な無視〉）。これらの場合、制裁の第一段階において、24条に基づく割増手当（上記「金銭給付」参照）の支給中止とともに、基準給付の30％（約100ユーロ）が減じられる。第二段階として、義務違反が繰り返された場合、さらに30％減額される（同条3項）。減額及び給付停止の期間は3ヵ月であり、繰り返された場合、さらに3ヵ月延長される（同条6項）。

　次に、その担当機関に個人の事情を報告するために、あるいは医師ないし心理学上の診断の日程を決めるために出頭するようにとの要請に従わない場合には、24条に基づく割増手当の支給中止とともに、基準給付の10％が減額

141　J.Münder（Hrsg.）, a.a.O.（Fn.60）, S.312（Birk）.

される（同条2項）。これが繰り返された場合、さらに10％減額される（同条3項）[142]。

　なお、上記2つの制裁による減額が基準給付の30％を超える場合、権限ある機関は、相当の範囲において現物給付や金銭的価値のあるものの給付（例、食料品購入のための金券、賃貸人への賃貸料の直接支払い）をなし得る（同条3項）。

　そのほか、以下の場合にも同様の制裁が加えられる（同条4項）。①満18歳以上の者で、失業手当Ⅱを取得する、あるいは受給額を増やす目的で、その収入ないし財産を減らす。②法的効果について忠告を受けたにもかかわらず、その非経済的な態度（例、継続して不当に高い電話代や電気代を支出する）を改めない。③失業手当請求権の停止ないし消滅事由が発生し、それが停止ないし消滅している。④失業手当請求権の停止ないし消滅へとつながる停止期間（Sperrzeit）を生じさせる要件が満たされている。

　15歳以上25歳未満の者が義務違反を犯した場合（報告懈怠を除く）、金銭給付は一切行われない。ただし、住居費と暖房費については、通常、担当機関から直接、賃貸人に支払われる。また、上記補足的な現物支給や金銭的に価値あるものの給付は可能である（同条5項）。若年者に対してこうした厳しい制裁措置が定められたのは、若年者の失業克服に重点を置く政策と関連している。すなわち、25歳未満の要支援者が、基礎保障の給付を申請した場合、遅滞なく労働、職業訓練あるいは労働への機会が仲介されねばならず（3条2項）、また連邦政府は、失業している若年者の就労と資格取得に向けた特別プログラム（03年5月28日閣議決定）でもって、こうした政策を積極的に推進していくことを決めており、その反面としてより厳しい制裁措置が置かれたのである[143]。

　なお、社会手当についても、失業手当Ⅱに準じて、①法的効果の忠告を受けたにもかかわらず、その受給者が個人的事情を報告するようにとの要請、あるいは医師や心理学上の診断のために出頭するようにとの要請に従わなかった、②満18歳以上の者で、社会手当を取得する、あるいは手当額を増やす目的で、その収入ないし財産を減らす、③法的効果について忠告を受けたに

142　減額及び給付停止期間は、3ヵ月である（同条6項）。
143　Begründung zum Gesetzentwurf, BT-Drs.15/1516, S.61.

もかかわらず、その非経済的な態度（例、継続して不当に高い電話代や電気代を支出する）を改めない場合には、同様の制裁が課せられる（32条）。

（6）担当機関

第2編に定める各種の給付に関する担当機関は、連邦雇用エージェンシーと自治体の機関である（6条）。各地域において具体的給付の権限を有するのは、（各地域の）雇用エージェンシーと自治体の担当機関（der kommunale Träger）である（36条）。雇用エージェンシーは、特に労働への参入に関わるすべての給付（助言、紹介、雇用創出措置の促進、職業訓練・継続（再）職業訓練の促進）並びに生計保障のための給付に権限を有するのに対し、自治体の担当機関は、住居と暖房の給付、子供の養育のための給付、債務・求職助言、精神的支援、そして基準給付には含まれない一時的な必要に基づく給付に権限を有する（36条）。

このように2つの機関に権限分配されているが、注目すべきは「実験条項（Experimentieklausel）」が設けられ（6a条以下）、最大69の自治体の担当機関にすべての権限を委ねることが可能となった点である（05年1月1日開始）。これは、「求職者の基礎保障をさらに発展させる（die Weiterentwicklung der Grundsicherung für Arbeitsuchende)」との目的を有する。要するに、雇用エージェンシーと自治体担当機関との間での公正な競争の下で、いずれが効率的かつ効果的かを検証するためのものであり、自治体からの申請に基づき、05年1月1日から6年間の許可が与えられる。連邦経済労働省は、効果の調査を実施し、08年末までに連邦の立法機関（die gesetzgebenden Körperschaften des Bundes）に報告する（6c条）。こうした実験条項は、当初の法案にはなく、野党の提案により、最終的に両院協議会の勧告に基づく決議によって導入された制度である。

申請期限は04年9月15日であり、当初から決められていた各州での振り分け案を基本にして、連邦経済労働省は、以下の州の自治体を指名した。バーデン・ヴュルテンブルグ州5、バイエルン州4、ブランデンブルグ州5、ヘッセン州13、メルケンブルグ・フォアポメルン州1、ニーダーザクセン州13、ノルトライン・ヴェストファーレン州10、ラインラント・プファルツ州2、ザールラント州1、ザクセン6、ザクセン・アンハルト州5、シュレスビッヒ・ホルシュタイン州2、チューリンゲン州2。

190　第２章　労働市場法改革の動向

　なお、雇用エージェンシーと自治体の担当機関が統一的に任務を遂行するために、事務共同機関（Arbeitsgemeisnschaft）を設立することができる（44b条）。このため、労働法典第２編に定められた給付を行うための形態としては、①雇用エージェンシーと自治体担当機関とがそれぞれ分離して行う、②自治体担当機関が単独で行う、③事務共同機関が行うとの３つ存在することになる。2004年９月30日の時点で、大部分が③の形態を選択している（340自治体、①は31自治体）[144]。

（７）申請手続

　求職者のための基礎保障を受けようとする場合、担当機関（雇用エージェンシー及び自治体の担当機関）への申請が必要であり、申請前に給付がなされることはない（37条）。雇用エージェンシーは、求職者に稼得能力があり、かつ支援を必要としているかを決定する。稼得能力減少の判断において権限を有する自治体の担当機関、ないしその他の給付機関（Leistungsträger）が雇用エージェンシーと異なった見解を持つ場合には、調整委員会（Einigungsstelle）が決定する。その決定が下されるまで、雇用エージェンシー及び自治体の担当機関は、それぞれの給付を行う（44a条）。

（８）施行時期

　施行にあたって多くの経過措置が置かれ、段階的に行われるが、関心が高い求職者基礎保障は05年１月１日である（65条以下）。

六　小括

　以上、「アジェンダ2010」に基づく改革立法、及びハルツ第三次・第四次法の内容を紹介した。その内容は、大別すると、①解雇制限法等の規制緩和、②失業者を労働へ参入させるための「支援と要請」に関わる改正、③効率的な組織再編のための機構改革となる。

　以下、その内容を検討しておこう。

1　解雇制限法改正

　第一次シュレーダー政権発足直後に、コール政権下で緩和された解雇制限

144　Vgl., Jahresgutachten 2004/2005, S.230.

第1節　ドイツ労働市場改革立法の動向と伝統的規制システムの変容　　191

法（96年）がほぼ元に戻されたが（98年）、再度緩和された。上述したように、今回の改正の目的は、透明性と法的安定性を高めること、及び新規採用の障害の除去を目的とする。96年改正の目的として、企業の採用意欲を高めるには、解雇制限法に関して関係者の法的安定性を増し、特に小規模事業所の利益のためにも改正に着手する実務上の必要性を肯定するべきである点が強調されていた[145]。このように、非常に似通った目的を掲げているため、プライスは「アジェンダ2010は…『コール1996』である」と表現し[146]、またシーファー／ヴォアツァラは、96年改正法の注釈の大部分が再び取り出され得ると指摘する[147]。

（1）透明性・法的安定性

　従来から解雇制限法については、透明性と法的安定性が欠如していると批判されてきた。具体的には、多くの不明確な法概念（例、「社会的不当（sozial ungerechtfertigt)」、労働者の「行為（Verhalten)」、労働者の「人格（Person)」、「切迫した経営上の必要性」、「社会的観点」による選択、「経営上の必要性（betriebliche Bedürfnisse)」）が用いられ、広範な解釈に委ねられている。また連邦労働裁判所は、独自の一般条項（付加的な一般的利益考量、整理解雇における明確な非合理性あるいは恣意性、最後的手段の原則、特に疾病に基づく解雇における将来予測の原則[148]）を付け加えた。さらに、解雇制限法の対象とならない理由による解雇の場合（明確な法律上の解雇禁止、例、母性保護法違反、公序良俗違反）、判例上は「信義誠実の原則」が基準となっているが、ここでも不明確さを内包しており、また解雇制限法とは異なり、3週間の提訴期間の制限が適用されないため、失効（Verwirkung）するまで提訴され得る。以上のことから、「企業に対するこれらの法的不安定さの経済的影響は甚大である」と批判されていた[149]。

145　Begründung zum Gesetzentwurf, BT-Drs.13/4612, S.8.

146　U.Preis, Die Reform des Kündigungsschutzrechts, DB 2004, S.70.

147　B.Schiefer/M.Worzalla, Agenda 2010, Luchterhand, 2004, S.1.

148　「将来予測の原則」とは、「解雇は過去の非違行為に対する「制裁」としてなされるのではなく、過去の事情をもとに労働関係存続の『将来的な予測』ができない場合にはじめて正当化されるとの法原則」であり、その適用の代表的な事案が疾病の場合である。詳細は、根本到「解雇法理における『最終的手段の原則（ultima ratio Grundsatz)』と『将来予測の原則（Prognoseprinzip)』」学会誌94号（1999年）195頁以下参照。

149　M.Löwisch, Die Kündigungsrechtlichen Vorschlägen der "Agenda 2010", NZA 2003, S.689f.

192　第2章　労働市場法改革の動向

　OECDの調査は、解雇制限の厳格さと失業率の高さとの相関関係は確認され得ないと指摘している[150]。これに対して、レービッシュは、以下の調査等を引用して、「解雇保護の高い水準は、就業構造をかなり硬直させる」と主張する。①代表的なアンケート調査（Forsa〈Gesellschaft für Soziaforschung und statistische Analysen mbH〉.03年3月）によると（FAZ vom 14.3.2003）、145万の企業（50人未満）のうち14％が、過去5年間、解雇制限の規制を理由として、1回以上新規採用をあきらめた。そして、解雇制限がすべての労働者に適用されないならば、42％は追加採用を検討する。②ヨーロッパ委員会も同様の調査を発表しており、ドイツにおいて中小企業の多数は、解雇制限ゆえに、需要の高まりに対して、期間の定めなき雇用でもって対応するのに躊躇している。具体的には、約40％が解雇訴訟へのおそれ、そして14％が補償金へのおそれがその動機になっている。③5人から10人にまで非適用範囲が広げられた96年から98年にかけて、2万人の新規雇用があった、と。以上のことから、レービッシュは、「内部者（Insider）」はたしかに職場喪失から守られるが、「外部者（Outsider）」は職場の確保については少しのチャンスしかないし、またこれに応じて、解雇保護の程度の高い国ほど長期失業が顕著であると指摘する[151]。

　今回の改正は、こうした批判が考慮され、「透明性と法的安定性」を確保するための内容となっている。これは、従来の解雇制限法に批判的な論者からは歓迎されており、レービッシュは「正しい方向を目指している」と評価している[152]。しかし、問題は実際にこうした目的を実現するのに適した内容かである。

　①法案理由書では、「整理解雇における社会的選択は法的安定性の源泉である」として、3つの要素（労働者の勤続年数、年齢、扶養義務。最終的に重度障害を追加した四要素）に限定され、また事業所の組織変更において、使用者と事業所代表の間で利益調整の合意があり、かつ解雇される労働者の名前が挙げられれば、解雇は急迫した経営上の必要性に基づいていると推測され、労働裁判所は「重大な過失」がない限り、社会的選択に関し審査できな

150　OECD "Employment Outlook", Paris, Juni 1999.

151　M.Löwisch, a.a.O.（Fn.149）, S.690f.

152　Ebenda, S.691.

いとされた。これについては、学説上それほど批判はない。

②整理解雇における労働者からの補償金請求権については、両当事者に対して訴訟の危険性を回避させるとともにとコスト軽減を図り、使用者が新規採用しやすくなり、また労働裁判所の負担軽減を図ると説明されているが、実務上はほとんど実効性がないとの厳しい批判もある。具体的には、使用者が整理解雇において、労働者の同意を得て労働関係を解消しようとするのならば、個々の事情にあわせた清算契約（Abwicklungsvertrag）を提案するし、また逆に労働者もこの提案を行うことができ、この合意が成立しない場合に本条の適用が検討されるにすぎない。また労働者がこの制度を利用しようとしても、使用者側からの書面による整理解雇の意思表示が要件となっており、使用者の意向に左右される[153]、と。

③すべての解雇事由の訴訟期間を3週間に制限する規定については、「法実務に関して特に意義があ」り、「この法規制の実際上の影響は大きい」との評価がある一方[154]、解雇訴訟は、これまで3週間以内で提訴されるのが常であったので、たいした影響はないとされる[155]。しかし、早期に法的安定性がもたらされるとして評価する見解が多数である。

④以上のように、一部実効性に疑問が提起されている内容があるが、「透明性と法的安定性」自体からすると、今回の改正は評価できる。ただし、これが雇用の拡大につながるかについては即断できないであろう。というのは、「透明性と法的安定性」はあくまでも雇用拡大のための付随的要素にすぎないためである。

（2）非適用事業所の拡大

上記のように、紆余曲折を経て、04年1月1日以降の新規雇用労働者に関して、10人以下の事業所では解雇制限法が適用されないことになり、こうした小規模事業所での雇用拡大が図られることになった。引き上げの目的は、「小規模事業主が、新規雇用に有利な決定をしやすくする」点にある。バウ

---

153 Vgl., P.Bader, a.a.O.(Fn.120), S.70; U.Preis, a.a.O.(Fn.146), S.73; H.Buchner, Die Reform des Arbeitsmarktes-Was brauchen und was können wir?, DB 2003, S.1516. R.Buschmann, Neue alte Vorschriften-Vorwärts Kameraden, es geht zürück!, AuR 2004, S.3.

154 H-J.Willemesen/G.Annuß, Kündigungsschutz nach der Reform, NJW 2004, S.183f.

155 J-H.Bauer, Das Gesetz zu Reformen am Arbeitsmarkt-Reform oder nur Reförmchen?, NZA 2004, S.195.

194　第2章　労働市場法改革の動向

アー[156]やドイツ使用者団体[157]は、当然のことながら、今回の引下げでは不十分であると批判し、20人までの引き上げと適用待機期間（Wartezeit）を現行の6ヵ月（1条1項）から2年ないし3年にまで延長することを主張している。

（3）まとめ

　解雇制限の緩和がどの程度まで雇用拡大につながるかについては議論があり、第一次と第二次シュレーダー政権では、異なった判断を下したと考えられるが、そこではどの規定をどの程度緩和すれば雇用増につながるのかなどが十分に検証されたとは思われない。特に解雇制限法において重要な意味を持つのは、適用事業所の範囲である。98年改正の法案においては、解雇制限法非適用事業所を10人に引き上げても、雇用は意義のあるほど増えないと指摘されていた[158]。今回、再び緩和されたが、最終的に当初の法案と異なった内容となったのは妥協の産物といえ、これ自体、雇用との関係が明確でないことを示していよう。

2　失業手当と失業扶助手当の改正

（A）上記のように、失業手当に関わる改正において、就労への支援を強める一方で、失業手当給付期間の短縮、失業扶助手当と社会扶助手当の一部を統合した失業手当Ⅱの制度化、失業手当Ⅱの定額化、期待可能性の強化など

156　J.H.Bauer/J.Krieger, Kündigungsrecht Reformen 2004, Verlag Dr.Otto Schmidt, 2004, S.186.

157　Das Konzept der BDA für eine neue Arbeitsmarktverfassung, S.9.

158　IAB は、96年改正前（1995年3月～1996年3月）と改正後（1997年3月～1998年3月）の採用状況、並びに99年再改正前（1997年3月～1998年3月）と改正後（1998年3月～1999年3月）の離職の状況を検討した（西ドイツにおける従業員規模30人未満の事業所。5％の無作為抽出）。そこで明らかになったのは、解雇制限が緩和された後の方が採用減となり、他方、厳格化後、離職増となっている点である。短期間の比較との制約があるとはいえ、解雇制限と就業水準との関連は確認できないとする。ただし、「現行の解雇制限が労働市場の展開に全く無関係であることを意味しない」として、以下の2点も指摘する。第一に、規模の大きな企業は解雇制限がない場合にどのように行動するかは確認できない、第二に、解雇制限が就業構造を変える可能性がある、例えば、パートタイマーや有期雇用労働者、ミニジョブ従事者を増加させる中で、高生産性の就労関係を安定させることを重視する一方で、労働市場における弱い立場の労働者グループにしわ寄せする可能性がある。さらに、企業は柔軟な労働時間制を重視して景気の変動に対応しようし、この点で解雇制限と現行の労働時間の議論との関係が生じるとされる。T.K.Bauer/S.Bender/H.Bonin, Betriebe reagieren kaum auf Änderungen beim Kündigungsschutz, IAB-Kurzbericht, Nr.15, 18.10.2004, S.1ff.

が図られた。第一次シュレーダー政権発足後も失業者に厳しい制度改正は行われてきたが、今回はドラスチックな内容を有するだけに一連の労働市場法改革の中でも活発な議論を呼んだといえる。特に労働組合サイドから厳しい批判が加えられ、抗議行動が展開された。従来の制度は自己の資格や職業キャリアに適した職が見つかるまで最低限の生活が保障されていたが、失業脱却への意欲を低下させて長期失業者の増加につながったとの批判も加えられてきた。今回、これまで以上に就労への強制度を高めることで失業者を減らす政策に転換したといってよい。また従来の方法を継続することは財政的にも困難であるとの判断があった。しかし、「貧困に追いやる」などの批判が絶えず、「事後の改善（Nachbesserung）」が野党からも求められた。こうした中で、子供のための貯蓄の限度額を引き上げる改正などがなされた。

(B) 労働への参入サービスの諸給付に関しては肯定的な評価がなされるが、問題なのは金銭給付である。特に失業手当給付期間の短縮と失業手当Ⅱの制度化が重要であるが、ここでは後者について検討しておこう。

　まず「失業手当Ⅱ」との表現は「誤解を招く」といえよう。というのは、保険給付である失業手当とは異なり、「困窮」を基準とする社会給付であり、従来の社会扶助と関連した制度であるからである。また失業手当のように、失業前の報酬を基準として給付額が決められず（失業扶助手当の場合、失業前賃金の53％ないし57％であった）、基準給付額が定められている。したがって失業手当Ⅱは、「事後の賃金補填給付」との性格を有した失業扶助手当とも異なる新たな制度と考えられる[159]。

　次に、失業手当Ⅱ及び社会手当では、基準給付として金額が定額化されたが、これによって社会的文化的最低生活が保障されるのかが問われる。「生計費確保のための基準給付」には、「特に栄養、衣服、身体衛生（Körperpflege）、家財道具、日常生活の必需品、並びに是認できる範囲内での交際や文化的生活への参加」が含まれる（20条1項）。これによって、「社会的文化的な最低限の生存（das soziokulturelle Existenzminimum）」が確保されることになっている。追加の必要性がある場合（妊婦、未成年の子供を1人で養育している場合など、21条）には一定の割増額が支払われる。例外的に不可避の必要性が

159　U.Mayer, Arbeitslosengeld Ⅱ, AiB 2004, S.73.

ある場合には、現物支給、金銭支給そしてローンが実施される（23条1項）。こうした規定内容は、ハルツ第四次法とあわせて改正された社会扶助と同様であり、したがって原則として社会扶助との併給は認められない（5条2項）。これに関しては、「社会法典第2編による給付自体が貧困に強い（Armutsfest）、すなわち困窮をカバーする場合にのみ、こうしたラディカルな適用除外（併給禁止）は、（憲）法上疑問がない」と指摘され[160]、定額化がはたして最低生活を保障し得るかについて疑問が出されている[161]。

　改正後、失業扶助手当受給者の給付額がどのようになるかについて、DGBは、約200万人のうち、48％が減少し、27％が給付を失うと算定する。同一なのは9％、増えるのは16％である（2003年6月時点）。このように不利益となる者が多数となるのは、受給要件が厳しくなり、特にパートナーを有する場合、その収入が、給付額算定の基礎となる「所得」に以前よりも多く算入されるからである[162]。また最近の実証的な研究が注目を集めているが[163]、そこでは、98年に実施された連邦統計局による所得・消費に関する無作為抽出調査（Die Einkommens-und Verbrauchsstichprobe）を基礎にして、上記控除額等をも算定して失業扶助手当と失業手当Ⅱとの手取り収入を、家族形態別（単身者、単身で子供を養育する者、子供のいない夫婦、1人だけ子供のいる夫婦、複数子供のいる夫婦）で比較されている。失業手当Ⅱがまったくなくなるのは全体で24.8％（東ドイツ地域28.4％、西ドイツ地域22.3％）、減少するのは59.0％（同63.6％、同55.9％）と大多数が不利益を被るとされる。特にパートナーの所得も算入されるため、子供のいない夫婦の半数と子供のいる夫婦の3分の1が失業手当Ⅱを受給できなくなる。

　なお、失業手当Ⅱの受給者に対しては就労することが奨励されており、所得がある場合、一定額の減額はされるが、総収入は失業手当Ⅱの受給だけの場合よりも多くなる制度となっている。他方、社会扶助との併給は原則とし

160　J.Münder, Das SGB Ⅱ, NJW 2004, S.3210.

161　Ebenda, S.3212.

162　Vgl., http://www.fr-aktuell.de/uebersicht/alle_dossiers/politik_inland/wie_viel_staat_braucht_der_mensch/hartz_iv_ein_ueberblick/?client=fr&cnt=501792&src=141151〈2005.4.17〉.

163　J.Schulte, Aarbeitslosengeld Ⅱ und Arbeitslosenhilfe: Gewinner und Veilierer-Eine Schätzung der Netteinkommeneffekte von Hartz Ⅳ, Diskussionsbeiträge des Fachbereishs Wirtschaftswissenschaft der Freien Universität Berlin, Nr.2004/29.

て禁止されたので、この点では就労を強制する程度が高まったといえよう。

(C) 失業手当Ⅱでは、原則として社会保険加入義務のあるどの職でも期待可能であることになったが、職業資格を重視するドイツにおいてどの程度、機能するのかが注目される。また失業前の賃金額も基準とならなくなったが、その下限が問題となってこよう。

(D) 以上のように、労働への参入手段は強化される一方で、失業手当Ⅱの受給額が減額となる層が多い。いずれを重視するかで評価は異なるが[164]、「パラダイム転換 (Paradigmenwechsel)」[165]といえ、これも「実験的」性格を有し、2005年1月1日施行後の行方が注目される。

3 組織改革

　ハルツ法では、関連組織の効率化並びに能力向上化のためのさまざまな改革に取り組まれている。特に議論を呼んだのは、求職者基礎保障を担当する機関であった。03年12月、両院協議会を経て成立したハルツ第四次法で改正された社会法典第2編6a条では、自治体の担当業務に関して、連邦経済労働省の許可を得て、雇用エージェンシーの業務も担当できると定められ、「連邦法が詳細を規定する」となっていた。これを受けて、「社会法典第2編に従った自治体の担当機関選択に関する法律 (Gesetz zur optionalen Trägerschaft von Kommunen nach dem Zweiten Buch Sozialgesetzbuch)」(以下、「自治体の選択に関する法律 (Kommunales Optionsgesetz)」と略す) が04年3月に提案され、連邦議会では、与党の多数で4月に可決された。しかし、連邦参議院の同意を義務づけられる法案であるが、野党が多数を占めていたので否決され、両院協議会に付託された。そして、最終的に妥協が成立して7月に成立した。この法案の対立点は、求職者基礎保障に関する自治体への財政援助と自治体が単独で担当機関となった場合の位置づけであった。前者については連邦政府が援助額を増額することで合意が成立した。後者については、上記実験条項を定めることになった。当初案では、自治体が単独担当機関となった場合でも、連邦雇用エージェンシーの指揮を受ける機関委任

164　Jahresgutachten 2004/2005, S.234は、控除額の引上げも含めて「改善点」が多いとの評価をする。

165　Weyand/Düwell, a.a.O.(Fn.63), S.290.

（Organleihe）との地位であったのに自治体が反発し、その意向を受けた CDU/CSU は、中央集権的な運営となって地方の特殊性などが反映されないと批判し、「自治体の自己責任に基づく業務の遂行」を求める修正を要求した。最終的に69の自治体に限って完全な権限が付与されることになった。これが「実験条項」と呼ばれるのは、雇用エージェンシーが業務遂行に関わる場合と比較していずれが効率的かを競争させるためである。日本のように民間との競争ではなく、国の機関と自治体との間の競争であるが、そのあり方は類似しており、注目する必要がある。

Ⅶ　総括

一　要約

　第二次シュレーダー政権において、労働市場改革の法政策が大きく変更したことを詳細に検討してきた。まず、この内容を簡潔にまとめた上で、その総括を行いたい。

　大量失業克服には、雇用の維持・創出が重要であり、このためには法政策のみならず、労働条件決定システム、税財政、産業政策、関連組織など多様な分野での改革が必要であるが、本節で取り上げた労働市場改革立法については、ハルツ報告がその嚆矢となった。これに基づき、いわゆる一括法（Paketgesetz）であるハルツ第一次法から第四次法、また施政方針演説たる「アジェンダ2010」に基づく労働市場改革法も制定されて重要な法改正がなされた。

　まずハルツ第一次法では、雇用局（現在、雇用エージェンシー）に人材サービス機関（PSA）が創設されるとともに、労働者派遣法が大幅に改正された。人材サービス機関は、失業者の労働者派遣を通じて直接雇用につなげることを主たる目的にするが、派遣されない期間中は職業訓練が実施される。労働者派遣法改正によって、①有期労働契約の締結を反復するいわゆる連鎖労働契約の禁止（３条１項旧３号）、②有期労働契約の期間満了後、３ヵ月以内に再び労働契約を締結することの禁止（旧４号）、③派遣労働者の労働関係と派遣期間との一致の反復の禁止（旧５号）のそれぞれが撤廃された。さらに、同一派遣先への派遣期間の上限24ヵ月（旧６号）も廃止された。これらの改

正は、派遣労働を臨時的労働と位置づけたドイツ労働者派遣法の基本的骨格を変容させる内容を有している。他方、派遣先企業において同種の労働に従事する労働者との均等待遇原則が導入された点も重要である。改正前までは12ヵ月を超えた場合に限って適用されていたが、こうした制限はなくされた。これと異なった取扱をするには、労働協約によることになる。さらに就労促進策として、①労働関係終了を知った時点から遅滞なく雇用局（雇用エージェンシー）に求職を通知する必要があり、遅れると失業手当が減額されること、②職業紹介における期待可能性は徐々に強化されてきたが、これがさらに強化され、転居を伴う場合も期待可能となること、③職業訓練クーポン券の発行などによって継続（再）職業訓練を促進することなどが盛り込まれた。第二次ハルツ法では、「私株式会社」と「家族株式会社」が導入され、助成金の支給を通じて自営業者化を促進するとともに（ただし、7ヵ月後に起業への助成に変更）、従来の「些少労働」を「ミニジョブ・ミディジョブ」に再編してその拡大が図られた。さらに特に失業が深刻な若年者対策が強化された。ハルツ第三次法は、連邦雇用局（現在、連邦雇用エージェンシー）の改編・効率化が主たる目的であった。大きな反響を呼んだのはハルツ第四次法である。すなわち、失業扶助と社会扶助の一部を統合して、稼得能力ある失業者に対する基礎保障を制度化して失業手当Ⅱを新設するとともに、就労への支援を強めた。失業手当Ⅱは、従来の失業扶助手当のように失業前の賃金を基準として算定されず、基準手当として画一化された金額となり、その水準は同時に改正された社会扶助手当と同額に設定された。

　さらに労働市場改革法では、解雇制限法の規制が緩和され、96年改正と近似した内容となった。すなわち、「透明性と法的安定性」を高める改正とともに、非適用事業所の範囲が拡大された。ここでは、規制緩和すれば雇用が増加するとの立場にシュレーダー政権が転換した点が重要である。また有期労働契約の制限も緩和され、さらに失業手当Ⅰの給付期間が大幅に短縮された。

　こうした一連の改革の評価は、個々の制度のみならず全体を鳥瞰して慎重になされねばならず、一定程度の期間を要するであろう。ここではポイントなる点を指摘しておきたい。

　第一に、生活保障に重点を置いていた社会国家政策が変化した点である。

これは、失業手当Ⅰ給付の厳格化、給付期間の短縮、失業手当Ⅱの制度化などの失業者の生活保障改革で示されている。ドイツモデルの骨格に変化があると考えられ、社会国家のあり方を検討する必要がある。第二に、就労政策にも重点があり、個々人を対象にしたきめ細かなのは評価できるが、低賃金労働の促進や自営業者化なども見られ、これによって根本的な改善につながるかが問われる。第三に、解雇制限法、労働者派遣法、社会法典など代表的な労働法及び社会法が改正され、その改正目的が達成されるかには注目が集まる。特に解雇制限法はドイツ労働法の象徴的存在であるだけに関心が高い。第四に、効率的な組織にするための組織改革が実施されたが、とりわけ国と自治体との競争、また人材サービス機関の業務の派遣会社への委託が取り入れられ、その成果が問われる。第五に、ドイツの法政策を検討するには、EUとの関係を検討する必要がある。EC/EU指令のみならず、「財政安定化・成長協定」(97年)によって財政赤字はGNPの3％以内との制限があり、以前のような大規模な財政出動はできず、これが一連の改革の背景の1つとして指摘できる。第六に、職業訓練制度の改編の成否もポイントであり、失業者の多くが職業訓練未終了である点に鑑みると重要である。他方、失業手当Ⅰ及び失業手当Ⅱの受給者に対しては、従来とは異なる職業でも期待可能となり、この点で就労の期待可能性が強められたが、これまでの職業資格との関係で問題が生じ、またそれを前提とするデュアルシステムなどのあり方が問われる。

二 労働市場改革

　一連の改革を短期的な大量失業克服のための政策と位置づけるとその実効性については否定的にならざるを得ないが、むしろ抜本的な労働市場改革と理解し、これが奏効したときに失業者の減少につながると捉えると、中長期的な展望を持って評価する必要がある。こうした観点から、エスピン―アンデンセル／マリーノ・レジーニ編の研究[166]を参考にして若干の検討を行いたい。

166　G.エスピン―アンデルセン／マリーノ・レジーニ編（伍賀ほか訳）『労働市場の規制緩和を検証する』（青木書店・2004年）。

ハルツ四法律の基礎たるハルツ報告の中心的理念（Leitbild）は、「求職者を迅速かつ効率的に労働に参入させるために」、「責任あるマネージメントと厳格な成果管理を伴う柔軟なサービス制度（Diensteinrichtung）」を構築することであり、この改革の原則は、①競争下のサービス、②職業紹介に関連する中核的課題への集中、③高い給付能力をもった、現代的な顧客本位の企業的マネージメントとされ、主として労働市場を円滑に機能させるための諸機関の改革を前提にしている。しかし、これが「労働市場改革」と必然的に関連してくることは、その具体的内容を見れば明らかであろう。他方、「アジェンダ2010」は、「労働市場改革のための中核的なプログラム」である。すなわち、直接的な文言はないが、両者とも、ドイツの労働市場が「硬直的」で「柔軟性を欠いている」との批判を考慮して、労働市場の「柔軟化」ないし「規制緩和」を目指していると考えられる。

　マリーノ・レジーニによると[167]、「労働市場は伝統的にヨーロッパ経済のなかで最も厳しく規制された領域に属し」、「法律や国家の行政によって、団体交渉によって、労働政策の立案および実施の社会的パートナーである協調主義的組織によって、あるいは労働市場当事者の行動を制約する強固な、またはゆるやかな一連の束縛によって規制されてきた」とされる。そして、「制度的規制は純粋な市場均衡の範囲を制限するのに役立」ち、「制度は労働市場の諸領域や諸側面を統御するために設けられてきたが」、特に「それらが西欧の労働市場の『硬直性』にたいする攻撃の主たる標的であり、それゆえおそらくフレキシブル化の必要を求められている」ために論争の焦点になっているという。こうした領域に属するのは、第一に「雇用保護」、「すなわち使用者の解雇および採用の自由の権能を制限する法的措置と労働協約の複合」、第二に「労働市場から非自発的に離れた人々にたいする福祉国家的給付や、特に各種の形態の失業保険のような所得保障措置」、第三に労働時間、第四に賃金の水準と構造である。そしてマニュエラ・ザメック・ロドビーチは、労働市場の「硬直性」のマイナス面として、次の点を挙げる[168]。「雇用保護のルールや実質賃金の硬直性は企業の調整コストを大きくし、労働市場の外部にいる人たちにたいする労働需要を減少し、雇用機会を不十分なもの

167　同上12頁以下。

168　同上34頁。

にするだろう。さらに、手厚い社会的給付は失業者が可能な働き口を受け入れる意欲を減退させ、失業期間を長びかせることになろう。企業の競争状況や生産戦略もまた影響を受けるだろう。投資の意欲をそがれるかもしれない。一定規模以下の企業には雇用保護のルールを適用しないというような条件があるならば、企業は規模拡大を忌避する動機を強めたり、小企業や規程が適用されない他地域の企業に生産を分散させたり、ヤミ経済を活用して規制を免れようとすることになろう。」

　こうしたレジーニ及びロドビーチの指摘は、ドイツにもほぼそのまま妥当すると考えられる。「Ⅲ　伝統的規制システムと批判」で論じたように、ドイツの伝統的規制モデルの特徴は、法律、労働協約そして従業員代表委員会による厳格な規制であり、また労働者及びその家族に対する生活保障の水準も高かった。こうした点は、労働市場に対する規制に関しても「硬直的である」との批判を呼び、今回の労働市場諸改革に結びつけられたといえる。

　それでは、「労働市場の規制緩和」はいかなる結果をもたらすのであろうか。レジーノは、「労働市場の規制緩和」と「労働のフレキシビリティ」との間に相互関係があるかについては留保しつつも、「労働のフレキシビリティ」に関して、多義的に用いられる「フレキシビリティ」を「企業が環境変化に即応して再編できる適応能力」と一般化した上で、「労働のフレキシビリティ」は、入職と離職、仕事の配置および水平的・垂直的労働移動、賃金の水準と構造、および労働時間と雇用関係の４つの異なった領域に関係しているとする。具体的には、次の四種類を挙げる。第一に、数量的フレキシビリティとは、「減量経営を認めて、技術が時代遅れになった労働者を置き換えるために労働者を解雇し、新たな労働者を雇う際には非典型、臨時、不安定雇用のような新しい雇用形態を活用できるような経営能力」である。第二に、機能的フレキシビリティとは、「労働者を１つの職務や部署から他の職務、部署に移したり、あるいは彼らの職の内容を変える使用者の能力」である。第三に、賃金のフレキシビリティとは、「労働協約または法制度による規制によっては完全に決定されないような賃金構造や賃金水準を採用すること」である。第四に、時間的フレキシビリティとは、「１日・１週・１年あたりの労働時間数を変化させることで充用される労働量を調整する可能性」である[169]。

第1節　ドイツ労働市場改革立法の動向と伝統的規制システムの変容　203

　これら4つのフレキシビリティが徹底されれば、労働市場の規制緩和を最大限推し進め、「純粋の市場」が実現されたといえるが、これですべてがうまくいくか、さらに可能かというとそうはならないであろう。まず、上記4つのフレキシビリティ相互間の矛盾である[170]。具体的には、数量的あるいは賃金のフレキシビリティが増すと、「信頼や協同の欠如、情報を共有することへの消極性、人的資源への長期投資にたいする意欲低下、および技術的、組織的変化にたいする大きな抵抗を増す」ので、機能的及び時間的フレキシビリティとトレードオフの関係に立つ。他方、機能的フレキシビリティをもたらす条件（長期的雇用や忠誠心）は、労働が組織にとって固定費となることを意味するが、固定費の増大は、使用者にとって賃金と雇用のフレキシビリティを減少させることになる。したがって、四者間のバランスがとれた方法を見出すことが重要であり、その組み合わせによって、労働市場のレジームが異なってくる。

　第二に、規制はマイナスだけではなく、プラスの効果ももたらす点を看過してはならないとの指摘も重要である。すなわち、制度的規制は、市場の失敗を相殺し、また労働基準を設けることは、企業に対して効率性を高めるか、あるいは破産かのいずれかを迫るとの点で効率性を増大させ、さらに福祉国家は労働の再生産費の社会化を支えるとの点でコストを低下させるし、最賃制は大量消費を促進する。こうした積極的な経済的機能のみならず、社会的市民権の拡大や高度に組織され、動員された労働運動の同意をとりつける必要のような社会学的及び政治学的要因も挙げられる[171]。今日、これ自体の修正が迫られているとはいえ、なお基本的には妥当しているといえる。

　最近、ドイツにおいては伝統的規制システムへの批判が高まり、その見直したる「改革」が進行しているが、上記内容との関係で特徴的な点を指摘しておこう。第一に、特に賃金と労働時間のフレキシビリティを高めるために、労働条件規制を柔軟化し、企業ないし事業所の実情に応じた協約政策が採られるようになっているが、ここでは国家主導ではなく、社会的当事者たる使用者団体と労働組合との間の合意の下で横断的労働協約の改革が行われてい

169　同上16頁以下。

170　同上23頁以下。

171　同上13頁。

る点である。ドイツの歴史的な労使関係を尊重して、円滑な改革につながると考えられる。第二に、本稿で詳しく論じた今日の改革は、伝統的な社会国家的政策を転換するものであるが、重要な規制の下で進行している点である。まず、数量的フレキシビリティを高める改革もなされているが（労働力の流動化、パートタイマー・派遣労働者の活用など）、そこには一定の限界がある。すなわち、基本法上保障された社会国家の理念であり、これは、ドイツの福祉政策の根拠となっている。次に、上記したEUとの関係である。EUの雇用政策を見るに当たって重要なのは「ドロール白書」（「成長、競争力、雇用〜21世紀にむけての挑戦と道〈Growth, competitiveness, Employment: The challenges and ways forward into the21 st century white paper〉」）であり、ここでは労働市場の柔軟化などが強調されているが、他方で、EC/EU指令などを通じて規制強化が図られる場合があり（平等取扱い原則、差別禁止等）、積極・消極両面にドイツに影響を及ぼしている。第三に、職業資格との関係である。上記したように、あらゆる職業に期待可能であると変更されると、こうした資格制度との間で矛盾が拡大するおそれがあり、またそれぞれにふさわしい職に就くことも困難になりかねないであろう。

　いずれにしても、ドイツの労働市場を規制するシステムは、歴史的に形成された構造的な基盤に根ざしているだけに変えるのは容易でないと考えられるが、これを変更するための「実験」がなされているといえる。

三　日本との関係

　最後に、日本との関係を若干指摘しておこう。

　日本の労働市場政策は90年代に大きく転換する。その大きな要因は、バブル崩壊後の失業情勢の深刻化[172]が挙げられるが、同時にグローバリゼーション下での国際競争力の激化や規制緩和政策とも関連している。日本における経済発展の基礎の1つは終身雇用制及び年功序列賃金制に代表される日本的雇用慣行と企業別組合との労使関係であった。そして、従来の雇用政策は、日本的雇用慣行を維持する機能を果たしてきたといえる。しかし、90年代、

172　バブル崩壊後、完全失業率は徐々に上昇し、特に98年以降、失業者は増加し、03年には完全失業率は5.3％、失業者数は約350万人に達した。その後、日本経済の回復の兆しが見られ、失業率は低下している（05年5月、4.2％、280万人）。

第1節　ドイツ労働市場改革立法の動向と伝統的規制システムの変容　　205

特に90年代半ば以降、終身雇用制が動揺し、年功序列賃金制も縮小して成果
主義賃金が普及しつつある。これに符合するように、雇用政策も外部労働市
場を重視する方向に転換した。そして、労働者派遣法（99年改正）、職業安
定法（97年、99年改正）、雇用保険法改正（2000年・03年改正）、雇用対策法
（01年改正）など主要な法律が次々に改正された。その他の雇用政策も含め
た特徴点は、①外部労働市場と労働者個人を重視した政策、②職業紹介事業
の主体の多様化、③雇用保険給付の厳格化、④若年者対策の本格化などであ
る。概して言うと、日本ではドイツの「要請と支援」原則では、失業者に対
する「要請」に重点を置く政策が進められてきたし、また進められていると
いえる。

　こうした点を考慮すると、ドイツの労働市場政策の全般的な状況は日本に
近づいていると考えれるが、大きな相違点も指摘できる。具体的には、重要
な点での規制強化がなされている点である。今後、有期雇用の拡大、ミニジ
ョブの拡大、派遣労働者等の増加が予想されるが、パートタイムや派遣労働
における均等処遇原則が取り入れられ、また有期雇用に対する制限も存する。
さらに、労働協約がなお下支えし、また労働組合が法規制の緩和に関与する
制度が存する点も重要である。国や自治体による雇用創出が実施されている
点でも相違が見られる。

　他方、就労促進策に関しては、参考にできる点が少なくないと考えられる。
例えば、伝統的なデュアル・システム、稼得能力を有する失業手当Ⅱの受給
者の就労、若年失業者に対する就労支援策、ケースマネージャー、職業訓練
クーポン券などであり、すでに導入され（「日本版デュアル・システム」）、ま
た導入が検討されているのもある[173]。また、日本的雇用慣行の変化の下、ジ
ョブ概念の必要性が強調されている。ドイツでは、就労への期待可能性が厳
格化され、労働者が職業資格を有する、あるいはこれまで行ってきたのと異
なったジョブであっても原則として期待可能となったとはいえ、この点でも
なお得る点が少なくないであろう。さらに、ドイツの就労支援策は、課題も
あるとはいえ、きめ細かな内容を有し、フリーター、ニートなどの若年者対

173　「1ユーロジョブ」の評判は必ずしも良くないが、就労意欲を継続させる点では重要であり、
　　この点でニートとの関連で注目できる。

206 第 2 章 労働市場法改革の動向

策などを考えるにあたって、多くの示唆を得られると思われ、この点の詳細
な検討も労働市場政策を検討するにあたって重要な課題といえる。

第2節　ドイツの求職者支援制度

I　序

　ドイツでは、特に東西統一後に大量失業が深刻化し、その克服のために大胆な労働市場改革が断行され、その一環として、「ハルツ改革」を通じて、さまざまな問題を抱えていた「求職者支援制度」[1]がモデルチェンジされた（2005年1月1日施行）。すなわちドイツは、日本の雇用保険及び公的扶助（生活保護）に相当する失業手当と社会扶助のほか、失業手当を受給できない失業者を対象とする失業扶助を制度化していたが、稼得能力ある失業者が大量に社会扶助を受給するなどの問題が生じたため、失業扶助を「求職者基礎保障」に再編して、これを第二のセーフティネットと位置づけ、「失業手当I」（旧、失業手当）を受給できないすべての失業者の受け皿とした。制度化の経緯と内容のみならず、最低生活保障をめぐる議論と違憲判決、さらに実施主体（担当機関）をめぐる実験条項などは、興味深い。以下、ドイツの求職者支援制度発足の経緯と内容を紹介した後、新制度発足5年間の動向[2]を考察する[3]。

II　ハルツ改革

　97年以降失業者数は減少したが、2002年に入ると再び危険水域といわれる400万人を突破し、9月の連邦議会選挙の大きな争点に浮上した。こうした

1　日本でも、雇用保険非適用者や雇用保険を受給できない者等を対象とする「求職者支援制度」が2011年に発足したが、これは、職業訓練受講を条件として給付金を支給する制度であり、ドイツのそれとは多くの点で相違する。
2　その後の動向は、本章第3節において論じる。
3　本節は、本稿公表当時（2011年）の内容であるが、統計など一部改めてある。

中で当時のシュレーダー政権は、「労働市場における現代的サービスのための委員会」（2002年2月設置。委員長の名前から「ハルツ委員会」と呼ばれる。）報告（同年8月。以下「ハルツ報告」と略す。）に基づき、大胆な労働市場改革に着手した。

　ハルツ報告の基本理念は、失業者の「自助努力を呼び起こし、かつ保障を約束する（Eigenaktivitäten auslösen, Sicherheit einlösen）」ことである。まず「自助努力を呼び起こす」ために、失業者に対して「いくつかの選択肢、及び（期待され得る）行為のオプション（Wahl- und Handlungsoptionen）」が提案される。そして失業者は、諸種のサービスの提供によって、自ら労働市場への参入をめざして活動できるようになる（派遣労働の受入や職業資格取得のための継続（再）職業訓練への参加から新たな期待可能性という意味での高度な流動性を求められる就労の受入に至るまで）。他方、「保障を約束する」では、「助言、支援（Betreuung）、金銭的支援（materielle Absicherung）との労働市場参入システムを通じて、（失業者に期待され得る）行為のオプションを提示し、発生している問題及び不利益を克服し、そして就労参入への個々人の解決策を見出すことを援助する。」ここでは、従来の原則である「支援と要請（Förden und Fordern）」のうち「自助努力」（「要請」）に重点が移ったといえる。この点は、いくつかの法律改正において失業者に対する給付の制限や制裁などで具体化された。ハルツ報告では13の提案がなされ、本稿で中心的に考察する「失業扶助制度と社会扶助制度の統合」も取り上げられている。ハルツ報告に基づき、第一次から第四次までの四つの「ハルツ法（略称）」が制定されたが、上記統合に関わるのは第四次法である。

Ⅲ　求職者支援制度の再編

一　再編の要因

1　改正前の制度の概要

　ハルツ第四次法が施行されるまで、稼得能力（Erwerbsfäigkeit）ある失業者に対する給付制度として、失業手当（Arbeitslosengeld）、失業扶助（Arbeitslosenhilfe）、そして社会扶助（Sozialhilfe）の三つが存した。（旧）社会法典第3編に基づく失業手当（日本の雇用保険に相当）は労使の拠出によ

る制度であり、失業前の所得に基づき算定された手当（67ないし60%）が最長32ヵ月間支給された。失業扶助も（旧）第3編に規定され、失業手当の受給期間終了後、要扶助等を要件として、雇用促進措置のほか失業手当同様に失業前の所得に基づく手当（57ないし53%）が期間を限定せずに支給された。財源は連邦が負担し、その管轄下にある（地方）雇用局（Arbeitsamt）が実施主体であった。これに対して、（旧）連邦社会扶助法に基づく社会扶助（日本の生活保護に相当）の財源は基本的に自治体（郡及び都市）が負担し、その管轄で手当の支給と「就労扶助」が行われた[4]。

2　問題の顕在化

　失業者の増大に伴い、1991年に約40万人であった失業扶助手当の受給者は、2002年には166万人に増えた。社会扶助の受給者は200万人から270万人になる。失業手当及び失業扶助手当の支出金額（拠出金含む）は、250億ユーロ（うち失業扶助：128億ユーロ）に達した（2001年）。他方、社会扶助受給者のうち約90万人は稼得能力があるにもかかわらず就労しておらず（15歳から64歳まで）、また継続（再）職業訓練にも従事していない。失業扶助は雇用局、そして社会扶助は自治体と実施主体は異なるが、いずれも税金を財源とし、また失業扶助の受給者と稼得能力ある社会扶助受給者とも、職がないがゆえに援助を必要とし、かつ（再）就職が主要な目的でもあるにもかかわらず、以下の諸点において異なっており、このため「非効率、行政上のむだ（金・手間・時間）を生じさせ（verwaltungsaufwendig）、さらに不透明である」とされる。すなわち、①両実施主体による（再）就職のための措置のアプローチが異なり、両者間の調整も部分的であるのみならず、自治体では当該管轄地域での労働市場のみを対象にしている。②労働市場への（再）参入のための諸措置が、必ずしも最大限個々人の支援の必要性に合致するように調整されていない。③社会扶助手当は社会的文化的な最低限の生活の確保がめざされているのに対し、失業扶助手当は失業直前の報酬が基準とされる。その結果、失業扶助手当の額が個々に異なり、約20万人の失業扶助手当受給者が補足的に社会扶助手当も受けている。④社会保険に関して、失業扶助では、年

4　再編前の実情や制度については、布川日佐史編『雇用政策と公的扶助の交錯──日独比較：公的扶助における稼得能力の活用を中心に』（御茶の水書房・2002年）が詳しい。

金、疾病そして介護保険の拠出金全部の約34％が補助されている。これに対して社会扶助では、社会保険継続の場合、疾病保険と介護保険の拠出金すべてが支払われるが（任意の疾病保険についても相当な範囲で支払われる）、年金保険の拠出金は例外的な場合にのみ考慮される。⑤生計費のためのそれぞれの給付及び失業克服のための援助提供については、異なった実施主体が権限を有しており、このため失業扶助手当は連邦財政、稼得能力ある失業者に対する社会扶助手当は自治体財政が負担するなど、膨大な金額になる。⑥両制度からの二重の受給者に対する（再）就職支援は、他方に委ねるようなことになり、怠られがちである。また、二重の申請手続きや所得審査など「国民に親切でなく、そして行政のむだを生じさせている」。⑦裁判所の管轄も異なり、失業扶助は社会裁判所、社会扶助は行政裁判所である[5]。

二　ハルツ第四次法の成立

　ハルツ第四次法案では、少なからぬ自治体で財政赤字に陥っている状況も重視して、両者を統合した「求職者のための基礎保障（Grundsicherung für Arbeitsuchende）」（以下「基礎保障」と略す。）が「統一された１つの機関（eine einheitliche Trägerschaft）」の下で新たな給付を行うこととされた。その中心的な目標は、「促進援助されていない就労（ungeförderne Beschäftigung）への、受給者の参入の機会を改善する」、「とりわけ特別に強められた助言と支援、並びに～自治体の措置とは異なり地域を越えて講じられる～積極的労働市場政策の諸措置への参加を通じて（参入の機会を）改善する」点に設定された[6]。2003年12月19日、ハルツ第四次法と歩調を合わせて連邦社会扶助法の大幅な改正も可決され（両法の主要内容は2005年１月１日施行）、社会法典第12編に組み込まれた。これは行政の効率化とコスト削減をめざす内容を有するが、失業扶助と社会扶助の一部の統合に起因する内容も含まれている（就労援助に関する規定の削除、給付の画一化など）。

5　Vgl., Moderne Dienstleistungen am Arbeitsmarkt（Bericht der（Hartz）Kommission）, 2002, S.125ff.; Begründung zum（Hartz Ⅳ）Gestzentwurf, BT-Drs.15/1516, S.42.

6　Ebenda, S.41.

Ⅳ　求職者支援制度の内容

　基礎保障の内容を紹介する前に、失業手当及び社会扶助の改正内容を簡単に紹介する。

一　失業手当Ⅰ

　「失業者」とは、①一時的に雇用関係にない、②保険加入義務ある職を求めて、かつ（地方）雇用エージェンシー（旧雇用局）の仲介努力に従い、③雇用エージェンシーに失業登録している者である。なお積極的労働市場政策の諸措置[7]への参加者は、失業者とはみなされない（第3編第16条参照）。第3編は、失業者の生活保障とともに雇用促進のためのさまざまな施策を設けている（助言と職業紹介、就労能力向上・職業資格促進のための職業訓練等）。前者の中心をなすのは失業手当であり、再編後は失業手当Ⅰと呼ばれる。その受給資格は、①失業者であること、②失業登録していること、③過去2年間に失業保険拠出義務のある雇用（週15時間以上）に少なくとも12ヵ月間就労していること、④65歳に達していないことである（第117条以下参照）。手当額は、離職前の賃金の平均値から税及び社会保険料を差し引いた実質賃金の67％（養育義務のある子がいる場合等）ないし60％（その他の場合）である（第129条）。受給期間は改正により2006年2月1日以降大幅に短縮されたが（最長32ヵ月→18ヵ月）、その後修正がなされ、現行は表1の通りである。失業者の年金・医療保険料は連邦雇用エージェンシーが負担する（第207・207a条）。

二　社会扶助

　社会法典第12編に繰り入れられた法律の目的は「人間の尊厳にふさわしい生活」を可能にすることであり（第1条）、要扶助性及び補足性の原則が要件とされ（第2条）、さらに「個別化原理」（第9条）も旧法と基本的に変わっていない。社会扶助の管轄も地方自治体である点では同様である。改正に

7　職業訓練、資格取得、雇用創出措置など労働市場への統合をめざす就労支援措置を意味する。

212 第2章　労働市場法改革の動向

表1　失業手当Ⅰの受給期間（社会法典第3編第147条）

保険加入義務の期間（月数）	年齢	最大受給期間（月数）
6		3
8		4
10		5
12		6
16		8
20		10
24		12
30	50歳	15
36	55歳	18
48	58歳	24

あたって明確にされたのは、基礎保障との相互排他性であり、併給は認められなくなった（第21条）。基礎保障は稼得能力のある者、他方、社会扶助はこれが減少ないし存しない障害者等を対象にしているので、制度的には適用対象者が明確に区分された。ただし基準金額自体は同額である。

三　求職者基礎保障

1　「支援と要請」の原則

　第2編の基本的な考えは、稼得能力ある要支援者（erwerbsfähige Hilfebedürftigte）自身に家族を含めた生計費確保の責任があり、公的な支援を求める前に自己努力や資産処分などあらゆる可能性が尽くされねばならず（要請の原則）、これが尽くされてもなお支援を必要とする場合、国家の配慮として労働市場への参入のための包括的な援助（就労支援措置、金銭給付〈失業手当Ⅱ・社会手当〉）を受け得る（支援の原則）ということである（第1条）。

2　給付要件

　基礎保障の給付を請求し得るのは、①15歳以上65歳未満（ただし、段階的に67歳まで引き上げられる。）であって、②稼得能力を有し、③支援を必要と

し（「要支援」）、④ドイツ国内に居住している（gewöhnliche Aufenthalt）者である（第2編第7条1項）。このうち「稼得能力を有する」とは、疾病あるいは障害によって、現在ないし近い将来、一般的な労働市場の通常の状況下において、少なくとも1日3時間働けない者を除いたすべての者であり（第8条1項）、その決定にあたって、稼得能力が一時的に期待し得ないかどうか（例、3歳以下の幼児の養育）は問題とならない。次に「要支援」では、特に後述する期待可能な就労の受け入れと並んで、収入ないし資産の活用が求められる。これから控除されるのは、①税金、社会保険料等、②年齢に応じた金額（3,100〜9,750ユーロ）、③未成年の子供のための貯蓄の限度額（3,100ユーロ）などである（第12条2項1a）。

3　期待可能性の強化

　紹介された就労の受け入れの期待可能性は「要請」の原則を具体化したものであり、要支援者は原則としてすべての就労が期待可能であるとされる（第10条）。具体的には①職業訓練を受け、あるいは実際に従事してきた過去の就労と一致しない、②要支援者に対して実施されている職業訓練に鑑みて価値が低いとみなされる、③以前の就労地ないし職業訓練地と比較して居住地から就労地が離れている、④労働条件が以前よりも劣っている、⑤新しい仕事が一定の職業活動（例、従前の芸術活動）の放棄と結び付けられている、以上のような就労であっても期待可能と判断される（第10条2項）。これを拒否した場合には下記制裁が加えられる。また労働参入のための措置（参入契約の締結等）を拒否した場合も同様である。ただし、①当該要支援者にとって、肉体上ないし精神上一定の仕事をなし得ない、②これまでの主たる就労を将来行うのを困難にする、③仕事が3歳未満の子供の養育や家族の介護の支障となる、④その他重大な事由がある場合は別である（第10条1項但書）。

4　給付内容

　給付の種類としては①サービス給付、とりわけ就労促進のための情報、助言そして個人的な対話パートナーを通じた包括的な支援、②要支援者とその生計を共にする者の生活確保のための金銭給付、③現物（実費）給付（自治体支給の暖房費、住居費等）の三つがある。主たる内容を紹介しておこう[8]。

（1）就労促進のためのサービス給付

　これは就労促進策であり、雇用エージェンシーが、個々の要支援者とその世帯のための「対話パートナー（Ansprechpartner）」を指名し、支援を実施する（第14条3項）。具体的には、「対話パートナー」＝ケースマネージャー（Fallmaneger）がつけられる。雇用エージェンシーは、自治体担当機関の了解の下で、要支援者との間で労働への参入に必要な給付について契約する（「参入契約〈Eingliederungsvereinbarung〉」）。実際はケースマネージャーとの間で、6ヵ月間の参入契約が締結され、ここでは、要支援者はどのようなサービスを受けるか、また労働への参入のためのどのような試みがどのような頻度で行わねばならないかなどが合意される（第15条1項）。こうしたサービス内容は、社会法典第2編、第3編等に挙げられている多様なものであるが、必要な場合には個々のニーズに対応したサービス（例、未成年者や障害を有する子供の世話、家庭での家族の介護、債務に関する助言、求職助言、子供の保育サービス）も含まれる（第16条1項・2項）。25歳未満の者に対しては、基礎保障の申請後即時に、職業訓練や労働の機会を仲介する作業が開始される。近い将来、稼得行為に就くことが期待されない者については、（社会保険加入義務のある）労働の機会が創出される（第16条3項1文）。これは、民間ないし公務部門での社会保険加入義務のある通常の労働が想定されている。他方、それが創り出されない場合には、自治体ないし福祉団体による仕事が提供され（「1ユーロジョブ」）、失業手当Ⅱに加えて相当な補償金が支払われる（第16条3項2文）。

（2）金銭給付

　これに属するのは、失業手当Ⅱ、社会手当（Sozialgeld）、就職手当、法律上の社会保険給付の拠出金等である。稼得能力ある要支援者は失業手当Ⅱを受給し、稼得能力のない者は社会扶助手当を受給するが、基準給付（Regelleistung）自体の水準は同一である。ただし社会扶助では、柔軟に個別の需要が考慮されて増減の可能性があるのに対し（第12編第28条1項2文）、失業手当Ⅱは生活維持のための総費用（暖房費・住居費及び追加需要給付は除く）とされる。すなわち、食事、衣服、身体の手入れ、家具、暖房費を除く

8　武田公子「ドイツにおける社会扶助と就労支援」医療・福祉研究19号（2009年）62頁以下が実情を詳しく紹介している。

第2節　ドイツの求職者支援制度　215

表2　基準給付（失業手当Ⅱ・社会手当）（2009年7月1日以降）

・単身者 ・単身での子供養育者 ・未成年（18歳未満）のパートナーを有する者	・二人とも成人のパートナー （それぞれ）	・同居している18〜24歳の子供（自治体から住居費・暖房費を受給している場合を除く） ・未成年のパートナー	14〜18歳未満の子供	6〜14歳未満の子供	6歳未満の子供
100%	90%	80%	80%	70%	60%
359ユーロ （409ユーロ）	323ユーロ （368ユーロ）	287ユーロ （327ユーロ）	287ユーロ （311ユーロ）	251ユーロ （291ユーロ）	215ユーロ （237ユーロ）

（注）（○ユーロ）は、2017年7月1日以降の基準給付額である。

　光熱費、日常生活の必需品その他交際費・文化的生活への参加費用などは、失業手当Ⅱの基準給付に含まれている（第20条1項）。後述する通り、これが基本法によって保障される最低生活を充足するかで大きな論争に発展した。基準給付額は当初は東西ドイツ地域で異なっていたが、その後の改正で統一され、また何度も引上げもなされ、現時点では表2の通りであり、子供の数と年齢、及びパートナーの有無に応じて加算される。社会手当は子供等に対して給付される（第28条）。失業手当Ⅱ及び社会手当とも、給付期間に制限はなく、要件を満たしている限り支給される。その他、住居費、暖房費が自治体から実費支給され（第22条）、さらに個々の事情に応じて、生計を維持するために必要な場合、追加需要（Mehrbedarf）給付（例、妊娠中の女性に対する基準給付の17%）[9]がなされる（第21条、第23条）。疾病保険、介護保険そして年金保険の拠出金は、失業保険Ⅱの受給期間中、全額助成される（第26条）。

5　刺激策と制裁

　金銭的な面において「自己のイニシアティブを支援し、自己責任を求める」政策も採られている。第一に、紹介された就労の受け入れ、あるいは継

9　ヨハネス・ミュンダー（原俊之訳）「ドイツにおける求職者のための基礎保障」日独労働法協会会報10号（2009年）40頁以下参照。

216 第2章 労働市場法改革の動向

続のための金銭的な刺激策として、期間が限定された就職手当金（Einstiegsgeld）の支払いが挙げられる。（第16b条）。特に低賃金労働の受け入れに対する刺激策との目的を有する[10]。第二に、期待され得る就労ないし参入措置を拒否した場合、並びに自己のイニシアティブを欠く行為を行った場合に制裁（基準給付と社会手当の減額・支給停止）が課せられる。すなわち、「要求（Fordern）」の原則に基づき、まず自力で失業を脱する努力が求められ、またこの目的を達成するためのすべての措置に積極的に協力しなければならず、これに違反する行為がなされた場合、正当な理由がない限り、制裁が加えられる（第31条）。

6　実施主体

　第2編に定める各種の給付に関する担当機関は、連邦雇用エージェンシーと自治体の機関である（第6条）。各地方において具体的給付権限を有するのは、（地方）雇用エージェンシーと自治体である（第36条）。雇用エージェンシーは、特に労働への参入に関わるすべての給付（助言、紹介、雇用創出措置の促進、職業訓練・継続（再）職業訓練の促進）並びに生計保障のための給付権限を有するのに対し、自治体は、住居と暖房の給付、子供の養育のための給付、債務・求職助言、精神的支援、そして基準給付には含まれない一時的な必要に基づく給付権限を有する（第36条）。また雇用エージェンシーと自治体が統一して業務を遂行するために、事務共同機関（Arbeitsgemeisnschaft）を設立することができる（第44b条）。さらに注目すべきは「実験条項（Experimentierklausel）」が設けられ（第6a条以下）、最大69の自治体の担当機関にすべての権限を委ねることが可能となった点である（2005年1月1日開始）。これらの担当機関間での公正な競争の下で、いずれが効率的かつ効果的かを検証し、2008年末までに連邦の立法府に報告することになった（第6c条）。こうした実験条項は当初の法案にはなく、野党の提案により最終的に両院協議会の勧告に基づく決議によって導入された。以上から実施主体は、①雇用エージェンシーと自治体の分離型、②事務共同機関型（以下「ARGE」という。）、③自治体単独型（以下「オプションモデル」という。）の三つ存在す

10　J.Münder（Hrsg.）, Sozialgestzbuch II, 3.Aufl., Nomos, 2009, S.366（Thie）.

るが、大部分が②の形態を選択した（349自治体。オプションモデル69自治体、分離型21自治体）。

V　求職者基礎保障の動向

一　実情分析

1　推移（表3参照）

　制度改変直後の2005年1月以降の3ヵ月間、基礎保障受給者が急増するが、これは①稼得能力がありながら社会扶助を受給していた者が移行したこと、②社会扶助受給には躊躇（「恥（Scham）」）していた者が申請しやすくなったこと、③「上乗せ受給者」（下記3参照）が多いことなどのためである[11]。対照的に、社会扶助受給者は大幅に減少した（293万人→27万人）。この点では労働市場への（再）統合のターゲットが明確になったといえる。

　失業手当Ⅰの受給者は、2004年に約184万人であったのが、徐々に減少して2008年には92万人にまで減少する（2009年と2010年は、リーマンショックの影響で増加する）。他方、2004年に（旧）失業扶助手当の受給者は219万であったのが、制度改編後の2005年には498万人と急増した後、失業手当Ⅰとは対照的にそれほどの増減は見られない。その後、景気の回復を背景にして、就労関係の数値では改善の傾向が見られる。

2　要支援者の分析

　2009年時点で基礎保障の受給者は約490万人である。需要共同体（Bedarfsgemeinschaft. 世帯に類似する概念）は約356万であり、稼得能力のない要支援者（子供など）は約182万である。平均的な需要共同体（構成人数1.9人）では、基礎保障から850ユーロ得ている（社会保険の拠出金・一時給付含む）。要支援者において注目すべきは、そのうち失業者（失業登録している者）は44％（約215万）にすぎない点である。失業者でない56％（278万人）は3つのタイプに分類される。第一に、就労して400ユーロを超える所得を得ている者（約10％）、第二に、雇用促進措置（1ユーロジョブ、資格・活性化措

11　Vgl., M.Promberger, Fünf Jahre SGBⅡ- Versuch einer Bilanz, WSI-Mitteilungen, 11/2009, S.607.

218 第2章 労働市場法改革の動向

表3 受給者数等の推移

	現就業者数	失業者数	失業手当Ⅰ 受給者数	失業手当Ⅱ 受給者数	社会手当受 給者数	社会扶助受 給者数 （12.31時点）
2004	38,880,000	43,81,281	1,844,947	2,193,878		2,926,057
2005	38,835,000	4,860,909	1,728,045	4,981,748	1,774,349	273,009
2006	39,075,000	4,487,305	1,445,224	5,392,166	1,954,975	305,979
2007	39,724,000	3,776,509	1,079,941	5,276,609	1,963,463	312,477
2008	40,279,000	3,267,907	916,989	5,009,872	1,897,081	324,961
2009	40,265,000	3,423,283	1,140,982	4,907,759	1,817,393	313,912
2010	40,483,000	3,244,470	1,022,775	4,894,219	1,818,734	319,000
2015	43.032.000	2.794.664	833.837	4.327.206	1,602,487	398,000

（資料出所）Arbeitsmarkt 2009, S.60 u.S.102；Arbeitsmarkt 2010, S.103の表から作成。社会扶助受給者数は、Statistisches Bundesamt の統計から作成。

2015年：Arbeitsmarkt 2015, S.61、社会扶助受給者数は、Statistisches Bundesamt の統計から作成。

置参加者など）参加者（約10%）、第三に、さまざまな理由（通学、幼児ないし要介護者を世話する者、病気その他）から就労できない者（約37%）その他である[12]。

　要支援者は長期失業者や外国人などの単一のグループに属するわけではなく、多様性を有している。特に若年者は、家族の失業ゆえに十分な教育を受けられず要支援になるとの貧困の「相続」が見られる。また「教育喪失者（Bildungsverlierern）」が相当な数に上っている点にも留意を要する。さらに特に若年者及び子供を有する家族においては消費が制限され、学校や自由時間において通常の社会的活動に参加し得ないとの問題も指摘されている[13]。

3　「賃金上乗せ受給者（Aufstocker）」の分析

　2009年12月時点において、就労しながら賃金と基礎保障基準額との差額を受給する者は約137万である（要支援者総数約491万人）。一番多い就労形態は些少労働（月400ユーロ以下のミニジョブ、短期労働〈暦年で2ヵ月以下ないし50

12　Arbeitsmarkt 2009, S.23f.

13　M.Promberger, a.a.O.(Fn.11), S.608.

日以下の就労〉）であり（50.3％）、次いでフルタイムでの社会保険加入義務ある就労（24.8％）、パートタイムでの社会保険加入義務ある就労（16.1％）、そして自営業者（8.7％）である[14]。他方、失業手当Iとの併給者は、133,000人であり、稼得能力ある要支援者全体の約3％を占める（2010年3月時点）[15]。いずれにしても就労での所得や失業手当Iだけでは、第2編で定められた最低生活を維持しえないことを示している。上乗せ受給者は、2005年以前にも存在を推定させるデータがあるが、制度再編によりこれが顕在化した点は重要であろう[16]。

4　労働市場への回帰

第3編（失業手当I）の受給者数はほぼ減少傾向にあるが、第2編（基礎保障）ではそれほどではない。2005年〜2007年の3年間の推移の分析[17]によると、2005年1月に受給を開始した基礎保障の要支援者ないし需要共同体のほぼ半数が3年経過しても継続して支援を必要としていた。需要共同体の約85％は、2005年1月以降、通算して12ヵ月以上基礎保障の給付を受けており（2007年12月時点）、滞留傾向がみられる。

失業者を対象にして失業からの脱却理由をみると[18]、失業手当I受給者では、（職業訓練を経ないでの）稼得行為が43.3％と多く、その大部分（88.2％）は第一労働市場であるのに対し（そのほかは学校・訓練その他の雇用促進措置28.0％、非稼得行為〈労働不能・養育・介護等〉27.0％など）、基礎保障では、（職業訓練を経ないでの）稼得行為は28.6％であり、そのうち第一労働市場へは54.1％である（第二労働市場へは、42.3％、その他は自営業・徴兵制など）。非稼得行為は37.2％である（職業訓練等は22.8％、その他11.3％）。基礎保障受給者は、長期失業者など労働市場への統合が困難な者が多いためであり、こうした困難な状況の中で一定の成果は挙げているといえる。

14　Vgl., Bundesagentur für Arbeit, Anlyse der Grundsicherung für Arbeitsuchende Juli 2010, S.24.

15　Ebenda, S.26.

16　Vgl., M.Promberger, a.a.O.(Fn.11), S.608.

17　T.Graf/H.Rudloph, Viele Bedarfsgemeinschaften bleiben lange bedürftig, IAB-Kurzbericht, 5 /2009, S.2ff.

18　Vgl., Arbeitsmarkt 2009, S.97.

5 財政的効果

　失業扶助と社会扶助を統合することによる、連邦及び自治体の財政負担の軽減がハルツ改革の目的の１つであったが、受給者数の増加などのため、再編直後ではほとんどその効果はみられなかった。また社会法典第２編（旧）第46条５項は、改革を通じて自治体の財政負担を25億ユーロ軽減することをうたい、そのために自治体担当の住宅・暖房費給付の一部割合（29.1％）を負担することにした。そしてこの負担割合は検証を踏まえて見直すことになっていたが、連邦雇用エージェンシー・（地方）雇用エージェンシーと自治体が用いる電算システムの相違などが原因となって実施が困難となり、結局、上記財政軽減は達成されないことになったという[19]。また基礎保障の受給者が急増したことなどから、再編での改革によって社会国家の財政負担軽減を期待していた者を失望させたとされる[20]。

二　基準給付と「社会的文化的な最低生活」保障〜違憲判決〜

1 最低生活保障をめぐる動向

　上記の通り、失業手当Ⅱでは、従前の社会扶助において１回限りの給付として支給されていたすべての需要は、一部を除き（例、衣類・家具の初回入手、妊娠・出産時の必要品。第２編第23条３項１文参照。）、基準給付に含まれる（「一括化」）。こうした一括化につき、これまでの一回給付では認められてこなかった需要が含まれる点では評価できる一方、従前の給付額よりも減少する場合もあるとの問題が存した[21]。

　現行の基準額は社会扶助（第12編）における基準額決定方法に依拠して算定される[22]。ここでは、「所得消費抽出調査」（連邦統計庁が５年毎に実施する家計調査）での対象世帯のうち、実収入が下位20％に属する世帯の消費支出（社会扶助受給世帯除く）を用いて、12に分けられた項目（①食料・飲料・たばこ類、②被服・靴、③教育、④交通移動など）毎に算定された需要の合計金額

19　武田公子「ハルツⅣ改革とドイツ型財政連邦主義の行方」金沢大学経済学部論集27巻２号（2007年）154頁以下に詳しく分析されている。なお再編直後の実態調査については、ドイツ社会法典研究会「ドイツ最低生活保障制度の研究」賃社1406号（2005年）４頁以下参照。

20　M.Promberger, a.a.O.(Fn.11), S.607.

21　ミュンダー・前掲論文（注９）41頁以下参照。

22　詳細は、ミュンダー・前掲論文（注９）44頁以下参照。

が基準額になる[23]。そして、子供などに対する社会手当はその80%のように、割合で決められる（表2参照）。こうした基準額の一括化が受給者の需要にマッチしているか、また子供の養育に十分な金額かなどが論争になり、ドイツ基本法との整合性（人間の尊厳〈第1条1項〉にふさわしい生存や社会国家原理（第20条1項））が問われることになった。

連邦行政裁判所は、社会扶助に関して、「社会的・文化的な最低生活」の保障を基底に据えて、扶助受給者がスティグマを感じて生活しないこと、すなわち「社会的排除」に対抗するために、一定の低所得集団の水準までは公的に援助される必要があり、それが身体的生存を超える部分の1つであると指摘しており、法律で明記された「相当な範囲で周囲と交流し、文化的生活に参加する」という需要は、これに対応しているとする。また連邦憲法裁判所は、身体的生存を超える部分を一義的に決めることができないから、立法者による制度の具体化が必要であり、かつ一定の範囲で「立法者の形成の余地」（裁量）が認められ、これを逸脱すると違憲になるとの立場を採っている[24]。

連邦憲法裁判所は、一括給付自体は違憲ではないとの立場である[25]（1990年5月29日判決）。連邦社会裁判所は、2006年11月23日の判決[26]において基準額に関する最初の本格的な判断を行った。そこでは、①第2編は「社会的文化的な最低生活」にかかる需要を考慮しており、最低限度を保障していないとはいえない、②345ユーロ（当時）との基準額の決定は、十分な経験値に基づいており、立法者に許された判断余地を逸脱していない、③全体的に要支援者は、基準給付だけではなく、労働者統合給付、加算、住居費・暖房費など他の給付も相当な範囲で利用できることから、違憲ではないとした。他方、下級審ではヘッセン州社会裁判所（2008年10月29日決定）[27]に引き続き、連邦社会裁判所（2009年1月27日決定）[28]は、14歳未満の子供に一括して同一

23　詳細は、嶋田佳広「ドイツ求職者基礎保障における保護基準」賃社1489号（2009年）9頁以下、ミュンダー・前掲論文（注9）44頁以下参照。

24　嶋田・前掲論文（注23）18頁参照。

25　BverfG vom 29.5.1990, BverfGE Bd.82, S.60.

26　BSG vom 23.11.2006, BSGE Bd.97, S.265.

27　Hessisches Landessozialgericht, vom 29.10.2008 - L 6 AS 336/07.

28　BSG vom 27.1.2009, NZS 2009, S.681.

222　第 2 章　労働市場法改革の動向

の基準額とする点に関して、子供に必要不可欠な需要を調査して定義することなく単身成人の基準の40%減ずるのは、人間の尊厳や社会国家原理などに反して違憲と判断した[29]。これら二つの事件は、連邦憲法裁判所に移送され、基準額及び社会手当に関して、違憲判決（2010年 2 月 9 日）が下され、大きな反響を呼ぶことになった。

2　連邦憲法裁判所違憲判決[30]

　本件は、成人及び子供への「一括化」された基準給付が「社会的文化的最低限の生活」を充たしておらず、人間の尊厳や社会国家原理に反すると主張して提訴された事件である。

　判決は、社会国家原理に関連して基本法第 1 条 1 項から導き出される人間の尊厳に値する最低生活保障に基づき、要支援者にも身体的な生存及び社会的文化的そして政治的生活への最低限度の参加に不可欠な物質的前提が確保されねばならないと指摘したうえで、以下の通り判示した。（ 1 ）具体的な基準額は社会の発展状況や実際の生活条件に依拠するので、その決定は立法者の裁量に委ねられている。ただし立法者は、市民のこうした請求権を具体化するにあたって、生活に必要なすべての支出を透明かつ実情に即した手続で算定しなければならず、これに反すれば違憲となる。（ 2 ）立法者の裁量ゆえに、基準額に対する裁判所のコントロールは、それが明確に不十分な場合に制限される。そして第 2 編で定める金額自体はこれには該当しないので違憲ではない。（ 3 ）しかし立法者は、それを算出する統計モデルの構成原則（Strukturprinzipien）から正当な理由なく逸脱し、基本法に合致する方法で算出されていない点で違憲となる。すなわち、基準額を算定するにあたって考慮すべき消費や支出項目が除外ないし減額されている（例、教育費）。したがって基準額（345ユーロ）及びその一定割合で算出されるパートナーや子供の社会手当は違憲である。（ 4 ）さらに14歳未満の子供に対する社会手当では、成長段階及び子供にふさわしい人格の発展に基づく子供特有の需要（学校教材・ノート、計算機等）が考慮されずに基準額の40%が減じられているが、これは経験的方法論的な根拠に基づかない恣意的な算定である。また

29　以上、嶋田・前掲論文（注23）18頁以下参照。
30　BVerfG vom 9.2.2010, NJW 2010, S.505ff.

14歳未満の幼児と子供の異なった需要を区別していない点も問題である。（5）人間の尊厳に値する最低生活をカバーするために不可避であり、また単に一回限りでなく継続する特別の需要を確保するための給付請求権を規定する規制が第二編に欠けている点も違憲である。判決言い渡し日以降、この欠陥を埋めなければならない[31]。（6）以上から、「抽象的な数値を一方的に当てはめる算定方式」から「包括的な統計手法を用いた信頼性の高い算定方式」に改めるべきである。そして、2010年12月末までに新しい算定方式を提案しなければならない。

3　改正の経緯・内容

　本判決の注目点は、「人間の尊厳にふさわしい最低限の生存を保障する基本権（Grundrecht auf Gewahrleistung eines menschenwürdigen Existenzminimumus)」に言及し、これに基づき本件において合憲性が問われた諸規定を審査すべきことを明言した点である。従来の判例を凝集して新たな基本権と位置づけている点において新奇さが見られる。その具体化にあたっては立法者の裁量を要するとする点において、それほど突飛な考えでもないと指摘されるが[32]、算定方法との観点から違憲と結論づけた点では高く評価される。

　本判決はさまざまな反響を呼んだ。連帯90/緑の党（Bündnis 90/die Grünen）と左翼党（Die Linke)、また労働組合は、基準額を相当程度引き上げることを求めたのに対し、現政権政党であるキリスト教民主同盟/社会同盟（CDU/CSU）及び自民党（FDP）は消極的な対応を採った。本制度策定の中心であった当時の与党の社民党（SPD）はやや抑制的であるが、算定基準の見直しは必要であると表明した[33]。連邦労働社会省は、本判決の付託事項を明確にし、以下の検討を行った[34]。①ドイツにおける下位20％の世帯の収入と支出に基づく基準額の算定及び実情への適応のメカニズムを再検討する。

31　なお立法者は、このための法律上の根拠を定めるために、21条6項（2010年6月3日施行）を新設した。

32　U. Berlit, Paukenschlag mit Kompromisscharakter - zum SGB II -Regelleistungsurteil des Bundesverfassungsgerichts vom 9. Februar 2010, KJ2010, S.147.

33　Vgl., Arbeit und Rechtspolitik, AuR 2010, S.154.

34　連邦労働社会省関連 HP 参照（http://www.bmas.de/portal/47918/2010__09__24__zentrale__informationen__sgb2.html#thema_01〈2010. 10. 01〉)。

②子供及び青少年にとって実際に必要とされ、かつ生活に重要な給付を見出す。その際、すでに基準額に含まれている給付と、これには含まれておらず追加が必要な給付とを区別する。③連邦は、どのような方法に基づき、社会参加と教育給付につき、子供及び青少年の個別の法的請求権を充たすのかを法律に明記する。その趣旨は目的に即して直接子供に給付されることである、と。そして同省は、「基準となる需要の算定及び社会法典第2編・第12編改正法案」を立案して連邦議会に提出した。連邦議会は一定の修正のうえ可決したが（2010年12月3日）、連邦参議院では野党の反対で否決された（12月17日）。政府は両院協議会を開催したが、結局、連邦憲法裁判所が求めた2010年12月末までの改正には至らなかった。

　最終的に改正案が成立するのは2011年2月25日であり（3月29日公布）、違憲判決に関わる規定は1月1日に遡及して施行され、その他は4月1日である。

　連邦憲法裁判所の違憲判決により、求職者基礎保障の基準給付の算定の基礎となっている、生計扶助の基準額の調査は法律によって行うことが求められていた。そのため、従来、生計扶助の基準額を定めていた基準額令を廃止し、第1条（Artikel 1）として新たに「社会法典第12編第28条に規定する基準需要の調査のための法律（基準需要調査法）」を制定した[35]。

　そのほかの主たる改正内容は以下の通りである。（1）新たな算定方式に基づき、基準額を5ユーロ引き上げる（359→364ユーロ。2012年から3ユーロ加算。表2参照）。ここでは、例えばこれまで算定の基礎に含まれていなかったインターネットダウンロード費用などが加えられる一方、自動車、飛行機での旅行、タバコ、アルコール、宝くじなどの費用は除外された。（2）子供に対する社会手当は、基準額の一定割合との従来の算定方式を廃止して改めて統計モデルに従い算定した結果、従前の基準額通りとする。（3）ただしこれを補充するものとして、子供及び青少年は、実費給付としての教育パケットを得る。具体的にはすべての子供は120ユーロ（月10ユーロ）を上限として、スポーツクラブ、放課後の補習授業などへ参加でき、また一学期100ユーロまでの学校教材、そして年30ユーロの学校・託児所での遠足の補助を

35　齋藤純子「最低生活水準とは何か——ドイツの場合」レファレンス728号（2011年）129頁以下参照。

支給される。学校・託児所での昼食費用として、一回２ユーロ補助する。学校で問題のある生徒に対する支援を実施する。

三　実施体制～「混合行政」違憲判決～

　上記の通り、基礎保障は３つの方式で実施されてきた。ここでは、ARGEに対する違憲判決とそれへの対応、及び2010年末までとされた実験条項を含めた評価と2011年以降の実施体制について触れる。

1　ARGE 違憲判決

　連邦憲法裁判所は、2007年12月20日、11の自治体と郡連絡会議（Landkreistag）の提訴につき、以下の通り、ARGE は自治体が自己責任において事務を処理する権利を侵害し、基本法の権限規定に抵触するとの判決[36]を下した。（1）基本法第83条[37]は連邦と諸州間の権限配分を定めるとともに、第28条[38]は州の組織及び自治体の自治を保障している。したがって、連邦と州の行政権限は原則として分離され、そして基本法において規定された場合にのみ、関係機関の同意を得て共同で遂行できる。付与された権限は、独自の人員、独自の資産（Sachmitteln）そして独自の組織でもって遂行されるべきである。例外はまれな場合にのみ、かつ厳格な要件の下で許容される。この原則は連邦と自治体間でも妥当する。（2）本件では例外を許容する特別の事由は存せず、むしろ ARGE を正当化する十分な客観的理由を欠いている。たしかに「１つの手」での基礎保障の実施は、有意義な規制目的である。しかし、これは連邦が独自の行政を通じて実施する、あるいはすべての執行を州に委ねることによっても達成し得る。実際、オプションモデルが導入さ

36　BVerfG vom 20.12.2007, NZS 2008, S.198ff.

37　第83条［連邦と諸州間の権限配分］諸州は、この基本法が別段のことを定め、または認めない限り、その固有の事務として連邦法を執行する。（基本法の訳は、初宿・辻村編『新解説・世界憲法集〔第２版〕』〔三省堂・2010年〕による。）

38　第28条［州の組織及び自治体の自治の保障］（1）（略）
　（2）自治体は、地域的共同体のすべての事項について、法律の範囲内で自らの責任において規律する権利を保障されなければならない。自治体連合も、法律の定める権限の範囲で、法律に基づいて自治を行う権利を有する。自治の保障は、財政上の自己責任の基盤をも包含し、税率設定権を有する市町村に帰属する経済関連の租税財源もこの基盤の一部をなしている。
　（3）連邦は、州の憲法的秩序が基本権ならびに１項及び２項の規定に適合するように保障する。

れており、立法者自身が共同の必要性を認めていない。（3）ARGE は責任の明確さの原則にも反する。というのは、業務執行における組織的人的結合ゆえに、両機関のいずれかへの国家行為の帰責ができなくなるからである。これは、ARGE が連邦ないし自治体のいずれに位置するのかの不明確さと結びついている。責任の帰属の不十分さを表しているのは、特に連邦法と州法の適用に関する不確実性（例、執行法、データ保護）である。さらに作用可能性と責任の帰属に関する不明確さは、ARGE の裁量領域を広げ、これは責任ある機関による十分なコントロールなき自立の危険性を惹起する。（4）以上から、2008年に提出される評価結果を考慮して、2010年末までに基本法に適合する組織に変更しなければならない。

2　政府の対応

　政府は、判決当時に政権の座にあった SPD も協力し、ARGE を廃止するのではなく、基本法を改正してこれを存続させる選択を行った（連邦議会2010年 6 月17日、連邦参議院 7 月 9 日可決）。すなわち、基本法第8a 章（「共同任務と行政の協力（Gemeinschaftsaufgaben, Verwaltungszusammenarbeit）」）において、新たな権限（Zustandigkeit）条項として第91e 条[39]を追加し、ARGEを許容する規定（ 1 項）のみならず、オプションモデルに関する規定も設けた（ 2 項）。そして連邦参議院の同意を得て、連邦法において詳細が決められることになる（ 3 項）。また判決で指摘された問題点を考慮し、透明性と責任を確保するとともに実施主体を比較検証するための法律（「求職者基礎保障の組織の継続発展のための法律」）が制定された。そして69を超える自治体単独実施を可能する規定も設けられた（当面上限110自治体）。さらに少数存在していた分離モデルは廃止され、 2 つのいずれかの方式で行われることに

39　91e 条　（ 1 ）求職者基礎保障における連邦法の執行において、連邦と州ないし州法に基づき権限付与された自治体と自治体連合は、共同機関（gemeinsamen Einrichtungen）において協力して作用し得る。

　（ 2 ）連邦は以下を許容する：制限された数の自治体と自治体連合は、その申請に基づき、かつ上級の州官庁の同意を得て、 1 項の業務を単独で遂行する。行政に要する費用を含めた必要な支出は、連邦が負担する。ただし、 1 項に従った法律の執行において当該支出が連邦において行われる場合に限る。

　（ 3 ）詳細は、連邦参議院の同意を得た上で連邦法が定める。

なった（2012年1月1日本格施行）。

3 評価報告書

　本来であれば ARGE の組織変更が必要であったにもかかわらず基本法改正との選択に至ったのは、ARGE に対する一定の評価に基づくと考えられる。判決でも言及されたが、オプションモデルとの実験条項を設けた際、上記3つの実施体制、特に ARGE とオプションモデルを比較検証し、2008年12月末までに調査・報告することが連邦労働社会省に義務づけられた（第2編第6c 条）。同省は4つの研究機関に評価を委託し、その報告書（「社会法典第2編6c 条による、実験条項評価のための報告書」）が2008年12月18日提出された。委託は、「いずれがより良くなし得ているか。そしてその理由は何か（Wer kann es besser und warum?）」との質問に特化されている。比較検証にあたっては、社会法典第2編第1条の目的（①稼得行為による、支援必要性の克服・減少、②要支援者の稼得能力の維持・改善・再生への貢献）が基準とされた。報告書は膨大であるが、結論をまとめると、「両モデルは、個人レベル及び全体経済的レベルにおける影響において、それぞれさまざまなメリットとデメリットの刻印」がみられ、いずれが優れているとはいえないとされた[40]。すなわち、「ARGE はより迅速であり、紹介でもより即応的である。そしてとりわけ（要支援者の）ニーズを充たす就労への統合を重視し、制裁を通じて支援者の協働と譲歩の心構えを強化しているが、統合のためにより多くの賃金補助を用いている。」他方、オプションモデルは、「稼得での収入と失業手当Ⅱの併用をより頻繁に利用し、全体として社会扶助の伝統に由来するケースマネージメントによって特徴づけられる社会統合戦略～ただしこれは、支援者自身のイニシアティブを弱め、労働市場統合の機会を利用させなくするであろう～を追求している。」[41]。以上から報告書は、多くの点で改善及びさらなる発展の可能性があると指摘したうえで、本評価を「基礎保障制度の中央集権化への訴え」と捉えるべきではなく、むしろ「理念の競争（Wettwerb der Ideen）は基礎保障のさらなる発展に寄与し得る」が、決定的

40　Bericht zur Evaluation der Experimentierklausel nach §6c des Zweiten Buches Sozialgesetzbuch, S.20.

41　Ebenda, S.24.

に重要なのは「透明性と事後検証」であるとする。ここでは「主要な目標の設定（Steurung）～これは恒常的な成果の検証がなされ、かつ志向された目標が達成されない場合には再設定される～の枠内において地方行政自治が保障される制度は、稼得能力ある要支援者の機会の改善にとってもっとも成果を期待させるもの」と強調される[42]。

　法改正によって、オプションモデルの自治体は、4分の1に限定するとされ（第2編6a条）、2013年6月30日時点で105自治体がこれを選択した。

Ⅵ　まとめ

一　三層のセーフティネット

　従前から三層で構成されていたドイツのセーフティネットは、モデルチェンジして失業手当Ⅰ、基礎保障（失業手当Ⅱ）そして社会扶助に再編された。改正前、失業者は失業手当と失業扶助のみならず社会扶助でも受け止められていたが、改正後、失業手当Ⅰとともに基礎保障で受け止められることになり、ターゲットが絞られることになった。ドイツの基礎保障はフランスやイギリスに比較して規模が大きく[43]、失業者をほぼ漏らすことなく対象にする点に特徴があり、これは強調しなければならない。ただし滞留者が多いとの問題を抱えており、その克服が重要な課題といえる。もっとも対象者が長期失業者など労働市場に復帰しにくい者が多く、やむをえない側面もある。求人側と求職側のミスマッチを解消するためにいかなる職業訓練や資格が必要かなどのきめ細かな対策が求められる。また賃金上乗せ受給者（Aufstocker）の占める割合が高いとの特徴があるが、ワーキングプア対策が重要である。

二　最低生活保障レベル

　最低生活の保障は求職者基礎保障の重要な内容であり、連邦憲法裁判所は

42　Ebenda, S.25.
43　ドイツの受給者は477万人（2008年12月）、支給総額424億ユーロ（2008年）に対し、フランスは324,000人（2007年12月）、20億ユーロ（2007年）、イギリスは737,000人、21.3億ポンド（いずれも2007年）である（「ドイツ・フランス・イギリスの失業扶助制度に関する調査」JILPT 資料シリーズ No.70〈2010年5月〉4・5頁参照）。

この点に関して違憲判決を下した。特に従来認められていた社会扶助との併給が禁止されたため、その問題が顕在化したといえる。ただし金額自体ではなく、算定方法の不透明性や特別の需要の請求権の欠如から違憲判断を導いており、やや変則的といえる。しかし、ニーズを重視する姿勢は注目すべきである。政府は期限内に間に合うように法改正を行うとしたが、野党の反対で否決された。たしかに5ユーロの引き上げで十分かには議論があるが、ドイツでも深刻な問題と捉えられている「子供の貧困」との関係では現物給付を通じた教育等の支援は不可欠である。

三　実施主体

　求職者基礎保障の実施主体の1つであるARGEに関して「混合行政」であるとして違憲判決が下され、政府は基本法改正との選択を行った。このため、従前通り、ARGEと自治体単独のオプションモデルが併存することになった（分離型は廃止）。評価報告書によると、それぞれにメリットとデメリットがあるが、デメリットをなくすためにいかなる方策が必要かの実務的に詰めた議論がなされねばならない。改正法は、成果の比較検証も重点事項に挙げているが、それぞれの特性を情報交換して資質向上を図っていく必要がある。

四　最低賃金との関係

　失業手当Ⅱでは賃金への上乗せの占める割合が高い。ワーキングプアの最低生活保障との点からはやむを得ないとしても、雇用労働者の労働条件に関して伝統的に重要な役割を果たしてきた労働協約の機能が低下している現状に鑑みると、法律による最賃規制の充実が不可欠である。

230　第2章　労働市場法改革の動向

第3節　ハルツ改革10年の推移と評価

I　序

　第1節において詳細に論じたハルツ報告の基本理念は、失業者の「自助努力を呼び起こし、かつ保障を約束する」ことである。労働市場政策は、適切かつ個々人の生活状況と潜在能力に向けられた措置を通じて、稼得能力を維持、改善あるいは再生することを課題とし、このためには、関係雇用機関による、多層の就労促進策が不可欠であるとともに、こうした措置への失業者の積極的な参加と求職の努力が求められる。ハルツ報告に基づき、第一次から第四次までの四つの「ハルツ法」や労働市場改革法等が制定された。その主要内容は以下の通りである。①積極的労働市場政策のための手段の改革、②失業者に対する社会的給付における諸制限、③雇用局の現代化、④「支援と要請」による、失業者の包括的な活性化への移行、⑤稼得能力ある者に対する失業扶助と社会扶助の統合・求職者のための基礎保障の制度化、⑥派遣労働、有期雇用そして些少労働（ミニ・ミディジョブ）のような柔軟な雇用形態の拡大。

　ハルツ改革開始後10年が経過したが[1]、この間、多くの改正がなされた。とりわけ注目を集めたのは、ハルツ第四次法で実施された大胆な改革である。すなわち、失業扶助と社会扶助（の一部）を統合して「求職者のための基礎保障」制度（失業手当II）を導入したが、成人及び子供への「一括化」された基準給付が「社会的文化的最低限度の生活」を満たしていないとの訴訟が提起され、基準額を算出する統計モデルの構成原則から逸脱しているとして違憲判決が下された。このため、基準額の変更などを余儀なくされる。また、

1　ハルツ改革関連法律の施行日は以下の通りである。①ハルツ第一次及び第二次法・2003年1月1日・4月1日、②ハルツ第三次法・2004年1月1日、③労働市場改革法・2004年1月1日、④ハルツ第四次法・2005年1月1日（経過規定あり）。

社会法典第2編に定める各種の給付（求職者の基礎保障等）に関する担当機関である（地方）雇用エージェンシーと自治体との事務共同機関（Arbeitsgemeinschaft.ARGE）についても違憲判決が下されたのを受けて、基本法改正がなされた（詳細は本章第2節参照）。このほかにも、中間評価や連立政権協定などに基づき、見直された諸施策が少なくない。本節では、まずこうした諸改正の動向を概観する。次に、これを踏まえて10年間の労働市場改革立法の評価を行いたい。

　この間の大きな変化は、大量失業者の減少である。2000年代初頭の失業者は約500万人であり、ドイツは「欧州の病人」と揶揄されたが、300万人弱にまで減り、これは、経済状況の好転などの要因があるとしても、労働市場改革の積極面といえる。他方、雇用形態の柔軟化や協約規制力の低下が進み、低賃金労働者が増加する傾向が見られ、また長期失業者はそれほど減少していないとの負の側面も指摘されている。いずれにしても、高い労働・生活条件を重視したドイツ社会モデルないし伝統的規制システムが変容しつつあることは確かであろう。こうした点も検討したい。

Ⅱ　改正の概要と背景

一　概要

　ハルツ四法及び労働市場改革法の制定以降の主要な改正を、一括法（Paketgesetz）を中心に概観しておこう[2]。

（1）「労働市場政策手段の新方向に関する法律（Gesetz zur Neuausrichtung der arbeitsmarktpolitischen Instrumente）」（2008年12月21日施行）は、効果的かつ効率的な職業紹介、及び効果のない、ないし利用されない措置の廃止等を内容とする。

（2）「求職者基礎保障の組織の継続発展のための法律（Gesetz zur Weiterentwicklung der Organisation der Grundsicherung für Arbeitsuchende）」

2　Vgl., G.Bäcker und das Team von sozialpolitik-aktuell, Dauerbaustelle Sozialstaat-Chronologie gesetzlicher Neuregelungen in der Sozialpolitik 1998-2016.（http://www.sozialpolitik-aktuell. de/tl_files/sozialpolitik-aktuell/_gesetze_und_neuregelungen/Dauerbaustelle_1998_2016.pdf 〈2017/03/10〉.)

232　第2章　労働市場法改革の動向

（2011年1月1日施行）は、雇用エージェンシーと地方自治体との事務共同機関を違憲とする連邦憲法裁判所判決（2007年12月20日）を受けて、基本法を改正する法律（91e条改正）（2010年7月27日施行）とともに、事務共同機関を原則とすることを定める。

（3）「基準需要の発見及び社会法典第2編・12編改正法 Gesetz zur Ermittlung von Regelbedarfen und zur Änderung des Zweiten und Zwölften Buches Sozialgesetzbuch」」（2011年1月1日施行、一部例外あり）は、基礎保障の基準額算定方法を違憲とする連邦憲法裁判所判決（2010年2月9日）を受けて、新たな算定方法を定める。

（4）「労働市場におけるより良き就労機会のための法（Gesetz für bessere Beschäftigungschancen am Arbeitsmarkt – Beschäftigungschancengesetz）」（2011年1月1日施行）は、中高齢労働者や若年労働者の就労促進策と継続（再）職業訓練に関する措置の期限の延長等を内容とする。

（5）「労働市場への参入機会改善のための法律（Gesetz zur Verbesserung der Eingliederungschancen am Arbeitsmarkt）」（2011年4月1日施行、一部例外あり）は、特に第一労働市場（社会保険加入義務のある就労）への、失業者の参入をめざして、有効かつ効率的な労働市場政策と財源投入等を目的とする。

（6）改正労働者派遣法（2011・12・1施行、2017年4月1日施行）は、派遣労働における最賃制度の導入、濫用の防止、均等処遇の強化等を目的とする。

二　改正の背景

　こうした改正には、上記違憲判決や社会・経済・財政事情などさまざまな要因と背景を指摘できるが、ここでは、主要な改正を導いたハルツ改革検証報告及び連立協定を取り上げておく。

1　「労働市場における現代的サービスの効果に関する報告書」[3]（2006年12月）

　2002年12月、ドイツ連邦議会は、連邦政府に対して、ハルツ委員会報告に基づく改革の評価を3年後に公表することを求めた。連邦政府は、中間報告を公表した後、2006年12月、「労働市場における現代的サービスの効果に関

3　Bericht 2006 der Bundesregierung zur Wirksamkeit moderner Dienstleistungen am Arbeitsmarkt, DBT-Drs. 16/3982.

する報告書」（以下、「2006年報告書」と略す）を発表する。これは、ハルツ第一次法〜第三次法を対象にしており、第四次法で導入された求職者基礎保障（失業手当Ⅱ）は取り上げられていない。

「2006年報告書」は、20以上の著名な研究機関への委託による検証結果を基礎にした大分な内容であり、連邦雇用エージェンシー改組の評価から、労働市場政策及び就労政策の新機軸（私株式会社、職業紹介の委託、人材サービス機関、ミニ・ミディジョブなど）を包括的かつ詳細に分析し、その後の政策形成に大きな影響を与えることになる。「2006年報告書」は、①連邦雇用エージェンシーの改革・再編、②職業向上訓練、③参入助成金、④起業支援、⑤職業紹介クーポン、⑥失業給付の停止期間、⑦早期通知義務、⑧移行操短手当及び移行措置、⑨第三者への職業紹介の委託、⑩参入措置の委託、⑪人材サービス機関（PSA）、⑫雇用創出措置（ABM）、⑬中高齢労働者のための報酬保障、⑭ミニ・ミディジョブなどに分けて分析する。大半の政策は肯定的に評価されているが、PSAとABMに対しては否定的である。その内容は、下記Ⅲの関連政策の中で紹介する。

2　連立協定

2005年9月に実施された連邦議会選挙の結果、社会民主党（SPD）と同盟90/緑の党（Bündnis 90/die Grünen）の連立政権に代わり、SPD及びキリスト教民主同盟/キリスト教社会同盟（CDU/CSU）の大連立政権が成立し、メルケル首相が選出された。連立協定は、労働市場改革に関して、若年者及び中高年者雇用対策、失業手当Ⅱの給付額の東西統一（東ドイツ地域の基準額の引き上げ）、起業助成金の再編、新規採用における、解雇規制法の適用除外となる勤続期間の引上げ（6ヵ月から12ヵ月）などを盛り込んだ。その後、2009年の連邦議会選挙後に成立したのは、CDU/CSUと自由民主党（FDP）との保守連立政権である。その連立協定では、失業政策と失業手当Ⅱの効率化のための組織見直しやミニジョブから正規雇用への刺激策などが合意された。2013年、再度、大連立政権が発足した。連立協定には、法定最賃の導入や労働者派遣の規制強化などが挙げられている。

234　第2章　労働市場法改革の動向

Ⅲ　主な改正内容

一　組織再編

　ハルツ第3次法では、「連邦雇用庁（Bundesanstalt für Arbeit）」を「連邦雇用エージェンシー（Bundesagentur für Arbeit）」と改称したうえで、サービス提供能力を高め、かつ顧客本位のサービス提供機関に再編成された。また地方の「雇用局（Arbeitsamt）」も「雇用エージェンシー（Agentur für Arbeit）」に改められた。

　連邦雇用庁による、職業紹介事業の不正統計がハルツ改革の発端であるが、「2006年報告書」は、再編後の連邦雇用エージェンシーを、実効性、効率性及び透明性が格段に向上したと評価する。他方、職業紹介は、ハルツ改革によって、雇用エージェンシーのほか、自治体及び民間委託によって実施されている。求職者基礎保障の実施体制（「混合行政」）の違憲判決に基づき担当機関の整備が図られ、事務共同機関型（ARGE）が増加している（下記三（3）参照）。

二　失業手当Ⅰの改革

　失業手当は、ハルツ第四次法における失業手当Ⅱの制度化に伴い失業手当Ⅰと改称され、その給付額及び受給要件の厳格化が図られた（社会法典第3編参照）。労働市場改革法（2006年）において、失業手当受給期間が大幅に短縮される。旧規定では、最長32ヵ月間（保険加入期間64ヵ月以上で57歳以上の場合）であったのが、同18ヵ月（同36ヵ月以上で45歳以上の場合）に短縮された。なお、2008年改正では保険加入期間30ヵ月で50歳以上の失業者15ヵ月、同36ヵ月55歳以上18ヵ月、48ヵ月で58歳以上24ヵ月に延長されている（第3編第147条）。こうした短縮措置の目的は、財政面のほか、安易な失業を防止し、従前よりも賃金が安い仕事であってもこれを受け入れることを強める点にある。

第3節 ハルツ改革10年の推移と評価 235

三 求職者のための基礎保障～失業扶助と社会扶助の一部の統合（ハルツ第四次法）～

（1）従前、失業者は、失業手当、失業扶助手当のほか、社会扶助手当（日本では生活保護に相当）も受給する場合があり、行政の重複、財政負担などさまざまな問題が生じていた。このため、これらを整理して、失業手当Ⅰのほか、失業扶助と社会扶助の一部を統合した失業手当Ⅱが制度化された（社会法典第2編参照）（2005年1月1日施行）。稼得能力ある要支援者は、①サービス給付（就労促進のための情報、助言等）、②要支援者及びその生計を共にする者の生活確保のための金銭給付、③現物（実費）給付（自治体支給の暖房費、住居費等）を受けることになる。

　求職者のための基礎保障制度は、「連邦共和国の歴史における最大の社会改革」と特徴づけられている。というのは、「連邦と自治体それぞれが有する権限と財政責任を伴う、歴史的に生成され、分離された二つの社会制度を、新たに統一された組織、給付そして財政制度に転換させた」からである。具体的には、約600万人が直接影響を受け、またすべての自治体とジョブセンターの業務と関わり、400億ユーロの支出に関連している[4]。それだけに、制度発足後も多くの見直し・改正がなされることになる[5]。

（2）制度導入後、社会扶助受給者は激減（293万人〈2004年〉から27万人〈2005年〉）する一方、失業手当Ⅱのそれは500万人前後に達する。社会扶助を受給していた失業者が失業手当Ⅱに統合された点で改正の目的は達成されたといえるが、当初見込みよりも財政負担が増加することになった[6]。このため、2006年に負担軽減に重点を置いた改正（求職者基礎保障発展継続のための法律・2006年8月1日施行）がなされた。具体的には、制裁が厳格化され（①期待可能な就労の受け入れ拒否の場合、基準給付を60％に引き下げる、②3回拒否した場合、すべての給付請求権を失うなど）、あるいは受給資格のない者の不正

4　G.Bäcker/G.Bosch/C.Weinkopf, Die Arbeitsmarktpolitik der letzten Jahre und die Hartz-Gesetze: Rückblick und Bewertung, IAQ 2011, S.16.

5　改正を概観したものとして、J.Münder (Hrsg.), Sozialgesetzbuch Ⅱ 5.Aufl., Nomos, 2013, S.36ff. (Münder).

6　2006年7月1日以降、基準給付の東西ドイツ統一（東地域の引き上げ・345ユーロ）及び需要共同体への子供の算入の拡大（未成年者のみならず、25歳未満の子供を含める）がなされ、財政の増加をもたらした。

受給防止のためのチェック手続の厳格化などである。2007年から2009年の多くの改正は、財政負担の軽減のみならず、社会法典第３編などとの整合性もめざしている（例、要支援者に対する就労促進措置や要件の妥当性）。

（３）二つの違憲判決に基づく包括的かつ抜本的な改正は、2009年から2013年にかけてなされる。

（A）「混合行政」違憲判決（連邦憲法裁判所2007年12月20日）

　第２編に定める各種給付の実施主体は、①雇用エージェンシー（就職促進、生活確保のための給付等）と自治体（暖房費、住居費、子供の養育のために給付等）の分離型、②事務共同機関型（ARGE）、③自治体単独型（オプションモデル）の３つが併存する。違憲判決が下されたのは② ARGE である。連邦と諸州関の権限分配を定めた基本法第83条、及び州の組織と自治体の自治を保障している第28条に鑑みると、連邦と州の行政権限が分離されていないため、違憲と判断されたのである。政府は、ARGE を廃止するのではなく、基本法を改正（第91e 条追加）してこれを存続させる選択を行った（求職者基礎保障の組織の継続発展のための法・2011年１月１日施行）。また③自治体単独型を69に制限する規定を廃止してこれを超えることも可能になり、少数しか存在しなかった①分離型は廃止された。事務共同機関型及び自治体単独型は、「ジョブセンター」と改称され〈第２編第6d 条〉）、３対１（303、104）の割合である（2017年３月）[7]。

（B）基準給付違憲判決（連邦憲法裁判所2010年２月９日）

　失業手当Ⅱでは、従前の社会扶助において１回限りの給付として支給されていたすべての需要は、一部を除き基準給付に含まれることになった（「一括化」）。連邦憲法裁判所は、一括化された基準給付が基本法に適合する算出方法でなく、人間の尊厳に値するような「社会的文化的最低限の生活」に合致しない点で違憲と判断した。これを受けて成立したのが「基準需要の発見及び社会法典第２編・第12編改正法」であるが、与野党間での対立から2011年３月29日に可決され、同年１月１日に遡って施行されることになった。ここでは、基準額・社会手当とともに、年齢別の需要（食糧、服装、教育費等）

7　https://statistik.arbeitsagentur.de/nn_10278/Statischer-Content/Grundlagen/Regionale-Gliederungen/Gebietsstruktur-Traeger-Grundsicherung/Gebietsstruktur-Traeger-Grundsicherung.html〈2017/ 7 / 1 〉.

の金額が定められる。また、基準給付額の定期的な引き上げがなされている[8]。

四　就労促進

1　起業助成制度

　第二次ハルツ法は、それまで実施されてきた起業支援手当（Überbrückungsgeld）と同種の起業助成制度として、起業助成金制度（Existenzzuschuss）（「私株式会社・Ich-AG）」とも呼ばれる。）を設けて、失業者の自営業者化を進めた。

　「2006年報告書」では、「私株式会社」及び起業支援手当は、失業終了の機会を高めるのに相応しい手段として肯定的に評価されている。2004年、連邦雇用エージェンシーによって35万の起業が支援されたが、48％が「私株式会社」を利用し、継続率も高かった。他方、起業支援手当も継続して増加していたので、目的を明確化させるとともに、コストの効率化を図るべきであると指摘した。そして、両制度は同一の目的を有するので、統合してそれぞれの積極的な点を継承し、さらに発展すべきであるとされた。

　2006年改正では、両制度を統合して、新たな「創業助成金（Gründungszuschuss）」が導入された。これは、大連立政権発足（2005年11月）に伴う連立協定でも取り上げられていたが、透明性と監視の強化ともに労働行政の効率化との趣旨がある[9]。改正によって、副業ではなく、独立した主たる業務としての起業を目指す者を対象とし、助成金は、最初の9ヵ月間は、最後に受給した失業給付Ⅰと同額並びに社会保険料相当額（300ユーロ）が支給される。積極的に起業を行い、本業としていることが証明されるならば、さらに6ヵ月間、300ユーロが支給される。そして、これは、「請求権」との位置づけがされていたが（第3編旧第57・58条）、2011年改正において、完全な裁量に変更された。また最初の助成期間は6ヵ月に短縮された（第93・94条参照）。

　なお、失業手当Ⅱの対象者に関して「入職手当（Einstiegsgeld）」が存する。これは、ハルツ第四次法によって導入され、起業のみならず、雇用（社会保険加入義務のある労働）にも適用されるが、ほとんどが前者とされる[10]。入職

8　詳細は、本章第2節Ⅴ二参照。

9　J.Brand（Hrsg.）, SGB Ⅲ 6.Aufl., C.H.Beck, 2012, S.320（Hassel）.

238 第2章 労働市場法改革の動向

手当は、ジョブセンターの裁量によって支給が決められ、最長24ヵ月である。給付額の算定にあたって、失業期間と需要共同体の構成員数が考慮され、単身者対象の失業手当Ⅱの基準額を超えることはない（社会法典第2編第16b条）。

2 就労助成制度

失業者その他の就労困難者の就職を促進するための制度として、使用者ないし労働者に対する賃金助成は、ハルツ改革以前から存在していたが、ハルツ第三次法（2004年1月1日施行）のそれは、「就職障壁のある労働者」として就職困難者や障害者などを対象にする。「2006年報告書」では、この助成制度は、もっとも重要かつ成功した労働市場措置であり、社会保険加入義務のある就労は、他の制度に比べて明らかに改善されたと評価されている。他方、失業中ないし失業のおそれがある中高齢労働者（50歳以上）が社会保険加入義務のある職に就き、従前よりも報酬が減少する場合、差額の50％を給付する「報酬保障制度（Entgeltsicherung）」は、成果を上げていないとされた。

その後、数回の改正を経て、第3編第88条・89条では、「就職（採用）助成金（Eingliederungszuschuss）」として、本人に内在する事情によりその仲介が困難な労働者を採用した使用者に対して、最高50％の賃金相当分と社会保険料の使用者負担分が支給される（最長12ヵ月間）。対象労働者は、旧規定での55歳以上のように明確に定められておらず、関連する諸事情を考慮して決められる。したがって若年労働者も対象となるが、1年以上の長期失業だけでは不十分とされる[11]。障害者・重度障害者にも同様の規定が設けられ、70％を上限とし、最長24ヵ月である（第90条）。なお、報酬保障制度は、2013年末に給付が停止された（第417条7項）。

五 ミニジョブ・ミディジョブ

些少労働と呼ばれていた短時間就労は、ハルツ改革において2003年4月以降ミニジョブと名称を変え失業を克服する手段として、その範囲を拡大・推進されることになる。月額400ユーロ以下（2003年以前は325ユーロ）の賃金の労働者は、社会保険料の拠出義務を免れる。使用者は、2006年7月以降、

10　R.Hoenig/G.Kuhn-Zuber, Recht der Grundsicherung, Nomos, 2012, S.115.

11　Brand（Hrsg.）, a.a.O.（Fn.9）, S.299f（Hassel）.

賃金の30％（それ以前は25％。疾病保険に13％、年金保険に15％、そして２％の税金）を支払っている。ミニジョブと併せて導入されたミディジョブの使用者負担割合はミニジョブよりは低く、他方、労働者は一定割合を負担する[12]。ミディジョブの目的は、闇労働の撲滅とともに、社会保険料を免除されたミニジョブと労働者がこれを負担する通常の就労との中間形態として、労働者にとってより魅力的な制度とし、失業者の士気を高めて再び通常の就労につなげることである。また社会保険料の支払いを通じて、財政の健全化も目指されている。

　「2006年報告書」では、ミニジョブ改革は、ドイツ労働市場の柔軟化に相当程度貢献したと評価する。2006年６月、680万人に達し、改革前（2003年３月末）に比較して260万人増加している。他方、こうした就労形態は、失業者にとって、完全に社会保険加入義務のある就労の橋渡しとなっていない側面もある。またミディジョブは、ミニジョブほど知られていない。全体としての評価は、労働市場は、以前よりも柔軟化され、また一定の就労分野において新たな就労の可能性が開かれたが、失業克服にはあまり貢献していないとされる。

　2016年６月時点でミニジョブ就労者は約780万に達しており、増加傾向が続いている。

　2013年１月から、ミニジョブ及びミディジョブの上限が50ユーロ引き上げられ、450ユーロ及び850ユーロとなった。同時に、ミニジョブ従事者にこれまで免除されていた社会保険料の内、年金保険料に限り、原則として労働者に拠出が義務づけられた。これによって、年金受給請求権を有することになる。ただし、使用者に書面で免除の希望を伝えれば、義務を負わない。上限引上げの理由は、2003年以降の賃金及びこれに伴う年金保険算定基礎が約10％上昇したので、これに適合させるためである。

六　職業紹介事業

1　公共職業紹介

　ハルツ改革の契機は、連邦雇用庁における職業紹介統計の重大なミスであ

12　第１章第３節二参照。

り、その改革が緊急の課題となる。職業紹介事業に関するハルツ報告の具体的提案は、①顧客（求職者と使用者）に対するサービスの改善〜ジョブセンターの設置〜、及び②家族にやさしい迅速な職業紹介と職業紹介のスピードの向上である。これは、連邦雇用庁のサービス提供能力の向上、及び顧客本位のサービス提供機関への再編成等を目的とするハルツ第三次法において主として実施される。連邦雇用庁と雇用局を、それぞれ連邦雇用エージェンシー、（地方）雇用エージェンシーに名称変更するのみならず、「未来の顧客サービス（Kundenzentrum der Zukunft）」モデルに基づき、ワンストップサービス、顧客本位の紹介業務などが実現された。

2　人材サービス機関（Personal Service Agenturen.PSA）

　PSA は、ハルツ報告では、失業克服のための「中核」をなすものとして提案され、ハルツ第一次法において導入された機関であった。雇用エージェンシーに少なくとも１つ設置され、その業務は、失業者を第一労働市場での雇用につなげるために労働者派遣を行うこと、及び派遣されない期間中、職業資格取得のための職業訓練を行うことである。「第一労働市場」への編入がめざされ、「臨時から継続へ」が重要な目標とされた。PSA は、派遣会社への委託を原則とし、適切な派遣会社が存しない場合、雇用エージェンシー自らが設立する。失業者は PSA に有期雇用されるが、2005年以降、少なくとも６ヵ月間とされた。

　「2006年報告書」では、PSA に対して否定的な評価が下された。発足当初（2003年）、PSA 雇用者は５万人が想定されたが、実際にはこれを下回り、2005年平均では約17000人にすぎない。失業者に対する第一労働市場への参入の機会の向上との点では成功した制度とはいえず、2003年と2004年の分析では、PSA での就労者は、他の失業者に比べて、遅く就職している。ただし、一部の地域では成功している点を考慮して、2005年６月１日以降、PSA の設置義務がなくなり、任意設立となった。そして、2009年初めに廃止された（2008年「労働市場政策手段の新方向に関する法律」による）。

3　民間職業紹介〜職業紹介クーポン・民間事業者委託制度〜

　職業紹介クーポン（Vermittlungsgutshein）は、失業３ヵ月間において２ヵ

月間職業紹介を受けていない失業者、あるいは ABM 就労者などの求職者が自己の選択する民間事業者に職業紹介を依頼する制度であり、民間事業者への委託は、雇用エージェンシーが実施する。いずれも2002年3月に導入された（旧第421g条等）。「2006年報告書」では、仲介業務の開放は、求職者の参入を改善しなかったので、2003年初頭以降、雇用エージェンシーが参入措置を有する担い手に委託し、自由にこれを行わせることにした。それは肯定的な結果をもたらし、参入の機会が改善されたと評価されている。職業紹介クーポンは、「活性化・紹介クーポン（Aktivierungs- und Vermittlungsgutshein）」として、一定の資格要件を有する民間事業者を対象にする制度として存続する（第45条4項）。

4 早期通知義務

　ハルツ第1次法では、労働者が労働関係の終了時点を知った場合、遅滞なく自ら、雇用エージェンシー（雇用局）に求職を通知する義務が課され、これが遅れると失業手当の減額を伴う制裁がなされた。この趣旨は、早期の再就職のために必要な措置を講じ、失業及び失業手当の給付を回避する点にある。

　しかし、「2006年報告書」では、①職業訓練のための休暇を取る権利が保障されていない、②求職者数の増加のため相談員が十分に対応できないなどの理由で、想定された効果が上がらず、2005年にスムーズに移行できたのは7.5%にすぎなかった。このため、上記2008年新方向法律で改正され、職業訓練関係終了など同様の制度の統一とあわせて、すべての労働関係の終了を対象として、労働関係終了3ヵ月前までの通知に変更された（2009年1月1日施行）。

七 職業能力向上訓練

　ドイツの職業訓練はデュアルシステムとして有名であり、職業資格は、就職や賃金の格付けにおいて重要な意義を有する。現行の職業訓練法（1969年制定）は、社会的に確立した制度を法的に追認したものである。ハルツ第一次法では、職業訓練クーポン制度が導入され、労働者自らが希望する職業訓練の受講が可能となった。ただし、これは、個別の労働市場への参入予測に

242 第2章 労働市場法改革の動向

基づき、向上訓練によって就労の可能性が高まる場合に実施され、失業者に訓練クーポンが与えられる。またそれは、職にとどまる予測率が最低でも70％なければ許容されない。「2006年報告」は、こうした制限は向上訓練を得た者の参入の機会を高めていると評価する。なお、向上訓練の対象者は、相当減少しているとされる。

在学時を含めてさまざまなレベルや時期において職業訓練は実施されているが、継続（再）職業訓練は、無資格者ないし低資格者や企業のニーズにあった資格を有しない者に関して、失業克服のために特に重要視されている（第3編第81条以下）。

八　雇用創出

社会保険加入義務のある就労を対象とする第一労働市場に対し、公的資金により創出される就労を対象とするのを第二労働市場と呼ぶ。こうした雇用によって就労意欲を維持し、第一労働市場への橋渡しが目的とされる。ハルツ第三次法では、社会法典第3編に規定された構造調整措置（Strukturanpassungsmaßnahmen, SAM）と雇用創出措置（Arbeitsbeschaffungsmaßnahme, ABM）が統合され、後者のみとなった。その後、ABM就労者が減り（2010年12月時点で約1000人）、また社会保険加入義務のある就労の実績にも否定的な評価が下され[13]、2012年に廃止された（「労働市場への参入機会改善のための法律」）。この結果、現在実施されているのは、第2編における基礎保障受給者を対象にする公的支援就労（öffentliche geförderte Beschäftigung）のみである。

従前、社会扶助法においてこうした就労が促進されていたが、ハルツ第四次法において、同種の制度が採り入れられた。これには、経費支給型と報酬支払型の二つがあり、前者は、給付される経費がほとんど1ユーロであるので、「1ユーロジョブ」と呼ばれる。これらは、2012年改正において再編され、支出増の補償を伴う就労機会（Arbeitsgelegenheit mit Mehraufwandsentschäding, 第16d条）と賃金補助による労働関係の促進（Förderung von Arbeitsverlältnissen, 第16e条）とされた。両措置とも、就職の困難な者を対象とし、目的は、就労能力を生み出し、維持ないし再生することである。当該措置に留まるとの誤

13　Vgl., Entwurf eines Gesetzes zur Verbesserung der Eingliederungschancen am Arbeitsmarkt, BT-Drs. 17/6277, S.109.

った刺激を回避するために、第一労働市場への参入を促進する措置（職業訓練・紹介等）を優先して統合を目指すとする。

九　労働法制の規制緩和・強化

　ハルツ第一次法において、労働市場を柔軟化し、雇用を促進する目的で、いくつかの労働法制が緩和された。第一に、非適用事業所の拡大（第23条）などの解雇制限法の改正である。第二に、有期労働契約締結の簡易化であり、その締結が許容される例外が拡大され、①企業設立後4年間に限って何回でも更新でき、また②合理的理由がなくても雇用できる年齢を58歳以上から52歳以上に引き下げた。第三に、労働者派遣法は、規制緩和のみならず強化も併せてなされている。すなわち、派遣期間の上限（24ヵ月）の撤廃や派遣労働特有の有期契約禁止の解除等がなされる一方、派遣先労働者との均等待遇原則の適用は、従前の12ヵ月を超えたときから派遣当初に改正された。ただし、労働協約による逸脱が可能との例外も設けられた（2003年1月1日施行）。その後、派遣労働者の低賃金解消のために、最賃制度が導入されるとともに、常用雇用の代替防止のために「一時的利用」の文言が追加された（2012年1月1日施行）。さらに、派遣会社に労働者を移籍して同じ職場に派遣労働者として就労させるとの「回転ドア」と称される問題などが発生し、以下の規制強化がなされる（2017年4月1日施行）。①派遣期間の上限を再度18ヵ月に制限するが、派遣先業種の労働協約当事者の労働協約等による例外的逸脱を許容する。②派遣当初からの均等待遇原則につき、労働協約による逸脱が許容されると十分な実効性がない点を考慮し、賃金に関しては、その逸脱を派遣から9ヵ月以内に制限し、これを超えて逸脱するには、派遣から15ヵ月以内に、協約上同価値とみなされる賃金が規定されるとともに、6週間以内に引き上げなければならない。③ストライキの代替労働力としての派遣労働者利用を禁止する。④偽装請負や外見上の「自営業者」の濫用防止のため、労働者概念の明確化、従業員代表委員会への情報提供義務、派遣労働者であることの明確化などを行う[14]。

14　ドイツ労働者派遣法に関しては、高橋賢司『労働者派遣法の研究』（中央経済社・2015年）第3章「ドイツ法における労働者派遣」が詳しい。

244 第2章 労働市場法改革の動向

Ⅳ　総括

　ハルツ改革の契機は職業紹介の偽装統計であるが、その目的は大量失業問題の克服であり、組織再編も含め、トータルな労働市場改革がめざされた。第1節においてハルツ改革を中心とする労働市場改革法の検討、第2節では、改革において特に重要な意義を有するハルツ第四次法をめぐる動向、そして本節では、ハルツ法等施行後の改正の動向を論じた。最後に、労働市場法改革の評価を行いたい。

　筆者は、第1節執筆時において、一連の改革の評価に関して、以下の点を指摘した[15]。①生活保障に重点を置いていた社会国家政策の変化、②就労政策による失業克服の成否、③労働法・社会（保障）法分野の法改正の目的達成の有無、④組織再編の成果、⑤EUとの関係、⑥職業紹介制度の改編の成否。これらすべてに直接的に答えることは困難であるが、こうした課題を意識しつつ総括的評価を行いたい。

一　大量失業の克服と課題

　10年間の大きな成果とされるのは、失業者数の大幅な減少である。「欧州の病人」と揶揄されたドイツの労働市場は劇的に改善し、「雇用の奇跡（Job Wunder）」と称賛されている。

　ハルツ報告において、3年以内に失業者を200万人減少させるとの、ハードルの高い目標が設定されたのは、500万人近くの大量の失業者（2005年）が存在したためである。この実現には至らなかったとはいえ、失業者は、リーマンショック直後（2009年）の増加を除き、徐々に減少して、2015年は約280万人であり、1991年以降で最も少なくなっている。他方、就労者（Erwerbstätige。労働者と自営業者）は2005年と比較して約370万人（4300万人）、社会保険加入義務ある就労者は約440万人（約3077万人）増加している（図1参照）[16]。これは、ドイツ統一後、一番よい数字である。EUROSTAT（EU統計局）[17]によると、EU諸国内での失業率の平均は8.5%であるが、ドイツ

15　本章第1節「Ⅷ　総括」参照。

16　Arbeitsmarkt 2015, S.59.

図1 社会保険加入義務ある就労者と失業者の推移

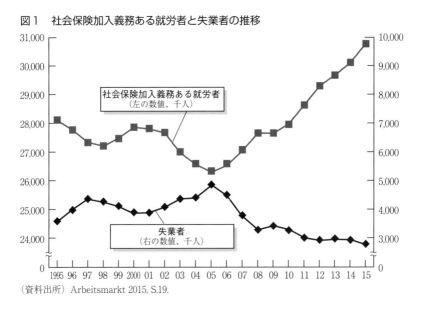

（資料出所）Arbeitsmarkt 2015, S.19.

は4.1％であり、半分以下である（2016年）。また若者の失業率が低いのも特徴的である。若年者（15～25歳未満）の失業率は、6.6％であり、EU平均（18.1％）よりも相当低い（2016年12月）。さらに、長期失業者が減少するとの成果も見られる。この要因としては、好調な経済事情・輸出増とともに、「労働市場の柔軟化」、及び職業紹介機能の改善が挙げられる。いうまでもなく、後者はハルツ改革と関連しており、この点で失業率の低下及び就労者の増加は、その成果であると強調される[18]。

他方、労働者の状況を立ち入って検討すると、なお解決すべき課題が浮上する[19]。第一に、東西での失業率（自営業者、家族従事者を含めた就業者での割合）は、9.2％と5.7％であり（2015年）、両方とも減少しているが、相変わらず格差が見られる点である。第二に、1年以上の長期失業者は、2012年には、ピークである2006年に180万人を超えていたが、急激に減少して2011年約100万人である。ただし、それ以降、横ばい状況が続いている。その大半

---

17 http://ec.europa.eu/eurostat/web/lfs/data/main-tables〈2017/07/01〉
18 Sachverständigenrat – Jahresgutachten 2015/16, S228.
19 Vgl., Arbeitsmarkt 2015(Fn.16), S.18ff.

は、基礎保障受給者（失業手当Ⅱ）である。第3に、失業者中の失業手当Ⅱの受給者は69%であるのに対して、失業手当Ⅰの受給者は31%である。すなわち、失業手当Ⅱの受給者が増加しており、就職困難者が滞留傾向にあることを窺わせる。第四に、従前の賃金を基準とする給付の失業手当と失業扶助制度は、失業手当Ⅰと失業手当Ⅱに改編され、前者は受給期間が短縮され、後者は、社会扶助の給付水準に減額された。これは、就労促進、場合によっては不利な労働条件の就労へ導く効果とともに、転職を抑止して労働市場の流動性を弱め、活性化と柔軟化との改革の目的に矛盾する側面も有するとの指摘もなされている[20]。第五に、低賃金労働者が増加している点である。これは論争のある点なので、後に詳しく述べることにする。

二　失業中の生活保障の変容

1　抜本的な制度改革の実現

　ハルツ改革以前は、失業者に対する生活保障として失業手当及び失業扶助手当制度が存し、社会保障法の領域に属する社会扶助とは区別されていた。しかし、現実には、最後のセーフティーネットとしての社会扶助に大量の失業者が入り込むことになり、この点で混在した状況にあった。ハルツ改革は労働市場改革の側面が強いが、社会扶助改革も含めた再編につながったのには必然性があったといえよう。すなわち、ハルツ改革は、労働市場改革—社会扶助改革—行財政改革との性格を有する。

　この中心となるのがハルツ第四次法である。失業手当Ⅰと失業手当Ⅱへの再編の結果、失業状態にある社会扶助受給者が失業手当Ⅱに移行したため、社会扶助受給者は激減し、再編の目的は達成された（第2節表3参照）。

　たしかに、稼得能力の有無を基準にして、これを有する場合には失業手当ⅠないしⅡ、有しない場合には社会扶助の対象とするのは、両制度の目的が異なる以上、肯定的に評価すべきであろう。問題なのは、①失業手当Ⅰ及びⅡの給付水準、②失業手当Ⅱの対象者の多様性、③労働市場への回帰である。以下、検討する。

20　M.Knuth, Zehn Jahre Grundsicherung fur Arbeitssuchende, IAQ Standpunkt 01/2015, S.2.

2 社会的文化的な生存保障

　（旧）失業手当と失業手当Ⅰの給付水準は変わらないが、受給期間が大幅に短縮された（最長32ヵ月から18ヵ月。その後24ヵ月に延長）。これには、適職選択を困難にするとの批判がある一方で、失業からの脱却を促進するとの肯定的評価が見られる。議論が多いのは失業手当Ⅱである。失業扶助では賃金額を基準として算定されたが（子供がいない場合53％、いる場合57％）、失業手当Ⅱでは社会扶助と同額となった。このため、不平等不公正な制度であり、長期間就労しても、失業手当Ⅱの受給では同額になるとの批判は当初から存在した。この評価は立場によって異なるが、失業手当Ⅱは税金が原資となっており、やむを得ない側面を有する。また、その目的は、「要支援」に焦点が合わされており、必ずしも失業給付ではないが[21]、「基本扶助（Grundvorsorgung）」とともに、「社会とのかかわり及び文化的生活への関与（Beziehungen zur Umwelt und eine Teilnahme am kulturellen Leben）」の維持も考慮されねばならないと規定されていた（社会法典第2編旧第1条）。違憲判決を下した連邦憲法裁判所は、この点に着目しつつ「人間の尊厳」（基本法第1条）に言及した点には注目すべきであろう。違憲判決後の法律改正では、求職者基礎保障の「任務と目的」として、「人間の尊厳にふさわしい生活の享受を可能にする」との文言が追加された（第1条1項）。また生活維持のための基本額算定にあたっての日常生活での個人的ニーズの考慮では、単に「社会とのかかわり」ではなく、「共同社会における社会的及び文化的生活への参加（eine Teilhabe am sozialen und kulturellen Leben in der Gemeinschaft）」と明記された（第20条1項）。そして基礎給付算定にあたって、子供などの特別のニーズを考慮しており、社会扶助と比べて月10〜30ユーロ高いとされる[22]。基本基準額は、ほぼ毎年引き上がられているが、人間の尊厳に値する最低生活を満たすかに関しては、今後も論争されるであろう。

21　M.Knuth, „Hartz IV" - die unbegriffene Reform – Wandel der Erwerbsordnung durch Verallgemeinerung des Fürsorge-Regimes, Szialer Fortschritt 55(7), 2006, S.163.

22　M.Promberger/P.R.Lobato, Zehn Jahre Hartz IV – eine kritsche Würdigung, WSI-Mitteilungen 2016, S.326.

3 失業手当Ⅱ受給者の多様性

　失業手当Ⅱ受給者は広範である。すなわち、①失業手当Ⅰの受給期間終了者や②同資格を充たさない失業者だけではなく、③就労しているが、需要をカバーする賃金を得ていないため、上乗せ給付として受給する者（「（賃金）上乗せ受給者（Aufstocker）」）、④職業訓練受講者、⑤子供の養育のため就労できない親などのように、稼得能力を有するが、失業者には該当しない「要支援者（Hilfebedürftige）」も含まれる[23]。さらに要支援者と生計を共にする、稼得能力を有しない家族等は、社会手当（Sozialgeld）の請求権を有する。このため、登録失業者（①②）は、基礎保障受給者全体（約433万人）の半分以下（43％）にすぎず[24]、結局、失業手当Ⅱは、さまざまな生活状況に置かれ、それゆえ異なった対応が求められる者の大きな受け皿との役割を負わされている。こうした事情があるだけに、失業手当Ⅱは、法理論上のみならず実務上も大きな論争を惹起したのである。これが、稼得能力を有しながら就労できない者の生活を支える「最後のセーフティーネット」の役割を果たしている点に着目すると、否定的に評価すべきではないであろう。重要なのは、いかにして労働市場に回帰させるかである。

4　労働市場への回帰

　ハルツ改革では、大量失業を克服して失業者の労働市場への復帰のために、「要請（Forderung）」に重点を置いた「活性化させる労働市場政策（aktivierende Arbeitsmarktpolitik）」が採用された。具体的には、失業手当Ⅰの受給期間の短縮による早期の（再）就職促進、多様な方法による職業紹介や職業訓練、採用への助成金支給、起業支援などが挙げられるが、必ずしも十分に成果が上がっているわけではない。その実効性は、失業手当Ⅰと失業手当Ⅱで異なっている。

　失業手当Ⅰでは、失業からの脱却期間は2005年平均27.7週であったのが徐々に減少し、2015年には18.3週に低下する。これに対し、失業手当Ⅱでは、56.1週（2005年）が2015年には54.7週であり、それほど変化していない[25]。

23　Arbeitsmarkt 2015, S.24f.

24　Ebenda.

25　Ebenda, S.108.

登録失業者（290万人）は、31％（86万人）が SGB Ⅲ（失業手当 Ⅰ）、69％（194万人）が SGB Ⅱ（失業手当 Ⅱ）に分類される[26]。長期失業者（基準日において1年以上の失業）は、失業者全体の中で37.2％（108万人）であり、大部分（87％）は失業手当 Ⅱ の対象者である。職業訓練未了者や中高年齢者など再就職が困難な事情を有する者が多数であり、長期失業者を労働市場に復帰させることが重要な課題となる。また、社会保険加入義務のある労働（第一労働市場）への編入は、失業手当 Ⅰ の受給者に比べると少なく、職業訓練などの充実が依然として課題となる。さらに、上記の通り、基礎保障の対象者には、「（賃金）上乗せ受給者（Aufstocker）」も含まれており（約68万人、2015年[27]）、基礎保障の基準給付額よりも賃金が少ない場合、これを補填する。ミニジョブ従事者など低賃金労働者が増加するにつれて上乗せ受給者も増えている。最低生活保障の観点からすると、これ自体は否定的に捉えられないとしても、賃金の公的補填との意味合いを有し、労働の対価が適正でない点からは望ましくない。630万人が8.5ユーロ未満であり（2013年）、8.5ユーロの最賃額を定めた最低賃金法（2015年 1 月施行）の影響が注目される[28]。

三　労働市場の柔軟化〜低賃金労働の増加〜

　1990年代末以降、ドイツの賃金は、他の EU 諸国よりも低くなり、低賃金労働者が増加傾向にあった。ハルツ改革では、ドイツの労働市場の「硬直化」への批判を考慮して、労働市場の柔軟化がめざされた。特にこれに貢献したのは、ミニジョブとミディジョブである。そもそもミニジョブ・ミディジョブの導入は、闇労働の撲滅とともに、失業者の就労を促進するためのものである。現実には、多くの分野において、特にミニジョブが増加することになる。

　低賃金（時給賃金の中間の 3 分の 2 以下）労働者において、ミニジョブ従事者が占める割合が76.1％と圧倒的である（フルタイム15.2％、パートタイム22.4％）[29]。また派遣労働者も約 3 分の 2 が低賃金である。低賃金労働者が多

26　Ebenda, S.19.

27　Bundesagentur für Arbeit, Grundsicherung für Arbeitsuchende in Deutschland, Mai 2016. Jahresbericht 2015, S.9.

28　第 3 章第 3 節参照。

250 第2章 労働市場法改革の動向

いのは、中小企業であり、また分野ではサービス産業が挙げられる。労働協約の拘束力は低下傾向にあるが、これらでは、特に顕著な傾向が見られ、下限がない状況である。

　ハルツ改革（2003年）で、ミニジョブの報酬上限を325ユーロから400ユーロ（現在は450ユーロ）に引き上げた代わりに、週労働時間の制限（上限15時間）を撤廃した。この結果、ミニジョブ従事者の多くは、失業者にカウントされなくなり（週15時間未満が要件の1つ）、失業者減少に資することになる。他方、ミニジョブ従事者は急速に拡大し、専らミニジョブのみに従事する者は約509万人に上る。短期的には失業者が減少してよいと思われるが、中長期的には社会保険の対象とならず、大きな問題となりかねない。また、社会保険加入義務のある安定した職に就けないと、貧困状態から脱することができない。

　労働者派遣法改正も労働市場の柔軟化を目的にする。2003年約28万人であった派遣労働者は、96万人（2015年）にまで増加している。これは、ハルツ改革での産業・業種分野の拡大が寄与している。ミニジョブとは異なり、社会保険加入義務のある労働者が大半である（92％）。またフルタイムが78％を占める[30]。他方、平均賃金は、正規雇用労働者が2960ユーロに対し、1700ユーロと低い（税込月額）[31]。均等待遇原則が依然として課題である。

　ミニジョブ・ミディジョブ及び派遣労働の促進は、失業者減に貢献したが、低賃金労働を拡大させ、上乗せ受給という公的賃金補助が増え、最賃法の制定の必要性を強めることになった。日本同様、年金など社会保障法の将来の課題が提起される。

四　まとめ

　ハルツ改革による、労働市場政策の新機軸の中心的目的は、高い失業率、とりわけ長期失業の克服である。上述した通り、この点からすると、ハルツ

29　Vgl., G.Bosch, Das deutsche Sozialmodell in der Krise-Die Entwicklung vom inklusiven zum exklusiven Bismarck'schen Sozialstaat, IAQForshung, 02/2015, S.21.

30　Statistik/Arbeitsmarktberichterstattung, Januar 2016, Der Arbeitsmarkt in Deutschland – Zeitarbeit – Aktuelle Entwicklungen, S.7ff.

31　Ebenda, S.21.

改革以降の10年間において失業者が大きく減少し、また長期失業者も一定程度減った点、また雇用増は数字で確認できよう。ただし、争いがあるのは、これを積極的に評価するか否か、またその要因である。すなわち、ハルツ改革によるさまざまな具体的施策による成果と捉える政府や研究者などは、これを肯定的に評価する。他方、否定的な研究者は、社会保険加入義務のある正規職から、派遣労働やミニジョブへの置き換わりを指摘する[32]。また失業率の低下は、輸出増を主たる要因とする好景気との関係を指摘する。さらに、失業手当Ⅰの期間短縮、失業手当Ⅱの給付水準の引下げ、期待可能性と制裁の強化など[33]によって就労への強要度が高まり、「ハルツ法は、『劣悪な職』の拡大を促進し、加速化させ、これは、賃金補助の増加と関係し、その結果、これに対する政策的社会的コストを非常に高めた」と批判される[34]。

　いずれにしても、貧困がキーワードになること自体ドイツ社会国家の主柱の1つである労働者の生活保障システムが変容したといえる。他方、連邦憲法裁判所が違憲判決を下し、一定の歯止めをかけた点は重要であろう。これについては、改めて最終章で検討する。

32　G.Bosch, a.a.O.(Fn.29), S.47.

33　義務と制裁の一覧は、E.Ockenga, Die umfassenden Pflichten der Leistungsberechtigten, Soziale Sicherheit 2014, S.446、失業手当Ⅱに関する制裁の実情は、Arbeitsmarkt 2015, S.52 u.S.119参照。

34　G.Bosch, a.a.O.(Fn.29), S.49.

第3章 集団的労働立法・理論の変容

第1節 1990年以降の労使関係の変化

I 変化の背景

第二次大戦後、西ドイツは、基本法の制定（1949年）とともに、新たな法制度を順次整備する。労働法では、労働協約法（1949年）、解雇制限法（1951年）、事業所組織法（1952年）という、骨格となる法律が制定され、その後も閉店法（1956年）、連邦休暇法（1963年）、賃金継続支払法（1969年）、共同決定法（1976年）、社会法典（1975年以降、第1編から第12編の順次体系化）など、ドイツ労働法・社会保障法を特徴づける法律が成立する。

他方、戦後西ドイツの集団的労使関係は、主としてドイツ労働組合総同盟（DGB）とドイツ使用者団体連盟（BDA）、及びその傘下の加盟団体の下で形成・展開されてきた。労働条件等に関する労使両団体の対立の一方で、戦後の経済成長を背景として安定的な労使関係が構築されたのも事実である。協約自治の尊重に基づき、賃金、労働時間、年休などの主要な労働条件は労働協約によって規制され、その社会的影響力は大きかった。1938年に施行された労働時間令は、第二次大戦後も効力を保持し続け、新たな労働時間法が制定されるのは1994年であるが、労働時間短縮にあたって労働協約が重要な役割を果たしたのは、その典型例である。

以上の通り、法律や労働協約、さらに判例法理に基づき労働者の権利や生

254　第3章　集団的労働立法・理論の変容

活保障は相対的に充実していたといえるが、1980年代以降国際競争が激化するにつれて変化が現れ、これが顕著になるのはドイツ統一以降である。

　1990年10月3日、東西ドイツの国家統一が成し遂げられ、政治・経済・社会のみならず、法律にも大きな影響を及ぼすことになる[1]。労働面を中心として特徴的な点を概観しておく。

　統一直後の「統一ブーム」による景気の高揚後、次第に東ドイツ地域への財政負担の巨額さなどから景気が一時的に後退するが、1994年以降、徐々に回復基調となる。留意すべきは、経済格差が顕著な東西間の統一がグローバル化のみならず、EC/EU統合の影響を受けつつ進行することになった点である。グローバル化が本格化するのは1990年代であり、ヒト・モノ・カネ・サービスの国際的流動性が高まる。他方、1987年7月に発効した単一欧州議定書により、域内市場自由化措置が採られ、1992年末にEC市場統合が達成される。マーストリヒト条約発効によるEUの発足（1993年11月）、ユーロ導入（決済通貨〈1999年1月〉、流通〈2002年1月〉）、域内拡大（28ヵ国、2017年現在）、リスボン条約による統合強化（2009年）などを経て現在に至っている。EC/EU統合は、一方ではグローバル化に対応するとともに、ドルに対するユーロ導入、農業・環境政策など「グローバル化ないしアメリカ化への対抗軸の形成強化を狙いとして推進されてきた」と指摘される[2]。

　こうした中で、90年代初頭から「ドイツの産業立地問題」が惹起する。すなわち、高い賃金水準と大幅な賃上げは産業の国際競争に不利であり、賃金引上げの抑制、各種社会コストの削減、規制撤廃が不可欠であると主張された。このため、横断的労働協約の柔軟化、労働保護法規の規制緩和、労働市場の柔軟化などが求められることになる。さらに1998年に成立したシュレーダー政権下では、ハルツ改革が断行され、大胆な「労働市場改革」が推進されることになった。

1　広渡清吾『統一ドイツの法変動』（有信堂・1996年）参照。
2　戸原四郎・加藤榮一・工藤章編『ドイツ経済——統一後の10年』（有斐閣・2003年）29頁以下［工藤章］。

Ⅱ　労使関係の変化を取り巻く環境の概観

一　労使両団体の変化

1　労働組合[3]

　集団的労使関係における労働者側の中心はドイツ労働組合総同盟（DGB）である。DGB は1949年に設立され、産業別労働組合を傘下に置いている。数度の組織合併を経て、現在、8つの産業別組合[4]が再編されている。特徴点な点を指摘すると、合同サービス産業労働組合（Vereinte Dienstleistungsgewerkschaft. Ver.di）の結成（2001年）に際して、公務員の組合（Gewerkschaft öffentliche Dienste, Transport und Verkehr. ÖTV）などのみならず、それまで DGB 傘下でなかったドイツ職員労働組合（Deutsche Angestellten-Gewerkschaft. DAG、1945年設立）が加わったことである。次に、トランスネット鉄道労働組合は、（ドイツ）官吏同盟（Beamtenbund. DBB）に所属していたドイツ連邦鉄道官吏組合とともに鉄道・交通組合（Eisenbahn- und Verkehrsgewerkschaft. EVG）を結成した（2010年）。組合員が多いのは、金属産業労働組合（IG Metall）及び合同サービス産業労働組合であり、DGB 全構成員の中でそれぞれ約30％を占めている。DGB の組合員数は、ドイツ統一直後に旧東ドイツ地域の労働組合を吸収したため、約1200万人（1991年）に増加したが、その後徐々に減少し、2000年790万、2012年615万人と半減している。

　ドイツキリスト教労働組合（Christlicher Gewerkschaftsbund. CGB）は、第二次大戦前に前身の組織が結成されていたが、1955年に DGB を脱退した組合によって結成され、現在16の職種別組合（Berufsgewerkschaft）が所属し、構成員数は約28万人である[5]。CGB は、従前それほど注目を集める存在では

3　以下の内容は、各労働組合の HP のほか、H.Dribbusch/P.Birke, Die Gewerkschaften in der Bundesrepublik Deutschland, 2012, S.2ff.（http://library.fes.de/pdf-files/id-moe/08986.pdf〈2017/07/01〉）; R.Richarde/F.Bayreuther, Kollektives Arbeitsrecht, 3.Aufl., Vahlen, 2016, S.7ff. 参照。

4　金属産業労働組合（IG Metall）、合同サービス産業労働組合（Ver.di）、鉱山・化学・エネルギー労働組合（IG BCE）、建設・農業・環境労働組合（IG BAU）、鉄道・交通労働組合（EVG）、教育・学問労働組合（GEW）、食品・飲食・ホテル労働組合（NGG）、警察官労働組合（GdP）。

なかったが、90年代中頃からキリスト教金属労働組合（Christliche Gewerkschaft Metall. CGM）の比重が増している。これは、東ドイツ地域においてCGMが組合員を増加させ、いくつかの注目される労働協約を締結したからである。約10年間、CGMの協約能力に関してIG Metallとの法的紛争が続き、最終的に連邦労働裁判所は、独自協約のみならず、「借用協約（Anschlusstarifverträge）」であっても、言及に値する程度において労働協約が締結されておれば、使用者に有利な形式だけの協約であることが明白でない限り、貫徹力が肯定されるとの理由で、CGMの協約能力を肯定した[6]。他方、CGBと傘下の組合との間で結成された派遣労働・人材サービス機関におけるキリスト教労働組合協約共同体（Tarifgemeinschaft Christlicher Gewerkschaften für Zeitarbeit und Personal Service-Agenturen. CGZP）が、労働者派遣法に基づき、均等待遇原則の例外たる労働協約を締結し、低い賃金を設定したことを契機にして法的紛争が勃発してその協約能力が問われ、連邦労働裁判所はこれを否定した[7]。

官吏同盟・協約ユニオン（Beamtenbund und Tarifunion.〈DBB〉。1950年設立）は、公務員及び民営化されたサービス部門の職員を主な構成員とする労働組合であり、43の傘下組合から構成され、多くが職種別組合である（例、連邦軍職員組合）。約127万人（2012年）が加盟する。協約交渉及び争議を行えない官吏関係にある組合員は91万人であり、これが可能なその他の組合員36万人は「協約ユニオン」に所属している。活発な活動を展開するドイツ機関士（運転士）組合（Gewerkschaft Deutscher Lokomotivführer. GDL）は、DBBに属している。長い間、DBBはDGB傘下の組合と合同で協約交渉を行うため、協約共同体を結成してきたが、後述する通り、GDLと交通労働組合（GDBA）（現、EVG）の対立のように、部分的に崩れ、競合関係が生じている。

上記3つの全国組織に属さない組合も存する。特に注目を集めているのは、最近、活発な活動を展開する専門職組合である。これについては、後述する。

5　Vgl., CGB HP; Dribbusch/Birke, a.a.O.(Fn.3)., S.6; Richarde/Bayreuther, a.a.O.（Fn.3), S.7ff.

6　BAG vom 28.3.2006, NZA 2006, S.1112. CGM等の協約能力に関する判決や議論については、植村新「労働協約締結権の再構成」学会誌126号（2015年）164頁以下が詳しい。

7　BAG vom 14.12.2010, NZA 2011, S.289.

図1　労働組合の組織率

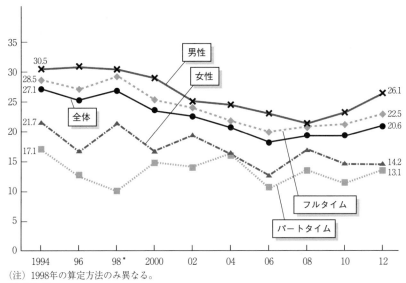

（注）1998年の算定方法のみ異なる。
（資料出所）C.Anders/H.Biebeler/H.Lesch, Gewerkschaftsmitglieder Mitgliederentwicklung und politische Einflussnahme, IW-Trends 1/2015（Institut der deutschen Wirtschaft Köln), S.23より作成。

　労働組合全体の組織率は20.6％であり（2012年）、10年前と比べて約10ポイント減少したが、最近はこれに歯止めがかかっている（図1参照）。男性（26.1％）とフルタイム（22.5％）に比して女性（14.2％）とパートタイマー（13.1％）の組織率が低い。
　全組合員での構成比は、DGB 77.1％、DBB 15.9％、CGB 3.5％、その他3.4％となっている（2012年)[8]。

2　使用者団体
　使用者団体は、産業別ないし業種別に組織され、中央組織に所属している（例、金属産業使用者団体）。また、産業・業種を超えて組織された団体も存し、州単位で結成されている。54の連邦産業（業種）別団体と14の州レベルの使用者団体を統合するのが、ドイツ使用者団体連盟（以下「BDA」と略す。）で

---
[8]　W.Schroeder (Hrsg.), Handbuch Gewerkschaften in Deutschland, 2.Aufl., Springer, 2014, S.128 (W.Schroeder/S.Greef).

ある。70年代には90％以上がBDAに属し、今日でも約80％と高い組織率である[9]。ただし、使用者団体も、最近「危機」に陥っている。協約水準が高いとの理由から、特に旧東ドイツ地域において使用者団体を脱退する、あるいは新設会社が加入しない事態が生じている。使用者団体は、協約条件の差異化や柔軟化でもってこれに対応し、また「協約に拘束されない構成員資格（Mitgliedschaft ohne Tarifbindung）」[10]も導入した。

二　横断的労働協約への批判と下降化

　90年代以降、経済のグローバル化と「産業立地問題」、一向に改善の兆しが見えない失業情勢、旧東ドイツの財政事情の悪化、さらに労働者の価値観の多様化等を背景として、横断的労働協約の「硬直性」に批判の目が向けられ、その「分権化」「柔軟化」「相違化」の必要性が主張された。すなわち、それが企業横断的に労働条件を規制するため、経営事情が異なる個々の企業・事業所の実情に適さない、労働・家庭生活や価値観の異なる労働者の要望に応えていないなどと批判され、場合によっては協約基準を下回る労働条件を認めるなどそれぞれの事情に即した「柔軟な」規制が求められるとされ、さまざまな改革案が提案されている[11]。

三　労働協約の影響力の低下

　上記一及び二と関連するが、労働協約の影響力低下も昨今の特徴である。これを端的に示すのが、労使両団体の構成員数の減少傾向であり、それは協約自治に対する重大な問題として注目されている。なぜなら、それだけいっそう協約制度の保護機能、秩序機能、カルテル機能、そして平和機能が減退するからである。

　労働協約に拘束されるのは、使用者と労働者とも協約締結団体に所属する

9　S.Koop, Das Tarifvertragssystem zwischen Koalitionsmonopolisumus und Koalitionspluralisimus, Drucker&Humblot, 2009, S.25f.

10　辻村昌昭「協約に拘束されない使用者団体メンバー（OTM・ドイツ）」、同「ドイツの最近の労働事情——Mitgliedschaft ohne Tarifbindung〈OTM＝使用者団体における協約に拘束されないメンバー〉をめぐる議論を素材として」同『現代労働法学の方法』（信山社・2010年）395頁以下、417頁以下参照。

11　第1章第1節参照。

場合であるが（労働協約法第3条2項）、労働契約に基づき援用する方法も広く普及している。これを含めて協約の拘束力は、東西両ドイツ地域とも徐々に減少している[12]。

四　グローバル化とEC/EU統合の深化

　経済のグローバル化とEC/EU統合の深化は、ヒト・モノ・カネ・サービスの国際的流動性を高め、さまざまな領域に大きなインパクトを与えたが、広範な市場開放は、賃金をはじめとする労働条件へも影響を及ぼしている。低コスト商品の輸入や低賃金諸国からの労働者の流入は、「高賃金」のドイツ労働者の労働条件にマイナスの影響を与え、社会的基準並びに協約自治に基づくドイツ労働市場規制力への圧力を高めることになった。

　就業形態が多様化し、パート・派遣労働や有期契約労働が増加しているのは、こうした事情も関連している。これらの労働者に対して、法律上は均等待遇原則が規定されているが（パートタイム・有期労働契約法第4条、労働者派遣法第3条1項3号）、実際上は十分な規制になっていない。特に2000年代に入り、ドイツにおいても賃金格差が広がり、低賃金労働者問題が深刻化するに至る。

Ⅲ　多様な労働組合の活動[13]

一　概観

　最近、GDLを除き、上記3つの上部団体に所属しない職種別ないし専門職組合の活動が注目されている。マールブルグ連盟（Marburger Bund. MB）は、官吏（Beamte）ないし職員（Angestellte）たる医師を構成員とする。2005年までは、DGBによる病院対象の協約交渉に参加していたが、それ以降は独自交渉・ストを実施している。コックピット組合（Vereinigung Cockpit. VC）はパイロットを構成員とする労働組合であり、2001年のストで注目されるようになった。このほかの航空関係の組合としては、管制官等を組織する航空管制官組合（Gewerkschaft der Flugsicherung. GdF）、独立客室

12　第1章第2節Ⅱ参照。

13　Vgl., Dribbusch/Birke, a.a.O（Fn.3）.S.7; Koop, a.a.O.（Fn.9）, S.25f.

乗務員組合（Unabhängige Flugbegleiter Organisation. UFO）が挙げられる。ジャーナリストを組織するのは、ドイツジャーナリスト団体（Deutscher Journalisten-verband. DJV）である。なお、ドイツ機関士（運転士）組合（Gewerkschaft Deutscher Lokomotivführer. GDL）は DBB に所属する職種別組合である。

　2000年代以降、これらの組合の活動が活発化する。組合員数は少ないが、ストを敢行して大幅な賃上げを実現している。こうした事態は、利用者などへの影響のみならず、協約単一原則などの法理論に対しても重要な課題を提起した。

　他方、改正労働者派遣法（2003年施行）は、派遣先労働者との均等待遇原則を導入したが、労働協約の締結を条件として例外を認めた（協約に開放された強行法規）。ドイツキリスト教労働組合に所属する CGZP は、こうした協約を締結し、派遣労働者の賃金引下げに協力する。後述する通り、連邦労働裁判所は、その協約能力を否定する判決を下し、注目されている。

二　専門職組合[14]

1　概要

　主な専門職組合の概要は、表1の通りである。

　専門職組合は、使用者に対するストライキとともに、DGB に所属する既存の産業別組合との対抗関係において、協約上独自の地位を獲得した。もっとも、これまでも、DGB に所属しない小組合が労働協約を締結することがあった。例えば、医院で働く労働者を組織した医療職組合（Verband medizinischer Fachberuf）、音楽家を対象にするドイツオーケストラ組合（Deutsche Orchestervereingung）、あるいは薬剤師組合（Apothekenangestellten-Gewerkschaft）が挙げられる。これらの組合は、DGB 所属の組合と競合関係になかった点が特徴である。それとともに、GDL、MB や DJV のように、DGB 傘下の労働組合と、協約交渉の場面において協力関係を継続していた。

14　以下参照。S.Greef/Rudlf Speth, Berufsgewerkschaften als lobbyistische Akteure – Potenziale, Instrumente und Strategien, Arbeitspapier 275（Hans Bockler Stiftung）, 2013, S.13 ff.; W. Schroeder（Hrsg.）, a.a.O.（Fn.8）, S.136ff（.W.Schroeder/S.Greef）.; Richarde/Bayreuther, a.a.O.（Fn.3）, S.7ff.

第1節　1990年以降の労使関係の変化　　261

表1　主な専門職組合の概要

労働組合	マールブルグ連盟(MB)	機関士（運転士）組合（GDL）	独立客室乗務員組合（UFO）	コックピット組合（VC）	管制官組合（GdF）	ドイツジャーナリスト連盟（DJV）
結成年	1947年	1867年	1992年	1969年	1952/2004年	1949年
組合員数 主な構成員	117,000 医師	34,000 運転士、列車乗務員	10,000以上 客室乗務員	8,300 パイロット	3,800 航空管制官	36,000 ジャーナリスト
組織率	70%	60%	40-50%	80-90%	80%	不明
協約上の協力組合 （過去含む）	DAG/ ÖTV/Ver. di	GDBA/ Transnet		DAG		Deutsche Journalistinnen- und Journalisten- Union
独自協約締結年	2006年	2008年	2002年	2001年	2004年	

（資料出所）R.Bispinck, ZUR ROLLE DER BERUFS - UND SPARTENGEWERKSCHAFTEN IN DER TARIFPOLITIK（2015), S.9.（https://www.rosalux.de/fileadmin/rls_uploads/pdfs/sonst_publikationen/online_pub_berufsgewerkschaften.pdf〈2017/09/01〉.）（一部補充。）

　最近、専門職組合が協力関係を解消して独自の活動を強めるとともに、DGB の産業別組合と競合する傾向が見られる。すなわち、当該職種における独自の代表権限を求めることによって、組織当事者としてだけではなく、協約の場面でも多元性をもたらしたのであり、優越競争が生じた。専門職組合は、DGB の協約水準を超える労働条件を獲得するために、その職業上影響力の大きい地位を生かして労働争議を行い、圧倒することになる。

　専門職組合が注目を集めるのは、VC が初めて労働協約を締結した2001年頃からである。組合の結成自体は、GDL は1867年と相当古く、MB は1947年、VC は1969年である。組織率は、MB と VC では高く、MB はすでに1980年代から60％以上であった。これに対して、GDL の構成員が増加するのは、ドイツ連邦鉄道の民営化後であり、そこでの協約政策は、産業別組合が支配的地位を占めていた。使用者側も、交渉当事者として承認する用意はなかったとされる。このため、MB や VC のように、協約交渉にあたっては GDBA（Gewerkschaft Deutscher Bundesbahnbeamten und Anwärter. 現、EVG）との協

262　第3章　集団的労働立法・理論の変容

力関係が不可欠であったが、自己の情報を使用者に伝えて独自の利益を求める可能性は小さかった。

2　職業団体から労働組合への転換[15]

（1）民営化・改革等による労働条件の悪化

　転換をもたらした大きな要因は、それぞれの産業・業種を取り巻く環境の変化に伴う労働条件の悪化である。病院部門では、自由主義化の流れの中で公立病院では民営化ないし民間形態への移行が進められた。同時に病院財政改革によって予算が抑制され、また病院間の競争が促進される。こうした中で、アウトソーシング、人員削減、労働時間の過密化、そして任務分担の変更がなされ、医師の労働条件も悪化した。同様の状況は、航空部門と鉄道部門でも生じた。ルフトハンザは、1997年に完全民営化されるが、当時の企業は破産寸前の状況であったとされる。そのとき、産業部門の労働組合は、コンツェルンのリストラを承認し、雇用を確保したが、従業員、特にパイロットの収入は大幅減となった。ドイツ連邦鉄道も同様であり、1994年に民営化される。また、東西ドイツ統一に伴い、旧東ドイツの鉄道を統合した。この結果、ドイツ連邦鉄道は大きな負債を抱え、また非効率的な旧東ドイツの就労状況は、大量の雇用喪失を招いた。1990年代初頭40万人であった従業員は2009年には23万人にまで減少する。機関士（運転士）にとっても、徹底的な人員削減のため、相当な地位の喪失と賃金減少をもたらした。旧西ドイツでは官吏（Beamte）との身分であるが、旧東ドイツでは職員（Angestellte）との相違があり、また1994年改革以降、新規採用の機関士（運転士）は、官吏でなくなった。さらに、年長者割増手当、繁閑特別手当、そして年休手当が減額ないし廃止された。この結果、機関士（運転士）の賃金は相当減少した。こうした変化による労働条件の悪化こそが専門職組合の活動が活発化した要因であり、独自の協約締結をめざすことになった。

（2）産業別組合への不満

　専門職組合の活動を活発化させた、もう1つの要因は、産業別組合の取組みの弱さであったとされる。

15　以下の内容は、注14の文献のほか、W.Schroeder（Hrsg.）, a.a.O.(Fn.8), 136ff.（Schroeder/
　　Greef）und 565ff.（Boll/Kalass）参照。

航空部門では、ÖTV（現、Ver.di）は、ルフトハンザのリストラ後、コンツェルンの収益増加にもかかわらず、賃金減額分を調整することができなかった。またドイツ連邦鉄道の民営化にあたって、DGB 傘下の労働組合（Gewerkschaft der Eisenbahner Deutschlands（GdED）、後に Transnet）は、これに反対せず、むしろ貢献することを決定し、労働条件の悪化をもたらしたとされる。このため、多くの労働者は、これに不満を抱くことになった。病院の医師の場合、連邦職員労働協約から公勤務労働協約への移行において、Ver.di では、自己の利益を代表できないと考えた。新協約の給与減に対して、Ver.di が交渉において、十分な対応をしなかったので、不満が生じた。

このほか、パイロットと医師の両組合に関しては、Ver.di の結成ともかかわっている。いずれも、以前は DAG と協力関係にあった。DAG は、Ver.di に統合され、それは、1000を超える職種の労働者を組織することになった。このため、パイロットや医師の職種的利益が代弁されなくなっていた。VC は、1999年以降、DAG との協力を解消した。MB は、2005年の協約紛争において、離れた。以上の経緯から、専門職組合は、穏健な職業団体から活発な活動を行う労働組合へ転化することになったのである。

3 闘争力の源泉

第一に、上記3つの組合には伝統があり、協約共同体への参加などを通じて交渉のノウハウを蓄積しているだけではなく、協約部門を組織の中に設置し、早くから体制を整えてきた。また構成員数も相当な数となっており、交渉とストを実施できるだけの組織基盤を有していた。

第二に、3つの組合の構成員は、当該産業部門における基幹的職種である点である。このことは、ストの効果が絶大であり、成果を獲得しやすいことを意味した。

4 闘争の経緯

ここでは、筆者が調査で訪問（2015年9月）した GDL[16]を紹介して、課題を提示する。

---

16 Vgl., GDL HP; W.Schroeder/V.Kalass/S.Greef, Berufsgeserkschaften in der Offensive, VS Verlag, 2011, S.91ff.

264　第3章　集団的労働立法・理論の変容

　GDL は1867年に設立され、ドイツにおいて一番最初に結成された労働組合である。第二次大戦後、再建され（1946年）、1950年にドイツ官吏組合（DBB）に加盟した。1991年には、旧東ドイツの機関士（運転士）組合と統合する。その後の大きな変化は、東西ドイツの連邦（国有）鉄道の統合に伴う民営化である（1994年）。組織形態は株式会社であるが、その所有は国家であった。しかし、それまで、旧西ドイツでは機関士（運転士）は官吏との身分のため、ストライキが禁止されていたが、民営化後スト可能となった。

　GDL は、協約共同体（GDBA と Transnet）を形成してドイツ鉄道と交渉を進めていたが、2002年に、GDL の反対で補充協約（年間18日までの手当なしの交代勤務等を規定）が締結されなかったことが契機となり、協約共同体を解消して、独自交渉することになった。

　2003年2月、GDL は、乗務員のための独自協約の初提案を行い、ドイツ鉄道と交渉したが、成果は得られなかった。なお、警告ストに関連して、使用者が提訴したスト中止の仮処分につき、裁判所は、GDL は、独自協約締結のためにストを行うことができることを認めている。このため、両者間において、GDL の協約締結の当事者性が承認され、また機関士（運転士）の利害事項は、GDL を排除して決定しない旨合意された。しかし、その後の交渉では目立った成果が上げられなかった。大きな転換点は、2007年の交渉である。GDL は、乗務員の労働条件改善や大幅賃上げなどを求めたが、使用者は、これを受け入れなかったので、警告スト実施後、9月9日に全国的にストライキを実施することを通告した。ドイツ鉄道（DB）は、スト中止の仮処分を申請し、これを通じて、調整がなされた。10月から11月にかけて波状的にストが実施され、特に11月14日（貨物）ないし15日〜17日（乗客）のストは、甚大な影響を及ぼした。そして2008年1月13日に独自の労働協約が締結される。ここでは、平均11％の賃上げ、一時金800ユーロ、週労働時間を賃金減なしに41時間から40時間に短縮することが合意された。最終的には、4月に労働協約が締結される。この過程において、DGB 傘下の Transnet と Ver.di から大量の組合員が GDL に加入し、これにはベルリンのバスや S-Bahn の運転手も含まれていた。

　その後、ミュンヘンなどの鉄道会社との交渉・スト（2010年）やドイツ鉄道及び民営企業との労働条件の均等をめざす横断的労働協約の締結を求める

スト（2011年）では、必ずしも成果を上げられなかった。

2014年秋から2015年春にかけて行われた協約交渉では、機関士（運転士）だけではなく、すべての乗務員を対象にして、5％の賃上げなどが求められた。波状的にストが実施され、ドイツ鉄道は、2014年11月のストに対して、スト禁止の仮処分を申請したが、却下される。最終的に、2015年6月30日、両当事者の調停官の裁定で合意がなされた。

独自の労働協約締結以降、約20％の賃上げを実現するなどの成果を上げており、このことが高い組織率（ドイツ鉄道の運転士の80％以上、民間鉄道会社の運転士の70％以上）の要因である。このほか、DB及び多くの他の鉄道会社において、①待機時間の労働時間への算入、②年間休日計画（den Jahresruhezeitplan）が導入され、運転士も自由時間を長期的に計画可能になった。

5　課題

（1）協約当事者としての承認

全体的にはDGB傘下の労働組合が締結する産別協約が優位を占めているとはいえ、2000年以降の活動の活発化で専門職組合が注目されている。GDLはTransnet、VCとMBはVer.diと競合関係にある。イギリスでは約600の職種別組合が存在しているのとは異なり、ドイツではアクティブに活動するのは、6つのみであり、増える傾向は見られない。これは、職種別組合が貫徹力を有する協約当事者として承認されるには、いくつかの前提条件を満たす必要があるためである。具体的には、第一に、賃金・労働条件に関して劣悪な状況が存することであり、そうでないならば組織化の必要性がない。第二に、当該職種グループが、事業ないし事業運営において一定の重要な機能を担っているとともに団結意識を有することである。第三に、政策を打ち立て、協約交渉できる組織が不可欠なことである。第四に、協約政策遂行力＝スト貫徹力を有することである[17]。

（2）他組合との連携

17　R.Bispinck, Zur Rolle der Berufs- und Spartengewerkschaften in der Tarifpolitik, ROSA LUXEMBURG SIFTUNG.（https://www.rosalux.de/fileadmin/rls_uploads/pdfs/sonst_publikationen/online_pub_berufsgewerkschaften.pdf〈2017/07/01〉.）

専門職組合が成果を上げてきたのは、上記の諸要因、とりわけ当該産業ないし企業において基幹的な仕事を担い、かつ単一の利益を追求できるためである。これに対して、産別組合は、多くの職種の労働者を組織しているので、「連帯（Solidarität）」が重視される。たしかに、産別協約においても、業種や職種などで異なった内容の協定内容が盛り込まれ、それぞれの特性が考慮されているが、職種別組合の程度にまで特定の職種の組合員の利益を優先することは困難である。職種別組合は、こうした有利な状況から成果を上げる一方、「連帯」の欠如や「エゴ」との批判を受けることになった。

GDL は、その組織対象を運転士（機関士）だけではなく、車掌などの乗務員、さらに路線バスや S-Bahn の乗務員にも拡大し、その労働条件改善に取り組んでいるが、これは、上記批判を意識している。他方、VC は、コックピットの操縦士のみを組織対象としており、客室乗務員とはニーズが異なるため、現時点では拡大を考えていないが、協約単一原則規定（労働協約法改正）が合憲とされれば、UFO との連携を検討するとされる（筆者聴取り調査〈2015年9月〉）。

（3）法的課題

職種別組合の活動が活発化し、独自協約を締結するようになり、法的問題が顕在化した。第一に、ストの正当性である。専門職組合の実施したストの正当性に関してさまざまな議論が生じた。また次に述べる協約単一原則規定によって、専門職組合のストは不当との考えが立法者から明らかにされ、これも議論を呼んでいる。

第二に、協約単一原則の是非である。「一事業所一協約」が伝統的に維持され、法的にもそれほど問題視されてこなかったが、職種別組合が独自協約を締結するようになり、協約単一原則が基本法第9条3項に違反しないかが正面から議論されることになった。連邦労働裁判所は、2010年、基本法違反と判断し、大きな反響を呼んだ。これに対して、使用者団体（BDA）と労働組合（DGB）は、協約単一原則草案を共同で作成し、メルケル政権は、それを法案化して2015年7月に施行された。GDL や VC などの職種別組合は、これを強く批判し、連邦憲法裁判所に憲法異議の訴を提起した。

以上の法的課題は、第2節及び第3節において論じる。

第2節　ドイツ集団的労働法理論の変容

I　はじめに

　西谷敏『労働法思想史論』は、ドイツ集団的労働法の基本原理ないし基本思想の変遷を歴史的に分析すること、及び分析にあたってこれらの変遷をもたらした経済的・社会的・政治的要因、並びにそれぞれの段階の原理・思想が現実にもっていた意義を明らかにすることを目的にして執筆され、総括として次の2点を指摘する。第一に、基本的特徴として、団結権、労働協約法、そして争議行為法いずれの分野においても共通して法化の傾向が見られる。具体的には、「ドイツにおける集団的労働法の歴史は、団結・労働協約・争議行為を可能な限り法的現象として把握し、それを国家法のなかに統合しようとする不断の努力の過程」であった。ただし単純な国家的規制を意味せず、一定の枠をはめようとするものである。第二に、ワイマール時代に体系的に確立した集団的労働法の特質として、①個別意思に対する集団意思の優位、②労働協約中心の発想、③団結・協約の国家的統合が挙げられるが、これらは、戦後西ドイツ労働法では以下の通り変容した。第一に、集団的意思の優位に関して、個人の自由意思尊重の傾向が強まっている。第二に、協約中心主義がある意味で一層強まっている。第三に、団結と協約の国家的統合も一層強化され、公的性格が強調されている。まとめとして、「ワイマール時代の集団主義思想と比較して、労使当事者の集団的自治が、制度としては一層の安定を保障されながら、その実質的内容に関しては、一方では集団を構成する個々人との関係において、他方では国家的統制との関係において一層狭隘化されているのが、戦後西ドイツの基本的特徴」とする。そして、「国家的規制が強化され、当事者が自主的に決定しうる範囲が狭隘化すればするほど、労働組合や労働協約はその生命力を喪失し、形骸化の道をたどるであろう」とし、「労働者の自発的意思に基づく任意団体として成立した労働組合

268　第3章　集団的労働立法・理論の変容

が現代社会における公的機能を引き受けるディレンマ」を指摘する[1]。

　戦後西ドイツの集団的労使関係は、主としてドイツ労働組合総同盟（DGB）とドイツ使用者団体連盟（BDA）、及び傘下の加盟団体の下で形成・展開されてきた。しかし、『労働法思想史論』公刊（1987年）以降、大きな変容が見られる。この点は、第1節で論じた通りである。特に、政治面だけではなく、経済・社会などドイツの基盤に多大な影響を及ぼしたのは、1990年のドイツ統一である。また経済のグローバル化とEC/EU統合もこれに加えることができる。こうした変動は、集団的労働法のみならず個別的労働法にも大きな変化をもたらすことになった。本節では、集団的労働法に焦点を絞り、顕著な変化が見られる多様な労働組合に関する集団的労働法理論の主要な変容を跡づけることにする。なお、協約単一原則と最低賃金法に関しては、第3節において詳しく論じる。

II　集団的労働法理論の変化

一　集団的労働法の骨格～基本法第9条3項～[2]

　基本法第9条3項は、「労働条件及び経済条件の維持及び改善のために団体を結成する権利は、何人に対しても、またいかなる職業に対しても、保障する。この権利を制限し、または妨害しようとする取り決めは、無効であり、これを目的とする措置は、違法である。第1文の意味における団体が、労働条件及び経済条件を維持し改善するために行う労働争議に対しては、第12a条、第35条2項及び3項、第87a条4項及び第91条による措置をとることは許されない。」と規定する[3]。

　第9条3項は、第2文から明らかなように、私人間効力を有するとともに、労働組合のみならず、使用者団体にも適用がある（通説）。そして積極的団結権のみならず、消極的団結権も保障する。また複合的性格を有し、個人及び団結体双方の権利を保障している。すなわち、個人の団結の自由のみなら

1　西谷敏『労働法思想史論』（日本評論社・1987年）683頁以下参照。

2　榊原嘉明「ドイツは協約自治を放棄したのか？」山田ほか編『労働法理論変革への模索　毛塚勝利先生古稀記念』（信山社・2015年）721頁以下参照。

3　第3文は、非常事態立法制定（1968年）の際に挿入された。

ず、団結自体の存続と活動を保障している。存続保障（Bestandsgarantie）に関しては、第9条3項は、組織形態、意思形成手続、そして内部運営に関する自己決定を保障する。したがって、産別形態ないし職種別形態を自主的に決定できる。争いがあるのは、団結活動の自由に関してである。第1文は、文言上団結結成の自由のみを定めているからである。

連邦憲法裁判所は、当初、団結活動しえないとすると団結結成の自由が無に帰しかねないとして、一定程度保障の範囲を拡張する[4]。ただし、抑制的であり、団結目的遂行にとって不可欠な活動に限定し、団結に特有な活動の中核領域のみが、第9条3項によって「直接」保障されると判示した[5]。これに属する典型例は「協約自治」であるが、その内容については争いがある。

連邦憲法裁判所は、事業所内及び勤務時間中の多くの組合活動（例、従業員以外の組合員による組合勧誘）が「不可欠」な団結活動でない以上許容されないと結論づけていた[6]。しかし、1995年11月14日判決[7]において、「こうした公式化は、…第9条3項が団結に特有の活動を事前に内容上制限された範囲でしか保護しないとの印象を与えた」として、「中核領域論」を修正ないし「明確化」した。すなわち、団結活動の自由は無制限には保障されないとしても、立法者による具体化を許容しているとの考えこそが中核領域論の出発点である、と。具体的には、「第9条3項の保障は、団結の維持と存続の確保にとって不可欠である活動に限定されない；それは、団結に特有の行為形態も含む。これに属するのは、団結とその構成員による組合員勧誘活動である」。要するに、立法者は、「中核領域」を超えていても、団結の自由に鑑みて、いかなる組合活動が保護されるのかを決定でき、その際、対立する法益（使用者の財産権、事業遂行の自由等）と調整しなければならないのである。換言すると、「労働・経済条件の維持と促進との団結の目的を効果的に追求ないし団結の存在を実効的に保障して存続させるために適切かつ不可欠である、団結にふさわしい活動すべてが保護されねばならない。その限界は、相当性の原則、及び対立する第三者の基本的権利ないしその他憲法上規定され

---

4 BverfG vom 18.11.1954, BverfGE Bd.4, S.96.

5 BverfG vom 14.4.1964, BverfGE Bd.17, S.319 usw.

6 BverfG vom 17.2.1981, BVerfGE Bd.57, S.220.

7 BverfG vom 14.11.1995, BVerfGE Bd.93, S.352.

270 第3章 集団的労働立法・理論の変容

た他者の権利との比較考量から画されうる」のである[8]。なお、立法者が団結の自由の具体化を行わない場合、「裁判官法」によって形成される[9]。

以上の「中核領域論」から「利益調整論」(「保護領域論」)への修正は、後述するように、協約単一原則や争議権の判例理論の変化とも関わっている。

第9条3項の文言からは消極的団結権は導き出せないが、その肯定説が通説であるのは、団結強制がなされるならば、積極的団結の自由は真の自由でないと考えるためである。また基本法第2条から導くだけでは不十分とされる[10]。消極的団結権との関係で議論されてきたのは、差異化条項である。これは、非組合員に比して組合員を優遇する内容の協約条項である。1965年、繊維・衣服労組の要求に基づき組合員の休暇手当が非組合員よりも多く支払われたことが端緒である[11]。通説は、消極的団結権に反するとの立場を支持する。しかし、最近、限定的に差異化条項の効力を認める判決が下され、注目されている[12]。

二 協約に開放された強行法規と協約能力

1 協約に開放された強行法規

協約に開放された強行法規(以下、「開放強行法規」と略す。)とは、労働契約と事業所協定に対しては強行的効力を有するが、労働協約によれば、労働者保護基準を労働者(組合員)に不利益に逸脱できる法律である。その歴史は、ワイマール時代の労働時間法にまで遡るが、本格的な導入は第二次大戦後である。連邦休暇法(1963年制定、休暇期間の短縮等)、継続賃金支払法(同1969年、継続支払賃金の減額)、そして民法第622条(1969年新設、解約告知期間の短縮)に規定された。その後、これは、多くの法律で採り入れられるが(企業年金法〈1975年〉、未成年労働保護法〈1984年〉、海員法〈1984年〉等)、最近では、パートタイム・有期労働契約法(2000年制定)(第12条3項、第13条4項、第14条2号3号)及び労働者派遣法(2003年改正)(第3条1項3号、第

8 　W.Zöllner/K-G.Loritz/C.W.Hergenröder, Arbeisrecht, 7.Aufl., C.H.Beck, 2015, S.128.

9 　R.Schwarze, Kollektives Arbeitsrecht, Juristische Arbeitsblätter, 2 /2007, S.150f.

10　Zöllner/ Loritz// Hergenröder, a.a.O.(Fn.8), S.129.

11　久保敬二『労働協約法の研究』(有斐閣・1995年)227頁以下参照。

12　榊原嘉明「ドイツにおける労働協約上の差異化条項」山田・石井編『労働者人格権の研究・下巻　角田邦重先生古稀記念』(信山社・2011年)66頁以下参照。

9条2号）でも導入された[13]。

開放強行法規の正当化事由として、以下が挙げられる[14]。第一に、基本法第9条3項で保障された協約自治及び協約当事者の規範設定の特権に適合することである。すなわち、協約当事者による労働条件形成の範囲を広げるとともに、労働・経済条件の規制にあたってその意義を強化する。とりわけ、労働組合を利することになる。というのは、使用者側は、労働組合の合意が得られる場合にのみこれを利用できるにすぎず、労働組合にとって有利な協約締結の可能性を広げ得るからである。通常、その規定からの逸脱を希望するのは使用者である。使用者側が他の労働条件において対案を提示する場合にのみ、労働組合はこの希望を受け入れるであろう。それゆえ、開放強行法規は、組合の交渉力を生み出す。第二に、規制範囲の拡大は、妥協の余地を広げるとともに、決裂の危険性を低めることになる。また組合員を協約に引き付ける。というのは、法律にすべての事項が規定されておれば、それだけその関心が低下するからである。第三に、開放強行法規は、分権化に寄与し、補充原則に資する。また協約当事者の実情に近付き、立法者よりも個々の事業所のニーズを考慮できるメリットがある。さらに、経済危機に際して、より迅速かつ柔軟に対応できる。なお、非組合員であっても、労働契約の援用条項に基づき協約基準を採り入れられるが、こうした「拡張条項（Erstreckungsklauseln）」は有効であるので、逸脱は組合員に限られない。協約の拘束の有無を問わず、多くの事業所において協約が援用されているので、その影響力は大きいといえる。

2　労働者派遣法改正と協約締結能力

これまで開放強行法規は肯定的に捉えられてきたが、①最低基準を設定して労働者を保護するとの理念が達成されない、②組合員が非組合員よりも不利に扱われかねないなど批判的な見解も見られた[15]。最近、開放強行法規に疑問を呈する見解が強く主張されている。例えば、ウルバーによると、第9条3項の基本権の担い手（組合員）は、立法者が構造的な非対等性をカバー

13　Vgl., G.Thüsing/A.Braun（Hrsg.）, Tarifrecht Handbuch, C.H.Beck, 2011, S.19f.（Thüsing）.

14　Vgl., Ebenda, S.20f.

15　西谷・前掲書（注1）613頁以下参照。

272 第3章 集団的労働立法・理論の変容

するために片面的強行法規を制定しても、保護されない。そして、強行的保護法規の崩壊は包括的な基本権保護義務が履行されない以上、憲法上の限界を超えることになる、と[16]。

こうした批判的な見解の再登場は、労働者派遣法改正（2003年）と関連している[17]。同法第3条1項3号は、派遣労働者と派遣先労働者との均等待遇原則を定め、これに反する場合には、派遣事業の許可ないし延長を拒否されるが、労働協約の締結を条件として派遣先労働者の労働条件との均等待遇からの逸脱が許容された。こうした中で派遣元事業主は、人件費削減をめざして派遣労働者を組織する労働組合と労働協約を締結し、多くの派遣労働者に対して、低い報酬が支払われるようになった。DGBは、連邦派遣労働事業者連盟（BZA）及びドイツ派遣事業者利益連盟（IGZ）とそれぞれ別個に、賃金その他の労働条件について規定した労働協約を締結した。キリスト教労働組合派遣労働協約共同体（CGZP）は、派遣企業団体との間で低水準の労働協約を結んだ。当該組合員でない場合も、労働契約による援用条項を通じて多くの派遣労働者が低賃金な状況に置かれている。特にCGZPの労働協約は相当低水準であり、社会問題化したのである[18]。

これに関連して派遣労働者が派遣元会社に未払い賃金を求めた事件において、「賃金協約West」（2003年7月22日付）を締結したCGZPの協約締結能力が問われることになった。連邦労働裁判所（2010年12月14日決定）[19]は、①CGZPは複数の労働組合によって結成されており、労働協約締結主体たる「労働組合」に該当しない、②構成員たる労働組合の一部の協約締結権限の委任しか受けておらず、また各労働組合がカバーする組織領域を超える領域を対象にする労働協約の締結をめざしているので、「上部組織」（労働協約法第2条3項）にも該当しないとして、協約締結能力を否定した[20]。

---

16 D.Ulber, Tarifdispositives Gesetzesrecht im Spannungsfeld von Tarifautonomie und grundrechtlichen Schutzpflichten, 2010, Duncker & Humblot, S.587, S.589.

17 Vgl., K.Bepler, Tarifdispositives Gesetzesrecht, in: J.M.Schubert（Hrsg.）, Anforderungen an ein modernes kollektives Arbeitsrecht（Festschrift für Kempen）, Baden-Baden, 2012, S.111f.

18 以上、緒方桂子「ドイツにおける労働者派遣をめぐる新たな動き」労旬1748号（2011年）22頁以下、川田知子「ドイツ労働者派遣法における均等待遇原則の機能と限界」季労225号（2009年）111頁以下参照。

19 BAG vom 14.12.2010, NZA 2011, S.289.

連邦労働裁判所決定の結論は肯定的に捉えられているが、本件は、開放強行法規の危うさを象徴的に示しているといえよう。というのは、その正当性を担保するには、労働組合側の実質的な対抗力ないし闘争能力を前提にするが、これに疑問を呈される労働組合が存し、集団的な交渉メカニズムが機能しなくなっているからである。たしかに使用者は、労働組合との合意なしには強行法規から逸脱できないとしても、組合員数が少なく、ストを通じてその要求を実現できない労働組合にとって、強行法規を下回るのに見合うだけの有利な労働条件（例、雇用確保）を獲得できず、法律上の保護基準の引下げのみ合意されかねないのが現実である。さらに、労働契約による協約基準の援用によって、非組合員の労働条件切下げにもつながる。開放強行法規が「保護水準を空洞化するため、あるいは完全に妨害するために濫用され、同一労働同一賃金の原則の法律上の理念から遠ざかっている」と指摘されるゆえんである[21]。

労働者派遣法改正で均等待遇原則及びその例外たる開放条項が導入されたのは、第一次ハルツ改革法（2002年末可決）においてであった。当時、EC労働者派遣指令は提案段階であり、正式に採択されるのは2008年であるが、そこには同様の規定が置かれており、先取りして国内法化されたといえる。ただし、ここでは、「派遣労働者に対する相当な保護の水準が保障されている限り」との留保がなされており、その後の審議過程で「全体的な保護に配慮」するに修正された[22]。すなわち、EC指令は、無条件で均等待遇原則の例外を認めているわけではないのである。このため、2011年改正では、派遣労働者の最低賃金が規定され（第3a条）、協約に開放された強行法規でもこれを下回ることはできないと修正された。

以上のような論争の中で、無制限に協約当事者に強行法規を開放していいのかに関する議論が活発化した。こうした観点からして注目されるのは、開放強行法規が前提とすべき「実質的な正当性の担保（materielle

---

20　本決定の内容及び分析は、緒方桂子「派遣労働における均等待遇原則と労働組合の協約締結能力の有無」日独労働法協会会報12号（2011年）21頁以下参照。

21　U.Preis/D.Ulber, Funktion und Funktionsfähigkeit der Tarifautonomie, in: Festschrift für Kempen(Fn.17), S.25.

22　高橋賢司『労働者派遣法の研究』（中央経済社・2015年）43頁以下参照。

274　第3章　集団的労働立法・理論の変容

Richtigkeitsgewähr)」である。これは、すでに Gamilscheg[23]などによって指摘されていたが、改めてその内容が検討され、裁判所による審査にあたって、開放条項及び（労働契約上の）援用条項の制限的解釈を行うことが主張されている[24]。連邦労働裁判所によると、「労働協約は、使用者側と労働者側との間の事実上の勢力の均衡を創出するように定められる。それは、実質的な正当性の担保を提供する。通常の場合、その規制は、両当事者の利益に合致し、不当な不均衡をもたらさない」[25]。すなわち、実質的正当性は、労働協約が現実に対等な立場にある当事者～必要な場合、労働争議を用いることができる～によって交渉され、このため、当該労働協約は、第9条3項の制度保障を享受するという点に依拠しており、この結果、協約規制の全体において労働者の利益が適切に考慮されるという。そして、こうした実質的正当性の担保が満たされれば、協約当事者に広範な裁量が認められる一方、最も適切な規制を見出すことは裁判所の任務でないとされる[26]。

三　協約単一原則から複数協約制への転換

　1つの事業所に複数の協約が適用されることがあるが、これは二つのタイプに分けられる[27]。第一に、協約競合（Tarifkonkurrenz）、すなわち同一の法律関係（個別規範における労働関係ないし経営規範における経営上の法律関係）に対して複数の協約が妥当する場合である。具体的には、協約自治に基づく協約競合（例、すでに産別協約を適用されている使用者が、さらに当該労働組合との間で企業協約を締結する場合）、及び国家の権限に基づく協約競合（例、協約適用下にある労使に対して、別の協約の一般的拘束力が及ぶ場合）に分けられる。第二のタイプ（協約併存）は、従業員が異なった労働組合に所属しているため、複数の協約が1つの事業所に適用される場合である。また一般的拘束力によって非組合員に対して異なった協約が適用されることもある。

　連邦労働裁判所は、伝統的に協約競合及び協約併存が生じた場合、「一事

23　F.Gamilscheg, Kollektives Arbeitsrecht, C.H. Beck, 1997, S.284f.

24　M.Schlachter/M.Klauk, Tarifdispositivität - eine zeitgemäße Regelung?-, AuR, 2010, S.356ff.

25　BAG vom 24.9.2008, NZA 2009, S.160.

26　Thüsing/Braun (Hrsg.), a.a.O.(Fn. 13), S.5f (Thüsing).

27　Vgl., Arbeitsrecht (Münchener Handbuch), 3.Aufl., Bd.2, 2009, C.H.Beck, S. 319ff. (Rieble/ Klumpp).

第2節　ドイツ集団的労働法理論の変容　　275

業所一協約」との協約単一原則に基づき解決を図り[28]、これに賛成する学説も有力であった[29]。その根拠として法的安定性と明確性が挙げられる。すなわち、単一の協約の妥当のみが、個々の労働関係における労働条件の、実際上処理でき、かつ実施できる規制たり得るとされる。いずれの協約が妥当するかは、特殊性原則（Spezialitätsprinzip）に従って決定される。具体的には、「地域、事業、分野そして人的に一番密接であり、それゆえ事業所のニーズと特性及びそこで働く労働者にもっともふさわしい」協約である[30]。

協約単一原則に対しては、基本法第9条3項で保障された個人及び団結の自由を侵害するとの批判が少なくなかった。連邦労働裁判所は、これを受け入れて判例変更を行った[31]。

協約単一原則は、事業所内での安定に資し、代表的な労働協約を締結する労使両団体に有利な理論であったといってよい。このため、BDAとDGBは、協約単一原則を存続させるために共同提案[32]を行い、これを踏まえた協約単一原則規定（労働協約法改正）が2015年に施行された[33]。

四　争議権理論の変化
1　伝統的争議権理論

かつては労働争議を自然行為自由論で根拠づける見解が見られたが、その後、基本法第9条3項の中核的領域に属する協約制度と不可分の関係にある争議行為も制度的保障を受けるとの考えが通説・判例となる[34]。

労働争議の中心たるストが適法であるかは、以下の観点から判断される[35]。①労働組合によるスト決議がなされていること。したがって山猫ストは違法である。②ストは労働協約と関連し、その締結を目的にしていること。支援（同情）ストは原則として違法である。③平和義務に違反しないこと。④争

28　BAG vom 20.3.1991, NZA 1991, S.736 usw.

29　W.Hrschel, Ablösung betrieblicher Einheitsregelungen durch Tarifverträge, AuR 1984, S.206; Kempen/Zachert（Hrsg.）, Tarifvertragsgesetz, 4.Afl., 2006, Bund Verlag, S.100（Kempen）.

30　BAG vom 14.6.1989, NZA 1990, S.325.

31　BAG vom 7.7.2010, NZA 2010, S.1086.

32　Vgl., RdA 2010, S.315.

33　詳細は、第3節参照。

34　詳しくは、西谷・前掲書（注1）646頁以下参照。

35　Vgl., Arbeitsrecht（Münchener Handbuch）, Bd.2(Fn.27), S.398ff.（Ricken）.

議対等性の要請に合致すること。すなわち、両当事者は、均衡な対抗力を有していなければならない。これは、法的レベルではなく、実質的な均衡性を意味する。⑤公正な争議遂行性の要請を満たすこと。例えば、経営の存亡にかかわる長期ストは許されない。⑥相当性の原則を逸脱しないこと。具体的には、争議が正当な目的達成のために適切か、その不可欠性を満たしているか（最後手段）、過度の禁止が考慮されているかの３点から審査される。特に、最後手段の原則と狭義の相当性（比例原則）が重視される。⑦公共の福祉に拘束される。争議は、明確に公共の福祉に反してはならない。ただし、その内容に関しては争いがある。

2　支援ストの適法性

　支援ストとは、実施中の労働争議を支援するために、他の企業で働く労働者にストを呼びかけてこれを実行して、間接的に協約交渉の相手方である使用者（団体）に圧力をかける形態のストである。連邦労働裁判所は、従来、支援ストないし同情ストに関して、原則として違法との立場に立っていた[36]。その理由として、ストは協約締結を目的とする必要があるが、支援ストは、労働協約を締結すべき協約当事者に向けられたものでないからである。しかし、連邦労働裁判所は、2007年判決において、原則として支援ストは適法とし、従来の判例と比べて原則と例外を逆転する判断を下した。

　本件は、原告（印刷）会社（従業員約190名）が被告 Ver.di に対して損害賠償を請求したケースである。原告会社と同じ企業グループに属するＡ出版社において、Ver.di に所属する40名の編集者が労働協約の締結を求めてストを実施していた。Ver.di は、これを支援するために、A出版社発行の新聞を印刷し、売り上げの60％を占めていた原告会社に勤務する労働者にストを呼び掛けたところ、これに20人の印刷工が参加した。なお、原告会社にも適用される印刷産業労働協約は、支援スト実施時点には解約されていた。

　連邦労働裁判所（2007年６月19日判決）[37]は、ストの相手方たる原告会社が、原ストで求められている労働協約の締結を自ら行い得ないにもかかわらず、「争議手段選択の自由」を強調して正当と判示した。同判決は、80年代の先

36　BAG vom 05.03.1985, BAGE Bd.48, S.160; BAG vom 12.01.1999, NZA 1988, S.474.

37　BAG vom 19.6.2007, NZA 2007, S.1055.

例との相違として、基本法第9条3項の理論的変化、すなわち、労働組合の活動の保障を中核領域に限定していたのから、すべての団結に特有の行為形態へと拡大された点を指摘する。そして支援ストを呼びかけた労働組合の協約締結に有利なように支援ストがその協約締結に影響を及ぼす場合には、原則として第9条3項の保障の範囲内に入る。支援ストの正当性は、他のストと同様、相当性の原則に基づき判断され、明らかに不適切、不必要ないし不相当である場合にのみ違法とされるが、適切さと必要性には、支援ストを実施する組合による専権的評価が認められる。すなわち、争議手段が相手方への圧力行使にふさわしいかについて、当該組合に判断の裁量が認められる。これは、第9条3項による争議手段選択の自由から導き出され、争議手段だけではなく、だれに対して実施されるかも含まれる。さらに、支援ストは、当該企業に適用される労働協約と関係しないので、相対的平和義務にも反しない。たしかに、支援ストは、当該組合の構成員の労働条件の変更を目的としないが、スト参加者の間接的ないし独自の目的を追求するのが通常である。というのは、原ストが低い労働条件の協約締結にとどまる、ないし成果がない結果となると、将来的に当該組合員に否定的な影響を及ぼすからである。

　以上の通り、連邦労働裁判所は、基本法第9条3項の保障理論の変化を前提にして、争議手段選択の自由から導かれる判断の裁量ないし専権的評価や支援スト組合員への影響というように、これまで否定的にとらえられていた点を積極的に評価して、原則的正当性を認めた。これに対して、従前の判例理論を支持する大半の学説[38]は批判的である。特に争議手段選択の自由を認めると、上記の厳格な正当性判断基準を根本から覆し、争議行為の相当性に制限がなくなりかねない点が危惧される。また、本件は、コンツェルンの関係にある会社であり、一般論を展開する必要がないとの指摘もなされている。さらに連邦労働裁判所は、支援ストを実施する労働組合とその使用者間において平和義務が存続している場合でも適法として、当該平和義務と関連させない。たしかに、一般論としては相対的平和義務には反しないであろうが、使用者が協約締結に期待する労使平和を脅かすことになる。

38　R.Richardi/F.Bayreuther, Kollektives Arbeitsrecht, 3.Aufl.,Verlag Franz Vahlen, S166ff.;
　　B.Ruether, Arbeitskampf in eine veranderten Wirtschafts- und Arbeitswelt, NZA 2010, S.12.

278　第3章　集団的労働立法・理論の変容

3　Flashmob 態様の適法性

　Flashmob とのスト形態が発生したのは、2007年から2008年にかけて行われた小売業の協約交渉が進展しなかったのが契機となっている。Ver.di は、1年以上にわたり、スーパーに対してストを行っていたが、何らの成果も得られなかった。というのは、スト参加者が少数であり、また代替として派遣労働者やパートタイマーが雇用されたためである。このため、Ver.di は、SMS とインターネットを通じて支援を呼びかけたところ、40人が45分間にわたり、手当たり次第に安価な品物をワゴンいっぱいにしてこれを通路に置き、またレジでの品物の価格の読み取り後、大きな拍手の下「財布を忘れた」と述べるなどの行為を行って業務を妨害した。参加者はスーパーの従業員ではなく、無関係の第三者であった。そこでスーパーの経営者が Ver.di に対して損害賠償を請求したケースである。

　連邦労働裁判所（2009年9月22日判決）[39]は、当該行為は、法的保護に値する事業所への侵害（Eingriff）に該当するが、労働組合の争議手段選択の自由及びスーパーが一時閉鎖という対抗手段を有することを勘案すると、ストに付随する Flashmob は、「一般的には許容されないとはいえない（nicht generell unzulässig）」と判断した。以下、簡単に判示内容を紹介しよう。

　基本法第9条3項によって保障された団結活動の自由は、すべての団結に特有の活動形態に及び、労働協約の締結に向けられた争議手段も含まれる。第9条3項の保障には、伝統的に生成されてきた多くの争議手段のみならず、相手方に対抗しつつ均衡のとれた協約締結を目指すために、その争議手段を変化した事情に適合させる、団結の自由も挙げられる。そして団結に特有の行為形態であるかは、原則として選択された手段の性質ではなく、追求されている目的を基準として判断される。したがって、単に第三者が当該争議手段に関わっていたとしても、保護が及ばないわけではない。その許容性は、相当性の原則に従って判断される。すなわち、争議手段が要求実現のために、明らかに適切（目的達成のために適切か）ないし不可欠でない、あるいは不相応（過度の禁止）である場合、違法である。特に、争議手段の相当性の判断にあたっては諸事情が勘案されるべきであり、スト実行者には損失がない一

39　BAG vom 22.9.2009, NZA 2009, S.1347.

方、その対抗者に防御手段がない場合には、交渉の対等性を脅かすことになる。こうした点を考慮すると、対抗者に対して、どのような争議手段を採るのか、及びだれがその責任を担うのかを事前に認識可能にしておく必要がある。

　以上の一般論を前提にして、ストに付随する行為（Flashmob）に関しては、まず伝統的な争議行為との相違点として、①事業運営に対する積極的な阻害に向けられている、②非組合員たる参加者にはなんらの経済的損失がない点を指摘したうえで、事業所所有者は、有効な防御の可能性、すなわち住居権（Hausrecht）及び一時的な事業所閉鎖との対抗手段を有していることから、一般的には違法とは言えないと結論づけた[40]。

　本判決は、本件に類似する職場占拠や事業所閉鎖（Betriebsblockade）～労働者やスト破りの就労や原材料の搬入等を阻止して事業運営を困難にするのみならず、妨害する～を違法とみなす、従来の判例・学説とは異なっている[41]。このため、本判決に対して、多くの学説は批判的である。特に、争議目的を正当性判断にあたって重視している点、及び第三者の行為である点を考慮していない点である。争議を効果的に実施するために実効性のある争議手段の選択の自由が認められると、労働組合に対してほとんどすべての手段が認められかねないとの厳しい指摘もなされているが[42]、いずれにしても争議行為の正当性を広げたといえる。

4　専門職組合のストライキの正当性

（1）問題状況

　2000年以降、専門職組合の活動が活発化し、社会的影響力のあるストライキが頻繁に実施されるにつれて、そのストの正当性が議論されるようになる。2001年コックピット組合（VC）のストを契機とし、2006年マールブルグ連

40　連邦憲法裁判所に上訴されたが、BAG の判決は憲法に適合するとして却下された。BVerfG vom 24.3.2014, NZA2014, S.493.

41　BAG vom21.6.1988 APNr.109 zu Art.9GG Arbeitskampf; LAG Schleswig-Holstein vom 25.6.1986, NZA 1987, S.65.; Zöllner/Loritz/Hergenröder, a.a.O.(Fn.8), S.569.　他　方、P.Berg/E.Kocher/D.Schumann（Hrsg.）, Tarifvertragsgesetz und Arbeitskampfrecht 5.Aufl., BundVerlag, 2015, S.870（Berg）は、使用者の過度の行為に対抗してストライキ防御のために必要な場合には合法とする。

42　Zöllner/Loritz/Hergenröder, a.a.O.(Fn.8), S.570f.

盟（MB）、そして2007/2008年機関士（運転士）組合（GDL）が大規模なスト
を実行したが、小さい組合にもかかわらず、当該企業の中心的職種であった
ため、その社会的影響は多方面に及び、大きな注目を集めた。これらの専門
職組合は闘争力を備えているため、ストを通じて、使用者に協約当事者とし
て承認されるのみならず、DGB の産別組合を凌ぐ成果を上げることになる。
具体的には、賃上げ率が VC30％、MB10～13％、GDL11％である[43]。

　こうしたストの正当性につき、学説及び判例は、専門職組合の協約能力及
びストの相当性との2つの観点から議論する。前者は、貫徹力
（Durchsetzungsfähigkeit）の有無が問われる。後者は、協約単一原則を容認
する（かつての）判例法理を前提にすると、当該協約が締結されても適用さ
れない場合、そのストは相当かが問われる。このほか、平和義務も問題とな
り得る[44]。

（2）協約能力

（A）　協約能力の有無は、①基本法第9条3項の団結体としての要件の充足、
②団結の目的遂行、特に労働協約の締結を目指しており、かつ民主的組織で
あること、③相手方に圧力をかけるだけの闘争力及び財政的基盤や組織構造
を有すること、④法秩序や平和義務の尊重によって判断される。

　専門職組合では、③が問われることになる[45]。これに関連した連邦労働裁
判所判例のメルクマールとしては、第一に、組織人員が挙げられる。それは、
団結体が活動する意図がある地域（場所）、及び専門職種の組織領域に関わる。
ただし、構成員の少なさは、無条件に協約能力がないことにはならない。と
いうのは、事業所内における枢要な地位にある専門職労働者を代表する場合
には、少数であったとしても相当な圧力を行使しうるからである[46]。第二に、
労働協約締結の実績がある場合、労働組合の貫徹力が帰結され得る。ただし、
これは「本来の意味での労働条件」、すなわち内容規範（労働条件）を意味
しており、経営組織法上の規制では不十分である[47]。

43　本章第1節参照。

44　Vgl., S.Kamanabrou, Der Streik durch Spartengewerkschaften, ZfA 2008, S.241ff.

45　判例の動向に関しては、桑村裕美子『労働者保護法の基礎と構造』（有斐閣・2017年）102頁以
　　下参照。

46　BAG vom 28.3.2006, NZA 2006, S.1112.

47　BAG vom 6.6.2000, NZA2001, S.160.

（B）上記基準を専門職組合に当てはめると、2つの観点から貫徹力の検討を要する。第一に、専門職組合は、ごく最近から独自の協約締結をめざすようになったので、数多くの協約締結との指標には該当しない。第二に、専門職組合は、特定の職種グループの利益のみ代表するので、絶対的な構成員数が少ない。このことから、当該職種において高い組織率を維持しているだけではなく、組合員が、枢要な地位における専門職従事者かどうかが重要となる。すなわち、特殊なケースにおいてのみ、高い組織率が構成員数の少なさをカバーすることになる。しかし、連邦労働裁判所[48]は、客室乗務員組合（UFO）の協約能力の決定に際して、これを相対化した。具体的には、客室乗務員は、枢要な地位にある専門職とはいえないが、短期的に代替できず、また少数の飛行機の欠航が甚大な経済的影響を及ぼすため、そのストは使用者に協約交渉を強いることになる。このように、使用者側の代替職員補充及びストの経済的結果に焦点を合わせると、構成員の枢要な地位は、問題でなくなる。

　以上から導き出されるのは、専門職組合において、その構成員の少なさから特別の圧力の潜在的可能性が見出されない場合、貫徹力は疑問とされる点である。こうした貫徹力を協約能力の要件の1つとすることに反対の見解が見られるが、連邦労働裁判所は、これを基準とする。その理由は、労働者の構造的な非対等性を集団的な交渉によって調整し、協約自治に基づき労働条件規制とのその本来の任務を果たすにあたって、労働組合が使用者団体と対等に交渉するには十分な対抗力が必要であるためである。これによって、相当かつ社会的な平和を実現する利益調整が可能になるとされる[49]。

（3）相当性[50]

　専門職組合では、他の事例には見られない点で相当性が問われる。具体的には、協約単一原則に基づき、締結がめざされる労働協約が、当該事業所内において適用されないことが予想される場合には、そのストは相当でないとされ得るからである。これが問われたケースは少ない。ラインラント・プファルツ州労働裁判所[51]は、ハーン空港が航空管制官労働組合（GdF）のスト

48　BAG vom 14.12.2004 NZA 2005, S.697.

49　BAG vom 14.12.2004 NZA 2005, S.697; BAG vom 28.3.2006 NZA 2006, S.1112.

50　以下の内容は、Kamanabrou, a.a.O.(Fn.44), S.252f. 参照。

51　LAG Rheinland-Pfalz, vom 22.6.2004, AP Nr.169 zu Art.9 GG Arbeitskampf.

の差止めを求めた事件において、当該ストは不相当であると判断してスト禁止の仮処分申請を認めた。その理由として、協約単一原則に基づき、締結がめざされている航空管制官を対象とする労働協約は、すでに適用され、必ずしも職種を対象としていない労働協約によって適用排除され得るであろう点を挙げる。これに対してヘッセン州労働裁判所[52]は、ドイツ航空管制会社による同様の申請を却下した。その理由として、労働協約の締結後にはじめていずれが「特殊」であるかが決定でき、「協約の検閲（Tarifzensur）」[53]による事前の裁判所の決定は許容されないとする。同様の決定は、GDLの計画したストでも下されており、協約単一原則は、複数協約が現に存在する場合に適用され、スト権を事前に制約できないと判断された[54]。その後、ラインラント・プファルツ州労働裁判所は、新しい決定において、不相当であるとは言えないとの判断を下した[55]。

　他方、協約単一原則が基本法第9条3項違反となると、こうした議論は不要となる。連邦労働裁判所は、2010年判決において、従来の判例を変更して、協約単一原則を第9条3項違反と判断した。この結果、専門職組合のストを相当性との観点から検討する必要は無くなった。しかし、後述する通り、労働協約法において同原則を明記する規定が新設されたので、あらためてこの点が問われることになる（下記（5）参照）。

（4）専門職組合のストの特殊な事情[56]

　専門職組合のストは、産別組合が行うそれに比べていくつかの特徴があり、これらがストの正当性に関連するかが問われる。

（A）争議不対等性（Kampfungleichgewicht）

　専門職組合の構成員は、当該事業所においてキーポジションたる職種に属するので、スト参加者が事業所全体からみると少なくても、使用者に与えるダメージは相当大きい点が特徴である。すなわち、組合にとって少ないコストで大きな効果が得られることになり、この点で「争議不対等」ではないか

52　LAG Hessen, vom 2.5.2003, NZA 2003, S.679.

53　Vgl., P.Berg/E.Kocher/D.Schmann, Tarifvertragsgesetz und Arbeitskampfrecht 5.Aufl., Bund Verlag, 2015, S.830f（Kocher）.

54　LAG Hessen, vom 22.7.2004, AP Nr.168 zu Art.9 GG Arbeitskampf.

55　LAG Rheinland Pfalz vom 14.6.2007, DB 2007, S.2432.

56　Vgl., Kamanabrou, a.a.O.(Fn.44), S.260ff.

第2節　ドイツ集団的労働法理論の変容　　283

との指摘がなされる。これに関しては、そうした現象は、産別組合のストに
おける基幹部門の組合員のみによる場合でも同様となることのほか、争議に
おける経営危険（Betriebsrisiko）の分配の問題として処理すればよく、専門
職組合のストが直ちに争議対等性に反することにならないとされる[57]。

（B）公共性

　専門職組合は、パイロット、医師、機関士、そして航空管制官というよう
に、ストの影響が国民生活に直結する職種であるため、公共の福祉からの制
限が問われる[58]。これは相当性の中で考慮される要素の1つである。連邦労
働裁判所[59]は、争議行為によって「公共の福祉が著しく侵害されてはならな
い（Das Gemeinwohl durfte nicht offensichtlich verletzt werden）」との立場に
立ち、具体的には生活配慮の領域において制限され得る[60]。例えば、食糧、
医療、消防、エネルギー・水道のみならず交通も挙げられる。ここでは、長
期間の事前予告、法律上のスト投票義務、広範な緊急事態要員の確保義務、
調整・調停義務などが提示される[61]。

　いくつかの下級審決定は、この考えに従い、スト禁止の申請を認めた。ニ
ュルンベルグ労働裁判所は、GDLのストに関し、旅行シーズンのピーク時
のストは甚大な経済的ダメージを生じさせるとの理由を挙げ[62]、ケムニッツ
労働裁判所は、乗客及び物資輸送でのストは、「甘受し難い公共の福祉侵害
（eine unertragliche Gemainwohlbeeintrachtigung）」とした[63]。しかし、この判
断は、学説から強く批判された[64]。こうした中で、ケムニッツ労働裁判所決
定の異議申請を審理したザクセン州裁判所は、裁判所によるスト禁止の命令
は、基本法第9条3項に鑑みて、ストが著しく不適切かつ不相当な場合にの
み考慮され、GDLのストはこれに該当しないとの判断を下した[65]。

57　Kamanabrou, a.a.O.（Fn.44）, S.260.

58　Berg/Kocher/Schumann, a.a.O.（Fn.53）, S.831（Kocher）.

59　BAG vom 21.4.1971, BAGE Bd. 23, S.292.

60　F.Bayreuther, Tarif- und Arbeitskampfrecht in der Neuorientierung, NZA 2008, S.16.

61　Berg/Kocher/Schumann, a.a.O.（Fn.53）, S.831（Kocher）.

62　ArbG Nürnberg vom 8.8.2007, AuR 2007, S.320.

63　ArbG Chemnitz vom 5.10.2007, AuR 2007, S.393.

64　T.Blanke, Arbeitskampfrecht: Zurück auf Los …?, KJ 2008, S.204; M.Sunnus,
　　Arbeitskampfrecht in Bewegung?, AuR 2008, S.1; U.Zachert, Der Streik der Lokführer und die
　　Phantasie der Juristen, Festschrift für Wendeling-Schröder, Baden-Baden, 2009, S.23.

284　第3章　集団的労働立法・理論の変容

そもそも公共の福祉や生活配慮の概念自体があいまいであり、また第9条
3項の国家の緊急事態の場合でもスト禁止まで導き出せない。いずれにして
も、交通と医療との社会的に影響力の大きな分野において「エリート」たる
地位にある職種の組合のストとの点での議論である。

(C) 少数グループの「エゴな活動」

　産別組合はさまざまな職種の労働者を組織しており、特定の職種の労働者
の利害を優先せず総体的な労働条件の改善をめざすのに対し、専門職組合は
組織する職種の利害のみを代表すればよいので、連帯せずに自己の利益のみ
を追求するとの点で「エゴ」との批判がなされる。たしかにこうした側面が
あることは否定できないが、このためには、産別組合がすべての労働者の利
益を正当に代表し、かつ職種グループ間の適正な調整を図っているとの前提
が満たされていなければならない。しかし、専門職組合の立場からすると、
産別組合が賃上げなどの労働条件改善に熱心でなかったため、独自の協約締
結を求めてストが行われたと反論されよう。また、専門職組合が好条件を獲
得すれば、競合する産別組合も同等ないしそれ以上の労働条件を求めること
になり、相乗効果が期待できる。こうしたことを考慮すると、法的にはスト
の適法性を否定する根拠にはならないであろう。

(D) 平和義務

　すでに組合と労働協約を締結して平和義務が発生している場合、他の組合
が独自協約を求めてストを実施すると事業所内における労使平和が乱される
ことになるので、他の組合にも平和義務が拡張されるかが問われるが、これ
は当該協約締結当事者間で生じる義務であるので、否定的に解される。そう
でなければ、他の組合の争議権の行使が制限されることになるからである[66]。
ただし、相当性の判断で考慮する見解が見られる。例えば、スト開始前に調
停手続きを義務づけ、これを怠ると不相当とするなどである[67]。しかし、こ
れも平和義務を拡張するのと同様の結果となり、当該組合のスト権を制限す

65　LAG Sachsen vom 2.11.2007, AuR 2008, S.64.

66　G.Dornbusch /E.Fischermeier / M.Löwisch（Hrsg.), AR - Kommentar zum gesamten
　　Arbeitsrecht, 7.Aufl., Luchterhand Verlag, 2015, S.1644（Spelge).; Berg/Kocher/Schumann,
　　a.a.O.(Fn.53), S.837（Kocher).

67　M.Franzen, Das Ende der Tarifeinheit und die Folgen, RdA 2008, S.203f.

るとの批判が加えられている[68]。

（5）新規定の下での専門職組合のストの相当性

　以上の考察から専門職組合のストの正当性は、特に相当性の観点から検討されることになるが、これは協約単一原則からして、適用される可能性が低い場合にもストが認められるかが問われる。特殊性との基準だと締結されるまでは判断できないとの考えが有力であり、州労働裁判所もこれに従う判断を下していた。また、第3節で詳述する通り、協約単一原則が違憲と判断されたので、この点は争点でなくなったと考えられた。しかし、2015年、協約単一原則を定める規定が新設されたので、依然として複数協約制でのストの正当性の議論が続くことになった。協約単一原則規定の内容は、第3節で論じるので、ここでは、ストに関する議論のみ紹介しておきたい。

　2010年連邦労働裁判所が協約単一原則を違憲と判断したのに対し、DGBとBDAは、同原則を維持する共同提案を行う（2010年6月4日）。そこでは、特殊性原則に代えて多数原則を採用するほか、争議行為に関しては、適用労働協約の有効期間中、適用を排除された少数組合も平和義務を負い、争議行為が禁止されるとされていた。

　多数組合の労働協約が存する事業所において、少数組合が労働協約の締結をめざしてストを実施すると、その正当性の問題が生じるが、政府提案の法案はこの点には触れていない。これは、連立協定の枠組み、首相の留保、及びDGBの連邦大会における「妥協的決定」に従い、そしてスト権を侵害しないために、法案に明記するのを避けたためである[69]。DGBは、2014年5月の会議において、上記方針を変更して、スト権に関するあらゆる法律上の規制に反対するとの決定を行った。すなわち、上記共同提案が採用されるならば、すべてのDGBの組合は、全力でこれと闘うとしたのである。他方、それが除外されれば、IG MetallとIG BCEも含めてほぼ過半数の組合は、これを支持する状況であった。

　しかし、政府法案理由書は、「協約単一規制は、労働争議法を変更しない」としつつ、以下の通り述べる。「競合する労働協約の獲得のために実施

68　Dornbusch /Fischermeier /Löwisch（Hrsg.）, a.a.O.（Fn.66）, S.1645（Spelge）.

69　Vgl., H.Konzen/H.Schliemann, Der Regierungsentwurf des Tarifeinheitsgesetzes, RdA 2015, S.1f.

される労働争議の相当性に関しては、個々のケースごとに協約単一原則に従って決定される。労働争議は、協約自治を保障するための手段である。…締結組合が当該事業所において多数の労働者を組織していないが故に、秩序機能が当該協約上明らかにもはや生じないであろう場合には、労働争議は、協約自治の保障に役立たない。」これは、「秩序機能」を有しない労働協約の締結をめざす、少数組合のストは「不相当」であることを暗示していよう。

協約単一原則の規定が違憲であるかは別にして、協約が競合する場合、特殊性原則ではなく多数原則を採用した新規定の下でのストの相当性はどのようになるのであろうか。2つの典型的な場合に分けて検討しよう。

(A) 多数関係が不明な場合

いずれの組合が多数を占めているのかが、スト開始の時点で不明なケースである。またストが実施されると、組合員が加入ないし脱退することがあり、この点でも流動的な側面がある。こうした場合、ストによって労働協約が締結されてはじめて多数関係が明らかになる。ここで参考になるのは、上記の州労働裁判所の判決である。ストの時点で不明な場合に協約単一原則に基づき一方の組合のストを禁止することは基本法第9条3項に違反するといえる。

(B) 多数関係が明らかな場合

一事業所において、チェックオフなどから、ある組合が多数を占めているのが明らかな場合、上記法案理由書によると、少数組合のストは不相当と判断される可能性が高い。これに対して学説は正当との立場が主張されている。例えば、少数組合に付与された多数協約を引き写す権利には、協約が現に「競合」していることが要件とされており、少数組合の労働協約の締結が達成されなければならないので、このためのストは認められるべきである[70]。あるいは多数組合の労働協約には、職種特有の労働条件が含まれないことがあり（例、事業所の消防職員の呼出労働）、こうした事項に関して職種別組合が労働協約の締結を求めてストを行うことができるとされる[71]。

違憲とされた協約単一原則が復活し、従前の特殊性に代えて、単純な多数関係によって協約の優位性を決定することになり、学説は難しい状況の中で少数組合のストの相当性を維持する見解を主張しているといえよう。

70　Berg/Kocher/Schumann, a.a.O. (Fn.53), S.106（Kocher）.

71　W.Däubler/K.Bepler, Das neue Tarifeinheitsrecht, Nomos, 2016, S.106.

第2節　ドイツ集団的労働法理論の変容　287

（6）理論的変化の特徴

　以上、注目すべき3つのケースを紹介したが、争議権理論の変化に関する理論的特徴を指摘しておきたい[72]。まず、支援スト及び Flashmob 両判決に関してである。第一に、両判決に共通する判断の前提は、基本法第9条3項の中核領域論を修正した1995年連邦憲法裁判所の保護領域論であり、保障範囲が広げられたため、従前の厳格な争議権理論の緩和がやりやすくなった。第二に、両判決とも、一定の限定を付しているが（協約自治の機能確保のために不可欠等）、包括的な争議手段選択の自由原則を強調し、これは上記保護領域に含まれるとする。第三に、広範に捉えられた団結の自由の具体化にあたって「相当性の原則」を緩和している点である。これは、従来の判例でも争議行為の正当性判断にあたっての審査基準とされてきたが、両判決とも「中心的な判断基準」に位置づけている点に新規さが見られる。その際、争議目的を相当性判断にあたって重視している。争議目的は労働組合が自由に決定できるため、相当性の審査を決定づけることになる。このため、支援ストにおいては、労働組合に有利な結論になる。さらに、争議手段の適切性と必要性・相当性判断にあたって、労働組合に「評価の特典」が与えられ、争議手段は、明確に不適切であり、また明確に不要な場合にのみ違法となるにすぎないとされる。

　以上の両判決の論理に関して、伝統的な争議権理論に立つ学説は批判的である[73]。第一に、団結の自由の中心は協約自治であり、これを実質化するために争議行為が認められる以上、争議対象者と要求対象者は一致する必要がある。第二に、保護領域理論に立つとしても、すべての争議手段がその保障を受けるわけではなく、その機能に即した解釈が重要であり、争議手段の種類に基づき決定しなければならない。第三に、支援ストは、当該争議当事者間で締結される協約と無関係であり、また Flashmob との方法は、ストと異なり、参加者の労務給付提供の停止や対価の差控えとの関連がなく、労働争議の本質と相いれない。

　以上の通り、両判決に対する批判は強いが、連邦労働裁判所がこうした判

72　Vgl., M.Jacobs, Das neue Arbeitskampfrecht des Bundesarbeitsgerichts, NZA 2011, S.77ff.

73　Vgl., M.Jacobs, a.a.O.(Fn.72), S.81ff.; R.Wolf, Deutsches Tarifrecht – zwischen Erfolg und Bewährungsprobe, in: Festschrift für Kempen(Fn.17), S.61ff. usw.

288　第3章　集団的労働立法・理論の変容

断を下した要因としては、労使間の実質的勢力均衡が崩れている点が考慮さ
れたと思われる。

　次に、専門職組合の協約能力に関しては、勢力の均衡につき、組合員は少
数であるが、中軸的な職種としてストの影響力が大きい点に着目してこれを
肯定するが、それは実質的な判断といえる。次に、ストの正当性に関しては、
協約単一原則のみならず、産別組合のストとは異なった観点から検討されて
いる点に目新しさが見られる。特に、対等性に関する、専門職組合の構成員
の職種の重視は、実質的対抗力を考慮した判断であり、肯定的に捉えられよ
う。しかし、労働協約法改正によって違憲とされた協約単一原則が復活し、
あらためて専門職組合のストの正当性の議論が再燃した。その違憲訴訟の結
果次第で、再度議論がなされることが予想される。

五　最賃法の制定[74]

　ドイツは伝統的に企業横断的労働協約の影響力が強く、協約を適用されな
い労使も拘束して、いわば最低労働条件法として機能してきた。このため、
1955年に制定された最低労働条件決定法は一度も発令されたとことはなかっ
た。しかし、労働協約の社会的影響力の低下と失業者の増加などを背景とし
て、現実には低賃金で働くワーキングプアが増加し、最賃規制が必要とされ
る客観的状況が見られ、2000年代半ば以降、活発な議論を呼ぶことになった。
そして労働者送出し法の改正（2009年）及び最低労働条件決定法の現代化
（2009年）が実現されることになった。さらに、2011年の労働者派遣法改正
において、派遣労働者に対する最低賃金の設定が可能とされた（3a条）。こ
れによると、派遣労働者の労働条件決定権限を有する労働組合と使用者団体
が連邦レベルにおいて適用される最低賃金協約を締結した場合、連邦労働・
社会大臣に対して拘束力宣言するように提案できる。なお、2015年1月1日、
最低賃金法が施行された。

74　詳細は、第1章第3節及び本章第3節参照。

Ⅲ　総括

一　協約自治の機能

　ワイマール期に大きな発展を遂げる集団的労働法の中で中心的な地位を占めてきたのは労働協約制度であり、協約自治であった。協約自治の下で労働協約は労働者保護機能を果たし、団体交渉を通じて労働契約締結における非対等性を調整して相当な労働条件を実現した。また協約当事者による、労働・経済条件の強行的規制を通じて労使関係の平和機能を果たしてきた。さらに、協約当事者の協働の下で、労働条件の形成を通じて労働生活を秩序づけてきた（秩序機能）。こうした協約自治が展開されるには、一定の前提条件が確保されていなければならない。具体的には、以下の点である[75]。①協約制度が、合意された規範に関して十分な拘束力を生み出しうること。②下位規範（事業所協定、労働契約など）に対する拘束性が保障されていること。③協約自治と結びついた権利を用いて矛盾する利益調整を行うアクター（協約当事者）が存在すること。

　連邦憲法裁判所は、これらの観点を踏まえて、協約自治の憲法上の保障の含意を以下の通り述べる。「すべての団結に労働協約の締結を許容する、すなわち協約締結能力を有するとの扱いをしなければならないことは、第9条3項で保障された団結の自由の趣旨ではない。というのは、労働生活、特に賃金の意義深き秩序づけを社会的当事者の協働の下で行うことが協約制度の目的の1つであるとすると、この秩序目的から生じる、協約締結能力の制限は、団結の自由の枠組み内においても作用しなければならないからである」[76]。「立法者は、協約当事者の交渉の結果としての賃金が非構成員にも間接的に適用されるように作用する規制を設定して、その秩序機能を支える必要がある。これを通じて…第9条3項が意図する、公益につながる労働生活の自主的な秩序づけがサポートされる」[77]。

75　U.Preis/D.Ulber, Funktion und Funktionsfähigkeit der Tarifautonomie, in: Festschrift für Kempen(Fn.17), S.17.

76　BvefG vom 18.11.1954, BverfGE Bd.4, S.96.

77　BvefG vom 11.07.2006, BverfGE Bd.116, S.202.

290　第3章　集団的労働立法・理論の変容

　ここで注目すべきは、①協約自治機能強化のための立法者の補助的役割、②秩序機能の重視、④協約制度を支えるのにふさわしい団結の協約締結能力、⑤非構成員に対する効力への期待であろう。しかし、今日、果たしてこうした前提条件が満たされているのかが根本的に問われている。

二　協約自治の基盤の動揺と集団的労働法理論への影響

　伝統的に協約自治を実質化してきたのは、巨大な労使両団体であるDGBとBDA及びその構成団体であった。その間で締結された労働協約は、構成員以外への影響力を通じて、労働生活全般を秩序づけ、労使平和を実現してきた。しかし、90年代以降、これに動揺を来たしているのが大きな特徴である。労使の構成員の減少によって一般的拘束力の機能が低下するとともに協約の影響力が弱まり、低賃金労働などの問題が深刻化している。他方、DGBに属さない職種別ないし専門職の労働組合が顕著な活動を行い、賃上げなどの成果を上げている。こうした事態は、必然的に伝統的な集団的労働法理論にも影響を与えずにはおかなかった。

　第一に、ドイツにおいても最低賃金制が導入された点である。労働法領域における国家の立法権限と労働協約による規範設定権限との間の境界の設定は困難であるが、少なくとも労働・経済条件の形成にあたって本質的な役割が団結に留保されていることが基本法第9条3項の要請とされる[78]。労働者派遣法等の改正では労働協約を基本に据えた最賃制度が採り入れられたのは、こうした考えに合致するが、最低賃金法は、これらと異なり、最賃委員会での決定を前提としている。たしかに、労使両団体の代表が委員を務めているとしても、国家が賃金規制に関与する点において伝統的な協約自治の重要な転換点といわざるをえない。第二に、協約単一原則から複数組合制への変更は、上記労働組合の活動の活発化の中で現れたが、「保護領域論」からして必然的な結論であるといえる。第三に、協約に開放された強行法規については協約締結能力との観点から検討され、それ自体の正当性の判断は回避されたが、労使の勢力の均衡との前提が崩れる中で矛盾が現れる結果となった。第四に、支援スト及びFlashmobとの行為態様の原則的承認は、伝統的な争

78　BVefG vom 18.11.1954, BverfGE Bd.4, S.96.

議権理論では実質的対等性を確保できない点が考慮されたと思われる。

三　今後の展望

　集団的労働法の基盤たる「協約自治の尊重」は、しばしば協約自治に有利なように国家介入回避のために用いられる一方で、協約当事者の役割を強調して、本来不可欠な社会政策的手段を不要とさせるように濫用されたとされる[79]。他方、「戦後西ドイツにおける協約自治の拡大は、協約制度全体の公的制度化とそれに対する国家的コントロールを前提とし、それを代償として実現された側面がある」[80]と指摘されているように、協約自治の尊重といっても、公益を害しないとの枠がはめられている点であり、アンビバレンツな性格を有する。たしかに、これは安定的労使関係を構築するのに都合が良かったが、逆に労働組合の魅力を失う一要因となったとも考えられる。

　今後、集団的労働法と個別的労働法との関係や労働法と社会保障法の連携などを改めて問い直す中で、協約自治や集団的労働法のあり方を考える必要があろう。

79　U.Preis／D.Ulber, a.a.O.(Fn.21), S.36.

80　西谷・前掲書（注１）613頁。

292　第3章　集団的労働立法・理論の変容

第3節　最近の労働協約立法をめぐる動向

Ⅰ　労働協約機能弱体化への危機感

　協約自治は、伝統的に集団的労使関係の基盤として、労働条件の二元的規制を基本とするドイツ社会モデルの主軸を形成してきた。労働協約は、保護機能、秩序機能、カルテル機能、分配機能そして平和機能を担い、集団的かつ個別的労使関係規制のみならず、ドイツ労働法及び理論にもさまざまな形で影響を及ぼしてきた。このため、最近の「協約自治の弱体化」に対する危機感は、労使両団体のみならず、政府や研究者においても、程度の差はあれ共有されている。2014年8月協約自治強化法が制定されたが、その主要な内容は、最低賃金法の制定及び一般的拘束力制度の改正である。また労使両団体（DGBとBDA）が共同で提案して成立した協約単一原則法（2015年5月、労働協約法改正）もこうした流れの中に位置づけられるであろう。これらのテーマに対する労働法研究者の関心は高く、2014年秋に開催されたドイツ法曹大会（Deutscher Juristentag）労働法分科会では、「協約自治の強化─いかなる協約法の改正が推奨されるか」の報告と議論が行われた。本節では、こうした最近の立法改正の動向の紹介・検討を目的とする。

Ⅱ　協約自治強化法

　2014年8月11日、協約自治強化法が成立した。その主要な内容は、全国レベルの最低賃金法の制定及び一般的拘束力制度の改正である[1]。

1　榊原嘉明「ドイツは協約自治を放棄したのか？」山田ほか編『労働法理論変革への模索　毛塚勝利先生古稀記念』（信山社・2015年）730頁以下、フランツ・ヨーゼフ　デュベル「協約自治強化法（Tarifautonomiestarkungsgesetz）における最低賃金：ドイツ労働法の現代化への第一歩」（佐々木達也訳）日独労働法協会会報16号（2015年）21頁以下参照。

一　最低賃金法の制定

1　制定の背景と経緯

ドイツは、ヨーロッパでは数少ない法定最低賃金制度がない国であった。その代わりに、労使は主に産別を中心に賃金交渉を行い、そこで決定された協約賃金を拡張適用することで、未組織労働者にも波及する仕組みを構築してきた。「協約自治（Tarifautonomie)」による賃金決定システムは強固な基盤を有し、長年尊重されてきたが、昨今の産業構造の変化や組合員数の減少に伴う協約適用率の低下、低賃金労働や貧困の拡大といった問題が生じるにつれて、労働組合や社会民主党（SPD）から法定最低賃金の導入を求める声が強くなる。

最賃法制定にあたり、労使両団体のみならず、政党、研究者などさまざまな関係者（団体）による議論が繰り広げられる[2]。ドイツでは、政策的賃金規制、すなわち議会による賃金額の決定制度は、長い間タブー視されてきた。労働組合、とりわけ金属産業労働組合（IG Metall）と鉱山・化学・エネルギー労働組合（IG BCE）は、協約自治を強調して、法定最賃制導入に強硬に反対していた。他方、食品・飲食・ホテル労働組合（NGG）は、これを支持した最初の組合であり、すでに1999年の組合大会において賛意を表明していた。NGG が組織する労働者の間では、低賃金が広範にみられ、組合の影響力も小さかったためである。また、合同サービス産業労働組合（Ver.di）も早くから導入を求めていたが、その組織対象（サービス産業の労働者）は、製造業部門と比べて低賃金労働が多く、また組織率が低い点に特徴がある。こうした中で労働組合の魅力低下を懸念する他の組合も、次第に、労働協約を通じて相当な労働条件を交渉することができない産業・業種分野の存在を認めざるをえなくなった。その結果、DGB 連邦会議（Bundeskongress）は、2006年に初めて、統一した組合の立場として、7.5ユーロの法定最賃を要求した（2010年、8.5ユーロに引き上げ）。

法定最賃制に関する政治レベルの議論の端緒は1990年代初頭にまで遡るが[3]、活発化するのは2000年代に入ってからである。まず第二次シュレーダ

2　以下、岩佐卓也『現代ドイツの労働協約』（法律文化社・2015年）129頁以下、T.Lakies, Mindestlohngesetz, Bund Verlag, 2015, S.50ff. 参照。

3　C.Schäfer, Europa sucht einen gerechten Lohn, WSI-Mitteilungen 1991, S.711ff.

294 第3章 集団的労働立法・理論の変容

一政権下（2002年～2005年）では、連邦政府、及びSPDと同盟90/緑の党（Bündnis 90/die Grünen）は、労働者送出し法を全部門に拡大する法案を提案した。ただし、ここでは、国家による最賃額の公布がめざされているのではなく、連邦全体に適用される産業部門毎（branchenweit）の労働協約の締結が前提であった。このため、協約当事者に主導権があった点に特徴が見出される。この法案は、キリスト教民主・社会同盟（CDU/CSU）が多数を占める連邦参議院で否決される。その理由として、低賃金部門の職を奪い、失業者が増える点などが挙げられた。ドイツ使用者団体連盟（BDA）のフント会長は、現在、月収1500ユーロ以下が340万人、1300ユーロ以下が260万人、1000ユーロ以下が130万人おり、最低賃金の導入によって、これら何百万人が職を失う危険にさらされる恐れがあると指摘する[4]。

2005年に成立した大連立政権（CDU/CSUとSPD）発足時の協定では、労働者送出し法の適用対象業務の拡大が盛り込まれ、2009年、「労働者送出し法の拡大及び最低労働条件決定法の現代化」でもって妥協が図られ、関連法が成立した。これによって、一般的最賃法の要求がいっそう高まることになった[5]。しかし、2009年に成立した保守連立政権（CDU/CSUとFDP）は、最賃法導入との考えを有しなかった。これに対して、SPD、Bündnis 90/die Grünen及び左翼党（Die Linke）は、それぞれ最賃法草案を連邦議会に提出した。

大きな転機は、大連立政権（CDU/CSUとSPD）の再成立（2013年末）である。連立政権協定において、2015年1月1日までに、「連邦全土を対象にした8.5ユーロ（税込時給）の横断的な最低賃金制を法律によって導入する」と記載された。また、全産業・業種部門での協約最賃の設定を可能にするために、労働者送出し法を拡大すること、及び最賃額を上回る労働協約を念頭において、労働協約の一般的拘束力宣言を容易化することが合意された。こうした経緯を辿り、協約自治強化法が成立することになった（2014年7月3日連邦議会、7月11日連邦参議院可決）。なお、最賃法が「協約自治強化法」の一環となったのは、最賃による低賃金競争防止を通じて協約自治が強ま

4　JILPT 海外労働トピック（ドイツ）2006年6月参照。
5　第1章第3節参照。なお、第68回ドイツ法曹大会DJT（2010年）の労働法分科会でもこうした方針が支持された。

る[6]と認識されたためである[7]。

2　主な内容[8]

（1）最賃請求権

すべての労働者（外国人労働者含む）は、原則として、時給8.5ユーロ（税込）の最低賃金を請求する権利を有する（第1条1・2項、第20条）。労働契約のみならず、労働協約によっても最低賃金額を下回る合意は許容されない（第3条）。すなわち、最賃が規範的効力（強行的効力と補充的効力）を有し、労働協約による逸脱（協約に開放された強行法規）も許されない。最賃請求の放棄は、請求権がすでに生じており、かつ裁判上の和解を通じて行われる場合に限られる（第3条2文）。なお、使用者が支払わない場合、注文主にも請求できる（第13条）。

（2）最賃額の変更手続き

最賃額の変更は、連邦政府の法規命令によって行われる（第11条）。これは、最低賃金委員会（Mindestlohnkommission）の提案に基づいてのみ可能である（第4条以下）。委員会は、代表的な労使両団体の提案に基づく各3名の委員（5条）、及び同様に各1名の助言学者の合計8名で構成される（第7条）。議決権があるのは、前者6名である。委員長は、労使両団体の共同提案によって選出されるが、一致しない場合、交代で2名によって運営される（第6条）。最初の最賃額の適切さの検討は、2016年6月30日までに行われる（2017年1月1日以降に施行）。その後は2年毎に検討される（第9条1項）。検討するにあたって、以下の諸事情が考慮される。①労働者に対する相当な最低限保護への寄与、②公正かつ機能的な競争条件の可能性、③雇用への脅威。

6　議論のなかで、特に使用者側から主張されたのは、賃金が高くなると職場が減る点である。しかし、建設産業を対象にした IAB の調査（H.Apel usw, Mindestlohn im Bauhauptgewerbe: Folgen für die Beschäftigung blieben aus, IAB-Kurzbericht 4/12）では、これは確認されなかった。

7　最低賃金法に関する日本語の主な文献として、以下が挙げられる。山本　陽大「ドイツにおける新たな法定最低賃金制度」労旬1822号（2014年）36頁以下、和田肇「ドイツにおける最低賃金制度の意義と現状」季労254号（2016年）24頁以下、川田知子「ドイツにおける Gute Arbeit と最低賃金法」法学新報123巻5・6号（2016年）147頁以下。

8　Vgl., T.Lakies, a.a.O.(Fn.2).; J.M.Schubert/K.Jerchel/F.J.Düwell, Das Mindestlohngesetz, Nomos, 2015.

296　第3章　集団的労働立法・理論の変容

また、労働協約の展開を踏まえて基準を設定する（第9条2項）。これは、協約賃金が最賃に基づき決定されるのを避けるためである。

　なお、最賃委員会は、一定の産業分野と地域並びに生産性との関連で、上記諸事情に基づき、最賃の影響を評価し、2年ごとに連邦政府に報告することになっている（第9条4項）。これに基づき2017年1月1日から、8.84ユーロへの引き上げが決定された。

（3）　適用対象

　原則として、外国人を含めたすべての労働者であり（第22条）、会社の本拠地がドイツ以外であるかは問わない。ただし、職業訓練を修了していない18歳未満の者には適用されない。これは、職業訓練中の報酬よりも最賃が高いため、職業訓練を途中で放棄することを防止するためであるが、年齢差別に該当するのではないかと論争されている。なお、実習生（3ヵ月未満は除く）は、最賃を請求できる。もう1つの例外は、1年以上失業していた者（「長期失業者」）が雇用された場合であり、6ヵ月間は最賃規制が適用されない（第22条4項）。

　経過措置として、新聞配達人は、最賃額の75％（2015年1月1日～12月31日）、85％（2016年1月1日～12月31日）であり、2017年以降全面適用とされる（第24条2項）。

（4）労働協約及び他の最賃規制との関係

　最賃規制は強行性を有し、労働協約もこれに違反することはできない（第3条）。ただし、「代表的な労使両団体の労働協約の異なる規制が最賃を定め、これが労働協約の適用下のすべての国内外の使用者及びその労働者を拘束する場合」には例外が認められる。具体的には、労働者送出し法と労働者派遣法の最賃に関しては、経過措置として、最賃額を下回っても有効であるが、2017年1月1日以降は、最賃額と同額となる（第24条1項）。

（5）　実効性の確保

　税関当局による監督と実施によって実効性が担保される（第14条以下）。外国に本拠を有する使用者、並びに闇労働の恐れを有する業種の使用者は、業務開始前に、労働者の氏名、就労開始と期間、就労場所などを通知する義務を負う。さらに罰則により実効性が担保されている（第21条）。

二　労働協約法及び労働者送出し法改正

協約自治強化法は、最賃法制定のみならず、労働協約の効力の未組織者への拡大を容易にするため、以下の改正も行われた。

1　一般的拘束力制度
（1）要件

一般的拘束力宣言の要件は、協約適用下にある労働者が50％を下回らないこと、及び公益が存することであったが、改正により「公益」が存することのみとされた（第5条1項本文）。具体的には、第一に、その適用領域において、労働条件形成にあたって労働協約が「支配的な意義（übewiegende Bedeutung）」を有していることである。改正前は50％との数値が定められていたが、これが削除されて柔軟な適用が可能となった。第二に、協約秩序の確保を目的として、労働協約が経済的に誤った発展に向かうのを阻止する場合である。その例として、協約秩序の空洞化が労働平和を脅かすこと、あるいは地域や産業分野において、協約システムが侵害されていることが挙げられる[9]。こうした場合、基本法第9条3項によって保障された協約設定権限が「かなりの程度（im besonderen Masse）」侵害されるからである。なお、旧規定では、「社会的緊急性」がある場合（例、使用者の大多数が組織されていない業種において、労働者の労働条件が極めて劣悪な場合）、50％以上、あるいは公益の要件を満たさなくても、一般的拘束力を申請できると定められていたが（旧第5条1項2号）、上記第二のケースに含まれるので、削除された。

（2）共同設置機関

年休手当や企業年金などのために労使が共同で設置する機関に関する規定が、新たに一般的拘束力宣言の対象とされた。共同設置機関の機能を確保するため、関連協約規範の一般的拘束力は、改正前から「公益」が承認されていたが[10]、これが明記された。対象となる共同設置機関は、①年休、年休手当、追加年休手当、②企業年金法の企業老齢年金、③職業訓練生の報酬、企業外での訓練施設における職業訓練、④事業所ないし事業所の枠を超えた、

9　Entwurf eines Gesetzes zur Stärkung der Tarifautonomie（Tarifautonomiestärkungsgesetz），BT-Drs. 18/1558, S.49.

10　BAG vom 24.1.1979 AP Nr. 16 zu § 5 TVG NJB 1971, S.758.

298　第3章　集団的労働立法・理論の変容

労働者の付加的な財産形成、⑤労働時間喪失、労働時間短縮ないし延長の場合の賃金調整である（第5条1a項）。

2　労働者送出し法改正

労働者送出し法は、連邦全体に適用される労働協約を基本として、業種毎に最賃を決定し、国内外の労働者に適用されるが、その実効性が評価されて、すべての業種に拡大されることになった。強化法6条によると、①すでに承認されている部門は、法律上明記される。②カタログが拡大され、新たな部門が承認される。③すべての部門に拡張され得る。

三　検討

1　法定最低賃金の社会的影響

2016年6月、最賃額の引き上げの決議とともに第1回報告書（Erster Bericht zu den Auswirkungen gesetzlichen Mindestlohns. 以下、「委員会報告書」という）が公表された。これに基づき、その社会的影響を紹介しておこう。

委員会報告書では、最低賃金の影響に関して、①労働者の保護、②就労・雇用（失業との関係等）、③競争条件（労働コスト、生産性、価格等）の3つの観点から、さまざまなデータに基づき、詳細な検討と評価を行っている。ここでは、「最低賃金法の本質的な目的」である労働者保護に関してのみポイントとなる点を挙げておこう。

第一に、最低賃金以下で就労する労働者への影響である[11]。委員会報告書[12]によると、最賃法施行前の2014年4月において、8.5ユーロ未満の労働者は、11.3%（3973千人）であり、西ドイツ地域（9.3%）に比べて東ドイツ地域（20.7%）が多い。女性は14.2%、男性は8.4%の割合である。年齢では、65歳以上の者（38.5%）と若年者（18-24歳、26.9%）、雇用形態別では、些少労働（38.7%）が多い（その他、パートタイマー10.5%、フルタイマー4.2%）

11　Bericht der Mindestlohnkommission an die Bundes-regierung nach § 9 Abs. 4 Mindestlohngesetz, S.40ff.

12　最低賃金委員会報告では、報酬構造調査（Verdienststrukturerhebung（VSE））及び社会経済パネル（Sozio-oekonomisches Panel（SOEP））を比較して、前者の方が対象労働者を広くカバーしているなどの理由から、これに基づく検討を行っている。Vgl., Bericht（Fn.11）, S.35ff.

図1 最低賃金法制定前後の8.5ユーロ未満の割合（％）

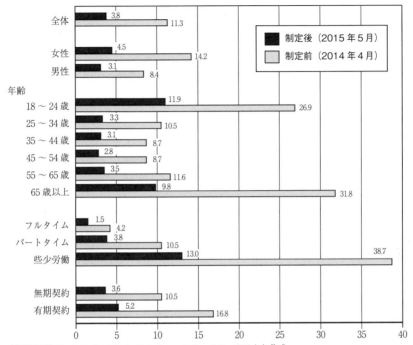

（資料出所）Bericht der Mindestlohnkommission, S.41・S.53より作成。

（図1参照）。施行後の2015年4月、最賃以下での就労者は、3.8％（1364千人）と大幅に減少している。東西間（東ドイツ地域5.0％、西ドイツ地域3.5％）、及び男女間（男性3.1％、女性4.5％）の格差とも大幅に縮小している。65歳以上の者9.8％、若年者（18～24歳）11.9％である。雇用形態では、些少労働の占める割合が高い（51％）（図2参照）。

以上の通り、最賃以下で就労する者は大幅に減少しているが、なお一定数存在しており、その解消が課題である。

第二に、社会保障との関係である[13]。失業手当Ⅱ（求職者のための基礎保障）では、基準額以下の低賃金労働者に対する上乗せ支給を行っている（Aufstocker）。法定最低賃金制定後、4.4％（56,489人）減少しており、一定

---

13 Vgl., Bericht(Fn.11), S.67ff.

図2 雇用形態別8.5ユーロ未満労働者の割合（最賃法制定後・2015/4）

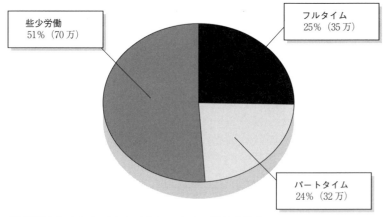

（資料出所）Bericht der Mindestlohnkommission, S.54より作成。

表1 就労している失業手当Ⅱ受給者〜最賃法制定前後の変化〜

	現状（年休平均）		前年からの変化	
	2014	2015	人	％
全体	1.292.402	1.235.913	－56.489	－4,4
女性	702.650	672.515	－30.134	－4,3
男性	589.752	563.333	－26.419	－4,5
その他の需要共同体構成員	458.613	432.065	－26.548	－5,8
（旧）西ドイツ	855.318	844.134	－11.184	－1,3
（旧）東ドイツ	437.084	391.780	－45.305	－10,4
社会保険加入義務ある就労者	555.586	563.547	7.961	1,4
些少労働のみ就労者	628.600	564.910	－63.690	－10,1

Quelle: Statistik der Bundesagentur für Arbeit, eigene Berechnungen.
（資料出所）Bericht der Mindestlohnkommission, S.69より作成。

の影響がみられる（制定前の2014年と制定後の2015年の比較）。西ドイツ地域（1.3％）に比べて東ドイツ地域（10.4％）の減少率が高く、基準額以下の労働者が多いことが窺える（表1参照）。また、年金の算定の基礎となる賃金が一定程度上昇したので、年金額にも影響を及ぼすとされる。

2　基本法との関係[14]

　法定最低賃金制の憲法適合性に関して違憲説が有力に主張されている。例えば、Hensslerは、社会的対抗勢力を有する労働組合を前提にして、以下の点を指摘する。基本法第9条3項は協約自治を保障しており、賃金などの重要な労働条件に関しては、国家の干渉のない、協約当事者による自主規制が前提とされている。したがって、最賃規制は、その侵害に該当する。たしかに、社会国家の要請から、適正な賃金規制が欠落ないし不十分な時、現存する労働協約を排除する場合があり、社会的当事者が産業部門において相当と考えた賃金が国家命令によって代替される。それゆえ、問題となるのは、これを正当化し得るかであるが、協約に開放された強行法規との方法を採用しなかったことは、「介入の適格性及び不可欠性の要素と明確に矛盾」すると指摘する[15]。

　他方、顕著な低賃金労働分野と協約拘束力の減退が存在し、その結果、協約自治に基づく解決可能性が見出せないとの実情を踏まえて、立法者の二次的保護機能が最賃立法を正当化する点を多くの学説は指摘する。第9条3項によって保障される協約自治と立法者の規範設定権とは対立せず、そして法定最賃を超える賃金やその他の労働条件を規範化することが団結には可能であるからである。この点に関する議論を紹介しておこう。

　法定最低賃金規制は、まず団結の自由（第9条3項）侵害との関連で議論される。それが労働者個人に保障された積極的ないし消極的団結の自由に影響を及ぼさない点は明らかであろう。他方、団結体は、最低基準以下での交渉・労働協約の締結が禁止される限りで、第9条3項の中核的内容である活動の自由が一定程度制限される。積極的団結の自由は、労働条件と経済条件の改善に資する限り、団結の存続、組織形成及び活動を保障する。これは、団結に特有の行為形態、特に協約自治を含む。すなわち、国家は、原則としてこうした領域への介入を控え、労働・経済条件規制の大部分を団結に委ねるべきであり、それは、賃金その他の実質的な労働条件である。しかし、そもそも団結に規範設定の独占権までは与えておらず、立法者は、労働法を規

14　川田知子「ドイツ労働法における立法政策と人権・基本権論」学会誌129号（2017年）34頁以下参照。

15　M.Henssler, Mindestlohn und Tarifrecht, RdA 2015, S.46.

302 第3章 集団的労働立法・理論の変容

制する権限を有すると考えられている（基本法第74条1項12号参照）。また法
定最低賃金は、あくまでも下限設定であり、これを超える規制は可能である
とともに、最賃額を決定する最賃委員会には、労使の代表が委員に入ってい
る。さらに、協約自治は組合員のみを対象にするのに対し、最賃制度は全労
働者を対象にする点で異なる[16]。

　社会国家原則からも、こうした協約自治への「介入」が求められるとされ
る。連邦憲法裁判所の諸判決に基づき論じる Lakies の考え[17]を紹介してお
こう。国家は、低賃金労働の蔓延に鑑みて、相当な保護措置を講じることを
義務づけられる[18]。この義務は、憲法第1条1項、第12条1項、第20条3項
から導き出される。連邦憲法裁判所は、いくつかの判決において国家の介入
を正当化する重要な目的を指摘する。第一に、社会的保護制度の安定であ
る[19]。具体的には、最賃規制は、国家に対する社会的保護義務の要請であり、
賃金が引き上げられる。また、低賃金労働領域の抑制によって、社会保険加
入義務ある就労が維持される[20]。さらに、協約自治制度ないしその機能能力
を強化する[21]。協約交渉は、最賃によって下限が設定され、より有利な協約
上の賃金形成に刺激を与えるからである。第二に、期待される労働条件に関
する労働者の利益は、基本法第12条によって保護される[22]。すなわち、職業
の自由は、相当な労働条件を求める自由と直接関係している。労働者は、フ
ルタイムでの就労によって、その生存を自らカバーできる場合にのみ、継続
してその労働を通じた自己尊重感を得ることができる。12条1項から生じる
基本権のみならず、人格の発展（2条1項、1条）も重要である。自ら選択
したフルタイム就労を通じて自己の生存に値する所得を確保するとの目的、
並びに貧困を克服するとの目的は、社会国家原理の表現として、公共の福祉
の関連事項〜これは、協約自治への介入を正当化するために引用される〜で

16　Schubert / Jerchel / Düwell, a.a.O.(Fn.8), S.46.
17　T.Lakies, a.a.O.(Fn.2), S.55ff.; T.Lakies, Rechtsprobleme des neuen Mindestlohngesetzes – ein
　　erster Überblick, AuR 2014, S.360ff.; Entwurf des Gesetzes, BT-Drucks18/1558.
18　BVerfG vom 29.12.2004, NZA 2004, S.153.
19　BVerfG vom 3.4.2001, BVerfGE Bd.103, S.293.
20　BVerfG vom 20.3.2007, NZA 2007, S.609.
21　BVerfG vom 4.7.1995, BVerfGE Bd.92, S.365.
22　BVerfG vom 23.11.2006, NZA 2007 S.85.

ある[23]。第三に、強行的最賃制は、社会保障制度の財政的安定を保障する。なぜなら、将来の生活保障のため、補足的な社会保険料が支払われねばならないからである。これも、公共の福祉の関連事項であり、協約自治への介入を正当化する。第四に、社会保険加入義務のある就労を維持し、失業を克服するとの目的である。というのは、切り下げへの競争が制限され、雇用が保障されるからである[24]。

以上の通り、最賃制は、①労働者及び社会保障制度を守り、②貧困克服に寄与し、③切り下げ競争の制限を通じて社会保険加入義務のある雇用を維持するのにふさわしい手段であるといえる。そして、立法者には、評価と予測の優越性が認められる。すなわち、目的達成にとっていなかる手段を採るかを決定できる[25]。

なお、職業の自由（基本法第12条1項）との関係では、たしかに最賃設定によって使用者の契約の自由が制限されるが、最賃規制は、労働協約が十分に機能しない領域では、「労働関係における契約の対等性（Vertragsparität）」の（再）構築に資することから、職業の自由への侵害が正当化される[26]。最賃法の目的に鑑みると、最賃規制に優越性が与えられるのである。最賃は、労働協約制度の弱体化の時期には、労使関係の対等性復活にも資するとされる。

3　まとめ

以上の議論から、紆余曲折を経て導入された法定最賃規制が一定の効果を上げている点は評価されており、他方、基本法第9条3項において特に重視されてきた協約自治との関係での検討がされているのは、それだけ協約自治が尊重されてきた証左である。また社会国家原理との関係での議論も興味深い。いずれにしても、最賃法の制定は、ドイツ協約自治にとっての転換点といえよう。

23　T.Lakies, a.a.O.(Fn.2), S.57.
24　BVerfG vom 20.3.2007, NZA 2007 S.609.
25　BVerfG vom 29.12.2004, NZA 2004, S.153.
26　Schubert/Jerchel/Duwell, a.a.O.(Fn.8), S.47.

304　第3章　集団的労働立法・理論の変容

Ⅲ　労働協約単一原則規定の新設と影響

一　序

　1つの事業所において複数の労働協約が適用されることがある。この場合いずれが適用されるのかをめぐって、2015年に協約単一原則規定が新設されたように、ドイツでは実務上のみならず法律上も重要な問題である。こうした複数協約制は二つのタイプに分けられる[27]。第一に、協約競合（Tarifkonkurrenz）、すなわち同一の法律関係（個別規範における労働関係ないし経営規範における経営上の法律関係）に対して複数の協約が妥当する場合である。具体的には、協約自治に基づく協約競合（例、すでに企業横断協約を適用されている使用者が、さらに当該労働組合との間で企業協約を締結する場合）、及び国家の権限に基づく協約競合（例、協約適用下にある労使に対して、別の協約の一般的拘束力が及ぶ場合）に分けられる。第二に、協約併存（Tarifpluralitat）は、従業員が異なった労働組合に所属しているため、複数の協約が1つの事業所に適用される、あるいは一般的拘束力によって非組合員に対して異なった協約が適用される場合であり、使用者のみが複数の協約に拘束される点に特徴がある。

　ドイツでは、判例上、一事業所に適用される労働協約は1つとの協約単一原則が長い間採られていた。その主たる根拠は、秩序原則によって法的安定性と明確性を確保すること、すなわち、単一の協約の適用のみが、個々の労働関係における労働条件に対して、実際上処理できかつ実施できる規制たり得る点であったが、その前提として、集団的労使関係を安定的に支配する巨大な労使両団体の存在を指摘できよう。しかし、協約単一原則に対しては、特に第二のタイプである協約併存には、基本法第9条3項で保障された個人及び団結の自由を侵害するとの批判が少なくなかった。2010年に連邦労働裁判所は、これを受け入れて判例変更を行った[28]。

　こうした連邦労働裁判所の判例変更によって、複数協約制が新たな法原則

27　Vgl., Arbeitsrecht（Münchener Handbuch）, 3.Aufl., Bd.2, München, 2009, S.319ff.（Rieble/ Klumpp）.

28　BAG vom 7.7.2010, NZA 2010, S.1086.

として妥当すると考えられた。しかし、局面は逆の方向に進む。BDA及び DGBは、判決直前に共同のペーパー (ein gemeisames Papier)[29]を公表し、大連立政権に協約単一原則規定の新設を働き掛け、2015年5月に可決された。なお、2014年9月に開催された第70回ドイツ法曹会議 (Deutscher Juristentag) の労働法分科会では、「協約自治の強化」とのテーマで、Klaus Bepler連邦労働裁判所判事による鑑定報告、及びOlf Deinerit/Richad die Giesenの関連報告がなされた。通常、テーゼ毎に参加者による賛否の採択がなされるが、この大会では見送りとなった。これは、「一事業所一協約との原則は、協約政策上重要な意義を有する。連邦労働裁判所判決 (2010年7月7日…) は、解決すべき新たな法律問題を提起している。」という「意識的に抽象化された」テーゼ10の採決を、多数を占めていた使用者団体及び労働組合の参加者が反対したためであり、異例の事態を引き起こすことになった[30]。成立した法律 (労働協約法4a条追加等) には、学界のみならず、DGB所属の労働組合からも批判が出され、コックピット組合などの専門職組合やVer.di等が連邦憲法裁判所に憲法異議の訴を提起する事態にまで発展している。

　本節では、この経緯を概観し、労働協約制度のあり方を論じたい[31]。

二　経緯

　「1つの事業所―1つの組合―1つの協約」は、協約単一原則のスローガンであるが、労働協約法等には規定されていなかった。この起源は、ワイマール時代における労働組合の路線対立に端を発して組織された産別組合にまで遡る。一事業所において複数協約が妥当する場合、複雑な問題が発生する。もっともDGBの組合間において協約適用の争いが生じた場合、DGB規約16条による組合間の合意、必要な場合には仲裁によって解決する試みがなされてきた。BAGも、こうした解決に拘束力を認めている〜使用者に対する効力も含む〜。しかし、一般的には協約単一原則に基づき解決が図られてきた。

29　RdA 2010, S.315.

30　C. Hopler, Das Taivertragsrecht auf dem 70.Deutschen Juristentag 2014 - Eine Nachbetrachtung, RdA 2015, S.94f.

31　協約単一原則法に関しては、桑村裕美子『労働者保護法の基礎と構造』(有斐閣・2017年) 110頁、135頁以下が詳しく分析している。

306　第3章　集団的労働立法・理論の変容

　1957年、協約単一原則が問われたケースにおいて BAG が下した判決[32]は反響を呼ぶことになった[33]。そこでは、1つの労働関係に対して複数協約が妥当する協約競合のみならず、使用者が複数の協約に拘束される協約併存の場合も、単一の労働協約のみが適用されると判断されたが、同判決を下した第一小法廷の裁判長は Nipperdey であり、第二次大戦後に公刊された著名な教科書において Nipperdey が執筆した箇所では、協約併存の場合、それぞれの協約が妥当するとの考えが示されており、これと正反対の判決であったからである。その後の判決では、協約併存の場合、「特殊性原則」に基づき適用協約が決定される結果、当該組合員は、強行的直接的効力をもった協約規範による保護を奪われることになるが、これを甘受すべきであり、適用協約締結組合に加入することによってその保護を回復できることで十分であると判示された[34]。協約単一原則を根拠づけ、学説からの批判に対抗する理論が打ち出されたのは、1989年から1991年にかけての一連の判決[35]であった。すなわち、秩序原則に基づく協約単一原則は、法的安定性と法的明確性から導きだされると判示した。具体的には、それは、すべての従業員を包摂しようとする協約当事者の意思に合致し、明確かつ予測可能な結果を導く。また、複数協約が存続すると、ほとんど解決しえない実務上の困難さを惹起するであろう。さらに労働者の転勤や偶然性に左右されずに労働協約が適用されることが保障され、これは、事業所の必要性に合致するとともに労働者に最良の結果をもたらす。BAG は、以上のような実際上のメリットとともに、基本法第9条3項は協約自治の中核領域のみを保護しており、ある労働協約の排斥はこれに含まれない点をも勘案して、協約単一原則を維持することになる。なお、協約単一原則が提示されるのは、「法律上の規制欠缺（eine Regelngslücke im Gesetz）」のためであり、これを補填しなければならない点も指摘する。さらに、労働契約による援用を通じて労働協約の適用を受ける場合にも、協約単一原則が妥当するとされた[36]。いずれの協約が妥当するか

32　BAG vom 29.3.1957, BAGE Bd.4, S.37.

33　以下の内容は、W.Däubler/K.Bepler, Das neue Tarifeinheitsrecht, 2016, Nomos, S.18ff. 参照。

34　BAG vom 29.11.1978, AP TVG § 4 Tarifkonkurrenz Nr.12.

35　BAG vom 14.6.1989, NZA 1990, S.325; BAG vom 24.1.1990, NZA 1990, S.450,; BAG vom 5.9.1990, NZA 1991, S.202; BAG vom 20.3.1991, BAGE Bd.67, S.330.

36　BAG vom 20.3.1991, BAGE Bd.67, S.330.

は、特殊性原則（Spezialitätsprinzip）に従って決定される。具体的には、「地域、事業、分野そして人的に一番密接であり、それゆえ事業所のニーズと特性及びそこで働く労働者にもっともふさわしい」協約である[37]。その際、決定的なのは事業活動であり、通常は、場所的、分野的、人的により狭い労働協約とされる[38]。

　学説の大半は、協約競合に限って判例理論を支持し、協約併存には批判的であった[39]。その理由は、①法創造との観点を承認するとしても、労働協約法と合致しない、②法的安定性と実務上の有用性は明確でない、③適用排除される組合及び組合員の団結の自由への侵害であり、第9条3項に違反する点を挙げた。

　こうした中で、BAG は、2010年判決において判例変更を行う[40]。本件は、協約併存の事案であり、マールブルグ連盟（医師で構成される専門職組合）に所属する組合員が、労働協約に基づく休暇手当を請求したところ、協約単一原則に従い当該事業所に適用される別の協約規定に従った取扱いにより、その支払いが拒否されたため、これを請求したケースである。

　その根拠は多様であるが[41]、ここでは理論的にポイントになる点のみ挙げておく。第一に、第9条3項の基本権保障は、協約制度の中核領域のみを保護するのでなく、団結に特有の活動も保障している点を指摘する。したがって、すべての組合による、その組合員の労働条件改善のための活動を認めねばならないとされる。第二に、労働協約の適用排除は、当該組合の団結の自由を侵害するのみならず、労働者個人の団結権も侵害する。第三に、協約併存から生じる「組合間の過当競争」、「平和義務の機能喪失」、「労働争議の多重性」については、法創造による有効な協約の適用排除を正当化させるだけの論拠にはならない。

　従来の判例理論が変更されたのには、いくつかの要因が挙げられる[42]。実

37　BAG vom 14.6.1989 NZA 1990, S.325.

38　マンフレート・レーヴィッシュ（西谷等訳）『現代ドイツ労働法』（法律文化社・1995年）96頁。

39　Vgl., O.T.Kempen/U.Zachert, Tarifvertragsgesetz 5.Aufl., Bund-Verlag, 2014, S.1166 (Wendeling-Schröder).

40　BAG vom 7.7.2010, NZA2010, S.778.

41　詳細は、髙橋賢司「ドイツ法における協約単一性の原則」日独労働法協会会報13号（2012年）3頁以下参照。

308 第3章 集団的労働立法・理論の変容

際上の要因としては、職種別ないし専門職組合の独自路線が強まり、また従来の協約水準を低下ないし排除するために、特殊性原則を利用する労働組合が出現したことである。法的要因としては、法律上の根拠規定がなかった点が挙げられる。すなわち労働協約法は、すべての労働協約の同価値性を前提とし、それぞれの構成員資格において適用されることになっており、協約単一原則に関連する規定は一般的拘束力のみである。

協約単一原則は、事業所内での安定に資し、代表的な労働協約を締結する労使両団体に有利な理論であったといってよい。しかし、現実には職種別組合や専門職組合が活発な活動を行うなど、これを維持するための前提自体が崩れてきている。連邦労働裁判所が協約単一原則を放棄したのは、理論面のみならず、こうした実情も反映しているといえよう。

本判決の射程を確認しておくと、両当事者が拘束されている内容規範に関するケース（協約併存）であり、経営規範、経営組織法規範や一般的拘束力による協約併存、さらに協約競合には妥当しない。しかし、その影響力は大きく、これを危惧したDGBとBDAは、協約単一原則を維持する共同ペーパーを提案する（2010年6月4日、Funktionsfähigkeit der Tarifautonomie sichern – Tarifeinheit gesetzlich regeln.）。その趣旨として、協約単一原則は、「協約自治の放棄できない支柱（eine unverzichtbare Säule der Tarifautonomie）であり、「協約システムの崩壊、従業員の分裂、そして集団的紛争の多重化（eine Zersplitterung des Tarifvertragssystems, eine Spaltung der Belegschaften und eine Vervielfachung kollektiver Konflikte)」の防止に資する点を挙げる。本共同ペーパーの特徴は、特殊性原則に代えて多数原則を提案する点、及び従来の連邦労働裁判所判例では必ずしも明確でなかった他組合への平和義務を拡張している点である[43]。具体的内容は以下の通りである。

①協約自治の作用能力を確実なものにすべきであり、このために、伝統的な判例上の協約単一原則を修正して法典化する必要がある。

②協約衝突を解決する基準としての特殊性原則はもはや維持できないので、事業所での組合員構成の多数原則を新たに採用すべきである。これに争いが

42　Vgl., P.Hanau, Neues Tarifvertragsrecht im Werden, Soziales Recht 2011, S.6.

43　H.Konzen, Die Kidifkation der Tarifeinheit im Betrieb, JZ 2010, S.1037f.

ある場合、労働裁判所法第2条1項1号に基づき労働裁判所が決定する。

③一事業所内であっても、複数の協約当事者が合意して、職種などの労働者グループ毎に異なる労働協約を締結することは可能である。この場合には協約の衝突は生じない。

④適用労働協約の有効期間中、適用を排除された少数組合も平和義務を負い、争議行為を禁止される。

　CDU/CSU と SPD の連立協定（2013年12月16日）において協約単一原則を労働協約法上新設することが盛り込まれたが、これは、DGB 及び BDA 双方の要請に基づく。このため、法案は、後述する通り、DGB と BDA の共同ペーパーと内容上相当部分一致している。法案は、2014年12月29日連邦議会で可決された後、専門家の意見聴取などの手続きを経て、2015年5月22日、連邦参議院において多数の賛成で成立し、同年7月10日に施行された。

　改正法は、労働協約法第4a条を新設し、「協約衝突（Tarifkollision）」（協約競合及び協約併存）に関するルールを定める。これに関連して周知義務の拡大（第8条）と猶予規定（第13条3項。現行の労働協約には適用されない）が置かれた。さらに、労働裁判所法には、適用される協約の決定に関する規定が設けられた。

　なお、改正に対して、Ver.di、客室乗務員組合、マールブルグ連盟、ドイツ機関士（運転士）組合、ドイツ官吏組合（DBB）、コックピット組合、そしてジャーナリスト組合等が連邦憲法裁判所に憲法異議の訴を提起し、またいくつかの組合は、仮処分の申請も行った。2015年10月6日、連邦憲法裁判所は、本案判決を待っていては、労働組合に継続的かつ存在を脅かす不利益が生じるとまでは考えられないとの理由で、仮処分申請を却下した[44]。そして2017年7月11日、同裁判所は、一部を除き、協約単一原則規定は合憲との判断を下した。

三　改正法の内容

1　改正の目的

　協約単一原則規定の趣旨は、協約衝突の解消によって協約自治の機能力を

44　BVerfG Beschluss vom 06. 10. 2015, NJW 2015, S.3294.

310　第3章　集団的労働立法・理論の変容

保障することであり、具体的には、「保護機能、分配機能、秩序機能並びに平和機能」を確保するために、事業所における協約衝突が回避されねばならないとされる（4a条1項）。法案理由書によると、協約が複数存在すると、事業所内において矛盾した秩序が作出され、また特に労務給付の価値の不一致は報酬制度の統一性を危険に陥れる。さらに、さまざまな職業グループの中で主要な地位を占める専門職組合がリードすれば、分配機能に支障を生じさせ、事業所内での分配をめぐる争いは事業所平和を脅かすとされる[45]。

2　適用対象

協約衝突には、2つのタイプがあるが、協約競合及び協約併存の両方を対象にする。すなわち、使用者は、異なった労働組合によって締結され、その内容が相違する労働協約の適用範囲が重なる場合、最後に締結された協約の締結時点を基準として、当該事業所において多数の構成員を有する労働組合の労働協約の法規範のみが適用される（2項）。事業所組織法上の事項に関する労働協約の法規範に関しては、これがすでに他の労働組合によって規制されている場合にのみ、「協約衝突」ルールが適用される（3項）。

留意点は、以下の通りである。

（1）2項1文は、「使用者は、第3条により、異なった組合の複数の協約に拘束され得る」と定めるが、これには特別の意味はなく、事業所内において協約衝突が生じることを禁止するのではなく、協約単一原則の規制が「副次的（subsidiär）」[46]であることを示している。

（2）第3条による協約拘束性（労働契約の両当事者が構成団体に所属している）を前提にしており、協約終了後の余後効の場合には、協約単一原則は適用されない。また同様に第3条による拘束でない一般的拘束力宣言された協約との関係でも適用されない[47]。というのは、第4a条2項は、第3条のみを定めており、第4条5項（余後効）や第5条（一般的拘束力）を挙げていないからである。

（3）協約衝突が生じるのは、「内容が同一でない、異なる労働組合の労働協

45　Entwurf eines Gesetzes zur Tarifeinheit（Tarifeinheitsgesetz), BT-Druck, 18/4062, S.12.

46　Ebenda, S.12.

47　Ebenda, S.12.

約の適用領域が重なる」場合である（2項2文）。適用領域の重複は、場所、時間、職種、人的特性（現業労働者、職員、派遣労働者など）から判断される。ここで留意すべきは、規制対象が異なっていても、適用領域が同一でさえあれば、少数組合の労働協約が全面的に排除される点である。このことから、適用排除の効果は相当強いといえよう。そして、多数組合は事業所のすべての労働者の利益を代表する役割を果たすことになる。ただし、多数組合が一定の対象を少数組合に委ねる意思が明らかな場合は別である[48]。

　専門職組合との関係では職種がポイントである。機関士（運転士）は、GDLとVer.diの両方に組織されているので、協約衝突（正確には協約併存）が生じ、また自治体の病院を対象とする公務労働協約は医師も対象にするので、マールブルグ連盟（MB）とVer.diとの間でも同様となる。これに対して、航空関係では、Ver.diは地上職員しか組織していないので、コックピット組合（VC）と客室乗務員組合（UFO）との間では、協約併存は生じないことになる。ただし、少数職種の労働者の労働条件をこれまで交渉対象にしてこなかったにもかかわらず、事業所全体を「征服する（erobern）」ために、多数組合が単純に協約の人的適用範囲を拡大することができるのかとの疑問が生じているという[49]。

3　多数決原則の採用

　従来の判例理論では、特殊性原則に基づき適用労働協約が決定されていたが、第4a条2項によると、当該事業所において構成員の多い労働組合の協約が適用される。これは、衝突を生じさせる労働協約の締結時点が基準となるが、事業所構造の変化（事業譲渡など）があった場合には協約衝突が生じる時点となる。多数の決定は、労働裁判所が行う（労働裁判所法第99条）。

4　事業所基準

　多数であるかは事業所を基準にして決定されるが、これは職種別に組織さ

48　Entwurf eines Gesetzes zur Tarifeinheit, a.a.O.(Fn.45), S.13; Berg/Kocher/Schumann, Tarifvertragsgesetz und Arbeitskampfrecht, 5.Aufl., 2015, Bund-Verlag, S.638（Berg）.

49　R.Richardi/F.Bayreuther, Kollektives Arbeitsrecht, 3.Aufl.,Verlag Franz Vahlen, 2016, S.85; W.Däubler（Hrsg.）Tarifvertragsgesetz, 4.Aufl., Nomos, 2016, S.1330（Zwanziger）.

312　第3章　集団的労働立法・理論の変容

れた専門職組合にとって重大な意味を有する。すなわち、GDL や MB など
は、当該職種において高い組織率（80%）を有しているが、事業所全体の従
業員では少数であり、多数を組織する DGB 傘下の労働組合の協約が適用さ
れることになるからである。これは、専門職組合の存亡にかかわる問題とい
える[50]。

5　少数組合の権利[51]

　第一に、施行日にすでに効力を有している労働協約には、協約単一原則は
適用されない（第13条3項）。

　第二に、非適用協約の締結組合は、使用者に対して、多数組合と同一内容
の労働協約の締結（「引き写し（Nachzeichung)」）を請求できる（第4a条4項）。
こうした考えは、学説上主張されていたが[52]、それが採用された。しかし、
これは、少数組合にとって魅力的ではない。もっと高い賃金を獲得できる闘
争力があっても、多数組合のレベルに限定され、しかも平和義務も課せられ
るからである。

　第三に、使用者側の協約当事者は、ある組合と交渉を開始した場合、適時
かつ適切な方法で、他の組合に周知することを義務づけられる。他の組合は、
使用者側に対してその見解と要求を口頭で伝える権利を有する（第4a条5項）。
また使用者は、事業所において適用される労働協約、並びに衝突する協約で
適用される労働協約を周知する義務を有する（新第8条）。これは透明性を
高めるのに資する。

6　合憲論争

　協約競合と協約併存の二つのタイプの内、前者は、個々の労働者の労働関
係に対して複数の労働協約が適用される場合であり、いずれの協約が適用さ
れるかが問われる。本来、適用協約の決定は必要であり、これまで特に大き
な法的問題は生じなかった。今回の改正では、従来の基準たる特殊性原則か

50　ストライキとの関係については、第2節四参照。

51　Vgl. S. Greiner, Das Tarifeinheitsgesetz, NZA 2015, S.770.

52　M.Franzen, Tarifrechtssystem und Gewerkschaftswettbewerb - Überlegungen zur
　　Flexibilisierung des Flächentarifvertrags, RdA 2001, S.7.

ら多数原則に変更されたが、実務上それほど影響ないと考えられる。以前から論争があったのは、後者であり、協約単一原則を適用すると、優先して適用される協約以外のそれは非適用とされる結果となり、特に少数組合の団結権を不当に侵害することになるのではないかとの点が問われた。

連邦労働裁判所は、上記の通り、多数の学説の批判を踏まえて、基本法第9条3項違反と判断したが、従前の判例理論を基本とする規定が新設され、論争が継続することになった。法案理由書における合憲の根拠を確認しておこう。

第一に、協約衝突は労働組合間での自主的な調整によって解決すべきであり、協約単一原則が適用されるのは「副次的（subsidiär）」である点を挙げる。第二に、少数組合の権利を保障している。第三に、基準日に存在する労働協約に対して、すでに行使された協約自治を特別に考慮するために、存続保護が規定されている。第四に、協約単一原則の適用範囲を限定している。すなわち、一般的拘束力による競合には適用せず、また多数組合の労働協約の余後効の場合にも適用されない。第五に、基本法第9条3項との関係では、団結間の競争を可能にし、個人の組合選択権が保障される。また争議権に関しても、相当性の原則で違法性が決定されてきており、この点では変化はない。すなわち、多数組合が協約を締結している場合、少数組合が賃上げなどを求めてストができるかについては、すべての事情を考慮して判断する点には変わりはないとされる。

以上のように説明するが、必ずしも説得的ではない。というのは、少数組合の労働協約が排除される結果に変わりはなく、実際上その団結活動や協約自治を制限ないし否定することになるからである。

協約単一原則を支持する研究者は、基本法第9条3項との関係では以下の主張を行う[53]。労働協約の排除は、団結の自由の形成として正当化される。すなわち、第9条3項は、その実現に必要な団結手段を規定自体には定めていない。これは具体化を必要とし、それは、たしかに、基本権の目的に拘束されるが、立法者に任務として割り当てられ、相当な評価の特権を伴う広範な判断の余地を与えている、と。しかし、学説の多くは批判的であり[54]、連

---

53 G.Richard, Tarifeinheit und Verfassung, ZfA 2011, S.1ff.; Papier/Krönke, a.a.O.(Fn.49), S.807ff.

314 第3章 集団的労働立法・理論の変容

邦憲法裁判所への憲法異議の訴には、著名な労働法研究者（W.Däubler, J. M.Schubert, M.Jacobs 等）が組合側の代理人を務めている。

7 連邦憲法裁判所合憲判決

（1）判決内容

連邦憲法裁判所第一小法廷[55]は、2017年7月11日、協約単一原則規定は、一部を除き合憲との判断を下し、大きな注目を集めた。まずその内容を紹介しておこう。

（A）基本法第9条3項につき、次の通り基本的見解を示す。第9条3項は、すべての団結に特有の行動を保障し、特に協約自治、及び協約締結に向けた争議手段を保障するが、「基本権は、自己の利益のために、枢要な地位（Schlüsselpositionen）と遮断力（Blockademacht）を協約政策上絶対的に利用可能な権利までは媒介しない」と指摘し、専門職組合のストライキを想定した表現をする。他方、一定の組合を協約（交渉）プロセス（Tarifgeschehen）から排除し、あるいは専門職組合のように、特定のタイプの組合の存在基盤のはく奪を目的とする国の措置は、第9条3項に合致せず、さらに組合内部秩序に関する自己決定も、団結の自由の本質的部分を構成すると判示する。

（B）次に協約単一原則規制に関して、協約衝突における労働協約の適用排除は、団結の自由を侵害するとともに、基本権侵害の事前効果が展開されるとし、具体的に、非適用の見込みや少数組合であるとの裁判所の認定は、組合員勧誘や、争議行為のための構成員の移動において、労働組合を弱体化させ、そして協約政策の方向性や戦略に影響するなどを指摘する。

他方、協約交渉において公正な調整を可能にし、対立する協約当事者間の関係を規制する立法者の「広範な裁量の余地（ein weites

---

54 R.Richardi, O.Wlotzke, H.Wißmann, H.Oekter（Hrsg.）, Arbeitsrecht（Münchener Handbuch）Bd. 2, 3.Aufl., C.H.Beck, 2009, S.322ff.（Rieble/Klunpp）; M.Jacobs, Tarifpluralität statt Tarifeinheit – aufgeschoben ist nicht aufgehoben!, NZA 2008, S.325; P. Hanau, Verbands-, Tarif- und Gerichtspluralismus, NZA 2003, S.132 usw.

55 BVerfG vom 11.7.2017, NZA 2017, S.915. 本判決は、5つの組合（マールブルグ連盟、コックピット組合、官吏同盟・協約ユニオン、合同サービス産業労組、客室乗務員組合）による憲法異議の訴に対する判断である。その他の航空管制官組合等による訴は、2017年8月10日、不許可とする決定が下された（BVerfG vom 10.8.2017, NZA 2017, S.1277）。

Handlungsspielraum)」を強調する。そして複数組合が競合する場合にもこれが妥当し、混乱させられた対等性を回復する、あるいは労使の一方の側での公正な調整を確保するために、例えば公共の福祉の観点から枠組み条件を変更することを妨げられない。

(C) 以上の考察を踏まえて、具体的検討を行い、協約単一原則の諸規制は、「憲法に基づき提示される解釈と運用 (die verfassungsrechtliche gebotene Auslegung und Handhabung) において広範に基本法第9条3項に合致する」と判示した。まず、協約交渉における、労働組合間の協力的対応促進の刺激を与えるとともに協約衝突を回避するとの法律目的は正当である。これでもって協約交渉の対等性確保のため、組合相互の関係を規制するとの正当な目的を追求でき、採られている方法は、こうした目的達成のために必要とする。その際、侵害の程度の少ない手段を採らねばならないが、ここでは、「立法者の判断と予測の裁量」を越えていないとする。

　次に、適用排除規制の制限的解釈、その手続法上の拘束、並びに同一内容の協約締結（「引き写し」）請求権の広い解釈を通じて、過酷さ (Scharfen) が取り去られる場合、協約単一原則規制に結び付く負荷 (Belastungen) は、総合考慮によって、大半は過大なものでなくなるとし、具体的に以下を挙げる（上記「三　改正法の内容」参照）。

①各労働組合の合意によって、当該事業所に協約単一原則を適用せず、複数協約を「衝突」させることができ、侵害の程度を緩和し得る。

②少数組合の協約の適用排除となるケースは、余後効や一般的拘束力による「衝突」では妥当しないなど、法律上制限されている。

③少数組合の協約によって、長期にわたって与えられてきた、「労働者の人生設計に影響を与える給付」（例、老齢年金、雇用確保、生涯労働時間）は適用排除し得ないと解すべきである。

④適用排除される協約が有効期間内であり、さらに別の協約によって排除されない限り、当該協約は存続し、将来復活するとの解釈によって不利益は緩和される。

⑤多数組合の協約の引き写しは、明確に定められた事項ではなく、すべてを対象にし得ると拡張解釈すべきである。

⑥多数組合との交渉の開始を適時に少数組合に伝える使用者の義務や少数組

合がその見解を使用者に伝える権利が保障されており、これに違反すれば、協約排除の効果は発生しないと解すべきである。

⑦組合員数が明らかでないのは、労働組合にとって協約交渉を有利に進めるために重要な意義を有し、労働組合の貫徹力を担保する。このことから、労働組合の多数関係を審査する労働裁判所の手続きにおいて、これが使用者に知られることは、できるだけ回避すべきであり、特に組合員の名前の公開は避けるべきであり、公証による証明も認めるべきである。

(D) 他方、労働者側においてすべての職種グループがその利益を効果的に主張する機会を有していることが、労働協約の適正さの前提である。したがって、多数組合が、少数組合員の利益の配慮を怠ることに対する保護的予防措置（Schutzvorkehrungen）が不可欠であるが、本規定にはこれが欠如しており、その限りで、適用排除に関連する侵害は不相当である。立法者は、その不利益を十分に考慮するための予防措置を設けなかったので、2018年末までにこれを策定しなければならない。

（2）検討

本判決は、実質的に対等な協約交渉を行うには、労働組合側が対立するのではなく、秩序立って協調的に行動することが求められるとの協約単一原則規定の目的を正当と捉えている。これは、労使の実際上の対等性が協約自治機能の大前提であるとの考えに基づくと思われる。

次に、本判決は、協約単一原則が団結の自由を侵害し得ることを認めたうえで、公平な調整を可能にする要件を作り出す立法者の広範な裁量権限を前提にして、合憲的解釈を展開した。すなわち、「憲法に基づき提示される解釈と運用」を用いて多くの「不利益」を過少化できるとする。その際、少数組合の不利益を緩和する解釈を労働裁判所に委ねている点に特徴がある。具体的には、①適用排除規制の制限的解釈、②引き写しの広範な解釈、③排除できない協約上の給付などのほか、労働裁判所は、排除によって侵害される基本法上の地位を「可能な限り広範に大事にする」ように、衝突ケースにおける労働協約の解釈を義務づけられるとする。

さらに、本判決は、労働争議権は、協約単一原則規定によって侵害されないと指摘する点も注目される。多数関係が明確であれ不明確であれ、労働協約が排除され、ストを実施した少数組合の責任が発生する危険性について、

労働裁判所は、憲法に適合する、責任制限の適用を行わねばならないとする。憲法の適合性に疑問を呈したのは、少数組合員の不利益が一方的に無視されることに対する保護措置を欠いている点であり、2018年末までに立法措置を講じることを求めた。

憲法裁判所が要請する合憲解釈によって少数組合の不利益が「過大でない（zumutbar）」と判断した点は論争を呼ぶであろう。労働裁判所の「制限的解釈」による基準の確立には一定の時間がかかり、スト権など行使しにくくなると思われる。現実には、医師の団体たるマールブルグ同盟や機関士（運転士）組合の協約は、多数組合の Ver.di の協約によって排除されることが明らかであるので、そもそも協約交渉自体困難になると予想される。

労働組合間の競争が実際上制限されるため、多数組合は、協約交渉において、少数者の利益を適切に考慮しなければならず、立法者は、これを常に保障するよう改善が求められたが、それが実現可能なのか、疑問が残る。本判決では、8人の裁判官の中で2人が少数意見を述べている。ここでは、特に適用排除との手段が「過酷すぎる」、また基本権に関わる解釈問題を労働裁判所に委ねることが適切でないと指摘する点が注目される。なお、協約単一原則規定は、基本法のみならず、集会及び結社の自由を保障するヨーロッパ人権条約（人権及び基本的自由のための条約）第11条[56]違反との指摘もなされている[57]。今後、欧州人権裁判所への提訴が予想される。したがって、今回の憲法裁判所判決によって決着するとは到底考えられず、論争は継続するであろう。

IV　総括

協約自治の弱体化は立場を問わず危惧され、その強化は、協約当事者が独

56　「1. すべての者は、平和的な集会の自由及び結社の自由についての権利を有する。この権利には、自己の利益のほごのために労働組合を結成する及びこれに加入する権利を含む。

2.1の権利の行使については、法律で定める制限であって国の安全若しくは公共の安全のため、無秩序若しくは犯罪の防止のため、健康若しくは道徳の保護のため、又は他の者の権利及び自由の保護のため民主的社会において必要なもの以外のいかなる制限も課してはならない。（以下略）。」『ベーシック条約集　2017』（東信堂・2017年）参照。

57　R.Richardi/F.Bayreuther, a.a.O.(Fn.49), S.91.

318 第3章 集団的労働立法・理論の変容

力では達成できず、国家の助力が求められるとする点ではほぼ一致している
という[58]。一般的拘束力制度の要件緩和は有力な手段であり、「協約自治強
化法」において改正された。また労働者送出し法の拡充（全業種への拡大）も、
労働協約を基礎にした最低労働条件の拡張適用をめざしている。協約単一原
則も、伝統的な労使両団体を前提とするとの点で限定的ではあるが、協約自
治の強化に位置づけられよう。他方、最賃法はやや異質である。たしかに、
協約自治強化の一環である点に関しては、最賃により、それ以下での労働を
禁止して協約自治を間接的に支えるとの点で「強化」に通ずると一定の説明
はなされている。しかし、その決定にあたって労働協約が前提とされず、ま
た開放条項が認められず、強行的下限設定との点で協約自治への「介入」が
見られるからである。労働協約の機能低下により低賃金労働者が増加し、協
約による最賃規制のネットでカバーしきれないため、法律での最賃規制との
ベースを前提とした協約自治の展開に切り替えられたといえる。この点で最
賃法の制定は、一つの転換点といえよう。

　他方、国家の助力による協約自治の強化に限界があるのも明白であろう。
「協約自治強化」という名称が示す通り、これは労働協約の機能強化にすぎ
ず、その前提となる労使両団体、特に労働組合の強化には繋がらないからで
ある。労働組合の魅力の向上と組合員数の増加が根本的に問われている。す
なわち、組合自体の魅力低下の根源的原因が解消されない限り、抜本的な解
決につながらない。連邦憲法裁判所は、協約単一原則規定を大筋において合
憲と判断したが、専門職組合の活動の活発化は、産別組合による多様な利益
代表に対する不満が原因であり、法律によって「安定的労使関係」を作出し
ても、問題解決につながるかには疑問が残る。

　労働組合の機能強化との点で、最近注目されているのは、差異化条項であ
る[59]。連邦労働裁判所は、1967年大法廷決定において、消極的団結権に反し
て違法と判断したが、近年、見直しの傾向がある。差異化条項は、「単純差
異化条項（einfache Differenzierungsklausel）」と「特別差異化条項（qualfizierte
Differenzierungsklausel）」に分けられる。前者は、組合員であることを協約

58　R.Waltermann, Entwicklung der Tarifautonomie, RdA 2014, S.90.
59　以下は、榊原嘉明「ドイツにおける労働協約上の差異化条項」山田・石井編『労働者人格権の
　研究・下巻　角田邦重先生古稀記念』（信山社・2011年）59頁以下による。

上の給付請求権の要件充足の基準とするにとどまり、非組合員を同等に処遇するかは、労働契約上援用条項を設けるかどうか、特に使用者の対応如何による。他方、後者は、使用者に対し差異化を義務づける内容を有し、組合員と非組合員との均等処遇の可能性が排除される。全従業員の年次特別手当のカットに関して、協約に基づき組合員に調整手当が支給され、非組合員に支給されなかったケースに関して、2009年第4小法廷判決[60]は、本件条項は「単純差異化条項」であり、これは、「法に違反し未組織労働者の消極的団結の自由を侵害する組合加入に向けた圧力を行使していない」と論じ、1967年大法廷決定が提示した法原則を適用しても、「その要求に耐えるものであり、とりわけ社会的相当性を欠くものではない」との判断を下した。本判決は、大法廷決定が単純差異化条項の適法性には触れていないとの前提での判断である。

　本判決に関しては、さまざまな議論が惹起されたが、肯定説が有力化し、特に単純差異化条項の適法性にはほぼ異論がない学説状況の中で、BAGが組合の弱体化に関して勢力再均衡のために実質的判断を下したと考える余地があろう。

60　BAG v. 18.03.2009, NZA 2009, S.1028.

第4章 EU労働法とドイツ労働法

第1節 EU労働法のドイツ労働法への影響

I 序

EC/EUの端緒であるヨーロッパ石炭鉄鋼共同体（設立条約発効：1952年）、ヨーロッパ経済共同体（EEC、同1958年）及び欧州原子力共同体（同1958年）は、6ヵ国（フランス、ドイツ、イタリア、ベルギー、ルクセンブルク、オランダ）による設立後[1]、段階的に組織・機構を構築し、マーストリヒト条約（欧州連合〈EU〉条約 Treaty establishing the European Union Community、1993年11月1日発効）に基づき「欧州連合（EU）」が発足した[2]。2004年10月に署名された「欧州憲法条約草案」[3]は、多くの加盟国民の疑念を呼び、フランス及びオランダでの国民投票において否決される事態が生じた。このため、EU機構制度改革を停滞させないために新たな条約が起案されて発効したのがリスボン条約（2007年12月署名、2009年12月発効）であった。リスボン条約は、

---

1 これら3つの共同体を合わせて「ヨーロッパ共同体（European Communities. 複数形である点に注意）」という。

2 EECは、経済統合のみにとどまらなくなったため、欧州共同体（EC）に改称され、EEC条約からEC条約に変更された。2009年リスボン条約では、ECが消滅したため、EU運営条約に改称された。なお、2002年7月、欧州石炭鉄鋼共同体は廃止されてその管轄権はECに統合された。

3 欧州憲法条約草案は、第1部「基本条約」、第2部「基本権憲章」、第3部「連合の政策と機能」、第4部「一般・最終規定」から構成されていた。

EU 条約及び EC 条約を改正し、新 EU 条約及び EU 運営条約（Treaty on the Functioning of the European Union）に変更され、EU は両条約を基礎とすることになる。2000年代に入り東欧諸国が加盟して、現在は28ヵ国（2016年国民投票による脱退決定のイギリスを含む）で構成されている。

EU 条約第2条は、人間の尊厳、自由、民主主義、平等、法の支配の尊重、並びに人権の尊重を EU の諸価値として位置づけ、その政策はこれを基礎にして展開されている。EU の目的は、平和、EU の諸価値及び EU 国民の福祉の促進であり、具体的目的として、①域内の自由移動、②単一市場、③経済通貨同盟、④対外行動を掲げ、これらは、適切な手段を用いて追求される（第3条)[4]。

EC/EU は経済統合を推進してきたが、マーストリヒト条約では、単一通貨ユーロの導入に加えて、社会政策や政治統合の枠組みが合意された。構成国間での共通政策を実現するには、加盟国固有の権限を EC/EU へ委譲すること、そしてその諸機関は、これに基づき「統治」を行うことになる。超国家的組織たる EC/EU の「統治」において、法が重要な役割を果たし、現在に至るまでさまざまな領域において多種多様な EC/EU 法が制定された。現行の EU 法は、基幹法（第一次法）たる EU 条約及び EU 運営条約を基本として、EU 基本権憲章、さらに規則・指令・決定・勧告（派生法〈第二次法〉）などで構成されている。EU 法優位原則に基づき、EU 法に反する国内法は効力を持たず、また EU 指令が発せられた場合、これに適合する法律の制定や改正が求められる。その際、EU 司法裁判所が重要な役割を果たし、国内裁判所に提訴された事件の関連法律が EU 法に適合するかが問題となれば、国内裁判所は EU 司法裁判所に先行判決を求めることになる。EU 法に抵触すると判断されると、無効ないし適合解釈などが求められ、伝統的な判例理論が覆されることがある。今日、EU 法との関係を抜きにしては国内法をトータルに理解できないといってもいいであろう。

まず本節において、EC/EU 労働法の発展及びドイツ労働法への影響を概観した後、第2節では、EU 司法裁判所の重要な判決を検討して、ドイツ労働法・判例理論との関係を検討する。

4　中西優美子『EU 法』（新世社・2012年）36頁以下参照。

II　EU 労働法の発展[5]

　EC/EU の萌芽期において、経済政策の調整及び経済共同体としての「共同市場（common market）」の設立がめざされ、社会政策には禁欲的であった。ローマ条約（1958年1月1日発効）第49条は、労働者の移動の自由を定めるが、ここでは労働力調整という経済競争の自由の確保が主眼であった。このほかに男女同一賃金原則（旧第119条）及び有給休暇制度（旧第120条）が規定されていたにすぎない。70年代における EU 労働法の発展は波状的であるとしても、労働者の権利の構築との明確な目標が見られるようになり、男女同一賃金指令（75/117/EEC）、大量解雇指令（75/129/EEC）、事業譲渡指令（77/187/EEC）などの重要な指令が発せられた。80年代初頭、低成長と高失業の克服手段として、社会的保護水準の構築よりも規制緩和と柔軟化が良いと考えられ、パートタイムや有期雇用などの指令案は採択されなかった。

　転機は1991年開催のマーストリヒト欧州理事会において採択された社会政策に関する議定書（Protocol on Social Policy）、及びその付属協定（Agreement on Social Policy）である。それまでは全会一致原則のため、規制を避けたいイギリスの反対で指令が採択されなかったが、イギリスを除いた加盟国において指令等の採択ができるようになった。また、「ソーシャル・パートナー」（使用者団体及び労働組合）が立法手続に関与する制度を創設した点も注目される。欧州委員会は「ソーシャル・パートナー」と二段階にわたる協議を行うとともに、欧州委員会への通告の下に行われる「ソーシャル・パートナー」間での交渉において合意（労働協約）が成立した場合、欧州委員会の提案に基づき、閣僚理事会決定によってこれを施行することができる[6]。有期雇用指令もこうした手続によって発せられた。具体的には、欧州労働組合連合（ETUC）・欧州産業経営者連盟（UNICE）・欧州公企業センター（CEEP）

5　以下、濱口桂一郎『EU 労働法政策』（労働政策研究・研修機構・2017年）14頁以下；D. Schiek, Europäisches Arbeitsrecht, 2.Aufl., Nomos, 2005, S.53ff.; G.Thüsing, Perspektiven des Europäischen Arbeitsrechts, in: H.Oetker/U.Preis/H-D.Steinmeyer, Soziale Sicherheit durch Sozialpartnerschaft（Festschrift zum 50-jährigen Bestehen der Zusatzversorgungskasse des Baugewerbes), 2007, C.H.Beck, S.253ff. 参照。

6　濱口・前掲書（注5）47頁以下参照。

間で成立した有期雇用に関する枠組み協定（同指令の附則に掲げられている）が指令によって発せられた（「ETUC、UNICE及びCEEPによって締結された有期雇用に関する枠組み協定に関する閣僚理事会指令」〈1999/70/EC〉）[7]。こうした制度は、イギリスのブレア（労働党）政権下で採択されたアムステルダム条約（1997年）において本体のEC条約（第137条以下）に採り入れられ、労働法における新たな立法権限はイギリスにも適用されるように拡張された。

90年代以降、パートタイム指令（1997/81/EC）、有期雇用指令（1999/70/EC）、労働時間指令（2003/88/EC）など、80年代に採択されなかった指令が発せられる。

また、人種、民族的出自、宗教、信条、障害、年齢、性的指向を理由とする包括的な差別と闘う旨の規定が改正EC条約（1999年発効）第13条に新設され（現在、EU条約第12条）、これを受けて人種・民族差別禁止指令（2000/43/EC）、雇用差別禁止指令（2000/78/EC）、男女差別禁止指令改正（2002/73/EC）、及び財産・サービス供給契約上の男女差別禁止指令（2004/113/EC）が発令される。

2000年代中葉以降、フレキシキュリティ（Flexibility〈柔軟化〉とSecurity〈雇用保障〉との組み合わせ）が注目され、また「労働法の現代化」がテーマとなり、欧州委員会は、グリーンペーパー（「21世紀の課題に対処するために労働法を現代化する」）を公表した（2006年11月22日）。これらによって、雇用保障と柔軟化との調整、規制緩和、非正規雇用のあり方などが使用者団体や労働組合などの間において議論され、指令等に影響を及ぼした。最近では、欧州債務危機が勃発し、改めて「ヨーロッパ社会モデル」像が問われている。

EU基本権憲章（Charta der Grundrechte）は、2000年12月7日、ニースにおいて採択され、労働法上の関連規定も設けられている。具体的には、事業所における労働者の意見聴取権・諮問権、協約自治、労働争議権そして不当解雇からの保護である。当初、EU基本権憲章はEU条約の構成要素とならなかったので、法的拘束力は認めらなかったが、リスボン条約において、EU条約及びEU運営条約と同等の法的価値を有すると定められ（EU条約第6条2項）、第一次法としての効力を有することになった。

7 　同指令の成立の経緯等については、戸塚秀夫「欧州連合（EU）における有期労働に関する労使間の枠組み協定について」労旬1468号（1999年）30頁以下参照。

EU は、国家連合の原則に従い、基本条約に定められた目的を達成するために加盟国によって付与された権限の範囲内でのみ行動しうる（EU 条約第5条1項、2項）。すなわち、「限定的個別授権の原則」によって規律され、立法等を行い得る。その権限は、補完原則及び比例原則を考慮して行使されねばならない（同条約第5条1・3・4項）。EU では多くの指令等が発せられて加盟国への影響が大きくなっているが、EU 条約上の授権規定が欠けているとの批判が出されていた。例えば、Konzen は、「限定された（EU への）個別授権との基本原則（旧 EU 条約第5条1項）にもかかわらず、第二次法に対する明確な根拠を欠いている。それにもかかわらず、一般的であり、疑わしい法的根拠の助けでもって、多くの労働法上の指令が発せられた」と指摘する[8]。しかし、現在では、EU 運営条約第10編において社会政策に関連した規定が置かれ、第153条が授権を定めている（後記Ⅳ三参照）。

Ⅲ　EU 法の諸原則

一　EU 法優位の原則

EU 法は、原則として国内法に優越する。そして、加盟国は、EU 法に忠実に従う義務があり、したがって国内法を EU 法と調和させることが求められる。EU の法的行為は、加盟国に向けられており、例外的に個人に法的権利を直接付与する（直接効果）。

EU は、明確に授権された領域においてのみ立法し得る。すなわち、権限付与の原則（EU 条約第5条1項）及び補完原則（第5条3項）が適用される。

二　EU 法の国内法への効果

EU 法は、EU 諸機関のみならず、EU 法優位の原則に基づき加盟国にも適用される。ここでは、「直接適用可能（directly applicable）」と「直接効果（direct effect）」とを区別すべきである。前者は、EU 法規定が「その効力発生の日より、かつ、効力を継続している限り、すべての加盟国において完全かつ統一的に適用されねばならないこと」、及び EU 法が「いかなる国内措

8　H.Konzen, Auswirkungen der europäischen Rechtsentwicklungen auf das deutsche Arbeitsrecht - eine aktuelle Zwischenbilanz, ZfA 2005, S.190.

326　第 4 章　EU 労働法とドイツ労働法

置の助けも借りずに国内法制度に編入される」ことを意味する[9]。ただし、直接適用の結果としてどの程度法的効果が生じるかは、法源の種類によって異なる。特に指令は、国内実施期限までの効果は限定的である。

　直接効果とは、「連合法が加盟国の領域において法源となり、連合諸機関及び加盟国のみならず連合市民にも権利を直接付与し及び義務を直接課し、並びに、特に国内裁判官の前において連合法から権利を引き出すために連合市民により援用されることができる能力」とされる[10]。これは、国家と市民との法律関係に生じる垂直的効果と市民間の法律関係に生じる水平的効果に分かれる。

　次に、EU 法優位原則に基づく適合解釈義務が挙げられる。すなわち、EU 法内部においては、下位規範は上位規範に適合的に解釈すること、及び国内法が EU 法に抵触する可能性のある場合、国内裁判所は、国内法が EU 法に抵触しないように、適合解釈をしなければならない[11]。そして抵触する場合、国内法は適用排除されることもある。こうして EU 法の優位性が保たれているのである。

三　法源[12]

　EU 法の法源は、大きく基幹法（EU 第一次法）と派生法（EU 第二次法）に分けられる[13]。

1　基幹法

　これには、EU 条約、EU 運営条約、EU 基本権憲章、EU と国家・他の国際機関との間の国際条約が挙げられる。EU 条約と EU 運営条約の規定は、①条件が付せられておらず（無条件性）、かつ②内容が明確であるため国内法転換が不要であれば（法的完全性）、国内裁判所が保護しなければならない個人の権利（直接効果）が生じるとされる[14]。例えば、移動の自由及び男女

9　庄司克宏『新 EU 法基礎編』（岩波書店・2013年）246頁参照。
10　庄司・前掲書（注 9 ）247頁。
11　庄司・前掲書（注 9 ）266頁以下。
12　庄司・前掲書（注 9 ）198頁以下、中西・前掲書（注 4 ）26頁以下参照。
13　Vgl., U.Preis/A.Sagen, Europäisches Arbeitsrecht, ottoschmidt, 2015, S.16ff.
14　中西・前掲書（注 4 ）139頁参照。

同一賃金原則が挙げられる。

2 派生法

これは、基幹法から派生するので、派生法と呼ばれる。EU の機関が採択する措置という点から、EU 法行為あるいは EU 立法とも称され、基幹法である EU 条約ないし EU 運営条約の条文を法的根拠とする。

それには、①規則（regulation）、②指令（directive）、③決定（decision）、④勧告（recommendation）、⑤意見（opinion）が挙げられる（EU 運営条約第288条参照）。

規則及び決定は、国内法への編入ないし置き換えなしに直接適用可能であるが、直接効果が生じるには、無条件かつ明確との要件を充たさねばならない。勧告及び意見は、法的拘束力を有しないが、国内裁判所は、これらを斟酌しなければならない。

指令の名宛人は加盟国であり、その内容の国内法化を義務づける。指令を実施するための「形式及び手段」に関する選択の余地は、目的によって異なり、裁量の余地がない場合もある。各指令には、国内法転換期限が定められている。国内法化される前には、指令は一定の事前効を有する。すなわち、加盟国は、指令の定める目的達成につき重大な疑義を生じさせる規定を設けてはならない。次に、国内裁判所は、国内法の規定をできる限り指令に適合するように解釈しなければならない（指令適合解釈）。これは、国内法転換期限到来後である。指令には直接効果は認められないが、以下の要件を満たす場合には例外的に直接適用される。①期限到来後も国内法化されていない、②指令が内容上、無条件で、個別事案に適用できるほど十分に明確である[15]。

3 不文形式の法源

不文法たる EU 法一般原則（法的安定性、信頼保護の原則、適正手続きの原則、比例性の原則、聴聞の保障、一事不再理など）や EC/EU 司法裁判所の判例も法源に挙げられる。

---

15 庄司・前掲書（注9）253頁以下参照。

Ⅳ 基幹法における労働法関連規定

労働法上最も重要な規制は、移動の自由と差別禁止である[16]。

一 移動の自由

域内市場の大前提である「物、人、サービス及び資本の自由移動」に対する障壁はヨーロッパ経済共同体（EEC）発足（1958年）以降、段階的に解消され、現行のEU法は域内市場の設立を目的の1つとして定め（EU条約第3条3項）、この自由移動は、重要な原則となっている（EU運営条約第26条2項）。またマーストリヒト条約において、「EU市民権」が導入された。すなわち、EU加盟国の国民は「EU市民」となり（現行EU条約第9条、EU運営条約第20条）、EU及び加盟国において国籍に基づく差別が禁止されるとともに（EU運営条約18条）、EU市民は、①移動・居住の自由（同第21条）、②欧州議会選挙及び居住加盟国の地方選挙における選挙権・被選挙権（同第22条）、③領事上の保護（同第23条）、④法案イニシアティブ権（同第22条、EU条約第11条4項）を有する[17]。原則として「移動・居住の自由」は、労働者のみならず、それ以外の者であっても「EU市民」である限り保障される。

EU運営条約第45・46条は、「労働者の移動の自由」を保障するとともに、国籍による差別禁止との基本原則を定める。これは、EUの基本的自由の1つに挙げられる重要な原則であり、すでにローマ条約（1957年締結）において規定されていた。労働者の移動の自由は、EU域内市場の構成要素であり（EU運営条約第26条）、その目的は、労働者の労働の機会とともに使用者の競争の自由（労働力の自由な調達）を高めることである。そして、EU議会及び理事会は、経済社会委員会と協議して、自由移動を促進するために規則及び指令を発し得る（第46条）。これに基づき、従前の関連規則・指令を改正・廃止して、新たに「労働者及びその家族の自由移動指令」（2004/38/EC）が発せられている。

---

16 Vgl., P.Hantel, Europäisches Arbeitsrecht, Springer-Verlag, 2016, S.4f.
17 中西・前掲書（注4）46頁以下参照。なお、④法案イニシアティブ権は、リスボン条約で新設された。

二 差別禁止

EU 運営条約第19条（アムステルダム条約で新設）は、性、民族、人種、宗教、信念、障害、年齢、性的指向による差別と闘うと定める。理事会は、ヨーロッパ議会の同意を得た後、全会一致で特別立法手続により適切な行動をとることができる（1項）。これは、労働法のみならず、すべての法律に適用される規定である。第5条1項に基づき、各種の指令（上記Ⅱ参照）が発せられている。

欧州基本権憲章は、自由権、平等権、社会権、市民権、司法に関する権利という幅広い権利規定を有している。第三章では、まずすべての人は法の下に平等であるとして、一般的平等原則を定める（第20条）。その上で、性別、人種、皮膚の色、民族的あるいは社会的な出自、遺伝的特徴、言語、宗教や信条、政治的あるいはその他に関する意見、国内的少数派に属していること、財産、出自、障害、年齢、性的指向といったような如何なる根拠に基づくものであっても、いっさいの差別は禁止されなければならないことを定め、差別禁止の内容を具体化している（第21条1項）。

三 包括的な社会政策に関する授権規定

EU 運営条約第151条以下は、共通の社会政策原則に関する規制を定める。その目的は、EU 域内での就労の促進、生活と労働条件の改善、並びに相当な社会保護であり、これを達成するために、以下の11項目に分けて労働条件等を列挙する（第153条1項）。①労働者の健康と安全を保護する労働環境の改善、②労働条件、③労働者の社会的安全と社会的保護、④雇用契約終了における労働者の保護、⑤労働者の情報と相談、⑥共同決定を含めて、労働者の利益の代表と集団的防御、⑦ EU 領域に適法に居住する、EU 域外の国民の雇用条件、⑧労働市場から排除された者の統合、⑨労働市場の機会と職場での待遇に関する男女の平等、⑩社会的疎外の克服、⑪社会的保護制度の現代化。

欧州議会と理事会は、この規定に基づき、広範な指令等を発する権限を有することになる。

四 「社会的対話」に基づく指令

EU では、多数の指令等が発せられている。指令は、EU の機関で審議・

330 第4章 EU労働法とドイツ労働法

採択されるのが一般的であるが、社会政策の領域においては、社会的当事者（使用者団体と労働組合）が関与する特別の手続が採用されている。すなわち、EUレベルにおいて社会政策分野での両当事者の協定が締結され、共同請求されれば、理事会で必要とされる多数の賛成でもって、指令として発せられる（EU運営条約第155条参照）。この例として、両親休暇指令（96/34/EC、2010/18/EU）、有期雇用指令（99/70/EC）そしてパートタイム指令（97/81/EC）が挙げられる。こうした制度が採られているのは、EUが社会的当事者の役割を認め、自治を尊重しつつ「社会的対話（social Dialog）」を促進する方針を確立しているためである（同第152条参照）。

五 労働者保護とEU基本的自由の緊張関係[18]

その目的及び歴史的発展にかんがみると、EU労働法は、労働者保護法と位置づけられる（EU運営条約第151条1項、第153条参照）。すなわち、これを通じて経済競争の平等をもたらすとの目的は、二次的な意義しか持たなくなり、「社会的に弱い契約当事者」としての労働者保護が重視されることになったとされる[19]。他方、EUの基本的自由の1つであるサービス提供の自由（同第56条）や支店開設・居住の自由（同第49条）との緊張関係がしばしば生じる。事業活動のために労働者を他のEU諸国に派遣するとの使用者の自由もサービス提供の自由に含まれ、EU加盟国による制限は、原則として禁止される（第56条1項）。このため、受入国における高い労働条件の遵守の義務づけは、労働者保護とサービス提供の自由や支店開設の自由との対立を惹起し、両者間の調整が求められることになる。

また集団的労働法の領域においても、団体行動権とサービス提供の自由（開業の自由）との衝突が生じる。欧州司法裁判所は、これが争点となったヴァイキング事件[19a]において、団体行動の正当性に関して、サービス提供の

---

18 P.Hantel, a.a.O.(Fn.16), S.18f. 山本志郎「経済統合下での労働抵触法の意義と課題」学会誌128号（2016年）136頁以下参照。

19 D.Schick,a.a.O.(Fn.5), S.31.

19a EuGH vom 11.12.2007, C-438/05 (International Transport Workers' Federation, Finnish Seamen's Union). 同様のケースとして、ラヴァル事件（EuGH vom 18.12.2007, C-341/05〈Laval unPartneri Ltd.〉）がある。名古道功「EU法のドイツ労働法への影響——移動の自由を素材にして」山田等編『労働法理論変革への模索（毛塚古稀）』（信山社・2015年）881頁以下参照。

自由を重視した厳格な判断基準を示し、大きな論争を惹起した。

V　ドイツ労働法への影響[20]

　EU では多くの指令等が発せられるとともに、国内法が制定・改正された。第 2 節において取り上げる EC/EU 判例と関連する指令を中心に紹介しておこう[21]。

一　平等取扱い・差別禁止規制
1　第一次法による差別禁止
　上記の通り、「EU 市民」及び「EU 市民権」（EU 運営条約第20条）の創設により国籍差別が禁止され（EU 運営条約第18条）、また性、民族、人種、宗教、信念、障害、年齢、性的指向による差別と闘うための必要な措置を採り得る（第19条）。次に、EU 運営条約第157条は、男女間の同一労働同一賃金原則及び同一価値労働同一賃金原則を定めるが、その淵源は、ローマ条約旧第119条（後に第141条 1 項）である。これには直接効果が認められ、加盟国を拘束するだけではなく、労働協約や私人間にも適用される[22]。

2　指令における差別禁止
　上記男女間の同一労働同一賃金原則及び同一価値労働同一賃金原則に基づき、「男女同一賃金指令」（75/117/EC）が発せられた。「男女均等待遇指令」（76/207/EC）は、昇進を含む雇用及び職業教育の機会並びに労働条件に関する男女均等待遇原則を実現することを目的とし、就労参入に関しても性による差別禁止が拡張され、直接差別のみならず間接差別も禁止された。これらの指令は、男女平等政策を進めるにあたって相当重要な役割を果たしたと指摘される[23]。

20　Vgl., K.Dörner/S.Luczak usw. (Hrsg.), Handbuch des Fachanwalts Arbeitsrecht 12.Aufl., Luchterhand Verlag, 2014, 147ff. (Dorner).

21　中内哲「EU 指令の影響とドイツ労働法制の現状」日労研590号（2009年）62頁以下参照。

22　EuGH vom 8.4.1976, C-43/75 (Gabrielle Defrenne).

23　Zöllner / Loritz / Hergenröder, Arbeitsrecht 7.Aufl, C.H.Beck, 2015, S.141.

332　第4章　EU労働法とドイツ労働法

　2000年代に入ると、性差別以外の分野での差別禁止事由が広がる[24]。①「雇用及び職業における均等待遇の一般的枠組みを設定する指令」(2000/78/EC) は、雇用及び職業の分野における均等待遇原則の実現の観点から、宗教・世界観、障害、年齢、性的指向（sexual orientation）による差別と闘うための一般的枠組みを作り出すことを目的とする。②「人種又は出身民族にかかわりのない均等待遇原則を実施する指令」(2000/43/EC) は、人種又は民族の出自に基づく差別と闘うための枠組を作り出すことを目的とする。③「雇用、職業訓練及び昇進へのアクセス並びに労働条件に関しての男女均等待遇原則の実施に関する理事会指令を改正する欧州議会と理事会の指令」(2002/73/EC) は、上記男女均等待遇指令を改正し、④「財及びサービスへのアクセスとその供給における男女均等待遇原則を実施する理事会指令」(2004/113/EC) は、不特定多数の公衆に提供される物品及びサービスの入手・提供における男女均等待遇原則の実現のために、性別による差別と闘うための枠組みを作り出すことを目的とする。

　「男女均等待遇統合指令」(2006/54/EC) は、上記男女同一賃金指令、男女均等待遇指令及びその改正諸指令 (2002/73/EC、96/97/EC、98/52/EC) を統合し、雇用及び就労における男女間の均等な機会と平等取扱い原則の実現を目的とする。

　さらに、年齢差別禁止が注目されており、「雇用及び職業における均等待遇の一般的枠組みを設定する指令」(2000/78/EC) 等において年齢が差別事由として列挙され、欧州司法裁判所でも、定年制などの適法性が問われている[25]。

3　ドイツ法への影響

　ドイツ法は年齢差別などを対象にしていなかったため、上記EU第一次法及び諸指令に基づき、ドイツ国内法として新たに一般法である平等取扱い法を制定した（2006年）。ここでは、「人種ないし民族的出自、性別、宗教ないし世界観（信条）、障害、年齢、性的指向」というように包括的な差別事由を列挙する。平等取扱い法制定以前は、民法などにおいて、性差別禁止など

24　齋藤純子「ドイツにおけるEU平等待遇指令の国内法化と一般平等待遇法の制定」外国の立法230号（2006年）91頁以下参照。

25　櫻庭涼子『年齢差別禁止の法理』（信山社・2008年）167頁以下参照。

が個々に規定されていたが、「差別に対する保護は、ドイツ法において重要な役割を果たしてこなかった」と指摘され[26]、同法制定によって体系的な差別禁止法制が整備されることになった。同法は、直接差別と間接差別の両方を禁止し（第3条1項・2項）、違反の場合の救済として、事業所内等での苦情申立権（第13条）、履行拒絶権（第14条）、補償ないし損害賠償請求権（第15条）等のほか、事業所委員会や労働組合による訴権（第17条2項）を定める。上記差別事由による不利益取扱いが禁止されるとともに（第7条）、例外的に許容される場合が規定される（第8条〜第10条）。その後の判例では、例外該当性が主要な争点となる。

二　有期雇用指令・パートタイム指令

1　指令の内容

（A）「ソーシャル・パートナー」（使用者団体及び労働組合）間の合意（労働協約）に基づき発せられた有期雇用指令（「ETUC、UNICE 及び CEEP によって締結された有期雇用に関する枠組み協定に関する閣僚理事会指令」〈1999/70/EC〉）の附則に掲げられた「有期雇用に関する枠組み協定」では、「継続する有期契約ないし関係の利用から生じる濫用を防止するために枠組みを創設する」（第1条）とし、また労働者の地位が不安定になることを防止するための保護規定として、労働者に損失を与えるおそれがある有期契約の継続的な更新を制限し、濫用を防止するための措置を定める（第5条）。すなわち、「加盟国は、特定の業種及び／または労働者のカテゴリーのニーズを考慮して、以下の1つないしそれ以上の措置を導入しなければならない」とされる（1項）。①有期契約の更新を正当化する合理的事由、②継続する有期契約の上限期間、③有期契約の更新回数。さらに加盟国は、どのような条件下で、(a) 有期契約が「継続的」とみなされるか、(b) 無期契約ないし関係に転化するかを決定しなければならない（2項）。このほか、無期契約労働者との差別禁止規定が設けられている（第4条）。

（B）パートタイム指令案が初めて提案されたのは1981年であるが、採択されるのは1997年であった。パートタイム指令（97/81/EC）も、社会的当事者

26　G.Thüsing, European Labor Law, C.H.Beck/Hart/Nomos, 2013, S.49.

334 第4章 EU労働法とドイツ労働法

(UNICE, CEEP and ETUC) による枠組み協定に基づき策定された。同指令に反対したイギリスも1998年の指令（98/23/EC）によって適用されるに至る。パートタイム指令において重要な内容は、フルタイム労働者との差別禁止規定（枠組み協定第4条）、及び一定の条件下で、パートタイムからフルタイム、あるいはフルタイムからパートタイムへの転換が求められた場合、使用者はこれを考慮しなければならないとの規定（同5条（a）（b））である。

2　ドイツ法への影響

（1）パートタイム・有期労働契約法の内容

　周知の通り、連邦労働裁判所は、解雇制限回避防止のために有期契約を6ヵ月に限定し、これを超える場合には合理的事由が必要との判例理論を確立した。1985年就業促進法（Beshäftingungsförderungsgesetz、1996年改正）は、失業克服を目的として合理的事由を一定程度緩和する。そして、2001年にはEC指令の国内法化のために就業促進法を拡充した内容を有するパートタイム・有期労働契約法（Teilzeit- und Befristungsgesetz）が制定されるに至る[27]。

　パートタイムに関して特徴的なのは、週労働時間短縮及び延長請求権を規定する点である（第8条・第9条）。ただし、「経営上の理由」（短縮の場合）ないし「差し迫った経営上の理由」（延長の場合）があれば、使用者はこれを拒否できる。

　次に第14条1項によると、有期契約を締結するには、原則として合理的事由を要する。具体的には、①労務給付への経営上の需要が一時的である、②職業訓練または大学修了後に継続して雇用する、③他の労働者の代替として雇用する、④労務給付の特質が期間を正当化する、⑤試用のために期間を付す、⑥労働者の個人的事情が期間設定を正当化する、⑦財政法上有期雇用を必要とする、⑧裁判上の和解、その他の事由である。判例理論によって形成された合理的事由を法文上明確化した点に同法の意義が見出される。

　例外的に合理的事由が無くても有期契約を締結できるのは、上限2年間で3回まで更新する場合、及び58歳を超えた労働者を雇用する場合（第14条2・3項）である。前者では、以前に当該使用者と無期ないし有期契約が締

27　詳細は、川田知子「ドイツにおけるパートタイム労働並びに有期労働契約をめぐる新動向」中央学院大学法学論叢15巻1・2号（2002年）161頁以下参照。

結されていた場合には許容されない。また労働協約によって上限期間及び回数を延長し得る。後者は、2003年改正において52歳に引き下げられた。さらに2003年改正において、会社設立から4年間、更新回数無制限で合理的事由がなくても有期契約が締結できるとの規定が設けられた（第14条2a項）。

　合理的事由が存しないと判断されると、有期契約は無効となり、無期契約に転換する（第16条）。こうした規制からわかるように、ドイツでは無期契約が原則とされる。

　パートタイム及び有期契約に共通する規定として、フルタイムないし無期契約労働との差別禁止が挙げられる（第4条）。特に賃金では、時間給での同一性が原則である。また、本法に基づく権利行使に対する不利益取扱い禁止（第5条）、情報提供義務（第7条、第18条）等が設けられた。

（2）EC指令との適合性

　パートタイム及び有期雇用に関しては、すでに就労促進法において規制されていたが、EC指令の国内法化を契機にして制定されたパートタイム・有期契約法によって、体系化・充実が図られた。指令の適合性との関係で留意すべき点を以下指摘しておこう。

（A）パート指令

　第一に、パートタイム・有期労働契約法は、週労働時間短縮権と延長権を規定するが、指令は、フルタイムからパート、あるいはその逆への転換に関する使用者の考慮規定を置いている。ドイツ法の方が労働者に有利な規定であるので、指令違反の問題は生じないが、この規定が強行規範と捉えられているので、その適性判断にあたっての使用者の決定権を不当に侵害するなどの点で、基本法第12条の営業の自由に抵触しないかとの議論を惹起した[28]。

　第二に、EU諸国では、パートタイムで働くのは女性が多い。このため、その不利益は女性に対する間接差別と捉えることが可能であるが、これに関しては、指令は規制していない。ドイツ法も間接差別を規制の対象としておらず、一般平等取扱い法において検討されることになる（有期雇用に関しても同様である）。

（B）有期雇用指令

28　Vgl., G.Thüsing, Europäisches Arbeitsrecht, 2.Aufl., 2011, C.H.Beck, S.156.

第一に、指令が挙げた３つの選択肢のうち、パートタイム・有期労働契約法は、合理的事由及び上限規制の２つを満たしており、この点では問題ない。

第二に、再就職困難な労働者の就労促進のため、58歳以上（2003年、52歳に引き下げ）の労働者の有期雇用にあたって、例外として合理的事由を不要と定めていたが、年齢のみを基準として有期雇用との不安定な地位に置くことが年齢差別に該当しないかが問われた。欧州司法裁判所は、マンゴルト事件において、年齢を差別事由と定める平等指令（2000/78/EC）に反して無効と判断した（2005年11月22日）[29]。このため、立法改正がなされ、現行規定では、52歳以上で雇用前少なくとも４ヵ月間失業している場合、上限５年間に限り、合理的事由がなくても有期雇用できると改正された（第14条３項）。

三　派遣労働指令
1　EC指令の内容[30]

労働者派遣は、EUにおいても論争の多い分野である。労働者派遣に対する異なった評価のため、派遣労働協議指令案（1982年）の提案以降、いくつかの立法的試みがなされたが、採択には至らなかった。90年代に採択された指令（91/383EEC）[31]は、非典型雇用労働者一般の最低限の保護を図るものであり、有期契約労働者や派遣労働者の安全と健康保護改善のための措置の補充を目的とするものであった。こうした経過を辿り、ようやく2008年10月22日に採択されたのが「派遣労働に関する欧州議会及び閣僚理事会指令」（2008/104/EC）である。

本指令の目的は、第一に、派遣労働者の保護と派遣労働の質の改善であり、第二に、労働市場政策上の目的、すなわち効果的な職場創出、及び柔軟な雇用形態の発展のために派遣労働に対して相当な領域を用意することである（第２条）。本指令において重要なのは、第２章（労働・就労条件）であり、均

29　マンゴルト事件については、本章第２節Ⅱ参照。

30　高橋賢司『労働者派遣の研究』（中央経済社・2015年）15頁以下、Thüsing, a.a.O.(Fn.26), S.165ff. 参照。

31　Directive 91/383/EEC - fixed-duration or temporary employment relationshipof 25 June 1991 supplementing the measures to encourage improvements in the safety and health at work of workers with a fixed-duration employment relationship or a temporary employment relationship.

等取扱い原則、正規雇用へのアクセス、従業員代表への派遣労働に関する情報提供、そして職業訓練を定めた規定などが置かれている。ここでは、特に注目される均等取扱い原則と正規雇用へのアクセスの内容を説明しておこう。

（1）均等取扱い原則

　本指令において最も重要な規制は、均等取扱い原則である。派遣元事業主は、派遣期間中、派遣先企業において直接雇用されていたならば、派遣労働者が享受できたであろう賃金・労働時間・休憩・年休等の基本的な労働・雇用条件を与えねばならない。すなわち、派遣先企業における同種・同等の労働者の待遇が保障される（第5条）。ただし、2つの例外が認められている。第一に、賃金に関して、社会的当事者との協議後、派遣元事業主と無期契約を締結し、かつ派遣されない期間中賃金が支給される場合である（第5条2項）。これは、派遣期間中と派遣されない期間をトータルで見ればバランスがとれており、それによって、派遣期間中のみ有期契約で雇用されるとの扱いを減じさせることが意図されている（前文15）。第二に、社会的当事者との協議後、加盟国によって課せられた条件に従っている限り、均等取扱い原則とは異なる規制〜これは、派遣労働者の全般的な保護を考慮しなければならない〜を含む労働協約の維持ないし締結が、適切なレベルにある社会的当事者に認められる（第5条3項）。労働協約は当事者の権利の適切なバランスを示すとの一般的原理があり、また労働協約交渉には広範な裁量が認められるためである。ドイツにおける協約に開放された強行法規に相当する。

（2）正規雇用へのアクセス

　本指令の主たる目的は、派遣労働者に対する無期雇用へのアクセスを促進することであり、派遣労働は、ユーザー企業における「通常」の労働関係への一里塚とされる（前文11）。このため、第6条は、派遣労働者に対し、ユーザー企業における空きポストの情報を伝えて、他の労働者と同様に無期雇用の機会を与えることを定める。

2　ドイツ法への影響

（1）　ドイツは、すでに1972年に労働者派遣法を制定し、その後改正が繰り返された。本指令との関係では、採択前に国内法化が進められる。すなわち、ハルツ第一次法において、派遣期間の上限をなくすなどの規制緩和がなされ

るとともに、均等取扱原則及び協約による逸脱が取り入れられた（第9条）。労働協約の逸脱規定に関して、キリスト教労働組合傘下の派遣労働者を組織する労働組合等がこの協定を締結するが、低賃金の水準であったので、その効力に関して議論がなされ、連邦労働裁判所判決が下される[32]。

（2）　本指令採択後、さらに労働者派遣法が改正された。労働者派遣法改正のための第一次法（労働者派遣の濫用防止のための法律。2011年4月28日）及び労働者派遣法と闇労働撲滅法改正法（2011年7月20日）であり、これによって本指令は国内法化された。

　本指令を受けた主要な改正点は以下の通りである。第一に、現行労働者派遣法は、工業的業種のみを対象とするが、本指令はこうした制限がなく、「経済的に活動する企業」としているので、適用対象を原則としてすべての業種とする。第二に、本指令は、派遣労働の定義として「一時的」派遣に限定している。労働者派遣法には派遣期間を制限する規定がないので、「一時的」に限定することになる（第1条1項2文）。具体的には18ヵ月とされる。「一時的」派遣の限定も大きな議論を呼び、従業員代表による関与などが問われることになった[33]。第三に、失業者を雇用して派遣する場合、6ヵ月間は均等取扱い原則を適用しなくてもよいと規定されているが、本指令は、こうした例外は公的事業促進の場合に限っているので、これを削除する。第四に、派遣労働者を常用雇用へつなげるため、派遣先企業の空きポストに関する情報提供義務が新設された（第13a条）。なお、「派遣から継続へ」をめざして、ハルツ第一次法において人材サービス機関（PSA）が設置されたが、期待通りの成果を上げられず、廃止されている[34]。

　なお2011年改正では、最賃規制が新設され、また2017年には、「回転ドア」制限などの改正がなされる。

四　労働時間指令

1　労働時間指令の内容[34a]

　EC/EUにおける労働時間規制は、議会、社会的当事者そして加盟国間に

32　第3章第2節二参照。
33　髙橋・前掲書（注30）79頁以下参照。
34　これについては、第2章第3節Ⅲ参照。

おける対立が先鋭な分野であり、全会一致原則によらない方法の採用後、ようやく労働時間指令（93/104/EC）が採択された。本指令の法的基礎は、EC条約第137条（旧第117条）a項であり、その趣旨は、労働者の安全と健康の保護を確保することである。本指令は、1993年11月23日に採択され、1996年11月23日に施行された。その後、2000/34EC指令（2000年6月22日）によって一部改正され、2003/88EC指令（2003年11月4日採択、2004年8月2日施行）によって置き換えられているが、その内容に本質的な変化はない。

　本指令は、原則として、すべての業種及び民間部門と公共部門の両方に適用される。ただし、複雑な構成であり、例外・逸脱規定があるのみならず、産業・業種の特別規制もなされ、「不明確さ」を惹起していると指摘される[35]。

　まず、労働時間を「国内法及び／ないし国内慣行に従い、その間に使用者の指揮命令に従い（at the employer's disposal）労働し、そしてその活動ないし職務を遂行する時間」と定義している（第1条）。

　1週間の労働時間の上限は48時間（時間外労働を含む）である。ただし、4ヵ月以内での労働時間の調整（変形労働時間制）が可能である（第16条2項）。特徴的なのは、1日の休息時間（勤務間インターバル時間（Ruhezeit, rest periods.）：勤務終了から次の勤務開始までの時間）の規制であり、これは、24時間あたり最低連続11時間である（第2b条）。休日（休息期間）に関しては、7日毎に最低連続24時間付与され、これに11時間の休息時間を足すと35時間となる。ただし、客観的、技術的ないし労働組織の条件によって正当化される場合、24時間に短縮できる（第5条2項）。

　休憩時間は、6時間を超える労働日に付与されねばならないが、加盟国の労使協定、あるいは法律により定められる。有給休暇は少なくとも年14週間、夜間労働は24時間あたり平均8時間までである。なお本指令には、労働者個人の同意に基づき、加盟国に週48時間労働などを適用しないことを認める「オプトアウト」条項が置かれている。これは、イギリスの要望を取り入れたものである。

34a　高橋賢司「EU法における労働時間法制」立正法学51巻1号（2017年）63頁以下参照。
35　U.Preis／A.Sagen, a.a.O.(Fn.13), S.336.

340　第4章　EU労働法とドイツ労働法

2　ドイツ法への影響

　本指令の国内法化の期限は、1996年11月23日であった。このため、1938年制定以降改正されていなかった労働時間令が廃止され、労働時間法が制定される（1994年6月6日）。当初の国内法化は、本指令の重要な規定に反していたため、労働市場改革法において改正された（2004年1月1日）。主な改正点は、待機時間を労働時間ではなく休憩時間に規定していたが、本指令の労働時間概念では労働時間と理解されているので、待機時間の文言が削除された。他方、労働時間法は、1日8時間を原則としつつ（土曜日も労働日とされるので、週48時間）、算定基礎期間6ヵ月ないし24週間を平均して8時間を超えない場合、10時間までの延長を許容する（第3条）。なお、本指令は4ヵ月を上限としており（第16条2項）、労働時間指令に抵触すると指摘されている[36]。

五　他国への労働者送出し指令

1　EC送出し指令

　EU運営条約第56条は、EU加盟国の国民・企業が他の加盟国内においてサービスを提供する自由を保障しており、他の加盟国に自国の労働者を送り出す（派遣する）事業主の権利もこの基本原則に含まれている。このように他の加盟国への労働者送出しは、人の移動の自由ではなく、サービス提供の自由に基づく。これに関連する指令は、以下の通りである。

　第一に、「域内市場におけるサービスに関する指令」（2006/123/EC）は、国境を越えたサービス提供の自由を妨げている法的・行政的障害の除去を目的としており、加盟国は事業者の「サービスを提供する権利」を尊重し、自国におけるサービス活動への自由なアクセス及びその実施を保障しなければならない。本指令によって、国境を越えたサービス提供及び開業の容易化が促進されることになる。ただし、加盟国は、公秩序、公共の安全及び公衆衛生の理由で正当化される場合、国内法によってこれを制限できる（EU運営条約第62条、第52条参照）。

　第二に、「サービス提供の枠組みにおける労働者の海外派遣に関する欧州議会と閣僚理事会指令」（96/71/EC）（以下、「労働者送出し指令」という）は、

36　Preis/Sagen, a.a.O.(Fn.13), S.374.

旧EC条約49条の下での国境を越えたサービス提供という、企業の基本的自由と、サービス提供のために一時的に海外に送り出された労働者の適切な権利保護とを調和させることを目的とする。本指令は、1991年に欧州委員会によって提案されたが、ポルトガル、イギリス、アイルランドなどが反対し、協議が続けられ、ようやく1996年に採択された。

　域内においてサービス提供の自由や事業活動の自由が保障され移動が活発化するにつれて、他の加盟国への労働者の送出し（派遣）が増えてきた。こうした中で、「送出先国における最低限の労働者保護規定の明確化は、送出をめぐる法的不確実性を少なくし、企業間の公正な競争条件を創り出すとともに、労働者の必要にも合致する」ために、労働者送出し指令が採択された[37]。本指令は、労働者の最低限の保護を図るために、明確に定義された労働条件の中核部分を定め、それは、母国におけるサービス提供者によって遵守されねばならないとされる。かくてこれは、その置かれた状況（外国での一時的雇用、適切な代理を得ることの困難さ、当該国の法律、制度そして言語に関する知識の欠如）で侵害されやすい労働者の労働条件に関して不可欠な保護レベルを定めるとともに、（当該国以外も含めた）すべてのサービス提供者間での公正な競争のために必要な環境を促進するために重要な役割を果たしている[38]。

　第3条は、労働が遂行される加盟国において、「法律、規則又は行政規定、及び／または附則に定める事業（建設関連）では一般的拘束力を有する労働協約又は仲裁協定において次に掲げる事項を対象とする雇用条件の保障を確保すべきである」と規定する。「①最長労働時間及び最短休憩時間、②最低年次有給休暇、③超過勤務手当を含む最低賃金、④労働者の供給、特に労働者派遣事業による労働者派遣の条件、⑤職場の健康、安全及び健康、⑥妊産婦、児童及び若年者の雇用条件に関する保護措置、⑦男女の均等待遇及び他の差別の禁止に関する事項」。

2　ドイツ法への影響

　ドイツ以外の国に本拠を置く建設会社がドイツに労働者を送り出して建設

37　濱口・前掲書（注5）408頁。

38　Commission of the EC, Brussels, 13.6.2007, COM（2007）304 final, SEC（2007）, p.3.

342　第4章　EU労働法とドイツ労働法

業に従事させている場合、その労働条件は、本来であれば、「出身国主義
（country of origin principle, Herkunftslandsprinzip）」に従って送出国の法律に
よって規制される。というのは、たしかに通常の労働場所はドイツであるが、
国際私法の法理に従うと、母国法がより密接な関連を有するためである（ド
イツ民法典施行法30条1項、2項参照）[39]。他方、こうした状況では、母国での
賃金などの労働条件がドイツよりも低く設定されている場合、ドイツ建設会
社が競争において不利な立場に立たされることになる。これを避けるために
は、ドイツ国内で働く外国人労働者に対して最低労働条件を適用するほかな
い。ドイツにおける労働者送出し法制定のきっかけは、国境を越えて送り出
される建設関連労働者が増加し、その労働条件は母国の基準によるのでドイ
ツ労働者よりも低く、このためドイツ企業と労働者に深刻な影響を与えたた
めである。労働者送出し法の立法化は、欧州委員会における上記送出し指令
（96/71/EC）の検討と平行して進められ、1996年3月1日に施行された。

　労働者送出し法が適用されるのは、ドイツ国外に本拠を置く建設業者と港
湾業者、及びドイツ国内において就労しているその労働者であり（第1条1
項・2項）、一般的拘束力宣言された労働協約（労働協約法第5条）の適用を
受ける。こうした協約は、①超過勤務手当を含めた最低賃金、②年休期間、
休暇手当ないし付加的な休暇手当を対象としている必要がある（第1条1項）。
最長労働時間と最低休憩時間、有給の年休などが定められている場合にも適
用される（第7条）。これらの労働条件は、上記の通り、国際私法の法理と
は異なり、ドイツ民法典施行法第34条における強行規定として適用される
（第1条1項1文）。

　1998年、コールからシュレーダーへの政権交代後、多くの労働法規が改正
されたが、労働者送出し法も一部改められた（1999年1月1日施行）。主要な
改正として、使用者団体の反対で一般的拘束力宣言がなされず[40]、外国人労
働者への最低賃金の拡張適用が妨げられる事態が生じたため、協約委員会の
同意がなくても、法規命令によって一般的拘束力宣言をし得る授権規定が設
けられた（第1条3a項）。また保証責任（第1a条）が新設され、ドイツのゼ

39　Erfurter Kommentar zum Arbeitsrecht, 4.Aufl., C.H.Beck, 2004, S.202（Schlachter）.

40　一般的拘束力宣言には、労使代表で構成される協約委員会の決議が要件とされている（労働協
　約法5条）。

ネコンは、国外の下請企業等がその雇用する労働者に最低賃金（税金等を控除した手取り賃金）、並びに協約当事者が設立した休暇基金への拠出金を支払わない場合、代わりに支払う義務が課せられることになった。

　労働者送出し法は、特定の業種を対象にした法律である。このため、建設産業と同様の状況にある場合、法律改正によってその適用範囲が拡大されることになった。現在では、清掃業務、郵便配達業など（合計7つ、建設関連5つ、建設、塗装、屋根ふき、建物撤去、電気手工業）が新たな対象となり、さらに8つの分野（労働者派遣、介護サービス、警備など）も追加された。2009年改正では、外国企業に雇用される労働者のみならず、国内労働者も適用対象となり、特定産業部門における最賃法との位置づけとなった。2014年には、すべての産業・業種を対象とし得る旨の改正がなされた。

六　まとめ

　以上、指令を中心にEU労働法のドイツ労働法への影響を概観した。基本的にEU労働法が優位しており、加盟国は、法律制定ないし改正によりこれに対応しなければならず、その影響は大きいといえる。指令だけではなく、欧州司法裁判所判決も重要な影響を与えている。次節では、これを詳しく論じることにする。

344　第4章　EU労働法とドイツ労働法

第2節　欧州司法裁判所判例の影響

I　概説

　EUには、法的紛争を解決する機関として、EU司法裁判所（the Court of Justice of the European Union）が設置されている。これは、司法裁判所（Court of Justice）、一般裁判所（general Court）、及び特別裁判所（specialized Court）から構成され[1]、それぞれの管轄が定められている。EU司法裁判所の役割は、EU条約及びEU運営条約の解釈と適用において、EU機関や加盟国による法の遵守を確保することである（EU条第19条第1項）。

　EU法の解釈・適用は、EU司法裁判所のみならず、国内裁判所もこれを行う。すなわち、「加盟国は、連合法が適用される分野において、実効的な法的保護を確保するために十分な救済手段を講じる。」（第19条1項2文）と定められており、国内裁判所による「救済手段」も含まれる。具体的には、個人に対して、直接適用される移動の自由と男女平等規定（EU運営条約）や国内法の一部となるEU規則、またEU法に照らした国内法の解釈・適用などである。

　他方、国内裁判所は、EU法の解釈・適用にあたって不明な点などが生じた場合、EU司法裁判所に対して先行判決を求めることができる（EU運営条約第267条）。先行判決の意義としては、①EU法の発展への寄与、②EU法の統一的適用と一貫性の確保、③個人の権利の間接的な保護が挙げられる[2]。先行判決は、①EU条約とEU運営条約の解釈、及び②EU諸機関の行為の効力と解釈が対象である。②では立法行為のみならず行政行為も含まれ、指令等の解釈・適用も当然対象となる。先行判決を求める国内裁判所は、最終

1　EUに改称されるリスボン条約発効以前は、司法裁判所（Court of Justice）、第一審裁判所（Court of First Instance）、そして司法部（judicial panels）から構成されていた。

2　中西優美子『EU法』（新世社・2012年）241頁以下参照。

審である必要はなく、第1審裁判所でも可能である。ただし、最終審の裁判所には、付託が義務づけられている（同第267条）。

　EU司法裁判所は、EU指令に基づき制定された国内法の解釈が問われる場合、純粋に国内に関わる事実関係にしぼって判断することになる。これは、特に加盟国間での異なった取扱いを回避するためである。

　EU司法裁判所[3]には、これまでさまざまなドイツの労働事件が付託されてきた。国内の判例にも影響を及ぼす代表的な先行判決を紹介しておこう。

Ⅱ　年齢差別禁止

一　EC/EUにおける年齢差別禁止の動向

　EU（EC）において性や国籍による差別の禁止は早い時期に規制されていたが（1957年ローマ条約、1975年男女同一賃金指令〈75/117/EEC〉等）、その他の事由による差別の包括的な禁止が議論されるのは80年代に入ってからである。そして改正ローマ条約（1997年）第13条1項は、「性、人種・出身民族、宗教・信条、障害、年齢、性的指向に基づく差別と闘うため適切な措置をとることができる」と規定し、これを受けて「雇用及び職業における均等待遇の一般的枠組みを設定する閣僚理事会指令」（2000年11月27日。2000/78/EC）（以下、「一般雇用均等指令」と略す）が発せられ、そうした事由による差別を禁止するに至った。またリスボン条約の発効（2009年）によって、EU基本権憲章は、EU基本条約と同等の効力を有するようになったが、改正ローマ条約同様、年齢等による差別を禁止している（第21条）。

　ただし、さまざまな政策に基づく年齢による異なった取扱いの必要性を勘案して、一般雇用均等指令は許容規定を設けている。すなわち、第6条1項は「年齢に基づく待遇の差異の正当化」とのタイトルを付け、以下の通り規定する[4]。

　「第2条2項（年齢等に基づく差別の禁止）に関わらず、加盟国は、適法な雇用政策、労働市場及び職業訓練の目的を含む適法な目的により、客観的か

3　なお、本章で取り上げる判例のすべては、司法裁判所が下した判決である。わかりやすくするために、EC時代も含めて、これを欧州司法裁判所との名称を用いる。

4　指令の訳は、小宮文人・濱口桂一郎訳『EU労働法全書』（旬報社・2005年）による。

つ合理的に正当化され、かつその目的を達成する手段が適切かつ不可欠である場合には、年齢に基づく待遇の相違は差別を構成しない旨を、国内法で定めることができる。

　このような異なった待遇は、以下のものを含む。

(a) 年少者、高年齢労働者及び介護責任を負う者の職業的統合を促進し、又はその保護のために、これらの者について雇用及び職業訓練へのアクセス、解雇や報酬を含む雇用及び職業の条件に特別な条件を設定すること、

(b) 雇用へのアクセス又は雇用に関連する特定の便益について、年齢、職業経験又は勤続期間の最低条件を設定すること、

(c) 当該ポストの職業訓練要件又は退職前に合理的な雇用期間が必要であることを理由として採用に最高年齢を設定すること。」

二　労働分野における年齢差別禁止の先例

　欧州司法裁判所は、労働分野での年齢差別に関して、いくつかの判断を下している[5]。ケース毎に整理すると以下の通りである。第一に、有期雇用規制に関する事例である。ドイツでは有期契約の締結にあたって合理的理由を要するが、例外として58歳以上の労働者を採用する場合には不要とされ、2006年末までの暫定措置として52歳に引き下げられていた（パートタイム・有期労働契約法第14条1・3項）。マンゴルト事件[6]は、有期契約で採用され、期間満了により雇用が終了した労働者（当時56歳）が、中高年齢者に対する緩和された規制は年齢差別に該当するとして提訴した事件である。同判決は、中高年齢者の雇用促進という目的は正当であるが、52歳以上の労働者の一律の適用除外は適切かつ不可欠な措置でない以上、年齢差別に該当すると判断した。第二に、労働協約上の強行的定年制については、①失業率改善や求職者に対する労働市場における機会の創出との目的は正当である、②当該措置は、老齢年金支給年齢との接続という方法で金銭的保障を受ける権利を与えており、定年に到達した労働者の正当な権利を不当に侵害するとはみなしえないなどを根拠にして、年齢差別該当性が否定された[7]。他方、老齢年金との接合を問わずパイロットの定年を一律60歳と定める協約規制は年齢差別に

5　櫻庭涼子『年齢差別禁止の法理』（信山社・2008年）251頁以下参照。

6　EuGH vom 22.11 2005, C-144/4（Mangold）.

当たるとしている[8]。採用にあたっての上限年齢の設定は、消防士につき肯定する[9]。第三に、勤続年数に応じて賃金を増やす措置は、年齢差別に該当しない。以下、ドイツに関連する主要な判例を紹介しよう。

三　一定年齢以上の有期雇用の特別扱い～マンゴルト判決～

1　年齢差別の規制

　ドイツでは、一般平等取扱い法制定（2006年8月18日）まで、包括的な年齢差別禁止規定は存しなかった。基本法第3条3項[10]は、年齢を差別事由に挙げず、注目される判例も見当たらなかったが、定年制に関しては職業選択の自由（基本法12条）との関係で取り上げられて許容されていた[11]。こうした中で、欧州司法裁判所は、ドイツからの付託事件（マンゴルト事件[12]）に関して、厳格な判断を下し、一般平等取扱い法制定前でもあったので、大きな議論を呼び起こすことになる。

2　年齢差別該当性

　ドイツパートタイム・有期労働契約法では、有期契約を締結するには、「合理的事由」を要するが、その例外の1つとして、52歳以上の労働者の雇用が挙げられていた（旧第14条3項）。これに基づき雇用されたXは、同法第14条3項が有期雇用指令及び一般雇用均等指令に違反し、本件有期労働契約は無効であり、期間の定めのない労働契約が成立していると主張して、ミュンヘン労働裁判所に提訴した。同裁判所は、両指令に関する以下の点について、欧州司法裁判所に先行判決を求めた。

　一般雇用均等指令第1条は、雇用及び職業について、宗教もしくは信条、障害、年齢又は性的指向に基づく差別と闘うことを定め、これは直接差別と

7　EuGH vom 16.10 2007, C-411/05（Félix Palacios de la Villa）. 名古道功「強行的定年制と年齢差別」（EC企業法判例研究（118））国際商事法務559号（2009年）94頁以下参照。

8　EuGH vom 13.9.2011, C-447/09（Reinhard Prigge, Michael Fromm, Volker Lambach）.

9　EuGH vom 12.1.2010, C-229/08（Colin Wolf）.

10　「何人も、性別、出生、人種、言語、出身地及び家柄、信仰、宗教上または政治上の見解を理由として、不利益を受け、または優遇されてはならない。何人も、障害を理由として不利益を受けてはならない。」

11　BAG vom 25.2.1998, BAGE Bd.88, S.118; BAG vom 11.3.1998, BAGE Bd.88, S.162.

12　注6参照。

間接差別に適用される（第2条1項）。ただし、第6条1項は、「年齢に基づく待遇の差異の正当化」（上記1参照）を規定するが、本件における52歳以上の中高齢労働者に対する法規制がこの例外に該当するか。

本判決は、職を見出すのが相当困難である失業中の中高齢労働者の入職を促進するとのパートタイム・有期労働契約法の目的は、「客観的かつ合理的に」正当化されるが、手段については「適切かつ不可欠」とはいえないと判断した。ここでは、目的達成手段の選択に関し加盟国に「広範な裁量」を認めつつ、有期労働契約締結前の失業の有無や失業期間を問わず、52歳以上という年齢のみを基準としてその対象を包括的に決定し、「安定雇用」から排除する点を問題視している。そして、「比例原則の遵守では、個人の権利のあらゆる逸脱に関して、可能な限り、平等取扱い原則の要請、及び追求されている目的の要請と調和することを求めている」と指摘する。

ドイツの学説によると、同法第14条3項は同指令に違反しないとの立場が多数であり[13]、多くは本判決に対して批判的である。例えば、プライスは、国内法に対する「厳密な比例原則による審査（eine enge Verhältnismäßigkeitsprüfung）」が行われて裁量の余地が不当に狭まる点を批判する[14]。これに対して、シークは、EU法における個人の権利の例外的な制限を狭く解釈するのは従来の欧州司法裁判所において強調されてきており、この点で比例原則の厳格な適用は新規なことではないと指摘する。そして比例原則を適用するにあたって、①当該区別が目的達成にふさわしいこと、及び②目的達成に必要な限度を超えていないことが要件であるが、そもそも52歳以上の労働者の有期労働契約を認めても雇用促進に繋がるとのデータは存在しないとし、本判決は、①の要件において適切に比例原則を適用したと評価する[15]。

ドイツでは中高齢労働者の失業率が高く、かつ長期化するので、これに対する対策が重視されてきた。失業中の生活保障が「恵まれすぎている」との批判をも考慮し、ハルツ第四次法においてその厳格化も実施された。たしか

13　Vgl., J-H.Bauer, Europäische Antidiskriminierungsrichtlinie und ihr Einfluss auf das deutschen Arbeitsrecht, NJW 2001, S.2672f.; H.Wiedemann/G.Thüsing, Der Schutz älterer Arbeitnehmer und die Umsetzung der Richtlinie 2000/78/EG, NZA 2002, S.1236.

14　U.Preis, Verbot der Altersdiskriminierung als Gemeinschaftsgrundrecht, NZA 2006, S.403f.

15　D.Schiek, Grundsätzliche Bedeutung der gemeinschaftlichen Diskriminierungsverbote nach der Entscheidung Mangold, NZA 2006, S.147.

第2節　欧州司法裁判所判例の影響　　349

に、本判決が指摘する通り、52歳以上の労働者に合理的事由なしの有期労働
契約の締結を認めると、不安定雇用に追いやるとの側面は否定できないであ
ろうが、大量失業克服にはあらゆる措置を講じざるを得ないともいえる。い
ずれにしても本判決は、ドイツ政府に対して、その対象を限定するなどの対
応を迫るものであった。

3　国内法規定非適用の判断

　本判決においてもう1つ注目すべきは、一般雇用均等指令の国内法化前に
もかかわらず、「欧州共同体法、そして特に一般雇用均等指令第6条1項は、
（本件で問題となっている）国内法規定（52歳以上の例外規定・パートタイム・
有期労働契約法14条3項―引用者）を非適用とする（preclude）と解釈されね
ばならない」との判断を下した点である[16]。

　同指令第18条によると、「加盟国は、遅くとも2003年12月3日までに、本
指令を遵守するのに必要な法律、規則及び行政規定を採択するか、またはそ
の日までに、労使が労働協約により必要な措置を設けることを確保する」と
定められているが、年齢及び障害の差別に関する本指令の国内法化は、3年
間延長できることになっている。ドイツは、この延長措置を採用したので、
本件で争点となった年齢差別禁止の国内法化は2006年12月3日まで猶予され
ていた。しかし、本判決は、次の2つの論理から、年齢差別該当性の結論に
影響を及ぼさないとする。

（1）指令の「事前効果（Vorwirkung）」

　本判決は、まず①指令の国内法化の期限前であっても、加盟国は、指令に
よって規定された結果達成を重大に妨げる措置を差し控えねばならないこと、
及び②一般雇用均等指令第18条（延長措置を採った加盟国は「年齢及び障害の
差別に取り組むために講じた措置及び施行のための進捗状況について欧州委員会
に毎年報告する」）は、「前進的に目的達成のための具体的措置を講じ、そし

16　「個々人に共同体法のルールから導き出し得る法的保護が与えられ、これと抵触する国内法の
　　規定（本件では有期労働契約法14条3項―引用者）の非適用によって、このルールに完全な実効
　　性をもたせる」ことが「国内裁判所の責任」であると強調する。この点に関して、TIZZANO 法
　　務官は、「当該国内ルールの非適用との判示内容は、実際上は、共同体法の直接的効果を構成す
　　るであろう」と指摘する（Opinion of Advocate General TIZZANO, Paragraph 106, C-144/04
　　〈Mangold〉）。

350　第4章　EU労働法とドイツ労働法

てその立法を、指令に規定された結果に近づけることを含んでいる。加盟国による目的に矛盾する措置の採用が許容されるならば、この義務は余分であろう」とし、指令の「事前効果」に言及している。

　まず①に関しては、たしかに同一内容の判例が存し[17]、指令の「事前効果」は目新しいものではない。そして本判決は、年齢引下げ措置が一般雇用均等指令の結果（目的）達成に重大な支障が生じると判断したのである。ここでは、本判決で引用されている TIZZANO 法務官の意見、すなわちたとえ2006年末に52歳への引き下げとの一時的措置が廃止されても、すでに58歳に達している労働者は引き続き「安定した雇用とのセーフガード」から排除されるとの問題点も考慮されている。

　ただし、②に関して、52歳に引き下げられたのは2002年12月であり、18条が前提としている猶予期間開始前（2003年12月3日）の措置であるから、説得力を欠いているといえる[18]。

（2）年齢差別禁止の一般原則

　本判決で一番重要な判断と考えられるのは、一般雇用均等指令が年齢差別禁止の明確な規定を置いていないにもかかわらず、EU法の一般原則からこれを導き出し、パートタイム・有期労働契約法第14条3項の非適用が妥当とした点である。

　まず本指令の内容を確認しておこう。第1条は、その目的として、「加盟国において、均等待遇原則に実効性を与えるために、雇用及び職業について、宗教若しくは信条、障害、年齢又は性的指向に基づく差別と闘う一般的枠組みを設定すること」とし、差別禁止を直接的目的としないで加盟国における取り組みを促すにすぎない。本判決も、一般雇用均等指令は「それ自体、雇用と職業の領域における平等取扱い原則を規定していない」と述べている。しかし、同指令の前文に明記されているように、その原則の根源がさまざまな国際条約や加盟国に共通する憲法の伝統である点に着目し、「年齢に基づく非差別原則は、欧州共同体法の一般原則でなければならない」と指摘する。そしてこれは、「一般的な平等取扱い原則」に淵源を有するとする。この結

17　EuGH vom 18.12.1997, C-129/96（Inter-Environnement Wallonie ASBL）; EuGH vom 8.5.2003, C-14/02（ATRAL SA）.

18　D.Schiek, a.a.O.（Fn.15）, S.148.

果、同指令の国内適用措置が採られる以前でもあっても、問題はないという。

　こうした「明文化されていない一次法としての年齢差別の禁止」との考え
は、「ヨーロッパ法におけるコペルニクス的転換」[19]として驚きをもって受け
止められた。というのは、同指令の法的基礎たる EC 法第13条が「一般的な
法原則」であるとは捉えられておらず、またもしも本判決の考えに従うと、
同条に基づく指令の意義はなくなるからである。この点で、本判決は「ヨー
ロッパ労働法を超越している」と批判されている[20]。また、シークも同様の
指摘をする[21]。具体的に述べると、これまで、移動の自由や性の平等に関す
る判例において、EU における労働者の平等取扱い原則の「根本的な意義
(grundlegende Bedeutung)」が強調され、EC 法第48条 4 項（現39条 4 項）の
厳格な解釈並びに直接差別から間接差別への拡大がなされた。その後、これ
に基づき性概念の広い解釈（性転換に伴う差別禁止等[22]）などが行われてきた。
しかし、これまで欧州司法裁判所が「平等取扱いと非差別原則の根本的な意
義」から導き出したのは、指令の国内法化にあたって一般的な平等を考慮す
ること、及び平等取扱いに反する国内法化措置に関して不利益を受ける者に
優遇措置を与えることであった。そのため、本判決は、「欧州共同体法の一
般原則の明記たる指令を考慮していないのみならず、年齢による差別禁止を、
この指令とは無関係な共同体法の一般原則として捉えている」点で、これま
での判例を超えていると指摘する。

4　ドイツの対応

　同判決に対する厳しい批判にもかかわらず、連邦労働裁判所は、マンゴル
ト判決はドイツ裁判所を拘束すると判示し、欧州司法裁判所に従うことを明
確にした[23]。なお、ドイツは、2006年 8 月、一般雇用均等指令などを国内法
化するために、「一般平等取扱い法（Allgemeines Gleichbehandlungsgesetz）」
を制定し、年齢差別も禁止されることになった（第 1 節参照）。

19　U.Preis, a.a.O.(Fn.14), S.402.

20　K.Hailbronner, Hat der EuGH eine Normverwerfungskompetenz ?, NZA 2006, S.814.

21　D.Schiek, a.a.O.(Fn.15), S.146.

22　名古道功「性的指向と年齢に基づく差別の禁止と同性パートナーへの遺族年金の支給」国際商
　　事法務660号（2017年）884頁以下参照。

23　BAG vom 26.04.2006, NZA 2006, S.1354.

352　第4章　EU労働法とドイツ労働法

四　年齢に基づく基本給の格付けと年齢差別

1　本件の概要

　ドイツなどのヨーロッパ諸国では職務給が一般的であり、労働協約において細かく区分された職務に基づくグループが設けられるとともに、各グループ内に等級が設定されている。当該グループでの最上位に至ると昇級は停止するので、基本給をアップさせるには、職務能力を高めて上位のグループに移動しなければならない。

　本件[24]で問われた公務職員対象の連邦職員労働協約（以下「本件旧協約」という）は、基本給及び地域手当から構成される報酬を定めていた。基本給は、職務内容に応じた報酬グループ（Ⅰ～Ⅹに区分）に従い決められるが、各グループ内では、年齢に基づき細分化された基本給の等級が定められており、2年毎に昇級する制度である。採用された職員は、遂行できる職務の評価に基づき報酬グループが決められ、その時点での年齢に応じて各等級に格付けされることになる。

　2005年10月1日、公勤務協約（以下「本件新協約」という）が発効し、そこでは年齢ではなく、①職務内容、②職業経験、③職務遂行能力という客観的基準に基づき基本給が決定されることになった。ただし、本件新協約を適用すると多くの職員の基本給が減額するので、現給保障を目的とする暫定協約（以下「本件暫定協約」という）が締結された。

　本件はこうした労働協約の変遷の中で生じた年齢差別事件であり、本判決は、ドイツ連邦労働裁判所に上告された2つの事件に関する先行判決である。具体的争点は、①本件旧協約の規制は、採用前の職業経験を問わずに雇用時の年齢のみに基づき格付けしており、同一の職業経験があっても年齢の低い労働者が不利益を被る点で年齢差別に該当するか、②本件暫定協約でも、本件旧協約の年齢による格付けが払拭されておらず、年齢差別ではないかである。なお、本件旧協約が社会的当事者（協約当事者）の団体交渉を通じて締結されたことから、EU基本権憲章第28条（団体交渉権等の保障）に鑑みて、協約上の報酬規制は、協約当事者の権利を考慮しても年齢差別に該当するかも問われている。

24　EuGH vom 8.9.2011, C-297/10 (SabineHennigs); EuGH vom 16.6.2010, C-298/10 (Land Berlin).

2　本件における年齢給と年齢差別

　本判決は、本件旧協約の規制は、採用前の職業経験を問わずに雇用時の年齢のみに基づき格付けしており、同一の職業経験があっても年齢の低い労働者が不利益を被る点で年齢差別に該当すると判断した。ドイツでは、一般平等取扱い法制定以降、年齢のみに基づき段階づけた賃金規制は、原則として年齢による不利益取扱いに該当する（第1・3条参照）との考えが一般的であり[25]、欧州司法裁判所の判断は適切と受け止められるであろう。したがって問題となるのは正当化事由が存するかである。その際、本件では労働協約によって規制されていたため、団体交渉権に基づく協約当事者の自治との関係が問われた。

　本判決は、労働協約が法律規定及び行政規定と同等に位置づけられるとの定め（一般雇用均等指令第16条（a））に基づき、「国家と全く同様に」、追求される具体的目的及びこれを達成するための措置に関して「広範な裁量」が認められるとの考えを示した。こうした判断は先例に従ったものである。例えば、定年制を労働協約に基づき規定していた事件では、「加盟国及び…国レベルでの社会的当事者は、社会・雇用政策の領域での特定の目的を追求するための選択のみならず、これを達成し得る手段の決定においても、広範な裁量を享受する」と指摘する[26]。ここでは、労働協約を国家が定める法律などと同等に扱っている点に留意する必要があろう。協約自治を尊重し、EU基本権憲章第28条との調和を図る考えといえる。

　次に、「年齢に基づく待遇の差異の正当化」（一般雇用均等指令第6条1項、上記Ⅱ参照）に該当し、許容されるかが問われることになる。具体的には、当該規制によって追求される措置が正当な目的を有し、かつこれを達成するための手段として適切かつ不可欠かである。目的に関しては、年齢が高まると金銭支出が増える点及び職業経験が高まるとの2点が検討されている。本判決は、前者については、年齢と金銭支出との間には直接的な関連は見出しがたいと判断した。たしかに、本判決が指摘するように、家族状況はそれぞれ異なり、またその扶養は「地域手当」でカバーされているため、一概にこ

25　M.Löwisch, Kollektivverträge und Allgemeines Gleichbehandlungsgesetz, DB,2006, S.1729ff.;
　　V.Rieble/M.Zedler, Altersdiskriminierung in Tarifverträgen, ZfA, 2006, 273ff.

26　EuGH vom 17.10.2007, C-411/05（Palacios de la Villa）.

354 第4章 EU労働法とドイツ労働法

うした主張には与し得ないであろう。他方、後者は、先例に従い、勤続年数
による報酬の相違は正当な目的を有すると判断した。例えば、女性労働者が
同一の職務グループに属する男性労働者と比較して賃金が低いのは男女差別
に該当するかが問われたケースでは、勤続年数との基準は、労働者がその職
務をより良く遂行できるように獲得された経験に対して報酬を支払うという
点で正当な目的を有する、そしてこうした基準はその目的を達成するために
適切であるとされる[27]。本判決は、社会的当事者に認められた「裁量」の範
囲内にあり、この措置は当該目的達成に適切かつ不可欠である判断した。

　以上の通り、勤続年数に応じて昇給する制度は問題ないが、本件では、採
用時の年齢で格付けされていたため、本指令第3条違反とされたのである。

3　現行基本給維持の正当性

　年齢に基づく基本給決定方式を改め、職務内容、職業経験そして遂行能力
を基準にする制度（客観的基準）を定めた本件新協約が締結されたが、基本
給の減少回避を目的にした本件暫定協約によって、現行基本給維持という暫
定措置が講じられた。このため、年齢差別が段階的に解消されることになる
が、こうした措置を採用するにあたって社会的当事者にどの程度の「裁量」
が認められるのかが問われた。本判決は、本指令違反状態にある職員が存在
すると指摘したうえで、上記同様、目的の正当性及び手段の適切性と不可欠
性の観点から検討している。

　本判決は、まず暫定措置[28]が講じられた理由として、これなしに新制度に
移行すると、55％の連邦職員に平均80ユーロ（月額）の減少が生じる点を指
摘し、それを緩和するとの目的は正当であるとする。本判決は、こうした判
断を下すにあたって、ここでも EU 基本権憲章28条に鑑みて、社会的当事者
が団交を通じて相互の利益調整を行っている点、及び一方当事者が合意内容
を不当と考えれば解約でき、相当柔軟性を備えている点を重視している。

　さらに当該措置の適切性と不可欠性につき、これが不利益を緩和するため

27　EuGH vom 3.10.2006, C-17/05（B.F. Cadman）.
28　現状を維持する措置の適法性が問われた先例として、支店設立の自由の制限が問題となったケ
　ースがある。ここでは、当該措置が現状維持にとって必要な範囲を超えなければ、公益から正当
　化し得るとされた（EuGH vom 6.12.2007, C-456/05〈Commission of the European Communities〉）。

の唯一の方法であり、また暫定措置は現職の職員にのみ妥当し、差別的取扱いは漸次的に縮小されることを挙げる。保険会社などが職業上のリスク等を考慮して、保険金額その他の給付を男性に有利に扱う規制が男女差別に該当しないかが問われたケース[29]において、期間の定めのない例外措置は許容されないと判示されたが、本件暫定協約では、一定の期間が定められている点で異なり、また損失を避けるために必要であり、かつ社会的当事者の裁量を考慮するならば、適切かつ不可欠であると結論づけられたのである。

4　BAG 判決

本判決を受けて連邦労働裁判所は中断していた裁判を再開して、旧協約の規制に関して、消滅時効にならない限り、不利益を受けたすべての職員は、属する基本給グループでの最上位の級の基本給を請求できるとの判断を下し、実務上大きな影響を与えることになった[30]。

Ⅲ　EU 域内における労働者の移動の自由

一　EU 域内における労働者の移動の自由に対する法規制

これには、労働者の域内自由移動とサービス提供の自由に基づく労働者送出し（派遣）の2つに分ける必要がある。

1　労働者の自由移動

（1）労働者の移動の自由の保障[31]

労働者の移動の自由は、EU 運営条約第45条1項（「労働者の自由移動は EU 内において保障される。」）及び「EU 市民」に対する域内移動の自由と居住の自由（同第21条1項）の二つの制度によって保障されている。ただし、公秩序、公共の安全または公衆衛生を理由として制限が正当化される場合は別で

29　EuGH vom 1.3.2011, C-236/09（Association Belge des Consommateurs Test-Achats ASBL, Yann van Vugt, Charles Basselier）.

30　BAG vom 10.11.2011, NZA 2012, S.161. なお、暫定協約に関しては、労働者の請求を棄却した。BAG vom 8.12.2011, NZA 2012, S.275.

31　中西・前掲書（注2）266頁以下参照。

あり（同第45条 3 項）、また公共機関における雇用には適用されない（同第45条 4 項）。労働者の家族（配偶者、21歳未満の子供、21歳以上で被扶養者たる子供、及び労働者本人・配偶者の尊属たる被扶養者）にも移動の自由が認められている。家族は、EU市民でなくても就労及び居住できる。子供は、当該居住国の子供と同等の教育を受ける権利を有する（規則1612/68）。

（2）雇用に関する権利保障

　労働者は、EU加盟国の労働市場において自由に就労することができ、就労にあたっての承認などの制限を課してはならない（EU運営条約第46条参照）。当該加盟国労働者に対する一般的な資格のほかに、一定のポストにつき語学能力が不可欠かつ相当である場合に限り、これを付加的要件とすることができる。

（3）平等取扱い原則[32]

　EU運営条約第18条は一般的な国籍差別を禁止するとともに、同第45条 2 項は、「この自由移動は、雇用、報酬その他の労働及び雇用条件に関して、加盟国の労働者間の国籍に基づくすべての差別待遇の撤廃を意味する」と定める。ここでは、国内法、慣行そして労働協約の下での雇用へのアクセス、労働条件、特に報酬、解雇、税制及び社会保障上の待遇に関して、国籍を理由とする差別を禁止し、当該国民との平等取扱いを保障する。平等取扱いとは、他の加盟国の労働者に対して、内国者よりも高い要件を課さないこと、ないし内国者が有する給付から排除されないことを意味する。とりわけ以下が妥当する。①他の加盟国出身の他国語の編集者のみを有期雇用にすることの禁止、②別居手当の同一取扱い、③母国における兵役従事についても当該加盟国での就労期間として算入すること、④母国における就労期間を格付け等に当たって同一に取り扱うこと、⑤滞在に関するEU市民の登録義務違反が当該国民の違反よりも厳しく罰せられないこと。

（4）社会保障給付[33]

　社会保障制度は加盟国間での相違が見られ、また財政支出を伴うため、調整が必要とされる。EU運営条約第48条は、移動労働者及びその家族の不利

32　Vgl., M.Kittner/B.Zwanziger（Hrsg.), Arbeitsrecht 5.Aufl., Bund Verlag, 2009, S.2392（U.Mayer).

33　厚生労働省編『世界の厚生労働2010』26頁以下参照。

益を避けるため、①受給権の設定・維持及び給付額の算定のために、各国の国内法に従い考慮されるすべての期間の合算、②加盟国に居住する者への給付を定める。給付対象は、医療給付、労災給付、障害給付、老齢年金、遺族給付、死亡給付、失業給付、家族手当等である（規則883/2004、同987/2009参照）。さらに、年金や保険等の社会保障制度に関して、出身国での権利が喪失しない制度も導入されている（規則1408/71）。

2　サービス提供の自由に基づく労働者送出し

　EU運営条約第56条は、EU加盟国の国民・企業が他の加盟国内でサービスを提供する自由を保障しており、他の加盟国に自国の労働者を送り出す（派遣する）事業主の権利もこの基本原則に含まれている。このように他の加盟国への労働者送出しは、人の移動の自由ではなく、サービス提供の自由に基づく。域内の国境を越えたサービス提供の障壁を取り除くための「域内市場におけるサービスに関する指令」(2006/123/EC)、及び他の加盟国に労働者が送り出された場合の「労働及び雇用条件に関する指令」(96/71/EC)が発せられている。

　以下、労働者の移動の自由にかかわる欧州司法裁判所の判決を2つ紹介する。

二　サービスの提供の自由と最賃規制
1　サービス提供の自由と労働者保護

　サービス提供の自由はEU法の基本原則の1つであり、これによって競争の自由が確保される。EU域内における「公正競争」を目的として一定の労働者保護条件を調整し、特に賃金関連のコストの相違を均等化することは、サービス提供の自由に資する。他方、労働者保護は、国境を超えた資本、ヒト、モノ、サービス提供に関して障壁となりうる点にも留意が必要である。例えば、低賃金労働者を雇用する加盟国の企業は、高賃金の加盟国のサービス業等への参入が困難である。この点において、最賃規制は、サービス提供の自由と競争の自由を阻害する側面を有するので、原則としてこれは許されず、公共の利益に合致する正当化事由が肯定される場合にのみ制限可能とされる。欧州司法裁判所の裁判例によると、「公益上不可欠の理由」には、①

358 第4章 EU労働法とドイツ労働法

サービス受領者を保護するための専門職規則、②知的財産権の保護、③労働者の保護、④消費者保護、⑤文化財の保存、文化財の活用及び文化財についての知識の普及が該当する[34]。

国内労働者に対する最賃規制の方法として、法律、及び一般的拘束力宣言された労働協約の2つが挙げられる。欧州司法裁判所は、それが労働者の社会的保護にとって不可欠かつ相当である[35]とともに、外国企業を差別しない[36]限り、正当とみなしている。他方、国境を越えて送り出される労働者は、基本的に労務給付地ではなく、雇用される企業の設立地の国の法律が適用されるが、こうした労働者の増加に対応するために、労働者送出し指令（96/71/EC）が発令された（1996年）。同指令は、EU運営条約第56条（旧EC条約第49条）の下での国境を越えたサービス提供という、企業の基本的自由と、一時的に海外に送り出された労働者の適切な権利保護との調和を目的とする。この目的達成のために、同指令は、共同体レベルでの一般的利益に関する強行的ルールを定め、これは、送り出された労働者に適用されねばならないことにされた。同指令は、労働者の最低限の保護を図るために、明確に定義された労働条件の中核部分を定め、これは、その母国におけるサービス提供者によって遵守されねばならない。第3条では、企業は、送り出した労働者に対して、労働が遂行される加盟国において、法律、規則又は行政規定、及び／又は一般的適用を宣言された労働協約又は仲裁協定によって規定された労働条件を確保しなければならないと定める。そして、この1つとして割増賃金率を含む最低賃金が挙げられている。

ドイツでは、横断的労働協約の機能低下を主因として2014年に最賃法が制定されるまで、ドイツ労働者送り出し法の制定・改正や労働者派遣法の改正による対象労働者を限定した最賃規制とともに、州における協約遵守法が存した。下記事件は、これに関連するので、まず説明しておこう。

ドイツでは、州レベルにおいて、官庁と公共調達契約（公契約）を締結するにあたって、相手方は、協約遵守法で定める最低賃金ないし労働協約上の

34　名古道功「ドイツ労働者送出法とサービス提供の自由」国際商事法務547号（2008年）81頁参照。

35　EuGH vom 15.3.2001, C-165/98（Mazzoleni）.

36　EuGH vom 24.1.2002, C-164/99（Portugaia）.

最低賃金の遵守を求められることがある。ここでは、公共調達契約を通じて適正な賃金の確保がめざされている。1999年、ベルリンでの初めての導入以降、採用する州が増えて、現在14州と大半の州で制定されている。共通する内容として、連邦法であるドイツ労働者送出し法の対象業種ではその遵守を約束させることであり、このほか①公共旅客輸送部門では発注者の指定する代表的な協約賃金以上の支払いの約束、②公共調達契約独自の最賃遵守の義務づけを定める州も少なくない[37]。ここで取り上げるラインラント・プファルツ州の協約遵守法も同様の内容を含んでいる。

2　本件[38]の概要

　ラインラント・プファルツ州（ドイツ）のランダウ市は、EU領域内において市の郵便業務委託業者を募集した。期間は2年間であり、最長2年間の契約更新が予定されていた。その通知文には、「落札業者は、ラインラント・プファルツ州の『公共調達の際の協約遵守及び最低賃金の保障のための州法』（以下「本件協約遵守法」という。）に従わねばならない」と記載され、付属の明細事項では、入札業者及びその下請業者が、入札にあたって提出する最低賃金に関する誓約書モデル（雇用する労働者に対して本件協約遵守法が定める最低賃金の支払いを約束する旨の内容）が掲載されていた。本件協約遵守法第3条1項は、「最低賃金」との見出しの下、①その従業員に対して税込時給最低8.5ユーロ（後に8.7ユーロに引き上げ）の支払いを約束する書面を入札時に提出する業者とのみ公共調達契約を締結する、②誓約書が提出されず、そして再要請でも同様な場合、その入札は審査から除外される旨定めていた（以下、「本件最賃規制」という）。

　R会社は、こうした最低賃金に関する誓約書提出義務は、公共調達法に違反すると異議を唱えた。そして、その下請け業者の誓約書は添付するが、自らのそれを同封せずに入札に応募した。ランダウ市は、R会社に対して2週間以内にこれを提出するよう求めたが、R会社は、同様の異議とともに、入札から除外される場合、審査請求を行う旨返答した。その後、ランダウ市は、R会社の入札を評価しなかったこと、及び他の業者に決定したことを通知し

37　齋藤純子「ドイツの最低賃金規制」レファレンス2012年2月号44頁以下参照。
38　EuGH vom 17.11.2015, C-115/14（RegioPost GmbH & Co. KG）.

360 第4章 EU労働法とドイツ労働法

た。これに対して、R会社は、ラインラント・プファルツ州調達局に審査請求を行ったが、同調達局は、入札の除外は適正であると判断して、これを却下したので、その取消を求めて提訴した。

コブレンツ州裁判所は、本件協約遵守法の定める本件最賃規制がEU法に合致するかがポイントになるとの見解を有するに至った。具体的には、次の通りである。①労働者送出し指令（96/71/EC）第3条は、不当なダンピング防止のため、他国に送り出された労働者に対して、労務給付地たる加盟国における最低賃金などの労働条件の確保を規定するが、これは、労働協約による規制では公共調達契約（public contract）と私的契約（private contract）両方が適用対象となるのに対し、法律による場合、公共調達契約にのみ適用を限定するとの解釈は非論理的であり、サービス提供の自由を侵害するのではないか。②本件最賃規制がサービス提供の自由に合致するとしても、誓約書未提出の場合、公共調達契約締結決定手続から除外するとのペナルティは、公共調達指令（2004/18/EU）第26条[39]に適合するか、すなわち、本件最賃規制がサービス提供の自由の制限を正当化する「特別条件」に該当するとしても、公共調達契約締結決定後に不履行となればペナルティが課せられるのではなく、誓約書未提出の段階で除外することを正当化する根拠まで第26条からは導き出せないのではないか。こうした考慮から、欧州司法裁判所に対して、以下の点につき先行判決が求められた。

①行政当局の行う入札時に、公共調達契約にのみ適用される最低賃金を遵守する旨の誓約書提出入札者に限って契約締結を決定しうる旨定める国内法は、労働者送出し指令第3条1項と関連するサービス提供の自由に違反するか。なおこれは、すべての労働者に一般適用される法定最低賃金及び一般的拘束力宣言された労働協約が存しないことが前提である。

②第一の質問が否定される場合、公共調達契約締結の決定後には最低賃金支払いを義務づけるが入札時には義務づけていないケースにおいて、誓約書を

---

39 公共調達指令は、公共調達契約締結にあたって、EU条約の諸原則、とりわけモノの移動の自由原則、開業の自由原則、そしてサービス提供の自由原則等の尊重を明示する（前文2参照）。他方、26条は、「契約履行のための条件」として、契約を締結する行政当局は、「契約履行に関連する特別の条件を定め得る。ただし、これは、EU法に適合し、かつ契約通知文あるいは明細事項に記載されている場合に限」り、特別条件は「特に社会的・環境的考慮事情と関連」していなければならないと定める。

提出しない者を入札から除外する州法は、公共調達領域における EU 法、特に公共調達指令26条違反であると解釈できるか。

本判決は、以下の通り、指令違反には該当しないと判断した。

3　本判決の意義

(1) EU 指令と協約遵守法

2件の先例判決は、本判決とは異なりいずれも労働者送出し指令違反であり、サービス提供の自由侵害と結論づけたので、まずこれらを紹介したうえで、本判決と比較しつつその意義を明らかにする。

リュッフェルト事件[40]において問題となったニーダーザクセン州の協約遵守法によると、建設業及び公共輸送サービスでの公共調達契約の入札参加者は、入札時に当該地域の労働協約を遵守する旨の誓約書を提出し、これに違反した場合、契約金額の 1 ％ないし10％の制裁金を支払わねばならなかった。受注した企業から委託された業者（設立地ポーランド）が雇用する労働者に労働協約以下の賃金しか支払われていないことが判明したため、州が制裁金を課したことをめぐり、協約遵守規定がサービス提供の自由や労働者送出し指令に適合するかが問われた。同判決は、以下の通り判示して EU 指令違反と結論づけた。①送り出された労働者には、労務給付地の法律または一般的適用宣言された労働協約に定める最低賃金が支払われねばならないが（労働者送出し指令第3条1項）、協約遵守法自体に最低賃金が規定されていないので、同項に定める「法律」に該当しない。また、労働協約の一般的適用とは、「地理的範囲及び当該職種ないし産業部門における、すべての同種の企業に対して」適用されていることを意味するが（第3条8項）、本協約は一般的拘束力宣言されていないので、これにも該当しない。付加するに、協約遵守法では、労働協約の拘束力は公共調達契約（public contract）にのみ妥当し、私的契約（private contract）には適用されず、すべての建設関連業を対象にしていない以上、「一般的適用」には当たらない。②サービス提供の自由との関係では、最賃規制は EC 条約第49条（現在、EU 運営条約第56条）に定める「制限」に該当し、労働者保護の目的に適合する場合にのみ正当化される。

40　EuGH vom 3.4.2008, C-346/06（Rüffert）.

362　第 4 章　EU 労働法とドイツ労働法

上記の通り、本協約は公契約にのみ適用され、また本協約の最低賃金は、ド
イツ送出し法の定めるそれを超えているが、公契約でのみ高い賃金を支払う
根拠は見出されない以上、正当化されない。

（2）ブンデスドルッケーライ事件[41]では、ドルトムント市の記録のデジタル
化等の業務を受注したドイツ業者が、ポーランドの下請け業者に委託し、当
該業務はポーランドで行われていたため、労働者にはノルトライン・ヴェス
トファーレン州の協約遵守法に定める最低賃金よりも安い賃金が支払われて
いたケースである。ドイツ業者は、協約遵守法に定める最賃規制に従うこと
を約束する書面を提出していたが、生活費が低いポーランドで業務が実施さ
れている以上、ポーランドの委託業者には協約遵守法は適用されず、当該最
賃を支払う義務はない旨の確認を求めた。しかし、ドルトムント市がこれを
拒否したので、地域の公共調達局に確認を求めて申し立てを行った。公共調
達局は、サービス提供の自由及び労働者送出し指令・調達指令との適合性に
関して、先行判決を求めた。欧州司法裁判所は、以下の通り、EU 法違反と
判示した。①本件では、労働者をポーランドで就労させ、他の加盟国に送り
出していないので、労働者送出し指令は適用されない。②調達指令26条は
EU 法との適合性を求めているので、サービス提供の自由との関係を検討す
る。協約遵守法の最賃規制はサービス提供の自由の制限に該当し、これが
「労働者保護」との正当化事由に当たるかが問われるが、私的契約には適用
されない以上、その目的達成には「不適切」である。さらに賃金の安い加盟
国での業務遂行にまで適用するのは「不相当」である。生活コストの安い労
務給付地で高い賃金を支払わせるのは、それぞれの賃金間の相違から生じる
競争上の利益を喪失させることになるから、労働者保護との目的達成を確保
するのに必要な限度を超えている。

（3）以上の通り、リュッフェルト判決では、労働者送出し指令に定める「法
律」及び「一般的適用宣言された労働協約」の解釈によりこれに該当しない、
及びドイツ送出し法に定める最賃を超える点に着目してサービス提供の自由
の制限の正当化事由に当たらないとした。ブンデスドルッケーライ判決は、
労務給付がポーランドで行われている点、及び公共調達契約のみに適用され

41　EuGH vom 18.9.2014, C-549/13（Bundesdruckerei）.

る点を指摘し、労働者保護との目的達成手段としての適切性と相当性を否定した。これに対して、本判決は、EU法に適合すると判示した点で注目される[42]。

リュッフェルト判決と異なる結論となったのは、第一に、本件協約遵守法は、法律自体に最低賃金額を定めているので、労働者送出し指令3条1項に定める「法律」に該当すると判断したためである。第二に、リュッフェルト事件では、ドイツ労働者送出し法が適用対象業種とする建設業に関するケースであり、すでに同法において最低賃金額が定められており、これを上回る協約遵守法の最低賃金の設定までは正当化事由に該当しないとされたのに対して、本件の郵便業務は、本件が生じた当時にはまだ適用対象業務ではなく、最低賃金が定められておらず、このことから正当化事由該当性が肯定された。しかし、本判決で特に注目すべきなのは、公共調達契約と私的契約との関連に関する判示である。というのは、リュッフェルト判決及びブンデスドルッケーライ判決は、私的契約への非適用を理由の1つとして、サービス提供の自由違反と結論つけたからである。

本判決は、労働者送出し指令第3条8項が定める「一般的適用」は労働協約のみの要件であり、法律には要件とされていないとの文言解釈を理由として挙げる。また、調達指令は公共調達に関わる指令であるから、公共調達契約に限定するのは「簡明な結論（simple consequence）」と指摘する。しかし、これだけでは不十分と考えたためか、サービス提供の自由との関連でさらに詳述する。まず、公共調達の入札にあたっての最賃規制は、より低い賃金での雇用が可能な加盟国の企業にとって参入障壁となるので、サービスの提供の自由の「制限」（EU運営条約56条）に該当するが、労働者保護との目的から正当化されるとする。というのは、当該最賃は立法規定で定められ、また郵便業務に限らず、原則として「一般的に」どのような業種の公共調達契約にも適用されるからである。リュッフェルト事件では、建設業にのみ適用される労働協約に関する事案であり、しかも当該労働協約は私的契約には適用されず、また一般的適用宣言がされていなかったとの点で限定的な内容であったと指摘する。

たしかに、本件協約遵守法では最賃が一般適用される法律との形式を採っ

42　なお、公共調達指令に関する判示は省略する。

ており、また特定の業種に限定せずにすべての公共調達に適用されている点では「一般的」といえ、その理由づけには首肯できるかもしれない。しかし、これは、調達との公共部門の枠内での「一般」化であり、公民両部門を横断する点からは、目をそらしたとの批判がされている[43]。サービス提供の自由よりも労働者保護あるいは公正な競争条件の確保との公益目的の重視に関する積極的な論拠づけが必要と考えられる。

　最後に、すでにドイツの協約遵守法は、リュッフェルト判決を受けて改正されているが、これがEU法に違反しないと確認された意義は大きい。しかし、最低賃金法が新たに制定され、これを上回る協約遵守法に対して、再度適法性が問われる可能性がある。

三　EU市民に対する特別の無拠出手当の不支給と平等取扱い原則

1　本件の背景～域内市場と人の移動の自由～

（1）EC域内市場の創設をめざして、「物、人、サービス及び資本の自由移動」が重視されるようになるが、「人の移動の自由」がEC/EUの法体系の中で保障されるのは、1997年の改正基本条約（「アムステルダム条約」）においてである（条約の発効は1999年）[44]。現行のEU法においても域内市場の設立を目的の1つとして定め（EU条約第3条3項）、「物、人、サービス及び資本の自由移動」は重要な原則となっている（EU運営条約第26条2項）。

　人の移動の自由は、2つの制度によって保障されている。第一に、「EU市民」（EU運営条約第20条）に対する域内移動の自由（同第20条2項、第21条1項）である。第二に、労働者及び自営業者に対しては特別の保障規定（EU運営条約第45条1項、第49条、第54条）が設けられている。

（2）最近議論を巻き起こしているのは、社会保障関連手当の受給を目的としてドイツなどの先進国に移動するEU市民である。特に、2007年以降、ルーマニアとブルガリアからの「貧困移住」が倍加したとされる。EU市民に対する国籍差別が禁止されているので、社会保障制度においても当該国民と同等の取扱いを受けるのが原則である。しかし、①求職者のための基礎保障（社会法典第2編）、②公的扶助（社会法典第12編）、③家族への給付（子供手当、

43　Vgl., T. Siegel, Mindestlöhne im Vergaberecht und der EuGH, EuZW 2016, S.102.

44　EU駐日代表部HP（http://eumag.jp/question/f0412/〈2015/4/10〉）参照。

両親手当など）、④健康保険、⑤住宅手当などが「濫用的」に受給されている
として、ドイツを含めた先進国において社会問題化した。例えば、子供が母
国に住んでいる場合でも子供手当が支給される、あるいは求職者のための基
礎保障受給のために移住するなどである。これは「社会保障ツーリズム」と
揶揄され、先進国に大きな財政的負担をもたらす点で深刻な問題であり、対
策が検討されている。

　本件[45]でも、ルーマニアからの移住者に対する求職者基礎保障の受給が認
められるかが問われ、本判決は、居住権の資格に着目してこれを否定した点
においてドイツ国内外で大きな注目を集めた[46]。

2　本件の概要

　ルーマニア国籍を有するＤ及びその息子Ｆは、ドイツ入国後（2010年11月
10日）、ライプツィヒ市から居住証明書等を発行され、姉妹のアパートで生
活して金銭的な援助を受けていた。またＤは、Ｆの子供手当（月額184ユー
ロ）や父が不明な子供に対する援助金（133ユーロ）も受給していた。Ｄは、
ルーマニアの学校に３年間通ったが修了しておらず、また簡単なドイツ語は
話せるが、書くことはできず、読む能力も限定的であった。さらに専門職の
訓練を受けておらず、ドイツ及びルーマニアで就労していなかった。就労能
力があることに争いはないが、Ｄが求職していたことを示すものはなかった。

　Ｄ及びＦは、社会法典第２編に基づき求職者基礎保障（Ｆに対する社会手
当含む）の支給を２回請求したが、いずれもライプツィヒジョブセンターに
拒否された（2011年９月28日、2012年２月23日）。理由として、その居住権が
もっぱら求職のみから認められる外国人とその家族には支給しない旨の規定
（第２編第７条１項２文、第12編23条３項）に該当する点が挙げられた。

　Ｄ及びＦは、２回目の決定に対する異議申し立てが却下されたので、その
取り消しを求めて、ライプツィヒ社会裁判所に提訴した（2012年７月１日）。
同社会裁判所は、ジョブセンターと同様の理由で求職者基礎保障を受給する

45　EuGH vom 11.11.2014, C-333/13（Elisabeta Dano, Florin Dano）.

46　Vgl., F.Wollenschläger, Keine Sozialleistungen für nichterwerbstätige Unionsbürger ?, Neue
　　Zeitschrift für Verwaltungsrecht 2014, S.1628ff.; D.Thym, Rückkehr des „Marktbürgers" - Zum
　　Ausschluss nichterwerbsfähiger EU Bürger von Hartz Ⅳ - Leistungen, NJW, 2015, S.130ff.

366 第4章 EU労働法とドイツ労働法

資格はないと考えたが、EU法の諸規定、特に社会保障法上の手当等の平等取扱い原則を定めた「社会保障制度調整に関する規則（(EC) No 883/2004）（以下「本規則」という）」第4条、国籍に基づく差別禁止原則（EU運営条約第18条）、そして「EU市民」に保障された、加盟国に居住する権利（同条約第20条2項1文）との関係で、EU加盟国民を「外国人」としてホスト国（ドイツ）国民と異なった取扱いを定める上記規定が許容されるかに疑義を有した。なお、同社会裁判所の認定によると、D及びFは十分な生計手段を有しないなどの理由で、「EU市民と家族の域内移動・居住の権利に関する指令（2004/38/EC）」（以下「本指令」という）によってホスト国の居住権を主張しえない者に関わるケースであった。

　こうした諸事情に鑑みて、欧州司法裁判所に対して先行判決が求められた。

3　「特別の無拠出手当」不支給措置の適法性

（1）EC設立当時から、労働者等の域内における移動の自由とともに、移動先国民との平等待遇が保障され、60年代から70年代にかけて、国籍にかかわらず家族にもほぼ同等の保障がなされた[47]。その後、経済活動に従事していない加盟国市民への適用対象の拡大が議論されるようになるが、加盟国間の社会保障制度の相違が障害となり、実現しなかった。しかし、1990年、移動先加盟国の財政的負担にならないだけの資産証明を条件として、有資力者、学生及び退職後の労働者に対する居住権を認める指令（90/365/EEC, 90/366/EEC）が発せられた[48]。こうした経緯を辿り、1993年のマーストリヒト条約においてEU市民権（第20条）が導入されたのである。

（2）本件に関連する規則及び指令として、上記本規則及び本指令が挙げられる。

　本規則第4条は、「本規則によって異なって規定されていない限り、本規則の適用を受ける者は、当該加盟国の立法の下で、当該国民と同等の利益を享受し、かつ同等の義務を負う。」と定める。本件では、まず、求職者の基礎保障のように、特別の無拠出手当に関しても平等取扱いを受けるのかが問

47　中村民雄「判例にみるEU市民権の現在」日本EU学会年報32号（2012年）138頁以下参照。

48　南部峰和「人の自由移動政策の形成過程」日本EU学会年報16号（1996年）108頁以下、中村・前掲論文（注47）140頁以下参照。

われた。これは、拠出を伴う社会保険では加盟国間で調整されるのとは異なり、当該加盟国の財政負担となるためである。しかし、本規則第3条は明確に「本規則は、特別の無拠出の金銭手当に適用される」と規定しているので、これは肯定された。第3条は、1992年改正において新設されたが、国内法で規定された一定の手当は、同時にEUレベルにおいて社会保険と社会扶助両方のカテゴリーに入るべきであるとの欧州司法裁判所の判決に従ったためである[49]。

（3）このように特別の無拠出手当にも平等取扱い原則が適用されるので、次にその例外に該当しないかが検討されることになる。

EU運営条約上の国籍差別禁止原則及びEU市民権に基づく移動・居住の自由には一定の留保（「条約適用の範囲内、及び条約に定められた特別規定の（趣旨を）損なわない」〈第18条〉、また「条約及び条約を施行するために採用された諸措置によって規定された制限と条件」〈第21条1項〉）が付されている。平等取扱い原則は、本規則第4条及び本指令第24条1項でも規定され、その例外を具体化するのは、本指令第24条2項であるので、その該当性が検討された。「社会扶助」に関しては、①居住して3ヵ月以内の場合、②適切な事情がある場合には、3ヵ月を超える求職期間中に限り支給しなくてもよいと定める。D及びFは、3ヵ月を超えて居住しているが、求職しておらず、また就労するための入国でもないので、同項に定める平等取扱い原則の例外には該当しないと判断された。

（4）このため本判決は、本指令24条1項に規定された平等取扱い原則の前提たる居住条件に着目した。すなわち、「本指令に基づき居住するEU市民及びその家族は、…当該国民と平等取扱いを受ける〈下線引用者〉」と定める。具体的には、居住期間に応じて以下に分けられる。

①3ヵ月以内の場合、有効なIDカードないしパスポートを有しており（第6条）、かつホスト国の社会扶助制度に不合理な負担をもたらさない[50]。

49　Cf., Opinion of Advocate Genaral Wathelet, delivered on 20 May 2014, Case C-333/13 (Elisabeta Dano, Florin Dano), paragraph 44.

50　Vgl., EuGH vom 21.12.2011, C-424/10（Tomasz Ziolkowski）und C-425/10（Barbara Szeja and Others）.

②3ヵ月を超える場合、(a) 当該国において労働者ないし自営業者として就労している。(b) 居住期間中、社会扶助制度に不合理な負担をかけない程度の、自分自身と家族に対する十分な生計手段を有し、かつ疾病保険に加入している。(c) 職業訓練を含めた研修中であり、かつ疾病保険に加入している（第7条1項）。

③5年以上居住して永続居住権を有する場合、上記条件に服さずに平等取扱いを受ける（第16条1項）。

　以上から本判決は、ホスト国は、5年以上居住していない限り、十分な生計手段を持たない非就労のEU市民が、他の加盟国の社会扶助の受給目的だけで移動の自由を行使する場合、その支給を拒否する可能性を有していなければならないと判示した。すなわち、本指令第24条1項は、第7条1項bと併せて解釈すると、居住権の無いEU市民に対する、無拠出の特別の金銭手当受給権の制限規定をEU法違反でないと結論づけたのである。

　なお、同様の結論は、本規則第70条4項（無拠出の金銭手当は、「もっぱら、当該国の立法に従い居住している者に付与される〈下線引用者〉」）と関連づけて解釈すると、平等取扱い原則を定めた同4条からも導かれると判示する。

4　本判決の特徴

（1）加盟国の社会保障制度上の手当の受給を目的とする「社会保障ツーリズム」は、その国に財政負担をもたらすので、これを制限しようとする事情が存する。EC/EUが西欧諸国で構成されていた時期には、こうした事態は想定されておらず、社会保障関連の負担は、加盟国間の「調整」によってそれほど大きな問題とならなかった。むしろ経済的統合とのEC/EUの目的を実現するために、移動の自由や平等取扱い原則が重視され、本件のようなケースに適用される、平等取扱い原則の例外規定を設ける必要はなかったと思われる。このため、本判決は、居住条件とのやや変則的な方法を用いて解決を図った点に特徴を見出せる。

（2）本判決では十分な生計手段の有無がポイントの一つになっているが、留意すべきはその具体的判断方法である。この点を詳細に論じるのが、ドイツからオーストリアに移住したドイツ人が、低い年金しか受給していなかったので、その上乗せの手当を求めたブレイ判決[51]である。同判決によると、

権限ある加盟国の機関は、「当該者の個別の事情を特徴づける個人的状況」を考慮して、加盟国の社会扶助制度にいかなる負担をもたらすかの全般的評価を行い、例外の有無の結論を下すべきであるとして、以下の点を指摘する。第一に、他の加盟国の国民を社会扶助制度から排除する一般規定はなく、むしろ本指令第14条3項は、自動的な排除措置を禁止している。第二に、同第8条4項は「十分な生計手段」を一律の数値で規定してはならないと定めており、個別事情の考慮を求めている。その判断にあたっては、困窮の一時性の有無、居住期間、当該個人的事情、そして援助額が考慮されねばならない。第三に、移動の自由の重要性に鑑みて、例外は狭く解釈される必要がある。こうした考えは、移動・居住の基本的権利の行使を促進・強化するとの本指令の目的を妨げる方法によって、加盟国が有する方策が用いられてはならないとの基本的な立場に基づく。その例外の正当化理由は、社会保障制度における収支バランスを著しく損なうためであり、「基本的自由に対する制限を正当化しうる公益」が十分に存する点に求められる[52]。

　本判決は、こうした詳しい検討を抜きにして簡潔に結論を導いているが、ブレイ判決を引用しており、特に論じる必要がなかったためと思われる。本判決は、基礎保障のような特殊な無拠出の社会手当に関して、本指令を考慮して、3ヵ月以上5年以内しか居住していない「EU市民」[53]については、就労の意思なく、かつ社会給付手当の受給のみを目的に移動する場合、支給を拒否しても国籍による差別には該当しないと判断した。社会裁判所裁判官及び弁護士は、当事者の事情を十分に聴取して個々のケースを踏まえた慎重な検討が必要であるとの条件を付しているとはいえ、「濫用受給」に制限を加えたとして、ドイツ国内では評価されている。

　移動の自由自体は、ドイツをはじめ加盟国及びその国民にとって多くのメリットがある。問題視されているのは、例外的に「濫用」とみなされるケースである。経済格差が存する国の加盟による負の側面が現れたといえよう。

51　EuGH vom 19.9.2013, C-140/12（Pensionsversicherungsanstalt）.

52　Opinion of Advocate Genaral Wathelet, C-140/12（Pensionsversicherungsanstalt）, paragraph 132.

53　これに該当し、かつ就労していない「EU市民」が移動及び居住の自由を有するには、生活のために十分な資産を有していることが必要であると定める（7条1項）。

370　第 4 章　EU 労働法とドイツ労働法

（3）EU は、発足当初の 6 ヵ国から28の加盟国に増加し、特に東欧諸国の加盟によって惹起した「想定外」の問題の解決を迫られている。「社会保障ツーリズム」対策は EU レベルでも検討され、またドイツ政府は、こうした問題も含めて全般的な検討を行うために委員会[54]を設置し、その報告書は連立内閣で承認された（2014年 8 月）。

　報告書は、①自治体の財政負担軽減措置、②移動の自由の濫用ないし詐欺が発覚した場合、一定期間の再入国禁止措置、③子供手当受給の濫用防止のための税制上の措置、④偽装自営業及び闇労働の効果的な防止のため、行政庁間の協力や資金管理の強化などの措置などを提案した。これを受けてドイツ政府は、「EU 市民の一般的な移動に関する法律（Das Gesetz über die allgemeine Freizügigkeit von Unionsbürgern – Freizügigkeitsgesetz/EU）」等の改正法案を提案し、2014年12月 2 日成立した。その主な内容は、以下の通りである。

　　①他の加盟国の求職者が 6 ヵ月以内に就職できない、あるいはさらに求職して職を見出せる可能性を有しない場合、ドイツに滞在する権利を失う。
　　②労働者に同伴できる家族は、配偶者、子供、両親そして祖父母に制限する。
　　③滞在に関連した「濫用」がある場合、有期の再入国禁止措置を導入する。
　　④自治体に対する経済的支援を強化する。
　　⑤子供手当の支給に関する行政規定を厳格化する。

Ⅳ　年休に関する法規制

一　年休に関する指令及び主要な EU 判例

　最近の年休に関する先行判決は、ドイツの伝統的な判例理論の転換を求める内容であり、活発な議論を惹起させている分野である。欧州司法裁判所の影響力を論じるにあたって重要な意義を有するので、やや詳細に論じたい。
　労働時間指令（2003/88/EC）は、社会条項を規定するローマ条約第137条

---

54 「EU 加盟国の国民による、社会保障制度請求における法的問題と課題に関する次官委員会 （Staatssekretärsausschusses zu„Rechtsfragen und Herausforderungen bei der Inanspruchnahme der sozialen Sicherungssysteme durch Angehörige der EU-Mitgliedstaaten）」。

に基づき制定され、その目的は、労働者に対する安全及び健康のために、労働時間制度に関する最低限の基準を設け（第1条1項）、国内法での労働時間規制により労働者の生活及び労働条件を改善することである。労働時間指令第7条とともに、ヨーロッパ社会憲章第31条1項も年休権を保障している。こうした点から、年休権は、すべての労働者が有する「人権」とされる。従来の判例でも、年休権は、国内法による逸脱を許さない欧州共同体における社会法の中で特に重要な原則であり、その行使に対する国内法による規制は、労働時間指令に規定された制限内になければならないと判示されている[55]。

労働時間指令第7条1項によると、加盟国は以下の点を保障するのに必要な措置を講じるべきであるとされる：「すべての労働者は、国内法及び/あるいは国内慣行によって定められた年次有給休暇（年休）の権利を取得し、そして与えるための要件に従い、最低限4週間の年休権を有する。」そして同条2項は、「労働関係が終了する場合を除き、最低限の年休期間を代償手当でもって代替させてはならない」と定める。

欧州司法裁判所の判例によると、第一に、年休権の存在自体を否定する規制は厳しく制限される。すなわち、国内法は、年休権の行使あるいは履行に関する条件ないし要件を規定できるが、年休権を消滅させるなどその存在自体に関わる規制は、労働時間指令第7条1項に反するので許されない。例えば、使用者の下で継続して13週間雇用されている場合に年休権が発生するとの規定は、一定の労働者の年休享受を妨げ、年休権を制限するものであり、違反とされた[56]。このことから、一斉休暇と産前産後休暇とが重なり、一斉休暇を取得したとの取扱いの結果、当該労働者の年休がなくなった場合には年休権を剥奪することになるので許されないことになる[57]。

第二に、病気休暇期間中に年休権を行使しえないとの制限は、「行使と履行」に関わる規制であるので許容されるが、当該労働者が他の時期に年休権を行使できる可能性が存していなければならない。そして、病気休暇による就労不能が繰越期間を過ぎて継続する場合に年休権は消滅するとの国内法の規定は労働時間指令違反であると判示された[58]。また、病気による就労不能

---

55 EuGH vom 26.6.2001, C-173/99（BECTU）.

56 EuGH vom 26.6.2001, C-173/99（the Queen）.

57 EuGH vom 18.3.2004, C-342/01（Merino Gomez）.

372　第4章　EU労働法とドイツ労働法

が労働関係終了時まで継続した場合でも金銭補償が必要であり、これは年休手当と同額を支給すべきであるとされた[59]。

　第三に、労働者は、その安全及び健康のために実際に休むことが保障されねばならない。当該暦年における未取得年休が翌年に繰り越された場合、その金銭補償を認める国内法の規定が労働時間指令7条に違反しないかが争点になった事件において、欧州司法裁判所は、その違反を指摘し、金銭補償を認めると労働者が取得せず、他方使用者が取得を奨励しないとの動機が生じ、労働時間指令の目的に矛盾する結果を惹起せしめるとした。またこうした結論は、未取得の年休に対する金銭補償を労働関係終了時に限定する労働時間指令第7条2号からも導き出しうる[60]。

二　ドイツの年休制度とBAGの判例

　まず、連邦休暇法（Gesetz über Mindesturlaubsgesetz für Arbeitnehmer vom 8.1.1963）の内容を紹介しておく。6ヵ月間の待機期間（Wartezeit）を満たしたすべての労働者は、各暦年（年休取得年）において最低24労働日の年休請求権を有する（第1条、3条、4条参照）。年休は当該暦年に付与されねばならず、翌年への繰越（年初から3ヵ月間以内）は、切迫した経営上の事由ないし労働者個人の事由が存する場合にのみ認められる（第7条3項）。最低限付与すべき年休日数は24労働日であるが、これは週5日制の下では20労働日（4週間）とされる。労働関係終了に際して未取得の年休が存する場合、金銭補償（買上げ）がなされねばならない（第7条4項）。ドイツの年休権理論は、連邦休暇法に従い、特にBAGによって形成されてきた。以下、上記欧州司法裁判所判例と関連する主要な判例理論を紹介しておこう。

　連邦休暇法は、労働関係の存続のみを要件としており、この間に労務給付が実際になされたかには言及していない以上、当該暦年において労働者がまったくないしほとんど就労していない場合でも、年休請求は権利濫用に該当しない。この点は、欧州司法裁判所判決[61]と一致する。

58　EuGH vom 26.6.2001, C-173/99（BECTU）.

59　EuGH vom 20.1.2009, Joined cases C-350/06 und C-520/06（Gerhard Schultz-Hoff/ Mrs. C. Stringer and Others）.

60　EuGH vom 2.5.2006, C-124/05（Federatie Nederlandse Vakbeweging）.

第2節　欧州司法裁判所判例の影響　373

　伝統的な判例理論によると、年休請求権は有給で労働義務からの解放を求める権利であり、（金銭）補償請求権はこの代替（Surrogat）である以上、労働関係終了後も年休を取得したのと同様に労働義務が停止するかのような状態に置かれることを前提にする（代替理論）。したがって、労働関係終了時に、労働者が年休請求権を行使する可能性がない場合（長期の疾病等）、補償請求権は消滅するとされる。このため、BAGの判例によると、①年休請求権は、遅くとも繰越期間終了時において長期の労働不能ゆえに年休取得できなかった場合、消滅する[62]、②労働者が退職時になお労働不能が継続している場合、補償請求しえない[63]、③労働者が死亡した場合、年休請求権は相続されず、したがって補償請求権も消滅する[64]。

　また、フルタイムからパートタイムに変更となった場合（週5日から3日）、週の観点からすると、週3日勤務の場合、3日の年休であれば、1週間労働から解放されることになって労働者にとって不利益を及ぼさないのに対し、繰越日数をそのまま付与すると不当に優遇する結果を導くとの理由から、年休日数の比例減少を肯定する[65]。

三　ドイツ年休権理論の修正

　上記のBAGの判例理論とEU法との適合性が問われ、これを覆したのが、以下の欧州司法裁判所判決である。

1　疾病による就労不能継続中の労働関係終了と補償請求権

（A）本件[66]は、退職に際して2年間にわたる未取得の年休日数に相当する金銭補償が求められたケースである。2004年9月初旬から2005年9月末まで、Xは疾病のため就労不能であった。2005年5月、Xは年休付与を請求したが、使用者は、就労可能であることの確認がまずなされねばならないとの理由で、

61　EuGH vom 24.1.2012, C-282/10（Dominguez）.

62　BAG vom 13.5.1982, BAGE Bd.39, S.53; BAG vom 9.11.1999, NZA 2000, S.603; BAG vom 21.6.2005, NZA 2006, S.232.

63　BAG vom 13.5.1982 BAGE Bd.39, S.53.

64　BAG vom 20.9.2011, NZA 2012, S.326; BAG vom 12.3.2013, NZA 2013, S.678.

65　BAG vom 28.4.1998, BAGE Bd.88, S.315.

66　EuGH vom 20.1.2009, C-350/06（Schultz-Hoff and Others）.

374 第4章 EU労働法とドイツ労働法

これを拒否した。就労不能が継続し、結局、2005年9月末に労働関係が終了した。そして2005年3月に遡及して、稼得不能による障害年金が支給されることになったが、Xは、使用者に対して未取得の年休日数分の補償手当を請求した。使用者は、判例理論に基づき、Xが年休取得年及び繰越期間（翌年の3月末まで）を過ぎても就労不能が継続して労働契約関係が終了した以上、ドイツ連邦休暇法下では年休権は消滅したと主張し、第一審の労働裁判所は、BAGの判例理論に従ってXの訴えを斥けた。他方、第二審の州労働裁判所は労働時間指令第7条1項・2項に基づく、欧州司法裁判所の先例との整合性を勘案して先行判決を求めた。

(B) 欧州司法裁判所は、先例に従い以下の通り判示した（以下、「Schlutz-Hoff判決」という。2009年1月20日判決）。①就労不能期間中年休を取得しえないとの加盟国の規制は、行使と履行に関わるので本指令第7条1項に反しない。しかし、②年休取得年中及び繰越期間中に疾病等による就労不能ゆえに年休を取得できない場合には年休権が消滅すると定める国内法ないし国内慣習は、第7条1項に違反する。③労働関係終了に際して、年休取得年及び繰越期間の全期間ないし一部期間に病気休暇を取得していたので年休を取得できなかった場合に金銭補償しえないとの国内法は、第7条2項に反する。

2　年休権の繰越期限

(A) 本件[67]は、病気のため2002年以降退職（2008年8月末）するまで長期間就労不能であったXが3年間（2006年～2008年）分の未取得年休の金銭補償を求めたケースである。本件の特殊性は、労働協約において、当該年休の消滅は連邦休暇法第7条3項の繰越期間（3ヵ月）から12ヵ月延長する（合計15ヵ月間）と規定されていた点である。ハム州労働裁判所は、上記Schlutz-Hoff判決では補償請求権の繰越期限が明確でなかったので、先行判決を求めた。

(B) 欧州司法裁判所（以下、「KHS/Schulte判決」という。2011年11月22日判決）は、年休権の重要性を強調したうえで、国内法による消滅規定が有効なのは、年休権行使が可能な場合に限られ、病気等による労働不能な場合には

67　EuGH vom 22.11.2011, C-214/10（KHS AG）.

消滅しないとし、上記判決内容を確認する。ただし、その場合でも無制限に積立てられないとし、その根拠として年休の目的を挙げる。すなわち、数年間を超えた無制限の積立では、保養目的を達成できない以上、当該繰越期間が「十分に長い」場合、国内法は、長期疾病労働者の年休の繰越期限を規定し得る。そして具体的期間は、労働者の年休のニーズに応じた長期性とともに、できるだけ短期の繰越期間に対する使用者の利益の双方を考慮して決定しなければならず、その基準としてILO132号条約を挙げ、当該歴年終了から18ヵ月とした。

(C) ドイツでは、年休は当該暦年の取得が原則であり、繰越は、切迫した経営上の事由ないし労働者自身に存する事由の場合のみ認められる。ただし、暦年当初から3ヵ月以内に取得しなければならず（連邦休暇法第7条3項）、これを超えると消滅する。病気が継続して繰越期間中にも取得できない場合も同様であり、労働関係終了でも消滅するというのが確立した判例理論であった。しかし、上記Schlutz-Hoff判決は、疾病での労働不能の場合には消滅せず、補償請求しうると判示し、本判決では18ヵ月との基準が示された。このため、繰越期間を3ヵ月と定める第7条3項との整合性が問われることになった[68]。

3 部分付与

(A) 本件[69]では、フルタイム（5日）で勤務していたXが、産前産後休暇と両親休暇（育児休暇）を取得したため、上記休業期間中年休（合計29日）を取得できなかった。週3日のパート勤務で復職することになったが、使用者（ニーザーザクセン州）は、Xが週5日就労していないとの理由で、パートタイム労働関係への変更後、29日すべてではなく、比例案分して減少した年休しか認めないと通告した。具体的には、連邦労働裁判所の先例に従い、29日を5（フルタイムの労働日数）で割り、3（パートタイムの労働日数）をかけた17.4≒17日を付与するとした。これに対して、Xは、29日の年休を取得す

---

68 なお同様の事案で、官吏（Beamte）の年休の繰越が問われたのがNeidel事件であった。欧州司法裁判所は、官吏に対しても本指令が適用されるとしたうえで、繰越期間9ヵ月は、暦年よりも短いので、労働時間指令違反と判断した（EuGH vom 03.05.2012, C-337/10〈Neidel〉）。

69 EuGH vom 13.6.2013, C-415/12（Bianca Brandes）.

376　第4章　EU労働法とドイツ労働法

る権利の確認を求めて、ニーンブルク労働裁判所に提訴したところ、同労働裁判所は、以下の点に関して、欧州司法裁判所に先行判決を求めた。EU法、とりわけパートタイム・有期雇用枠組み協定第4条1項及び2項は、週あたりの労働日数の変更と結び付いて勤務形態が変わる場合、繰越年休を新しい勤務日数に比例して減少させると定める国内法、協約ないし慣行を禁止していると解釈すべきか。

(B)　本判決(以下、「Bianca Brandes判決」という。2013年6月13日判決)は、基本的な考えとして、年休権がEU社会法上特に重要な権利である点を強調して、年休権を制限的に解釈することは許されないとする。その根拠として、EU条約と同等の法的価値を有するとされる基本権憲章第31条1項に年休権が規定されている点を指摘する。これは、すでにTirol判決[70]やHeimann/Toltschin判決[71]において指摘されていたが、改めて確認されたといえる。

　次に、こうした年休権の基本原則性を前提にして、当該暦年において勤務日数が減ったからといって、フルタイム期間中の未取得の年休を減少させることは許されないと結論づけた。本判決は、Tirol判決を引用して判示するので、その内容を紹介しておこう。Tirol事件では、本件同様、フルタイムからパートタイムに変更となり、フルタイムの時に取得できなかった年休の取扱いが問われた。同判決は、繰越年休の減少が許されない理由として、以下を挙げる。すなわち、①年休の目的は、労働者が保養すること、及びリラックスと自由時間の享受を可能にすることである。そして労働者の安全と健康に対する年休の積極的効果は、当該期間中に取得できず繰越期間に取得する場合でも、その意義は継続している。②年休は、雇用関係終了の場合を除いて、実際に取得されなければならない。以上から、繰越期間中であっても年休の取得は、労働時間と関連させるべきでない。すなわち、「時間比例原則」(パートタイム・有期労働契約法第4条2項)が年休にも妥当し、年休日数の減少は客観的に正当事由に該当するとしても、フルタイム期間中に取得された年休への事後適用はできない。ただし、これは、現実に年休を行使する機会がなかった場合に限定される、と。本判決は、論拠について詳しく論じ

70　EuGH vom 13.6.2013, C-486/08 (Zentralbetriebsrat der Landeskrankenhäuser Tirols).

71　EuGH vom 8.11.2012, Joined cases C-229/11 (Alexander Heimann) und C-230/11 (Konstantin Toltschin).

ていないが、これがそのまま妥当することはいうまでもないであろう。

(C) 上記 Tirol 判決は、BAG の判例理論を否定する判示であったので、「部分的にパラダイム転換」をもたらすと指摘された[72]。ここで「部分的」との留保がなされたのは、規制方法の相違に着目されたためである。すなわち、オーストリア法（Tirol 判決）では、年休は、45歳までは200労働時間、45歳以降は240労働時間と定められ、時間単位で算定される。したがって、あらゆる労働時間の変更は年休日数に影響を及ぼし、繰越年休の時間数が減少すると労働者に不利になることがあるが、ドイツ法では、年休は日数単位で付与されるので、週3日となって減少しても、1週間単位で見ると同一の休みを取得できることになり、労働者に不利に作用しない。このため、ドイツの学説では、Tirol 判決は、ドイツ年休権理論にストレートには妥当しないと考えられていた[73]。しかし、本判決はこれを否定し、年休付与の単位が時間であれ日であれ、繰越年休の日数を減少させる扱いは許されないことを明確にした。こうした結論が導びかれたのは、EU 法における年休権の重要性のほか、年休目的を保養のみならず、余暇享受のための自由時間確保と捉えている点に留意すべきである。というのは、保養とのみ捉えると、繰越年休日数が減少しても実際上休める日数に変化がないのでドイツの立場で問題ないが、余暇享受を重視すると、自由時間が確保されなかった以上、繰越期間中でも同一の年休日数が維持されねばならないことになるからである。

4　補償請求権の相続

(A) 本件[74]は、死亡した夫の妻が、会社に対して未取得年休日数分の補償請求を求めたケースである。ドイツ第一審国内裁判所は、労働者が死亡すれば年休請求権のみならず補償請求権も消滅するとの BAG の先例に従い棄却したが、控訴審であるハム州労働裁判所は、欧州司法裁判所に対して、労働時間指令第7条1項は、労働者の死亡によって、労働義務からの解放を求める

72　C.Fieberg, Urlaubsanspruch bei Übergang in Teilzeit – Neues aus Luxemburg, NZA 2010, S.926.

73　Müncher Handbuch Arbeitsrecht Bd.1, 3.Aufl., S.1267（Düwell）; C.Fieberg, a.a.O.(Fn.72), S.926f.

74　EuGH vom 12.6.2014, C118-13（Bollacke）.

権利のみならず、補償手当請求権も消滅するとの国内規定を禁止するかなどに関して先行判決を求めた。

本判決（以下、「Bollacke 判決」という。2014年6月12日判決）は、他の判決同様、年休権が EU 法上重要な権利であること、及び「労働者の基本的権利」を保障するためには、労働者の権利を犠牲にして制限解釈をすべきではないことを指摘したうえで、以下の諸点を考慮して、補償請求権は消滅しないとの判断を下した。①労働時間指令によると、労働関係終了時点で未取得年休がある場合、補償手当によって清算され、また疾病による労働不能が継続して取得できなかった場合も同様である（上記 Schlutz-Hoff 判決参照）。そして、年休請求権は労働からの解放と有給との2つの側面から構成されている単一請求権である。こうした点を踏まえると、労働時間指令第7条2項は、補償請求権の発生には、労働関係の終了と未取得年休の存在以外の要件は存しないと解釈すべきである。②年休請求権の実効性を確保するには、死亡時でも金銭的調整が不可欠である。③労働者の死亡によって年休の金銭支払い義務が消滅すると、未取得で存続している年休請求権が遡及的に消滅するという、労使両当事者にとって意図せざる結果となりかねない。

(B) BAG は、従来、年休の目的は労働力の再生と維持であるが、相続人にはこれは期待できず、また「最高度に人格的な給付義務（Hochstpersohnliche Leistungspflicht）」（BGB613条）に該当するので、相続できないとの立場であった。これは、労働義務からの解放から生じるすべての請求権に妥当し、年休請求権も含まれるとされる[75]。したがって、それが補償請求権に転換されることはない。他方、欧州司法裁判所は、上記の通り、相続を肯定しており、BAG の判例理論は否定されたといえる。

四　BAG の対応〜判例変更〜

以上、BAG の判例理論を覆した4つのケースを紹介した。欧州司法裁判所の先行判決は、国内裁判所が受け入れることによってその内容の実効性が生じる。先行判決を付託した国内裁判所は、補償請求権の相続を除き、これを受け入れ、判例理論を修正した。

75　BAG vom 12.03.2013, NZA 2013, S.678.

第2節　欧州司法裁判所判例の影響　379

第一に、Schlutz-Hoff 判決に基づき、BAG[76]（2009年3月24日判決）は、労働関係終了時点において疾病により労働不能の場合、代替理論に基づいて補償請求権は発生しないとの判例理論を変更して、これを肯定した。その際、連邦休暇法第7条3項は、疾病による労働不能の場合に消滅するとは規定していない点を挙げる。さらに代替理論は、連邦休暇法の施行時の立法者意思や労働裁判所の解釈にも合致していないにもかかわらず、次第に一般化したと指摘する。このため、指令を国内法化するための解釈変更は立法者意思に反しないとする。その後も、BAG は同様の判決を下している[77]。

第二に、年休取得が可能な状態でのみ年休請求権と補償請求権の消滅を肯定する欧州司法裁判所の論理では、疾病による労働不能での退職時の補償請求権の繰越の期限が問題となる。この点に関して、欧州司法裁判所は、労働協約において当該取得期間から15ヵ月とする労働協約の有効性を肯定した（KHS/Schulte 判決）。他方、9ヵ月とする Neidel 事件[78]では不十分との判断を下した。両判決を受けて BAG[79]は、連邦休暇法第7条3項2文に従い、3月末までに取得されなければ消滅して補償請求の対象にならないが、疾病による労働不能の場合、当該年の未取得で繰り越された年休日数すべてが補償請求の対象になると変更した。文言では、年休取得年終了から3ヵ月間の繰越であるが、指令適合解釈により、こうした場合に例外を認めた、すなわち、立法者は、繰越終了時点において疾病による労働不能のため年休を取得できない場合を考慮していなかったとの理由から、ILO132号条約を参考にして、繰越は、年休取得期間終了時から15ヵ月まで認められると判示した。

第三に、フルタイムからパートタイムに転換した場合、フルタイムの時に発生して未取得の年休日数が減少する取扱いを行う BAG の判例理論を覆したのが Bianca Brandes 判決である。BAG[80]は、これを受けて、従来の理論を放棄して、先行判決に従う判断を下した。

他方、補償請求権の相続に関して、BAG は、第一審判決[81]及び第二審判

76　BAG vom 24.03.2009, NZA 2009, S.538.

77　BAG vom 23.03.2010, NZA 2010, S.810; BAG vom 04.05.2010, NZA 2010, S.1011 usw.

78　EuGH vom 03.05.2012, C-337/10（Neidel）.

79　BAG vom 7.8.2012, NZA 2012, S.1216.

80　BAG vom 10.02.2015, NZA 2015, S.1005.

81　ArbG Wuppertal vom 25.3.2015.

決[82]とは異なり、Bollacke 判決の受け入れを留保し、同判決では不明確な点に関して、先行判決を求めている[83]。具体的には、①国内法の相続規定（BGB第1922条１項）が補償請求権を相続財産の対象から排除している場合でも、その一部となり得るのか、②労働関係終了の場合、補償手当を用いて事後の保養が可能であるが、死亡の場合には不可能であり、年休目的の積極的な効果がなくなるのではないか、の２点である[84]。

五　検討

　年休に関する欧州司法裁判所の一連の判決は、BAG の伝統的な判例理論を根本から覆すインパクトを有し、その見直しが求められた。

　BAG は、Schultz-Hoff 判決以前には、指令適合解釈にも限界があり、憲法適合解釈同様、「法律の文言、制定の経緯、全体的関連性、趣旨と目的（der Wortlaut, die Entstehungsgeschichte, der Gesamtzusammenhang und Sinn und Zweck des Gesetzes）」がいくつかの解釈を許容する場合、基本法ないしEU 法に調和する解釈が求められるが、こうした解釈は、「文言及び明確に看取されうる立法者意思に反してはならない」、すなわち、「文言、体系及び趣旨に従って明らかとなる規制の内容（Der Gehalt einer nach Wortlaut, Systematik und Sinn eindeutigen Regelung）」は、指令適合解釈との方法によって、逆の内容に変更されえないとしていた[85]。

　したがって、こうした場合、国内規定が EU 法に違反するとしても、法律改正まで現行法が維持されることになる[86]。次に、国内裁判所の判例理論に対する信頼保護原則との関係で、BAG の判断は分かれていた。すなわち、第７小法廷は、国内法規定を非適用としたマンゴルト事件の欧州司法裁判所判決を考慮して、その適用を否定するが[87]、第２小法廷は、Junk 事件（大量

82　LAG Düsseldorf vom 29.10.2015.

83　BAG Vorlagebeschl. vom 18.10.2016, NZA 2017, S.207.

84　Vgl., S.Kamanabrou, Urlaubsabgeltung bei Tod des Arbeitnehmers im laufenden Arbeitsverhältnis, RdA 2017, S.162ff.

85　BAG vom 18.2.2003, NZA 2003, S.742.

86　S.Kriger/C.Arnold, Urlaub 1.+2.Klasse – Das BAG folgt der schultz-Hoff Entscheidung der EuGH, NZA 2009, S.531.

87　BAG vom 26.4.2006, NZA 2006, S.1162.

解雇事件）の欧州司法裁判所判決[88]（2005年1月27日）に関連して下された判決において、労働行政庁が従来のBAGの判例変更を告知するまで、使用者の信頼が保護されるべきであると判示する[89]。

こうした立場を変更させたのが、Schultz-Hoff判決へのBAGの対応であった。すなわち、欧州司法裁判所判決の枠組みを前提にして、これを直接ドイツ年休法に移行させた。まず第7条4号の「解釈」に関しては「目的的推論による指令に適合する法形成の要請（das Gebot einer richtlinienkonformen Rehtsfortbildung durch teleologische Reduktion）に基づき、法文上、労働関係終了時に疾病による労働不能の場合の補償請求権の消滅の規定がなく、また制定の経緯から、「ドイツ立法者により、指令に反する目的設定」は見出せないことから、「解釈変更（uminterpretieren)」を行い、欧州司法裁判所の立場に従うことができるとする。信頼の保護に関しては、「予測し得る展開の枠内」を越えれば、信頼は保護されるとしつつも、本件では、「ともかく」州労働裁判所による欧州司法裁判所への付託によって信頼が損なわれたので、それ以降は保護に値しないと判示した[90]。これに対して、付託時点で従来の判例が覆されるかは不明であり、欧州司法裁判所判決の告知の時点とすべきであるとの批判が加えられている[91]。

さらに大胆な「解釈」がなされたのは、補償請求権の繰越期限に関する判決（2011年11月22日）（KHS/Schulte）を受けたBAGの判決（2012年8月7日）である。当該暦年に取得されなかった年休は翌年の3月末まで繰り越すことができると明記（連邦休暇法第7条3項）されているが、疾病による労働不能の場合、15ヵ月まで補償請求権は存続すると判示した。上記の解釈原則からすると、これが、解釈の限界内に留まっているかは微妙であるが、ここでも、BAGは、立法者が、当該暦年及び繰越し期間（3ヵ月）中に、労働不能による年休の実現が可能でない場合を想定していなかったことから、解釈の「限界」を超えていないとの判断を下した。

---

88 EuGH vom 27.01.2005, C-188/03（Junk).

89 BAG vom 23.3.2006, NZA 2006, S.971.

90 なお、これは、労働時間指令で定められた4週間の年休にのみ妥当し、これを上回る協約規制には妥当しないとされる。

91 S.Kriger/C.Arnold, a.a.O.(Fn.86), S.531f.

382 第4章 EU労働法とドイツ労働法

　こうした判断において、代替理論の放棄が大きな意義を有する。BAG は、2012年6月19日判決[92]において、これまでの判決を集大成して、代替理論の根拠を確認したうえで、欧州司法裁判所判例と一致しない点を指摘して、明確にこれを放棄すると判示した。従前の判例は、代替理論に基づき、労働関係終了時点において年休を取得できるのと同等の状態＝労働から解放し得る状態になければ、これは消滅するとの立場であった[93]。

　以上のドイツ判例理論の変更を余儀なくさせた欧州司法裁判所判例において重要なのは年休請求権の法的性格の捉え方である。具体的規定が欠如している場合、最低法定年休に関するほぼすべての問題を、法的性格に基づき解決してきたとされる[94]。いわゆる単一説（Einheitstheorie）＝労働義務の解放、及び休暇手当の支払いから構成される二面の請求権という考え方である[95]。ここでは、それぞれの請求権を独立させて捉えることが可能となるので、補償手当の相続などが肯定しやすくなる。

　ドイツでは、従前の判例理論は同様の立場であったが、現在の通説・判例はこうした理解に立たない。連邦休暇法第1条の年休請求権は、労働者を労働義務から解放することに限定され、年休期間中の報酬相当額の支払いは、年休付与義務の内容でない。すなわち、これは、労務契約における報酬支払義務を定めた BGB 第611条に基づき、通常時の報酬が継続的に支払われていると構成される。このように、年休請求の内容は、「（労働義務からの）解放請求権（Freistellungsanspuruch）」とされるため、病気による労働不能や死亡などその解放が不可能な場合、年休を取得できない以上、金銭補償を請求し得ないことになる。こうした考えは、代替理論に整合的といえる。

　以上の通り、BAG は、理論的に説明し得る限り、指令適合解釈に努めているが、補償手当請求権の相続のように、これが困難であると判断すると、先行判決を求めている。この点において、「追従」ではなく、理論的検討を経た上で先行判決に従っているといえよう。

92　BAG vom 19.6.2012, NZA2012, S.1087.
93　BAG vom 17.1.1995 NZA1995, S.531 usw.
94　Preis, a.a.O.(Fn.14), S.416.
95　EuGH vom 6.3.2006, C-131/04 （Robinson-Steele）.

V 総括

以上、欧州司法裁判所判決のドイツ労働法への影響を論じたが、ここでは、第1節も含めて検討しておきたい。

一 EU労働法の位置づけ

EEC創設時において社会政策の中心を占める労働法は重視されず、有給休暇制度のほか、男女平等賃金原則のみが創設条約に規定されているにすぎなかった。しかも、それは、女性労働者保護を目的とせず、域内での競争条件の経済政策的調和のためであったとされる[96]。その変化を促したのは、加盟国の憲法を含めた国内法に対するEC/EU法の「絶対的優位性」に対する懐疑、特に加盟国の憲法も共同体法に劣位するとの、欧州司法裁判所の立場[97]に対するドイツ、フランス、イタリア、イギリスの裁判所による異議申立てであった。例えば、ドイツ連邦憲法裁判所は、1974年、ゾーランゲ（solange）第一事件決定[98]の傍論において、EC（当時）がドイツ基本法に匹敵する成文基本権カタログを持たない限り（solange）、EC二次立法をドイツ基本法上の基本権に照らして審査するとの立場を明らかにした。これに対して、欧州司法裁判所は、EC法上の「法の一般原則」としての基本権保障を強化し、ドイツ基本法類似の適法性審査基準（基本権保護範囲への介入、公共の福祉に基づく公益の存在、比例性原則の充足、基本権の本質内容の保障）を重視するとした。この結果、ゾーランゲ第二事件決定[99]は、ECがドイツ基本法と「本質的に同等の基本権保護」を保障している限り（solange）、EC二次立法に対する審査権行使を差し控えるとの立場に転じた[100]。

ゾーランゲ第一事件決定後に下されたDefrenne Ⅱ[101]及びⅢ[102]欧州司法裁

---

96 A.Seifert, Bedeutung des Arbeitsrechts bei der Entstehung der Europäischen Gemeinschaften, AuR 5/2015, G.12.

97 EuGH vom 15.12.1976, C-35/76（Simmenthal）.

98 BVerG vom 29.05.1974, BVerfGE Bd.37, S.271.

99 BVerG vom 22.10.1986, BVerfGE Bd.73, S.339

100 以上、小場瀬琢磨「各国憲法からEC・EU法秩序への立憲的諸原則の要請」中村・須網編著『EU法基本判例集〔第2版〕』（日本評論社・2010年）32頁以下参照。

384 第4章 EU労働法とドイツ労働法

判所判決は、男女平等賃金原則を欧州基本権保障の地位に引き上げた。それは、同原則を経済政策の調和のための単なる付属物ではなく、独自性を有するもう1つの目的とされ、この結果、ヨーロッパ統合プロジェクトは、「純粋のヨーロッパ社会モデル」を求めることになったとされる[103]。こうした変化の中で、域内の経済的調和と社会的基本権保障との関係を考慮して、それぞれの領域において独自のEU労働法が形成・発展してきたといえよう。

　EUの基本原則の1つであるサービス提供の自由と労働者保護との関係も、同様の対立構図である。EU指令や欧州司法裁判所は、サービス提供の自由を重視しつつ、良好な労働条件の維持に努めてきたと考えられる。他方、「社会保障ツーリズム」に関するDano事件は、「ヨーロッパ社会モデル」の矛盾が顕在化したケースである。経済格差のある東欧諸国が加盟国に加わり、社会保障における平等取扱い原則のあり方が課題として提起された。

二　EU法の国内法に対する影響

　特に第二次法が国内法に対して重要な影響を及ぼしている点に注目すべきである。第1節において主な指令を紹介したが、これらは国内法化を義務づけられており、また国内法・判例理論との適合性に関して先行判決が求められることも少なくない。ただし、年齢差別禁止や年休権に関する欧州司法裁判所判例が典型的に示すように、第一次法が指令の実効性を高める「原動力（Hebel）」の役割を果たしている[104]。年齢差別（マンゴルト）事件において、欧州司法裁判所は、第一次法の不文の構成要素たる一般的平等原則を前提とし、その具体化としての指令を論じる。また年休権に関しては、リスボン条約発効前、「共同体における特に重要な社会法の原則（ein besonders bedeutsamer Grundsatz des Sozialrechts der Gemeinschaft）」と判示して、年休の権利性を重視する判断を下した。リスボン条約発効後は、EU基本権憲章51条が挙げられる。

101　EuGH vom 08.04.1976, C-43/75（Defrenne Ⅱ）.

102　EuGH vom 15.06.1978, C-149/77（Defrenne Ⅲ）.

103　A.Sagen, Grundfragen des Arbeitsrecht in Europa, NZA 2016, S.1253.

104　G.Thüsing, Neues aus Luxemburg: Aktuelle Rechtsprechung des EuGH zu den Diskriminierungsverbot und zum Urlaubsrecht, RdA 2012, S.288.

三　欧州司法裁判所判決のインパクト

　欧州司法裁判所判決は、年休理論に代表されるように、伝統的な国内理論を覆すインパクトを有する。ただし、これを適用するには、原則として国内裁判所による判決を前提とする。その際、連邦労働裁判所は、Schlutz-Hoff判決やKHS/Schulte判決に代表されるように、柔軟、あるいは法形成的解釈を行うことがあり、基本的には忠実に欧州司法裁判所判決に従っているのが注目される。年齢差別事例のマンゴルト判決でも、指令の国内法化前にもかかわらず、先行判決に従った判断を下した。これはなぜであろうか。第一に、EU法の優位性原則の尊重である。第二に、EU法体系における国内裁判所の位置づけである。直接適用性を有するEU規則などは、発効すれば、そのまま国内法の一部となる。このため、国内裁判所は、EU法を国内法として解釈して適用することになる。また、国内裁判所がEU法の実効性を確保する役割を果たし、国内裁判所は、EU裁判所でもあるのである（EU条約19条1項）。ただし、補償請求権と相続のケースのように、さらに検討を要する点には先行判決を求めており、理論的整合性を放棄したわけではない。またEU法絶対優位原則について、上記の通り、基本権保障との関係では連邦憲法裁判所は審査を差し控えるとの立場であるが、リスボン条約批准にあたって制定された法律の一部に違憲判断を下しており[105]、憲法規範維持の役割を保持している。

　ドイツにおいても、EU法の比重は高まっており、ドイツ労働法の研究にあたっては、これとの関係を常に意識して考慮する必要があろう。

105　BVerfG vom 30.6.2009, BVerfGE 123, S.267. 門田孝「欧州統合に対する憲法的統制——リスボン条約判決」自治研究91巻1号（2015年）142頁以下参照。

第5章 総 括

I ドイツ社会モデルの変容

一 変容前史

　第二次大戦後、西側陣営に属することになった西ドイツでは、戦後直後の混乱期、そして通貨改革（1948年）を経て、1950年代から70年代初頭にかけての高度経済成長期（「経済の奇跡」）の約20年間に国民の生活水準が向上する。1973年のオイルショック後低成長に陥るが、東西ドイツ統一（1990年）まで一定水準を維持する。こうした経済成長を背景として、戦前に淵源を有するドイツ社会モデルは、確固とした基盤を形成することになった。本書では、ドイツ社会モデルとして、二元的労使関係、社会的保護原理、そして生活保障の3つを挙げ、これらが相対的に良好な労働・生活条件を確保し、労働者及びその家族の生活を支えていた点を指摘した。しかし、国内外のさまざまな要因によってその変容を余儀なくされる。

　こうした現象が現れるのは、80年代からである。ドイツは輸出によって大きな成果を得ており、これが経済成長の主な要因であるが、日本などの新たな競争相手が出現し、その影響を受けることになる。70年代「労働（生活）の人間化」が注目を集めた後、80年代に入ると、ME革命による合理化とともに大量失業及び長期化が深刻な問題として浮上した[1]。1980年3.3％であった失業率は徐々に上昇し、1983年には8.1％に達し、その後も8％前後を推移する。こうした中で、「柔軟化・フレキシビリティ」が政策において重視される。第1章で論じたように、新自由主義に立脚する経済学者を中核とす

1　毛塚勝利「西ドイツにおける技術革新・合理化と労働組合——七〇年代協約政策を中心に」比較法雑誌15巻4号（1982年）1頁以下参照。

388　第5章　総括

るフランクフルト学派は、「労働法における市場化の拡大（Mehr Markt im Arbeitsrecht）」との大胆な提言を行い、ドイツ社会モデルの「硬直性」批判を行った。「ドイツ労働法における規制緩和の明白な歴史的出発点」[2]は就業促進法（Beschäftigungsförderungsgesetz）の制定（1985年）であり、新規採用の場合、18ヵ月間、合理的理由がなくても有期契約の締結が許容され（ただし、以前の使用者との間に密接な事実上の労働関係が存する場合は除く）、職業訓練終了後も同様の扱いとされた。これは、1995年末までの延長後（1989年改正）、96年法において18ヵ月間から2年間に延ばされ、また60歳以上の労働者に関しては、2年を超えても有期雇用が可能となる。解雇制限法も改正され、適用対象は、5人から10人を超える事業場に引き上げられ、また整理解雇における「社会的選択」の考慮事情が「年齢、勤続年数そして扶養義務」に限定された。

　90年代に入り、東西ドイツ統一や経済のグローバル化を背景にして顕著な変化が見られる。「産業立地問題」に起因して、特に横断的労働協約の「硬直性」が批判の対象となり、その柔軟化と事業所レベルへの下降化が進展する。これは、賃金・労働時間などの労働条件を企業や事業所の経営事情に合わせる点でメリットを有する一方、産別労働協約の規制力＝社会的影響力の低下をもたらすことになった。また労働組合の構成員が徐々に減少する。使用者団体では、労働組合に匹敵する程の減少は見られないが、協約に拘束されない構成員資格が設けられた。これらは、協約自治の基盤の動揺の兆候であり、その後さまざまな影響を及ぼすことになる。

二　変容の推移

　1998年、16年間の長期政権を担ったコール政権（CDU/CSU と FDP の連立政権）後に成立するのがシュレーダー政権（SPD と Bündnis 90/die Grünen の連立政権）であった。第一次政権では、支持基盤である労働者・労働組合に配慮して、解雇制限法の上記改正内容を元に戻すなどの修正[3]がされるが、

2　W.Däubler, Herausforderungen für das Arbeitsrecht – Deregulierung, Globalisierung, Digitalisierung, AuR 2016, S.325.

3　Gesetz zur Korrektur in der Sozialversicherung und zur Sicherung der Arbeitnehmerrechte vom vom 19. Dezember 1998（BGBl. I S.3843）.

有期契約の規制はそのまま存続し、2000年制定のパートタイム・有期労働契約法においてほぼそのまま取り入れられた[4]。

　大胆な労働市場改革は第二次シュレーダー政権（2002年成立）になってから取り組まれる。連邦雇用庁による職業紹介統計の不正操作をきっかけにして設置されたハルツ委員会の報告「労働市場における現代的サービス」は、大量失業の克服を主眼とする多様な改革内容を提示した。これを具体化するために、ハルツ第一次法から第四次法、及び労働市場改革法が制定される。ハルツ改革の基本理念は、失業者の「自助努力を呼び起こし、かつ保障を約束する」ことであり、留意すべきは、従前と比較して、失業者に対する「支援（Fördern）」よりも「要請（Fordern）」が強められた点である。特に議論を惹起させたのは、ハルツ第四次法である。それまでは、失業手当と失業扶助手当（失業手当受給期間終了後ないし資格の無い者が受給する手当であり、税金を財源とする。）による支援制度であったが、現実には失業手当受給期間終了後、あるいはその資格を有しない者の多くが社会扶助（公的扶助）を受給していたので、その制度の趣旨にそぐわないのみならず、財政上の問題も抱えていた。このため、失業手当Ⅰと失業手当Ⅱ、そして社会扶助に再編された。この結果、社会扶助を受給していた失業者は失業手当Ⅱに移行し、社会扶助は本来の制度に戻る。この点では肯定的に評価されるが、賛否が分かれるのは、失業手当Ⅰと失業手当Ⅱの改変である。「支援」よりも「要請」が重視されるため、失業手当Ⅰでは受給期間の短縮（2008年改正で一部延長）などの改正がなされる。批判が強いのは、給付水準の引下げや受給要件の厳格化などがなされた失業手当Ⅱに関してである。給付水準に対して違憲訴訟が提起され、連邦憲法裁判所は、人間の尊厳に値する生存に鑑みて計算方法の見直しを命じ、2011年に改正法が成立する。しかし、その後も適正な生活水準を下回り、貧困を招くとの批判が加えられている。次に、ハルツ第四次法では、国の機関である（地方）雇用エージェンシーと自治体とが共同で業

4　以前の使用者との間での合理的理由のない有期契約の締結が一切許されないことになった点が異なる。但し、連邦労働裁判所は、「以前」を3年に限定する判決を下した（BAG vom 6.4.2011, NZA 2011, S.905）。なお、52歳を超える労働者の場合、合理的理由なしに有期契約の締結が許容されるが、これは、欧州司法裁判所において、年齢差別としてEC指令違反とされた（第4章第2節参照）。

務を行う事務共同機関（ARGE）が創設されたが、これは「混合行政」であり、自治体の権限を侵害するとして違憲判断が下された。それに対して、連邦政府は、こうした「混合行政」を認める基本法改正によって対応した。その後、事務共同機関のみならず、自治体単独型（「オプションモデル」）の採用が増加している。

ハルツ第一次法から第三次法においても重要な改正がなされている。第一に、ミニジョブの拡大とミディジョブの創設である（ハルツ第二次法）。ミニジョブは、400ユーロ（2013年に450ユーロに引き上げ）までの就労に対して、労働者の社会保険料と所得税を免除する一方、使用者のみがこれを負担し（賃金の25％〈2006年から30％〉）、ミディジョブは、400.01〜800ユーロ（2013年から450.01〜850ユーロ）の就労につき、労働者が一定割合負担する制度であり、失業者の就労促進と闇労働の撲滅を目的とする。ミディジョブはそれほど普及していないのに対し、ミニジョブ従事者は増加しており、「労働市場の柔軟化」と失業者の減少に貢献したが、低賃金労働者を増加させ、最低賃金法導入の要因になるとともに、年金などの将来の社会保障制度への影響が懸念されている。

第二に、人材サービス機関（PSA）は、ハルツ報告では、失業克服のための「中核」をなすものとして提案され、ハルツ第一次法において導入された機関であった。それは、雇用エージェンシーに少なくとも１つ設置され、派遣会社への委託を原則とし、その業務は、失業者を「第一労働市場」における雇用につなげるために労働者派遣を行うこと、及び派遣されない期間中、職業資格取得のための職業訓練を行うことである。このように「第一労働市場」への編入がめざされ、「臨時から継続へ」が重要な目標とされたが、成功せず、最終的に廃止された。

第三に、労働市場を柔軟化し、雇用を促進する目的で、ハルツ第一次法及び労働市場改革法において労働法規制の緩和が行われる。まず、非適用事業所の拡大（第23条）などの解雇制限法の改正である。次に、有期労働契約締結の簡易化であり、その締結が許容される例外が拡大され、①企業設立後４年間に限って何回でも更新でき、また②58歳以上の雇用を52歳以上に引き下げた（注４参照）。さらに、労働者派遣法は、規制緩和のみならず強化も併せてなされている。すなわち、派遣労働特有の有期契約（派遣期間と一致し

た有期労働契約の締結）禁止、同一派遣先への派遣期間の上限24ヵ月などの規制が撤廃される一方、派遣先労働者との均等待遇原則が、従前の12ヵ月を超えたときから派遣当初に変更された。ただし、労働協約による逸脱が可能との例外も設けられる。

三　新たな動向

　規制強化などの新たな動向は、2010年頃から現れる。第一に、労働組合をめぐる動きである。組織率は、ドイツ統一後旧東ドイツの労働者の組織化によって増加したが、その後徐々に減少し、20.6％（2012年）に低下する。このことは、労働協約が非組合員にも事実上適用されるとの意味での社会的影響力の低下のみならず、一般的拘束力宣言される協約数の減少ももたらした。この結果、協約基準以下の労働条件で働く低賃金労働者が増加することになる。これに対しては、ドイツ労働法の基盤たる協約自治を弱体化させかねないため、労使両団体（DGB と BDA）のみならず、政府や研究者も危機感ないし危惧を抱くことになる。低賃金労働に関して、労働者送出し法による業種を特定する、あるいは労働者派遣法における派遣労働者を対象にする最賃規制が採り入れられた。しかし、広範な低賃金労働には十分に対応できないので、最低賃金法の制定が浮上する。強固な組織力を有する IG Metall などは、当初これに反対するが、最終的に容認し、2014年、同法が成立する（2015年１月施行）。他方、労働協約制度の機能強化のため、一般的拘束力制度の要件緩和なども併せて行われた（「協約自治強化法」）。

　これらの動きは、伝統的に協約自治を担ってきた巨大労組たる DGB 及びその傘下の産別組合自体の弱体化が主因であるが、その外部からも挑戦を受けることになった。従前、機関士（運転士）、操縦士、医師、航空管制官などの専門職組合は、協約交渉では、DGB 傘下組合や連邦職員組合（BAD）と協約共同体を結成して、同一歩調を取っていた。しかし、鉄道、航空、病院等の民営化を契機にした労働条件の劣悪化を契機にして、専門職組合の活動が活発化し、大規模なストが頻発する。機関士（運転士）、操縦士、医師等は、当該産業では中核となる職種であるため、ストの影響力は大きく、大幅賃上げを実現した。これに関して、労働法研究者を中心とするグループによる労働争議制限法の提案などがなされるが、注目すべきは、１企業に１

392 第5章 総 括

つの労働協約のみを適用する協約単一原則の見直しである。協約単一原則によると、DGB傘下の労働組合が多数を占めている事業所では、少数派の専門職組合の労働協約は排除されることになりかねない。しかし、連邦労働裁判所は、2010年、協約単一原則は団結の自由を侵害し違憲であるとの判断を下した。それに対して、同原則に基づき安定した労使関係を築いていたDGBとBDAは、共同で協約単一原則を内容とするペーパー（労働協約法改正）を作成し、その要請を受けたメルケル政権（CDU/CSUとSPDの大連立政権）は、これを成立させる。専門職組合のみならずVer.diも憲法異議の訴を提起したが、2017年7月11日、連邦憲法裁判所は、原則合憲との判断を下した。しかし、これで決着するとは考えられず、なお論争は継続するであろう。

　最近の労働者派遣法改正は規制強化を内容とする。派遣労働者に対する最賃制度が導入され、また子会社に労働者を移籍して派遣労働者として従前と同じ職務に従事させるとの「回転ドア」に対する批判から派遣期間の制限（最長18ヵ月。ただし、派遣先業種の労働協約当事者の労働協約等による例外的逸脱を許容）、派遣労働者と基幹労働者の労働報酬に関する均等処遇化（9ヵ月以内）、ストライキ代替労働力としての派遣労働者利用の禁止などが定められた（2011年・2017年）。

II　労働法の変容

一　協約自治の変容

　協約自治は、ワイマール期に法制度が整えられる。1918年11月革命における労働政策上の重要な成果は、労働協約令の公布（1918年12月23日）であり、そこでは、特に活発な論争がなされた規範的効力の明文化が意義を有する。また経営協議会法（Betriebsrätegesetz〈1920年〉）は、経営協議会の任務に対する協約当事者のそれの優位性原則を定めた。ワイマール憲法第159条は、団結の自由を保障し、第165条1項は、労働組合と使用者団体間の協定を定め、憲法上の基礎が創設された。協約自治は、ナチス期に停止状態に陥るが、第二次世界大戦後、基本法の下で再び発展を遂げることになる。

　協約自治の中核的内容は、規範的効力を付与された集団契約において、そ

の構成員の労働・経済条件を自主的かつ自己責任で規制する、使用者（団体）と労働組合の権限である。特に、基本法第9条3項に基づき、国家の法設定権限から独立した独自の規制権限が認められている点が重要である。さらに、ワイマール時代の理論的特徴の1つである「協約中心主義」、すなわち「集団的労働法体系において労働協約と協約法を中心に据え、団結権や争議権を協約法に付随する法制度」として捉える立場が戦後西ドイツにおいて一層強まる傾向がみられると指摘されるが[5]、こうした労働協約の位置づけにも留意が必要である。

　いずれにしても、協約自治は、集団的労働法のみならず、ドイツ労働法の主柱との位置づけを与えられていた。それだけにその弱体化は深刻に受け止められ、以下のような協約自治維持のための措置が講じられるが、組合員数の増加や賃上げ等の闘争成果などを通じた労働組合の力量強化が肝要であり、いうまでもなく、これは組合自身の取り組み如何にかかっている。

　第一に、一般的拘束力宣言の要件を緩和して、労働協約の機能の強化を図った。一般的拘束力制度は、「国家と協約当事者の協力関係の理想的事例」とされる[6]。というのは、これによって、当該産業部門における秩序機能と平和機能が維持され、国家は、それを助力するだけのためである。労働者送出し法の対象カテゴリーの拡大も同様の意義を有する。

　第二に、協約単一原則法（労働協約法改正4a条）は、伝統的に協約自治を担ってきた巨大な労使両団体の支配的地位を維持する目的を有するといえよう。2010年連邦労働裁判所判決によって、少数組合たる専門職組合による独自の労働協約の締結に対する制限が違憲であることが明確にされ、一企業内での複数協約制が法認されることになったが、同法によってこれを従前通りにすることがめざされた。

　第三に、最低賃金法は、低賃金労働者の保護を目的としているが、協約自治とも関係している。最賃規制は、それ以下での協約の締結を禁止するとの点で協約自治を制限する側面を有する。このため、同法は基本法第9条3項

5　西谷敏『ドイツ労働法思想史論』（日本評論社・1987年）686頁。

6　U.Preis/D.Ulber, Funktion und Funktionsfähigkeit der Tarifautonomie, in: J.M.Schubert (Hrsg.), Anforderungen an ein modernes kollektives Arbeitsrecht (Festschrift für Otto Ernst Kempen), Nomos, 2013, S.31.

に違反する、あるいは協約に開放された規定が置かれていないことを理由として違憲との学説が有力に主張され、協約自治を弱めると批判された。これに関して法案理由書は、公正かつ機能力を有する競争条件の確保との趣旨を指摘する。また、最賃委員会の委員は、労使両団体から選出され、事実上DGB と BDA が関与する制度になっており、この点でも伝統的な協約当事者の意向が反映される仕組みとなっている。

第四に、協約自治は、協約当事者双方の勢力均衡によって担保される。連邦労働裁判所は、Flashmob や支援ストに関して、従前の判例とは異なった枠組みによってストの正当性を肯定した。これには学説の批判が強いが、実質的対等性を考慮したとも考えられる。また、組合員と非（他）組合員との労働条件に差異を設ける差異化条項のうち、「単純差異化条項」（組合員であることを協約上の給付請求権の要件充足の基準とするにとどまり、非組合員を同等に処遇するかは、労働契約上援用条項を設けるかどうか、特に使用者の対応如何による。）は消極的団結権に反しないとの判断[7]も、組合の弱体化に関して勢力再均衡のために実質的判断を下したと考える余地があろう。

二　労働市場法改革

ハルツ改革の主眼は、大量失業の克服である。この改革によって労働市場はどのように変容したのであろうか。

第一に、10年間の大きな成果は失業者数の大幅な減少である。「雇用の奇跡（Job/BeschäftigungsWunder）」と称賛され、500万人近くの大量の登録失業者（2005年）は、約290万人に減少した（2015年）。他方、就労者（Erwerbstätige。労働者と自営業者）は2005年と比較して約370万人（総数約4,300万人）、社会保険加入義務ある就労者は約440万人（同約3,070万人）[8]増加している。これは、ドイツ統一後、一番よい数字と指摘される[9]。EU 諸国内（28ヵ国）での失業率の平均は9.6%であり、10%前後を推移しているが、ドイツは逆に減少して4.7%と低い（2015年）[10]。また若者の失業率が低いの

7　BAG vom 18.03.2009, NZA 2009, S.1028.

8　Arbeitsmarkt 2015, S.59.

9　Sachverständigenrat, Jahresgutachten 2016, S.372.

10　Arbeitsmarkt 2015, S.109.

も特徴的である。さらに、長期失業者が減少するとの成果も見られる。この要因としては、好調な経済事情とともに、「労働市場の柔軟化」及び職業紹介機能の改善が挙げられる。いうまでもなく、後者はハルツ改革と関連しており、この点で失業率の低下及び就労者の増加は、その成果であると強調される。なお、55〜64歳の就労率の高まり（2000年37％、2012年61.5％）は年金改革の影響でもある[11]。

　第二に、非典型雇用労働者の増加である。周知の通り、ドイツでは標準的労働関係の概念が用いられている。これは、①フルタイム、②無期雇用、③直接雇用、④十分な社会的保護、⑤指揮命令に従った就労の5つのメルクマールを満たす労働関係であり、これを1つでも欠くと非典型雇用労働とされる。したがって、パートタイマー、有期雇用労働者、派遣労働者がこれに該当する。たしかに非正規雇用労働者の割合が高まっているが、同一労働同一賃金原則などによってその権利が保障されている点を考慮して、その是非を判断する必要がある。特に顕著なのはミニジョブ従事者の増加であり、低賃金労働者増の大きな要因である。派遣労働者は、2004年時点よりも50万人増加している。

　第三に、長期失業は、減少しているとはいえ、依然として克服されていない。1年以上の失業者は110万人であり、すべての失業者の37％を占める（2014年）。失業者の3分の2は、失業手当Ⅱ（求職者基礎保障）の受給者であり、その多くは長期失業者である。そこでは、低資格や職業訓練未了者が多く、失業手当Ⅰの受給者に比べて就職の可能性は低い[12]。

三　生活保障システム

　労働者の生活は、社会保障制度なども含めると相当程度のレベルであったが、これはどのように変容したのであろうか。ここでは、失業中の生活保障について論じる。上記の通り、失業手当制度が再編され、失業手当Ⅰと失業手当Ⅱが設けられた。社会扶助に滞留していた失業者が失業手当Ⅱに移行し、制度が正常化した。他方、特に失業手当Ⅱの給付水準が低下した点には、適

11　M. Knuth/P. Kaps, Arbeitsmarktreformen und „Beschäftigungswunder" in Deutschland, WSI-Mitteilungen 2014, S.176.

12　Sachverständigenrat, Jahresgutachten 2015, S.231.

宜見直しがなされているとはいえ、依然として批判が強く、基本法が保障する人間の尊厳に値する生存保障との観点から議論され続けるであろう。また「要請と支援」のうち、要請が強化されたため、紹介された仕事の拒否等があれば、支給停止ないし減額の措置がとられるなど、厳しくなっている。

最賃法も労働者の生活保障との意義を有しており、約260万人の賃金引上げとの効果をもたらした。それと同時に、企業間の不当な低賃金競争を放置すると、失業手当Ⅱによる賃金上乗せ受給者（Aufstocker）を増加させ、社会保険への悪影響を避けられないだけではなく、将来の年金制度の維持にも影響しかねなかった[13]。しかし、これが生存に値する賃金であるかには議論がある。

本書では取り上げなかったが、年金制度も改正された[14]。東西ドイツ統一時からの主要な改正を紹介しよう。1989年に与野党間で合意された大規模な年金改革（1992年実施）では、①年金額の毎年の賃金スライドの基準を、現役労働者の手取り賃金の伸び率に切り替えることにより、将来的に年金水準をネット賃金の70％程度に維持する。②老齢年金の支給開始年齢を、失業者・女性（60歳）、及び35年以上加入の長期被保険者（63歳）いずれも、段階的に65歳に引上げる。③年金財政に占める連邦補助の比率は1957年の31.8％から89年には17.1％まで低下してきたため、これを総賃金の伸び率だけではなく保険料率の上昇にも連動させて増やす、などの改正がなされた。しかし、その直後に東西ドイツ統一が実現し、旧西ドイツの年金制度を旧東ドイツにも適用することとしてその給付水準を急速に上げために1996年までは年2回のスライドを実施して大幅な引上げを行った。その後、60歳から65歳への年金支給年齢の引上げ時期の早期化などを内容とする改正を経た後の大きな改革は、シュレーダー政権下で実施されるリースター（労働社会大臣）年金改革と呼ばれるものである。2001年及び2004年の年金改革で導入された、将来の年金保険料負担の上限設定及びそれを達成するための年金水準の抑制という仕組みが採用された。これは、年金給付水準の目標を設定してそれに必要

13　Entwurf eines Gesetzes zur Stärkung der Tarifautonomie（Tarifautonomiestärkungsgesetz），BT-Drs.18/1558, S.28.

14　田中耕太郎「統一ドイツにおける年金改革の軌跡とパラダイム転換」早稲田商学439号（2014年）31頁以下参照。

な保険料負担の水準を決定するという、従来の制度の転換を意味する。あわせて給付水準が下げられ、また老齢年金の基準支給開始年齢の67歳への引上げもなされた。さらに、公的年金の引下げを補うために国の助成付きの積立方式による任意の個人年金が創設された。こうした改革がなされたのは、大量失業、少子高齢化の進展、グローバル化の進行による経済停滞のみならず、東西ドイツ統合の影響も挙げられよう。いずれにしても、年金支給額の抑制や開始年齢の引上げなど、労働者（年金生活者）を取り巻く状況は厳しくなったといえよう。

四　労働者の権利保障

　ドイツは、伝統的に労働者の権利保障の程度が相対的に強かったが、これはどのように変容したであろうか。本書では一部の法律等しか論じていないが、概して述べると、規制緩和されたとは単純にはいえず、むしろ規制強化も進められ、複合的な側面を有する。

　規制緩和された重要な法律は、解雇制限法及びパートタイム・有期労働契約法であり、いずれも雇用促進を目的とする。また厳しい営業時間規制を行う閉店法も規制緩和されたが、これは、顧客のニーズに対応するためである[15]。他方、労働者派遣法は、規制緩和と強化の両方がなされてきた。このため、派遣労働者が急増するほどではない。また最低賃金法の制定も注目される。さらにEU指令の国内法化に伴い、労働者の権利・保護が強められた。

Ⅲ　変容の特徴と要因

一　変容の特徴

　第一に、協約自治を維持しようとしている点である。協約自治は、本来労使両団体によって担われるため、国家が関われることは限定されているが、歴史的にドイツ労働法の基盤を形成してきただけに、その弱体化を放置できないためである。第二に、重要な分野において法律の影響が強まっている。最近の個別労働法改正では、規制強化との側面を有している点が特徴的であ

15　名古道功「ドイツ閉店法の動向と違憲判決」労旬1744号（2011年）38頁以下。

る。最低賃金法は、協約自治を制限する機能を有するが、協約自治強化との位置づけがされている。こうしたことから、「協約自治の機能力及びその保護は、立法、判例、そして学問にとって重要な将来的課題である。法律家は、今後も活発にこの議論に関わることは確実であろう」[16]と指摘される。第三に、労働市場法改革には、プラス面とマイナス面があり、その評価は簡単ではない。ただし、行き過ぎには連邦憲法裁判所が違憲判決を下し、見直された。ミニジョブ・ミディジョブによる低賃金労働の蔓延に対して法定最賃規制の導入がなされ、改善がなされている。これらのことから、世界経済の変化の中で、基本法の理念を尊重して[17]一定の歯止めをかけつつ、ドイツ労働法は変容しているといえよう。

二　変容の要因

　こうした変容の特徴を生じさせる要因として、4点を指摘しておきたい。

　第一に、産別に組織された労使両団体が国家に準ずる存在として社会に定着しているのみならず、法律上も不可欠な機能の主体として制度化されている点である。連邦労働裁判所は、労働条件規制にあたって国家が後景に退き、協約当事者に委ねることを繰り返し判示している。また、事業所組織法は、実質的労働条件規制において協約当事者の優位原則を規定する。さらに、協約当事者は、さまざまな方法で、立法制定や行政に関与する。例えば、一定の法規範の公布にあたっての申請権（労働者送出し法第7条1項、労働協約法第5条1項、労働者派遣法第3a条）や意見聴取等（労働協約法第5条2項、第11条、労働者派遣法第7条4項等）、また労働裁判所裁判官の提案・指名権（労働裁判所法第20条等）などである[18]。なお、監査役会の労働者代表は、必ずしも組合代表ではないが、経営事項に関与している。

　第二に、労働組合の利益を代表する政党が政権を担うだけの勢力を有している点である。伝統的に労働組合と共同歩調をとってきたのは社民党（SPD）である。このほかに労働組合と親和的なのは、同盟90／緑の党（Bündnis 90／

16　U.Preis/D.Ulber, a.a.O.（Fn.5），S.36f.

17　川田知子「ドイツ労働法における立法政策と人権・基本権論」学会誌129号（2017年）34頁以下は、ドイツでは労働立法政策において基本権が尊重されている点を指摘する。

18　Zöllner/Loritz/Hergenröder, Arbeisrecht, 7.Aufl., C.H.Beck, 2015, S.117f.

Die Grünen）と左翼党（Die Linke）が挙げられる。SPD は、2005～2009年、そして2013年～2017年、キリスト教民主／社会同盟（CDU/CSU）と大連立政権を担っており、労働組合の意向を実現しやすい状況にあった。協約単一原則法（労働協約法改正）の成立は、その典型例といえよう。また労使両団体は、政治的課題を活動プログラムに掲げている点から、第四ないし第五の政党といわれることがある[19]。

第三に、連邦労働裁判所の存在意義である。周知の通り、それは、労働事件専門の裁判所であり、重要な判断を下し、法発展のみならず法創造といえる役割を果たしてきた。本来、他の民事法同様、労働法の領域においても、法律の解釈・適用に関して広い自由があるわけではない。しかし、実際上、法律規定が存しない領域において相当程度大きな法形成（Rechtsfortbildung）、さらに法創造（Rechtschöpfung）がなされてきたとされる。その大きな理由として、労働法の領域では、経済及び技術の発展によって、法規制の対象たる諸事情が絶え間なく変化し、その結果、他の法領域に比べて、規範秩序と現実との間の急激な格差が生じやすい点が挙げられる。さらに、立法提案政党が議会の多数を占めず、また協約当事者間の合意が成立せず、当該領域全体の規範を設定できないこともある。その典型例は、争議行為論である。こうした場合、連邦労働裁判所は、広範な法形成行為を展開し、一般原則ないし法政策的考慮から包括的な性格を有する精緻な規範を生み出してきた。このようにして、判例は立法者の代理の役割を引き受けたのである。この点を捉えて、「独自の法源としての裁判官法（Richterrecht als eigene Rechtsquelle）」と称されることがある[20]。

ただし連邦労働裁判所は、裁判官が労働法に精通しているのみならず、職業裁判官のほか労使双方の代表も加わる構成であり、また判決文に学説を引用することも少なくなく、研究者との「理論的対話」がなされている点に留意が必要である。その初代裁判長は、Hans Carl Nipperdey（在職期間：1954.4～1963.1）である。周知の通り、ワイマール時代から活躍した労働法の大家であり、「疑う余地なく若いドイツ連邦のもっとも尊敬される労働法研究者の一人であるとともに、当時必要とされることすべてを具現化した、

---

19 Zöllner/Loritz/Hergenröder, a.a.O.（Fn.20）, S.117.

20 Zöllner/Loritz/Hergenröder, a.a.O.（Fn.20）, S.84f.

400　第5章　総　括

すなわち時代の精神（Geist der Zeit）を体現した」と称賛される[21]。2代目
以降は、Gerhard Müller（1963.2～1980.12）、Otto Rudolf Kissel（1981.1～
1994.1）、Thomas Dieterich（1994.2～1999.6）、Hellmut Wißman（1999.7～
2005.2）、そして現裁判長は、Ingrid Schmidt（女性）（2005.3～）である。
Müller や Dieterich は、労働法研究者としても著名である。

　ドイツの裁判官は自由に意見を発表することができるのみならず、労働組
合への加入も可能であり、自由が保障されている。また連邦労働裁判所のみ
ならず、それ以外の労働裁判所裁判官も、論文等において自己の見解を著す
ことが少なくない。裁判官によるシンポなどでの報告が稀でないのは、ドイ
ツ労働法研究者なら既知のことであろう。

　このように、連邦労働裁判所の裁判官は労働法に精通しているので、基本
法に基づき、時には法創造的に実情を踏まえた判断を下すのである。最近の
判例を基にしてこれを確認しておこう。集団的労働法において転機となるの
は、1995年連邦憲法裁判所判決である。ここでは、基本法第9条3項の保障
範囲を中核領域から、団結に特有の活動にまで広げる判断を下した。連邦労
働裁判所は、これに基づき、協約単一原則を放棄して複数協約制を容認する
判決、Flashmob や支援ストを適法とする判決を導いた。もちろん、労働者
や労働組合に厳しい判決を下すこともある。最近では、連邦労働裁判所は、
原審判決を破棄して、航空管制官組合による平和義務違反に対する損害賠償
請求を肯定した（2016年7月26日判決）。ただし、これは、平和義務を負う協
約当事者たる相手方（フランクフルト空港事業者）に対してであり、その他の
関係者（ルフトハンザ航空等）による請求は退け、厳密な判断をしている。

　第四に、EU 法の影響である。今日、EU 労働法は、EU 加盟国にとって、
単なる副次的影響ではなく、中心的役割を果たす存在である。2009年に施行
された基本権憲章でもって、EU 労働法は、多くの一般条項を有するように
なった。ただし、これは、EU 法の実施においてのみ適用され（第51条）、そ
れゆえ加盟国内への適用規定、特に指令を前提とする。指令は多く発せられ、
国内法化が義務づけられているので、重要な役割を果たしている。

　EU 法は、その基本原則であるサービス提供の自由との関係で、労働者の

21　P. Hanau, 60 Jahre Bundesarbeitsgericht Eine Chronik, C.H.Beck, 2014, S.21.

権利との緊張関係を生み出す一方で、EU 指令等は、その権利保障に一定の役割を果たしてきた。さらに、欧州司法裁判所は、先行判決を通じて、最終審としての連邦労働裁判所の審査権限を制限し、最近では伝統的な年休理論の修正を余儀なくする判断を相次いで下している。これに対して連邦労働裁判所は、EU 法を尊重する立場を堅持しており、多くの事件の判断において、「欧州司法裁判所の一般的な解釈命題」に基づき、国内法と EU 法の衝突を避ける対応をしている。この点において、連邦労働裁判所は、国内裁判所であるとともに、欧州司法裁判所として機能しており、EU 法の国内法化に寄与しているといえる[22]。

Ⅳ　社会国家のあり方

基本法の想定する国家像は「社会的法治国家」（第20条・28条）である。これは、「国家目標規定（Staatszielbestimmungen）」であり、「将来さらに展開するであろう社会的問題を指摘し国家活動に軌道を示すほどではないにしても限界を設定する動態的牽引力を担う」ものとされる[23]。「社会国家」の理解は多様であり、確立した定義はないが、「社会保障、公教育、税制による所得再分配、労使関係の調整等の諸領域に干渉することによって、国民の社会権を広範に保障する国家」とされ、社会保障との関連で理解されがちな「福祉国家」よりも広い概念とされる[24]。こうした社会への国家介入を特徴とする社会国家では、その限度が問われることになる。介入しすぎると、国民の自由を不当に制限することになりかねないからである。この点で協約自治の尊重は、それを私的自治として位置づけるならば、社会への国家介入の制限の、1つのあり方と考えられる。

戦後ドイツの社会国家体制は、経済復興及び高度成長期に構築された。その後、経済成長の鈍化、財政赤字の増大、少子高齢化、グローバル化による

22　P. Hanau, a.a.O.(Fn.21), S.137.

23　西村枝美「ドイツにおける社会権の法的性質と審査基準」関大論集62巻4・5号（2013年）36頁。

24　ゲルハルト・A・リッター（竹内亨監訳）『ドイツ社会保障の危機──再統一の代償』（ミネルヴァ書房・2013年）395頁（訳者あとがき）。

国際競争の激化、産業立地問題のように先進国で共通する社会・経済状況の変化のみならず、東西ドイツ統一の負の側面も影響して、社会国家の変容を余儀なくされる。

Butterwegge[25]によると、社会国家に関する問題の原因として、4つの要因ないし展開決定要素があるとされる。

第一に、限度をこえた気前良さ／寛容さである。気前のよい給付は、財政的負担を増すとともに、本来の意図とは逆の作用、すなわち、賃金の代替給付額が稼得時のそれと同等のレベルであれば、働くことへの動機づけを欠くことになり、失業と貧困の克服に有効でない。第二に、受給の濫用である。有効なコントロールが欠如するため、請求権を有しない者による社会的給付の受給の防止が困難である。第三に、人口の変化である。出生率の低下と寿命の延びがドイツの「高齢化」を招来し、これは、国の経済的給付能力を弱めるとともに、社会保険制度（年金、介護そして疾病保険）への負担を増大させる。第四に、グローバル化の進展と産業立地の弱さである。競争力及び福祉水準を維持するには、病人状態にあるドイツの産業立地問題を解消し、また社会国家のスリム化が求められる。

これらに対する有力な処方箋を提示するのは、新自由主義に基づく規制緩和・柔軟化を重視する立場である。具体的には、年金等の給付の引下げ、支給要件の厳格化、給付期間の短縮（失業保険等）、そして社会的危険の再個人化であり、これを通じて「福祉国家」から「国民的競争国家（ein nationaler Wettbewerbsstaat）」や「最小国家（Minimalstaat）」への転換がめざされる。これに対抗する立場は、ドイツ社会国家モデル特有のメリットを放棄することなく、その特殊なデメリットを調整することであるという[26]。

社会国家の基盤たる諸制度を修正しつつ、持続可能な社会国家の再構築が重要な課題として提起され、これを模索しているのが現代のドイツといえよう。特徴的なのは、骨格は維持して変容させつつも、政治・経済・社会・司法におけるさまざまなアクターが協力、あるいは場合によってはけん制して行き過ぎに歯止めをかけて進行している点である。

---

25 C. Butterwegge, Krise und Zukunft des Sozialstaates, 5.Aufl., 2013, VS Verlag, S.74ff.

26 C. Butterwegge, Ebenda, S.387ff.

V　日本労働法の若干の分析

日本もドイツ同様、敗戦後、徐々に経済復興を果たし、高度経済成長及び安定成長を経て、90年代初頭のバブル崩壊まで順調に経済発展を遂げたが、これは、日本独自の雇用・労使関係モデルを前提にしていた。最後に、ドイツ社会モデルを参考にして、その分析・検討を行うことにする。

一　日本型雇用・労使関係モデル

日本型雇用・労使関係モデルは、終身雇用制、年功序列賃金制、そして企業別組合の「三種の神器」を特質とし、これが日本の経済成長の基盤となり、80年代には海外でも高く賞賛を浴びたのは周知の通りである。まず終身雇用制＝長期雇用システムであるが、この存在を肯定する見解と否定する見解、肯定するとしても特に大企業の正規の男性社員に限定する見解などに分かれている。またそれが、制度ないし慣行として効率的で有効なのかについても議論がある 。しかし、公務員とともに、民間大企業の正規の男性社員に関して長期雇用システムが存在し、不況期でも解雇を回避して雇用を維持してきたと考えられる。また人材養成ないしキャリア形成も、入社後各企業が独自に行ってきた。そしてこれは、解雇制限（濫用）法理や、雇用保障とも関連して使用者の配転命令権を広く認める配転法理等の形成にも影響を及ぼした。注意すべきは、こうした法理は単に大企業の正規男性社員だけではなく、中小企業や女性社員などに対しても少なくとも理論的には妥当してきた点である。

次に年功序列賃金制は、年齢あるいは勤続年数に応じて賃金が決定される制度とイメージされがちである。たしかに、こうした純粋な制度も存するが、むしろ労働者の職務遂行能力に基づき昇給を決定する職能資格制度が普及している 。注意すべきは、第一に、賃金が職能給だけで決められるのではなく、勤続給ないし年齢給も加わっている場合が少なくない点である。また、職能給は「能力」評価に基づく制度であるが、特別の事情がない限り、ほぼ自動的に昇給するとの年功序列的運用がなされることが多い 。第二に、能力評価にあたっては顕在能力＝成果よりも潜在能力が重視され、また情意

（態度、性格）もその対象とされる点である。この評価は簡単ではなく、それゆえにこそ良い評価を求めて残業等が行われ、また組合員差別や男女差別に見られるように恣意的評価が行われる余地があった。

　日本の労働組合が活発な活動を行うのは、終戦直後から80年代中頃にかけてであった。50年代、60年代には待遇改善要求や人員整理反対等に関する大争議が多発したが、その後は賃上げを中心的要求とする春闘に取り組み、80年代中頃まではスト件数は〜減少傾向にあったが〜少なくなかった。組織率のピークは1949年（55.8%）であり、80年代初頭までは30%超を維持する。他方、70年代以降、大企業中心に徐々に協調的な労使関係が形成される。ここでは、「労使対決」が回避されて「安定」した関係が構築される。そして企業別組合との組織形態がこれに寄与したと考えられる。企業別組合の功罪は多様であるが、特に労働者の企業統合の役割を果たし[27]、また労働条件規制は企業内に限定され、さらに正規労働者のみを組織対象にするのが通常であるので、非正規労働者の雇用や労働条件に取り組まないなどのマイナス面が大きい。

　ところで、長期雇用システムと年功序列賃金制に適合的であるのは、男性稼ぎ頭モデルであった。安定した雇用と賃金を通じて仕事に専念させるため、配偶者と子供を含めた家族賃金が支払われるとともに、家事・育児・介護は配偶者の役割とする性別役割分業体制が整えられた。日本においても、雇用保険、労災補償保険、医療保険、年金制度が戦後の早い時期に制度化されていたが（介護保険は2000年施行）、労働者の生活保障は、企業に支えられる側面が大きい点に特徴が見出されよう[28]。

二　変容

1　特徴的事象

　80年代、貿易摩擦を契機にして超長時間労働が国際的問題となり、日本の労働者の働き方が注目される。こうした働き方を可能にしたのは、男性稼ぎ頭を生み出す日本型雇用・労使関係モデルであった。そして、当時の「日本

---

[27]　名古道功「90年代における雇用慣行・労働市場・労働法制の変容と労働者統合」法の科学32号（2002年）21頁以下参照。

[28]　宮本太郎『生活保障』（岩波新書・2009年）48頁参照。

的企業社会」ないし「企業中心社会」では、企業の原理がその優越的地位を通じて社会と国家の編成原理となり、利潤を上げるために効率性と競争が追求された。

しかし、90年代初頭のバブル崩壊やグローバリゼーションの進展、さらに新自由主義に依拠する規制緩和政策の下、日本型雇用・労使関係モデルの基盤が動揺し、労働者の雇用・労働に大きな影響を及ぼすことになる。以下、特徴的な点を指摘しておこう。

第一に、正規労働者の減少である。90年に79.8％であったのが、2000年74.0％、2016年62.5％と減少している[29]。これは、長期雇用システムの縮小を意味し、パナソニックやシャープといった大企業での希望退職の実施は、それを象徴していよう。

第二に、非正規労働者の増加である。その割合が20％を超えた2004年以降上昇して37.5％（2016年）に達している。この主な要因としては、人件費削減や非正規労働に対する規制の弱さ（派遣労働の規制緩和政策、不十分な均等処遇など）などを指摘できよう。リーマンショック直後の「派遣・有期雇用切り」は、改めてその権利保障の不十分さを露呈したといえる。

第三に、成果主義賃金の導入が増加している点である。これは、能力主義賃金を成果・貢献度重視型賃金に転換させた制度であり、基本給にとどまらず、一時金や退職金などにも「成果」による個別査定がなされることがある。成果主義賃金は職能資格賃金同様、人事考課による賃金決定である点では共通しているが、職能資格賃金の能力評価基準では潜在能力が重視されていたのに対し、ここでは顕在能力、すなわち成果または業績が重視されている点に大きな相違が見出される。成果主義賃金では年功的要素の余地が入りにくく、成果主義のみの賃金体系も登場し、賃金の「個人主義化」、「個別的処遇」が徹底されることになる。

第四に、失業者の増加である。1990年に2.1％であった失業率は、徐々に上昇し、2002年5.36％に達する。その後、リーマンショック直後を除き、減少に転じるが、上記の通り、非正規労働が増加しており、内容が問われる。また、失業の定義は、①調査期間中仕事がなく、全く働いていない、②すぐ

29　総務省統計局「労働力調査（詳細集計）平成28年平均速報」参照。

406　第5章　総括

に就労できる、③調査期間中、仕事を探す活動や事業開始の準備をしていることであり、調査期間中1時間でも仕事をすれば失業ではなくなり、その対象は限定される。

　第五に、労働組合の弱体化である。組織率は長期低落傾向にあり（2016年17.2%）、また企業別との組織形態であるため、労働条件の規制力は著しく弱いのが実情である。

　第六に、労働者及び家族の生活は、安定した雇用と企業福利への依存度が小さくなかったが、上記の通り、失業率が高まり、また扶養手当等が縮小傾向にある。

2　労働者の現状

　第一に、ワーキングプア・低賃金労働の増加である。戦後、政府レベルでは「貧困」との用語の使用を避ける傾向があったが、2009年、民主党中心の政権下においてOECDの相対的貧困率が公表された。その定義は、一定基準（貧困線）を下回る等価可処分所得しか得ていない者の割合であり、貧困線は等価可処分所得の中央値の半分の額である。OECDの統計では、日本のそれは、2014年16.1%（ドイツ9.5%）であり、平均（11%）を上回っている[30]。

　ワーキングプアが社会的に注目を集めるのは、2005年頃である。バブル崩壊後10年以上が経過しても経済回復を果たせず、所得格差などさまざまな「格差」の議論が活発化する中でワーキングプアにも関心が向けられた。ワーキングプアの実数等に関する公式統計は存しないが、厳密な定義に基づき算定された調査によると、1992年4.0%であったのが、2002年6.9%、そして2012年には9.7%に上昇している[31]。ワーキングプア率の高まりの要因として、非正規労働者の増加が挙げられる。また、パートタイム・有期雇用・派遣労

30　OECD Factbook 2015-2016, P.57.
31　星貴子「ワーキングプアの実態とその低減に向けた課題」JRIレビュー Vol.2, No.41（2016年）20頁。定義は以下の通りである。ワーキングプア：被雇用者（役員を除く）のうち、賃金収入が（生活保護法の）最低生活費以下の労働者。ワーキングプア率：主な収入が「賃金・給与」、「事業収入（農業収入を含む）」、「内職」の世帯を勤労世帯とし、そのうち世帯収入が最低生活費以下の世帯の割合。なお、統計は、戸室健作「都道府県別の貧困率、ワーキングプア率、子どもの貧困率、捕捉率の検討」『山形大学人文学部研究年報　第13号別冊』（2016年）に基づき算定されている。

働に関する均等ないし均衡処遇の法規制が不十分な点である。このため、賃金の下限は最賃法によるが、最賃額が低く設定されており、「最低限の生活」に十分でない。さらに、パートタイマー等の非正規労働は、従来、夫に扶養される配偶者が多く、世帯単位では貧困とはいえなかったが、最近、独身女性のみならず、男性が増えている点にも留意する必要がある。

　第二に、非正規労働者の劣悪な労働条件が挙げられる。これは、上記低賃金だけではなく、雇用の不安定さも挙げられる。リーマンショック直後の「派遣・有期雇用切り」がこれを端的に示したのは周知の通りである。労働契約法改正により一定の規制がなされたが、必ずしも十分ではなく、待遇改善と雇用安定は喫緊の課題である。

　第三に、正規労働者も必ずしも良好な状態にあるわけではない。典型的なのは、過労死や過労自殺が依然として深刻な状況にある点である。労基法では、1日8時間、週40時間が原則であるが、時間外・休日労働による長時間労働のみならず、不規則労働に従事する労働者も少なくない。また徹底した人員削減での過密労働も問題化している。年休の取得率は、50％以下であるのは、ドイツと大きく異なる点である。なお、個別紛争が増加しており、最近の傾向としては、賃金・解雇のみならず、ハラスメントに苦しむ労働者が増えているのにも留意すべきであろう。

3　背景

　日本の雇用モデルである長期雇用システムと年功序列賃金制が縮小したとはいえ、依然としてこうしたシステムで働く労働者は少なくない。しかし、過酷な働き方をする労働者が存し、またこれから排除される労働者の存在とその深刻さは看過できない。それでは、なぜこうした状況が生じたのであろうか。ドイツにおいて指摘した4つの観点から分析しておこう。

　まずその改善のために労働組合の役割が重要となるが、組織率は長期低落傾向にあり（2016年17.2％）、また企業別との組織形態であるため、労働条件の規制力は著しく弱い。ドイツと比べて、組織率はそれほど差があるわけではないが（ドイツ20.6％〈2012年〉）、労働組合の社会的影響力のみならず、法的位置づけが大きく異なっている。ドイツでは、最賃その他の労働条件決定等に関わる委員会への労使代表の参加は不可欠であり、労働組合が政策決

408　第5章　総括

定に関わるのみならず、協約自治強化法に代表されるように労働組合の影響力の低下に対して立法的対応などがなされている。これに対して、日本では、たしかに政府の委員会等での3者構成が基本となっているが、労働者側の意向反映の程度が低く、最近では三者構成自体の見直しの動きがある。労働者の利益を代表する政党の弱さもこれに関係していよう。

　次に、ドイツ同様、判例が労働法理論の形成・発展に重要な役割を果たしてきたことはいうまでもない。その典型例は、解雇権濫用法理や就業規則の不利益変更法理であり、立法化（労働契約法）につながる。最高裁判所は、集団的労働法の分野では、労働組合側に厳しい傾向が見られる[32]。個別労働法の分野では、労働者保護に資する判例[33]が少なくない一方、日本的雇用慣行を考慮した判例[34]が見られ[35]、労働者の権利保障との観点からはやや抑制的であり、ドイツ連邦労働裁判所のような「法形成的」ないし「法創造的」解釈の程度は低いと思われる。

　以上の労働組合及び判例の状況に鑑みると、法規制の役割が重要となる。敗戦直後に制定された労働法制に注目すべき改正の動きが現れるのは、80年代中頃からである。雇用機会均等法制定と女性労働者保護規定の見直し（1985年）、労働者派遣法制定（1985年）、高年齢者雇用安定法改正（1986年）、そして時短促進のために週40時間制などの労働時間法制改正（1987年）がなされた。90年代には、雇用機会均等法改正（1995年）、育児休業法（1991年）・育児介護休業法（1995年）制定、労働者派遣法改正（1999年）がなされる。2000年代に入ると、個別労働紛争や非正規労働者の増加などに対応するため、個別労働関係紛争解決促進法（2001年）・労働審判法（2004年）制定のほか、労働者派遣法改正（2003年）、パートタイム労働法改正（2007年）、労働契約法制定（2007年）等がなされた。民主党中心政権では、これまでの改正とは

32　全農林警職法事件（最大判昭48・4・25刑集27巻4号547頁）、国鉄札幌運転区事件（最三小判昭54・10・30民集33巻6号647頁）。

33　大日本印刷事件（最二小判昭54・7・20民集33巻5号582頁）、東芝柳町工場事件（最一小判昭49・7・22民集28巻5号927頁）、日立メディコ事件（最一小判昭61・12・4労判486号6頁）、山梨県民信用組合事件（最二小判平28・2・19民集70巻2号123頁）等。

34　東亜ペイント事件（最二小判昭61・7・14労判477号6頁）、日立製作所武蔵工場事件（最一小判平3・11・28民集45巻8号1270頁）等。

35　吉田美喜夫「労働事件と最高裁」市川・大久保・斎藤・渡辺編『日本の最高裁判所』（日本評論社・2015年）98頁、西谷敏『労働法の基礎構造』（法律文化社・2016年）257頁以下参照。

異なり、規制強化を内容とする労働者派遣法改正（2012年。2015年その修正等を内容とする再改正）や有期労働契約規制強化のために労働契約法改正（2012年）などがなされた。現在、「働き方改革」において、時間外労働の上限規制や非正規労働者の均等処遇などの検討が進められている。以上、重要な労働法制の制定・改正をごく簡潔に概観した。その特徴をまとめるのは困難であるが、ドイツ労働法制と比較すると、規制強化は漸進的であり、また労働者派遣法等は規制緩和の側面が強いといえよう。さらに、喫緊の課題である労働時間改正案は、抜本的規制と程遠いと言わざるを得ない[36]。

　最後のセーフティネットである生活保護も、失業者等を十分に受け止めて生活を支えているとはいえないであろう。周知の通り、そもそもその捕捉率が低い上に、「自助努力」を強く求める傾向があり、失業保険期間終了者や受給資格の無い者が生活保護を受けるのは容易でない。たしかに、①雇用（雇用機会）、②社会保険（雇用保険、健康保険等）、③公的扶助（生活保護）という３層のセーフティネットが制度化されているが、ネットが荒くてすり抜け、また家族の支えが縮小化しているため、貧困に陥りやすいと指摘される[37]。

三　今後の課題と展望

1　課題

　ドイツ社会モデルを支える４つの基盤、すなわち、①産別に組織された労使両団体、②労働組合の利益を代表する政党、③連邦労働裁判所、④EU法の存在が大きく異なるため、単純な比較は慎むべきであり、日本の雇用慣行・労使関係モデルなどを踏まえて、日本の労働法や労働者の権利保障のあり方を引き続き検討されねばならない。

　ドイツとの決定的違いは憲法の意義であると考えられる。ドイツにおいて、立法の合憲性を審査する連邦憲法裁判所の設置は、基本法の最高法規性の担保としての機能を果たしているが、労働事件の領域でも、学説のみならず連邦労働裁判所も、重要な理論的問題に関して、基本法から検討するのが一般的であり、また連邦労働裁判所判決・決定では学説との「理論的対話」がな

36　名古道功「労働基準法（労働時間規制）改正案の検討」季労251号（2015年）48頁以下参照。

37　湯浅誠『反貧困──「すべり台社会」からの脱出』（岩波新書・2008年）19頁以下。

410 第5章 総括

され、こうした対応が理論的深化につながっているといえよう。基本法の規定が抽象的である点は、日本国憲法と異ならない。最高規範たる基本法に基づく理論的考究は、立法・行政機関に緊張感を生み出し、精緻な法的考察につながると考えられる。日本の学説と判例には、こうした対応が希薄であったと言わざるを得ない。今後、国際基準も含めて多面的角度から憲法規定の内容の豊富化をめざすとともに、憲法を尊重し労働者の人権尊重の視点から立法を厳格にチェックすることが求められる[38]。

　次に、良好な労働・生活条件を確保するには、ドイツ以上に立法の役割が重要な点を改めて指摘しなければならない。労働組合、及びその利益を代表する政党の実情に鑑みると、「良質の労働（gute Arbeit）」あるいはディーセント・ワークにふさわしい立法の制定・改正は容易でない。しかし、審議会等に労働者側代表が加わる方式を堅持し、その意向を反映する仕組みは、最低限不可欠であろう。その際、連合傘下の大企業労働組合中心の委員選出方式を見直し、多様な代表の意向が反映する方式が検討されるべきである。

　日本でも「労働市場改革」「労働市場の柔軟化」などが議論されている。グローバル市場化、企業組織の再編、情報・コミュニケーション技術の進展、少子高齢化など国内外を取り巻く状況の変化に鑑みると、その必要性を否定することはできないであろう。その際、留意すべきは、ドイツのハルツ委員会報告、及びこれを踏まえた労働市場法改革に見られるように、これらの議論が、職業紹介、失業中の生活保障、雇用形態、労働法制、職業訓練など多様な分野と相互関連する点である。したがって、特定の政策に関しても、広い視野からの検討が求められる。

　さらに、労働法と社会保障法との連携の強化も重要である。労働者の生活の基盤は賃金を基本とすべきなのは当然であり、安易な賃金補填を行うべきでない。しかし、上記の通り、従来、日本の企業の多くは家族手当を支給し、労働者及びその家族の生活を支えてきたが、近年はその縮小傾向がみられる。また家族内の相互扶助が失業中の生活援助の役割を果たしていたが、その基

38　和田肇『人権保障と労働法』（日本評論社・2008年）は、憲法及び人権を重視する立場から労働法上の諸テーマを論じる。日本労働法学会132回大会（2016年）のシンポ「労働法における立法政策と人権・基本権論」は、人権・基本権の意義を踏まえて各報告がなされた（学会誌129号〈2017年〉参照）。

盤も失われつつある。企業及び家族による生活支援システムのため、社会保障予算が先進国中少なく、日本の社会保障制度の進展を阻害してきたとの指摘がなされているが[39]、相対的貧困率や子供の貧困率が上昇している現状に鑑みると、子供手当の充実や教育負担の軽減など公的な支援制度が求められる。さらに、失業中の生活保障は伝統的に雇用保険によってきたが、適用対象の拡大が必要であり、またドイツの基礎保障（失業手当Ⅱ）のような、期間終了後ないし受給資格の無い者の受け皿が必要となる。2011年に設けられた求職者支援制度では不十分であり、また生活保護を受け皿とすることの問題性はドイツの公的扶助に関する経験から明らかであろう。

　女性の社会進出により共働き世帯が専業主婦世帯を大きく上回り（63％；37％、2016年）[40]、また今後さらに進展すると予想される少子高齢社会からしても、税制の個別化や生活できる年金を受給できる制度が必要である。

2　展望

　今日、日本では「働き方改革」、ドイツでは移民・難民の受入れに伴う就労政策などが重要な政策課題であるが、将来的には、国内外のさまざまな変化を予想して、どのような雇用社会を構想し、これに労働法がかかわっていくかを探求していかねばならないであろう。

　ドイツでは、「第四次産業革命・Industorie 4.0」[41]が提唱され、これは労働にもさまざまな影響を及ぼすため、連邦労働・社会省は、「経済のデジタル化」を踏まえ「未来の労働世界（die Arbeitswelt der Zukunft）」を展望する「労働4.0・Arbeit4.0」のプロジェクトを立ち上げるとともに、「緑書4.0」（2015年4月）を公表して幅広い議論を進めた。「白書4.0」（2017年1月）は、これを集大成したものである。そこでは、労働世界における今日の変化の大きな流れと最も重要な推進力として、①デジタル化、②グローバル化、③将来の人口構成の変化（少子高齢化）と労働力供給（量〈移民〉と質

39　宮本・前掲書（注28）40頁以下。

40　内閣府男女共同参画局『男女共同参画白書 平成29年版』（勝美出版・2017年）75頁参照。

41　「第四次産業革命」とは、現代化された情報・コミュニケーション技術と生産とを結びつけて「スマート工場の実現（インターネットとモノの融合）」をめざす。なお、第一次産業革命は「蒸気機関の発明による自動化」（18世紀後半）、第二次産業革命は「電動化と分業化」（20世紀初頭）、第三次産業革命は「電子制御による自動化」（20世紀後半）を指す。

〈教育〉）、④文化的変化（生活スタイル、価値観）を指摘したうえで、「良質の労働（gute Arbeit）」を指導理念として、以下の8つのテーゼを提唱する。①就労能力：失業保険から雇用保険へ、②労働時間：柔軟化と自己決定、③サービス産業：良好な労働条件の強化、④健康的な仕事：労働安全衛生4.0の開始、⑤就労者のデータ保護：高い水準の確保、⑥共同決定と参加：パートナーシップによる変化の形成、⑦自営業者化：自由の促進と社会保険による保護、⑧社会国家：将来の展望とヨーロッパレベルでの対話。

　「白書4.0」に対して、労働法研究者等による活発な議論が呼び起こされた。これに関して、従来の労働法の枠内での検討にとどまり、現行労働法秩序の構造的変化にまで言及されていないとの批判[42]が加えられる一方、「労働過程と事業モデルの『破壊的な』変化に道を切り開くために、労働者利益の保護と明確化を目的とする現行のメカニズムを、その枠を超えて放り出す根拠はない」と指摘される[43]。日本では、AI等の技術革新による「自由な働き方」を強調する「労働の未来2035」が公表されているが、本格的な議論はこれからである。

　労働の現場においてデジタル化等の技術革新が進んだとしても、利潤の徹底追求との資本の論理に変化があるとは思われず、また労働者でしかできない多くの仕事は存続する以上、「人間の尊厳に値する生存」を常に基軸として労働法を構想していかねばならないであろう。

42　G.Annuß, Plädoyer für ein zukunftsfähiges Arbeitsrecht, NZA 2017, S.346.

43　R. Krause, Herausforderung Digitalisierung der Arbeitswelt und Arbeit 4.0, NZA.Beilage 2 /2017, S.59.

事項索引

ア

アジェンダ2010 …………………………… 169
EU 運営条約 …………………………… 322
EU 基本権憲章 …………………………… 324
EU 条約 …………………………… 322
EU 法優位の原則 …………………………… 325
一般的拘束力 …………………………… 297
1ユーロジョブ …………………… 185, 242
移動の自由 …………………… 328, 355
ARGE 違憲判決 …………………………… 225
横断的労働協約 …………………… 15, 35, 41
横断的労働協約改革 …………………… 72
オプションモデル ………………… 216, 228

カ

解雇制限法 …………… 120, 134, 171, 190
開放条項 …………………………… 83
稼得能力 …………………………… 213
家族会社 …………………………… 158
官吏同盟・協約ユニオン …………… 256
基幹法 …………………………… 326
企業協約 …………………… 34, 45
起業助成制度 …………………………… 237
基準給付（失業手当Ⅱ・社会手当） …… 215
基準給付違憲判決 …………………………… 236
期待可能性 …………………………… 153
求職者基礎保障 …………………… 212, 235
求職者支援制度 …………………………… 208
協約 …………………………… 34
協約競合 …………………… 85, 304
協約交渉 …………………………… 259
協約拘束性 …………………………… 78
協約自治（Tarifautonomie）…… 13, 21, 392
協約自治強化法 …………………………… 292

協約自治の保障 …………………………… 118
協約遵守法 …………………………… 361
協約衝突 …………………………… 310
協約単一原則 …………………… 274, 304
協約締結能力 …………………………… 271
協約併存 …………………………… 304
経営接合的協約政策 …………………… 27
継続（再）職業訓練 …………………… 155
航空管制官組合 …………………………… 259
コックピット組合 …………………………… 259
雇用創出 …………………… 216, 242
混合行政違憲判決 …………………………… 236

サ

サービスの提供の自由 …………………… 357
最賃法 …………………………… 288
最低生活保障 …………………………… 220
最低賃金規制 …………………………… 98
最低労働条件決定法 …………………… 103
差別禁止 …………………………… 329
産業立地（Standort）問題 …………… 14
支援スト …………………………… 276
支援と要請の原則 …………………… 182
私会社 …………………………… 158
事業所協定 …………………………… 41
失業給付 …………………………… 176
失業給付の厳格化 …………………… 124, 166
失業手当 …………………… 182, 194
失業手当Ⅰ …………………… 211, 234
失業手当Ⅱ受給者 …………………………… 248
失業扶助手当 …………………… 178, 194
事務共同機関 …………………………… 190
社会国家 …………………………… 401
社会国家原則 …………………………… 302
社会手当 …………………………… 182

社会的対話 ……………………… 329
社会的保護原理 ……………………… 3
社会扶助 ……………………… 211
社会扶助手当 ……………………… 178
社会保険 ……………………… 4, 8
従業員代表委員会 ……………………… 3
柔軟性と（雇用）保障（Flexicurity）…… 75
就労助成制度 ……………………… 238
使用者団体 ……………………… 37, 257
職業訓練 ……………………… 122
職業紹介事業 ……………………… 122, 239
職業能力向上訓練 ……………………… 241
人材サービス機関 ……………………… 143, 240
生活保障 ……………………… 123, 247
生活保障システム ……………………… 4, 395
積極的労働市場政策 ……………………… 132
専門職（職種別）組合 ……………………… 86, 260
専門職組合のストライキ ……………………… 279
争議権理論 ……………………… 275
ゾーランゲ第一事件 ……………………… 383
ゾーランゲ第二事件 ……………………… 383

タ

第一労働市場 ……………………… 132
第四次産業革命・Industorie 4.0 …… 411
他国への労働者送出し指令 ……………………… 340
多数決原則 ……………………… 311
秩序・カルテル機能 ……………………… 20
賃金上乗せ ……………………… 299
賃金上乗せ受給者（Aufstocker）…… 218
低賃金労働者 ……………………… 92
伝統的規制システム ……………………… 118, 125
ドイツ機関士（運転士）組合 ……………………… 260
ドイツキリスト教労働組合 ……………………… 255
ドイツ社会モデル ……………………… 2, 387
ドイツ労働組合総同盟 ……………………… 255
統制された分権化 ……………………… 82
統制のとれた分権化 ……………………… 70

特殊性原則 ……………………… 306
独立客室乗務員組合 ……………………… 259

ナ

二元的規制 ……………………… 118
二元的労使関係システム ……………………… 2, 88
日本型雇用・労使関係モデル ……………………… 403
年休制度 ……………………… 372
年齢差別禁止 ……………………… 345

ハ

パートタイム指令 ……………………… 333
白書4.0 ……………………… 411
派遣労働指令 ……………………… 336
派生法 ……………………… 327
ハルツ委員会報告 ……………………… 138
ハルツ第一次法 ……………………… 149
ハルツ第二次法 ……………………… 157
ハルツ第三次法 ……………………… 177
ハルツ第四次法 ……………………… 177, 210
標準的労働協約制度 ……………………… 32
平等取扱い・差別禁止規制 ……………………… 331
複数協約性 ……………………… 274
プフォルツハイム協定 ……………………… 84
不法な分権化 ……………………… 60
フラッシュモブ（Flashmob）……………………… 278
平和機能 ……………………… 20
法律規制の厳格さ ……………………… 129
保護機能 ……………………… 19

マ

マールブルグ連盟 ……………………… 259
マンゴルト判決 ……………………… 347
ミディジョブ ……………………… 159, 238, 249
ミニジョブ ……………………… 159, 238, 249

ヤ

有期雇用指令 ……………………… 333

事項索引　415

有期労働契約 ……………………… 121, 134
要支援者 …………………………… 217

ラ

連邦労働裁判所 …………………… 399
労働協約に開放された（強行）法規
　…………………………………… 23, 270
労働協約に拘束されない構成員資格 ……74
労働協約の硬直性 ………………… 127
労働協約の優位性 ………………… 118
労働協約優位の原則 ……………… 50
労働組合 ………………………… 39, 255
労働時間指令 …………………… 338, 370
労働市場改革 ……………………… 200
労働市場改革法 …………………… 171
労働市場の柔軟化 ………………… 249
労働市場法改革 …………………… 394
労働者送出し法 ………………… 101, 297
労働者の権利保障 ………………… 397
労働者派遣法 …………………… 121, 151

ワ

ワーキングプア …………………… 406

図表一覧

【第1章】
（第1節）

図1　全金属産業（使用者団体：Gesamtmetall）における組織率（1990 ～1994年）

（第2節）

図1　協約拘束力（労働者）の推移　1998～2015年

表1　従業員に対する協約の拘束力（西ドイツ地域）

表2　従業員に対する協約の拘束力（東ドイツ地域）

（第3節）

表1　低賃金ライン及び低賃金労働者の割合（2013年、パートタイム及び ミニジョブを含む）

表2　雇用形態毎の低賃金労働者の割合

表3　8.5ユーロ未満の労働者の割合

図1　低賃金労働者の推移（就労者割合）

図2　最低賃金（8.5ユーロ）未満の労働者の割合

表4　ミニジョブ・ミディジョブ労働者の社会保険料及び税負担（2006年 7月より）

【第2章】
（第1節）

表1　ドイツの労働市場の状況

表2　労働市場改革立法の主要な内容

表3　失業手当受給期間

表4　基準給付（失業手当Ⅱ・社会手当）

（第2節）

表1　失業手当Ⅰの受給期間（社会法典第3編第147条）

表2　基準給付（失業手当Ⅱ・社会手当）（2009年7月1日以降）

表3　受給者数等の推移

（第3節）

　　図1　社会保険加入義務ある就労者と失業者の推移

【第3章】

（第1節）

　　図1　労働組合の組織率

　　表1　主な専門職組合の概要

（第3節）

　　図1　最低賃金法制定前後の8.5ユーロ未満の割合

　　図2　雇用形態別8.5ユーロ未満労働者の割合（最賃法制定後・2015/ 4 ）

　　表1　就労している失業手当Ⅱ受給者〜最賃法制定前後の変化〜

名古　道功（なこ　みちたか）

［略歴］

1952年　京都市生まれ、1983年　京都大学大学院法学研究科単位取得退学、1983年　京都大学助手、1984年　金沢大学法学部講師、1986年　同助教授、1992年　同教授、2004年　法務研究科教授（兼担）、2008年　人間社会学域法学類（法学系）教授（現在に至る）

［主な著作］

『日韓の相互理解と戦後補償』（共著、日本評論社・2002年）

『NJ労働法I　集団的労働関係法・雇用保障法』（共著、法律文化社・2012年）

『NJ労働法II　個別的労働関係法第2版』（共著、法律文化社・2013年）

『「これからの働き方」を考えるということ』（共著、石川総合生活開発研究センター・2013年）

「労働者の生活保障システムの変化──ドイツにおける低賃金労働・ワーキングプア」日本社会保障法学会誌24巻（2009年）

「コミュニティ・ユニオンと労働組合法理」日本労働法学会誌119号（2012年）

「ワーク・ライフ・バランスと労働法」日本労働法学会編『人格・平等・家族責任』（日本評論社・2017年）所収

ドイツ労働法の変容

2018年1月25日　第1版第1刷発行

著　者　名古　道功

発行者　串崎　浩

発行所　株式会社日本評論社
　　　　〒170-8474　東京都豊島区南大塚 3-12-4
　　　　電話　03-3987-8621（販売）　　-8592（編集）
　　　　FAX　03-3987-8590（販売）　　-8596（編集）
　　　　振替　00100-3-16　　https://www.nippyo.co.jp/

印刷所　精文堂印刷株式会社
製本所　牧製本印刷株式会社
装　幀　銀山宏子

検印省略　© M. NAKO　2018

ISBN978-4-535-52327-2　　Printed in Japan

JCOPY 〈（社）出版者著作権管理機構　委託出版物〉

本書の無断複写は著作権法上での例外を除き禁じられています。複写される場合は、そのつど事前に、（社）出版者著作権管理機構（電話 03-3513-6969、FAX 03-3513-6979、e-mail: info@jcopy.or.jp）の許諾を得てください。また、本書を代行業者等の第三者に依頼してスキャニング等の行為によりデジタル化することは、個人の家庭内の利用であっても、一切認められておりません。